U0104776

古代美術史研究

初編

第15冊

晚明文化論述中「倫理」與「審美」論題之交涉及審美意識之開展

楊晉綺 著

花木蘭文化出版社

國家圖書館出版品預行編目資料

晚明文化論述中「倫理」與「審美」論題之交涉及審美意識之開展／楊晉綺 著 — 初版 — 新北市：花木蘭文化出版社，2017〔民106〕

目 2+276 面；19×26 公分

（古代美術史研究 初編；第 15 冊）

ISBN：978-986-6528-22-4（精裝）

1. 倫理學 2. 審美 3. 文化評論 4. 明代 5. 中國

190.926　　97016595

ISBN-978-986-6528-22-4

古代美術史研究

初 編 第一五冊　　ISBN：978-986-6528-22-4

晚明文化論述中「倫理」與「審美」論題之交涉及審美意識之開展

作　　者 楊晉綺

總 編 輯 杜潔祥

副總編輯 楊嘉樂

編　　輯 許郁翎、王筑 美術編輯 陳逸婷

出　　版 花木蘭文化出版社

社　　長 高小娟

聯絡地址 235 新北市中和區中安街七二號十三樓

電話：02-2923-1455／傳眞：02-2923-1452

網　　址 http://www.huamulan.tw 信箱 hml 810518@gmail.com

印　　刷 普羅文化出版廣告事業

初　　版 2017 年 3 月

全書字數 268928 字

定　　價 初編 15 冊（精裝）新台幣 30,000 元

晚明文化論述中「倫理」與「審美」論題之交涉及審美意識之開展

楊晉綺 著

作者簡介

楊晉綺，臺灣師範大學中國文學博士，現任清華大學約聘助理教授。

提　要

本論文旨在闡釋晚明社會「倫理」與「審美」二者之間的相互關係，觀察晚明文人如何在「倫理」與「審美」這兩重「有限的意義範圍」游移、轉換，並分析晚明審美經驗的各個面向及其內涵。

論文計分六章，第一章「緒論」，首先藉由晚明人對於《金瓶梅》閱讀、接受見解紛歧的現象，指出倫理世界與審美世界茲為晚明社會中最為醒目的兩重「意義世界」。由於我們對於審美經驗的闡述，聚焦於審美經驗乃是一種情感淨化的過程，因此，當我們重新檢視晚近晚明美學研究概況，遂能明晰其間的局限與不足之處。第二章「晚明『時代精神』與士人心態之嬗變」，首先論述推動晚明歷史不斷向前轉動的根本精神，即是陽明學說在晚明時期持續發展、分化、歧出與社會化的過程。繼之，以晚明士人對於萬曆年間吳中行等五賢受杖事件的不同詮釋作為論述起點，探討晚明知識分子對於「道」與「勢」關係之辯難、思考。第三章「晚明倫理價值世界的失落與重建之諸般限制」，主要分析明中葉以後，商賈與知識分子的倫理觀念與道德思想。由於各有其理論上、或實踐上難以實通窮盡之處，遂皆難以有效地化成、轉易縱欲恣樂的社會風氣。第四章「刺激、疲病、扭曲的社會癥狀與藝文觀」，我們率先指出「世俗化」世界兩種人性發展的極端方向，一是自我人格精神的無限擴張，二是人們不斷追求新奇、享樂，終而淪為放蕩的生活型態。前者以李贄的一生經歷作為闡述的具體例證，後者則描述一般晚明人對於官能欲望熱烈追求的景況。接著，觀察此種時代氛圍下所孕育出來之「尚醜」、「好奇」的藝文觀念，說明透過審美視角，奇異醜怪的審美對象，如何具現人性情感的深度，審美主體如何藉此重新界定生命存在之意義、價值；而倫理主體又經由何種感知、照察與思考，將關於「官能享樂」此一活動建構成為道德關注的特殊領域。第五章「入於生活，又自生活逸出——晚明審美意識的構成、審美距離與『冷熱世情』」，此章中，我們進一步追溯晚明審美意識的構成，分析晚明審美經驗的特殊性質、內蘊，並觀察性靈小品與欲望《金瓶梅》此兩種內涵看似極端的文學作品，同處於晚明時代語境下，所展現的美學意義是否各不相屬？繼之，以此作為一種「前理解」，說明晚明審美概念呈示了一種「狀態屬性」，充滿流動性、多義性的特徵。第六章「餘論」，則概略性地審視倫理主體對於「欲望」進行管理與控制之道德思考，以及「養護生活」此一論題所具有之「倫理」、「審美」兩重經驗性質，繼之說明本篇論文未能深入闡明的面向，以及將來可以持續開展、擴充的研究課題。

目次

第一章　緒　論

第一節　研究命題與旨趣

晚明時人「欣欣子」在〈金瓶梅詞話序〉中揭示《金瓶梅》一書著作旨趣時指出：

> 其中語句新奇，膾炙人口，無非明人倫，戒淫奔，分淑慝，化善惡，知盛衰消長之機，取報應輪迴之事，如在目前，始終如脈絡貫通，如萬系迎風而不亂也，使觀者庶幾可以一哂而忘憂也。〔註1〕

顯然地，這是一個讀者閱讀、接受之後的理解感言。文中涉及了藝術作品所具有之宣導倫理教化的社會功能，而所謂「語句新奇，膾炙人口」、「脈絡貫通，萬系迎風」，則觸及了一種審美閱讀經驗。在欣欣子的論述中，「審美經驗」的價值乃在於幫助讀者樂於（或易於）接收、認同某種道德觀念，發揮一種有效聯結讀者與倫理教化寓旨的中介功能。至於「觀者庶幾可以一哂而忘憂」，則是指述了倫理經驗與審美經驗交相融會之後，讀者在閱讀接受過程中所產生之一種情感昇華、淨化的效果。此番關乎倫理經驗與審美經驗的論述，可以得見欣欣子乃將「審美經驗」收攝於「倫理經驗」的框架中進行思考，「審美」之功能與價值被納入「倫理」思考範疇之中，作為輔助維繫道德倫常之用，受到道德倫理觀念的支配。

萬曆二十四年丙申（1596），袁宏道在寫給董其昌的信中說，伏枕觀讀《金瓶梅》，真覺「雲霞滿紙，勝於枚勝〈七發〉多矣」；稍後，於《觴政・

〔註1〕引文見黃霖編，《金瓶梅資料彙編》（北京：中華書局，2004），頁1。

十之掌故》一文並舉小說中之《金瓶梅》、《水滸傳》，與辛棄疾、王實甫等詞曲作品共爲文學中之「逸典」，以爲「不熟此典者，保面甕腸，非飲徒也」；萬曆三十五年（1606），袁宏道在〈與謝在杭〉一文中向謝肇淛索還《金瓶梅》一書，並連帶憶及與諸友人共結「葡萄社」的昔日光景，大興人事已非之嘆。〔註2〕檢視袁宏道論及《金瓶梅》三文，不論是「雲霞滿紙」的讚許，或是令熟此書，以茲佐酒的論述，皆能揣見其完全無意探討《金瓶梅》此書是否「誨淫」的道德議題，僅樂於暢述《金瓶梅》所提供之審美快感。袁宏道面對時人聚訟爭議之《金瓶梅》，道德觀念明顯地被排除在審美視域之外，「審美經驗」獨立自足之特性，於袁宏道此三文中，得窺一二。

萬曆四十二年甲寅（1614），袁小修在《遊居杮錄》日記中則指出：

> 往晤董太史思白，共說諸小說之佳者，思白曰：「近有一小說，名《金瓶梅》，極佳。」予私識之。……《金瓶梅》）瑣碎中有無限煙波，亦非慧人不能。追憶思白言及此書曰：『決當焚之。』以今思之，不必焚，不必崇，聽之而已。焚之亦自有存之者，非人之力所能消除。但水滸，崇之則誨盜；此書誨淫。有名教之思者，何必務爲新奇以警愚而蠹俗乎？〔註3〕

對於袁小修以及董其昌而言，審美與倫理之間的關係，無疑地，近於相互對顯，甚至相互對立之關係。當袁宏道獨揭「雲霞滿紙」的審美感受而略去道

〔註2〕袁宏道，〈董思白〉：「一月前，石簣見過，劇譚五日。已乃放舟五湖，觀七十二峰絕勝處，遊竟復返衙齋，摩霄極地，無所不談，病魔爲之少卻，獨恨坐無思白兄耳。《金瓶梅》從何得來？伏枕略觀，雲霞滿紙，勝於枚生〈七發〉多矣。後段在何處，抄竟當於何處倒換？幸一的示。」（錢伯城點校，《袁宏道集箋校》【上海：上海古籍，1981】，卷六，「錦帆集之四——尺牘」，上冊，頁289）；《觴政・十之掌故》：「凡《六經》、《語》、《孟》言飲式，皆酒經也。其下則汝陽王《甘露經》、《酒譜》、……諸飲流所著記傳賦誦等爲內典。《蒙莊》、《離騷》、《史》、……陸放翁諸集爲外典。詩餘則柳舍人、辛稼軒等，樂府則董解元、王實甫、馬東籬、高則誠等，傳奇則《水滸傳》、《金瓶梅》等爲逸典。不熟此典者，保面甕腸，非飲徒也。」（《袁宏道集箋校》，卷四十八，「觴政」，下冊，頁1419）；〈與謝在杭〉文：「……仁兄近況何似？《金瓶梅》料已成誦，何久不見還也？弟山中差樂，今不得已，亦當出，不知佳晤何時？葡萄社光景，便已八年，歡場數人如雲逐海風，倏爾天末，亦有化爲異物者，可感也！」（《袁宏道集箋校》，卷五十五，「未編稿之三——詩、尺牘」，下冊，頁1596、1597）。

〔註3〕袁中道，《遊居杮錄》卷九，收於袁中道著、錢伯城點校，《珂雪齋集》（上海：上海古籍出版社，1989），下冊，頁1315、1316。

德內容不論，已然昭明一種以審美態度取代倫理思考之價值取向；袁小修與董其昌雖然肯定了《金瓶梅》「瑣碎中有無限煙波」的審美內蘊，卻不得不慮及小說「頗涉淫穢」的內容對於現實社會倫常規範可能造成的衝擊，於是在「焚」與「不焚」之間頗費思量。董其昌的「焚之」建議，終究凸出了倫理爲尚的道德抉擇；袁小修則認爲「不必焚，不必崇」，「崇之」將有「誨淫」之慮，因此主張聽憑人心之自由取捨，以決定《金瓶梅》一書的存續毀佚。袁小修之主張，較諸董其昌的決斷，看似彈性而開放，然而，二人之計慮卻共同呈示出：對於他們而言，「雲霞滿紙」的審美經驗可能是危險的，與倫常觀念有所牴觸，因此或者建議採取焚毀的激烈手段，或者主張文人名士不宜鼓舞之、宣揚之，聽任其自然變化即可。袁小修此一番隨著社會風氣的自然變化以決定情色小說或存或毀的主張，較之袁宏道正面肯定《金瓶梅》的審美價值，或是沈德符堅持不將此書付梓，以維護名教倫常的道德考量，〔註4〕乃屬消極、無爲的對應方式。由於《金瓶梅》一書展現了高度的議題聚焦功能，我們遂得以藉由晚明人對於此書聚訟紛紜的現象，窺見倫理與審美之間的思考、取捨，在晚明乃出現了極爲分歧，並且糾葛難解的現象。

即此，我們可以指出：晚明社會最爲醒目的存在「現實」，乃是倫理世界與審美世界交綰互錯之存有上的兩重「意義現實」。這種說法，援借了西方社會學家思索社會現象時，所提出之「多重現實」的理論概念。「多重現實」一說爲維也納社會學家舒茲（A. Schutz）所提出，他認爲：日常生活中的勞動世界，是人們現實經驗的原型，而科學理論、宗教、想像的（包含夢的、藝術的、遊戲的、笑話的世界）、甚至「完全瘋狂與奇特」的世界，則是植基於日常生活經驗上之各種「有限的意義範圍」（finite provinces of meaning），所有各式各樣的「意義範圍」都可視之爲對日常生活經驗的修改。據此，舒茲認爲社會世界是一「多重現實」，每一重「現實」，依人們自身的經驗意義，構

〔註4〕沈德符，《萬曆野獲編・金瓶梅》：「袁中郎《觴政》以《金瓶梅》配《水滸傳》爲外典，予恨未得見。丙午，遇中郎京邸，問曾有全帙否？曰：第睹數卷，甚奇快。今惟麻城劉涎白承禧家有全本，蓋從其妻家徐文貞錄得者。又三年小修上公車，已攜有其書，因與借抄挈歸。吳友馮猶龍見之驚喜，慫恿書坊以重價購刻。馬仲良時榷吳關，亦勸予應梓人之求，可以療飢。予曰：此等書必遂有人板行，但一刻則家傳戶到，壞人心術，他日閻羅究詰始禍，何辭置對，吾豈以刀錐博泥犁哉？仲良大以爲然，遂固篋之。未幾時，而吳中懸之國門矣。……」收於《萬曆野獲編》（北京：中華書局，2004），中冊，頁652。

成特殊的認知型態，在各個意義世界內，人們的經驗彼此相互一致；又因爲每個「有限的意義範圍」能夠具有一種特殊的「現實的強調」（accent of reality）（並非勞動世界的現實強調）因此被視爲是眞實的。人們可以同時生活在幾個「有限的意義範圍」中，例如，爲達成宗教、或是道德的目的，而在日常生活世界中從事各種勞動工作，並且在不同的時間採取不同的思考方式，據此，人們遂將在不同的意義世界中流轉變換，獲取各種不同的經驗意義以構成存在上之「現實」。此外，雖然人們可同時生活在幾個「有限的意義範圍」之中，但是就「經驗」而言，在任何一個相同意義範圍內的不同經驗，其意義是彼此相容的，但是不同範圍內的經驗，其意義卻未必相容，甚至可能有外顯（或隱含）之衝突，此即構成了每個意義範域的邊界，緣此，舒茲方要命稱這些範域爲「有限的」意義範圍。〔註5〕

以此作爲理解基礎，我們在欣欣子、袁宏道與袁小修論《金瓶梅》的諸段文獻中，得窺晚明文人面對相同事物——《金瓶梅》一書，乃採取了不同的思考角度與應對方式。袁宏道「滿紙煙霞」的思考方式，顯然取用了審美視角，刻意忽略道德倫理面向，隱隱呈示出一種以審美價值取代道德倫理作爲存在核心價值的思維意向；欣欣子則將審美價值置諸倫理思考的框架中，以爲審美功能有助於倫常道德之維繫，此爲倫理高於審美、重於審美的傳統樣態；至於袁小修，「不必焚、不必崇」的思考模式，則區隔了審美範疇與倫理範疇，視二者爲並行、對立的兩套價值系統。因此，如果說《金瓶梅》一書的問世，以及文人的爭相閱覽、談論，並開始爲其箋評的文化現象，乃是晚明崇尚情欲風氣的折射影像之一，那麼這種崇尚情欲風氣的形成，自然是由於許多不同的因素錯綜交織而成的，例如：或出自理學內部的演變、或者出於經世之關懷、或者緣於文學思潮的鼓動，當然更與社會經濟、物質環境之變遷等息息相關。〔註6〕若我們逐一檢別這幾種構成晚明崇尚情欲風氣的不同要素，並參照舒茲「多重現實」的論點，可以指明的是：不斷變遷之社會經濟、物質環境，正是人們與他人共同生活、相互聯繫、並且互爲主體的日

〔註5〕參見舒茲（Alfred Schutz）著、盧嵐蘭譯，《舒茲論文集・第一冊》（台北：桂冠，1992），「導論」，頁17、18；「第九章・多重現實」，頁256～260。郭諭陵著，《舒茲的現象社會學與教育》（台北：桂冠，2004），「第五章・多重實體」，頁119～121。

〔註6〕參見鄭宗義，〈性情與情性：論明末泰州學派的情欲觀〉，《情欲明清——達情篇》（台北：麥田，2004），頁80。

常生活場域。當日常生活型態、社會環境的變遷，已然迥異於以往，那麼，植基在日常生活現實之上的各種「有限的意義範圍」——諸如哲學思潮、道德實踐、文學觀念等內蘊亦將隨之轉變，並且共同投射、反映在新興的小說文類之中。即緣於此，我們不僅將在小說文本中，得窺晚明社會的幾重「現實」，亦將在晚明人面對此一極具爭議性之文本，所提出之觀點各異的批評視野中，得見晚明人在不同的意義世界中流轉變換，努力汲取各種不同的生命經驗，重構存在上之「現實」，以爲自身生命或整體社會尋得終極價值的多方思考。

據此，在晚明人的視域之中，審美或倫理，從來便不是可以完全獨立發展、毫無聯繫的兩個存在境域，而是相互參照的兩套價值系統，此意即：在倫理的視域之中，審美並未完全消失在倫理視域之外；反之，與倫理相對的審美視域的開展，往往源自於爲擺脫倫理生活的束縛、桎梏而發，於是，二者之間，遂形成往復辯詰、互有消長，或者糾葛牽連之關係。因此，我們對於晚明審美世界的探究，需建立在深入理解晚明倫理思想的基礎上，方能對晚明之審美義蘊有一深入且相應的瞭解；而對於晚明倫理思想的探問，亦不能忽略理學家之思考、提出論述的基源與起點，正是爲了具體回應當代社會風氣、人性欲望之改變而有。審美與倫理兩套價值系統之間，或聯結、或側重、或對立的現象，關乎人性情感或者提昇、或者沉淪之個人以及整體社會存在境域之思考。由於兩造力量率然有所對立、拉鋸所形成的一股張力，構成了時代繼續向前轉動的推進力量。聯合兩股相反的「勢力」，同時審視晚明情欲解放之現象，以及更趨嚴格之道德思想、倫理規範，並且參照晚明士人所面對之仕宦環境、生存處境，或許我們對於何以晚明文人不論在「審美範疇」或是「倫理範疇」，皆出現了一種類近於宗教情懷，乃至於狂熱追求、「積極身殉」的現象，得能提出一番合理、清晰的詮釋。

德國「接受美學」學者耀斯（Hans Robert Jauss）曾經指出：

> 宗教的、理論的和倫理（或者政治）的經驗諸領域是密切地聯繫在一起的。當人們回顧本文描述的審美經驗歷史中的那些現象和事件時，面前就會展現出一個奇特的過程：審美經驗似乎並不是在它自己的領域內「有機地」發展的，而是靠介入現實的經驗來不斷地擴大和保持自身的意義領域的，亦即通過篡奪他人的果實來補償自己、通過越界行爲以及提供具有競爭性的解決方案來達到的。

即此，耀斯顯然並未將「審美範疇」之中的經驗與其他「有限意義範圍」中的其他經驗，視之爲意義衝突、毫不相容的個別經驗——雖然經驗性質相異，但審美經驗可以不斷地滲透、介入其他意義領域，充分地汲取、獲取自身所需之養分。透過對於審美經驗的歷史考察，耀斯認爲，審美經驗的結構特性，主要通過生產、交流和接受的態度三方面表現出來。例如，當詩人將自己的經驗轉化爲文學創作，而在對作品的成功充滿喜悅之際，同時也獲得了一種與讀者分享的精神上的解放，此時，審美經驗的生產能力與淨化效能得以相互契合。而在接受方面，耀斯則認爲：

> 審美經驗與日常世界的其他活動的不同處在於它特有的暫時性：它使我們得以進行「再次觀察」，並通過這種發現來給我們的現實以滿足的快樂；它把我們帶進其他的想像世界，由此適時地突破了時間的樊籬；它預期未來的經驗，由此揭示出可能的行動範圍；它使人們能夠認識過去的或者被壓抑的事情，由此使人們既能保持奇妙的旁觀者的角色距離，又能與他們應該或希望成爲的人物作游戲式認同：它使我們得以享受生活中可能無法獲得或者難以享有的樂趣；它爲幼稚的模仿以及在自由選擇的競賽中所採用的各種情境和角色提供了具有典型性的參照系。最後，在與角色和情境相脫離的情況下，審美經驗還提供機會使我們認識到，一個人的自我實現是一種審美教育的過程。

據此，審美經驗與掙脫束縛、情感淨化、行動實踐、自我教育，以及一種旁觀者的角色距離息息相關，既植基於日常生活世界之上，卻又與日常勞動的經驗截然不同。因此，審美經驗與審美世界的全幅內容，並不應當只是歷代藝術作品所呈示出之審美價值、審美規範（測量審美價值的標準）與審美功能（創造價值的力量）對於讀者單向且片面地進行教導與規範，而應該針對生產經驗與接受經驗，以及二者間往復交替的交流經驗，對審美功能、審美價值的概念重新作進一步的界定，而其效能展現在：審美經驗不僅可以令人自傳統的審美規範之中游離、脫逸出來，並且能夠消除虛構與現實之間的兩極對立。〔註7〕循此以論，審美經驗與審美意識，包含了一般所說的美感（審

〔註7〕上述關於耀斯對於「審美經驗」的闡述，參見耀斯著、顧建光等譯，《審美經驗與文學解釋學》（上海：譯文出版社，1997），頁169、11、12、13、177～182；蔡英俊師，《中國古典詩論中「語言」與「意義」的論題——「意在言

美感受），以及與之相關的審美趣味、審美觀念、審美心理等等，但卻也並非即是單純地意指「美的」形象、「美的」事物，以及「美的」認知，或者局限在對於「趣味」、「美感形象」進行各種或「高雅」、或「世俗」、或「顯露」、或「婉約」等藝術風格的分類概念中，最終衍化成爲一種類型分類學。換言之，我們應該試圖將審美經驗的闡釋轉移至：審美反應即是一種情感淨化的過程。因此，這本論文所要觀注的審美課題將是：在審美經驗之中，人們的情感，如何被一種高度強化了的想像活動所淨化；又如何同時被引入矛盾的情緒中，通過延宕、認同而得到昇華；抑或是，如何藉由嘲弄、貶抑的方式獲取快感，令衝突的情感終能得到解決並獲得淨化、解放等等情感上複雜的轉變現象。

我們不妨藉由耀斯關於「審美經驗」的討論作爲認知基礎，對於晚近晚明美學研究成果，進行概括性的檢視。對於某一個歷史階段之審美現象的討論，許多論者習於以一個統一的意義總結該階段的審美內蘊。關於晚明時期，論者或以「求眞爲本」總提晚明審美風尚，例如林淑貞《詩話論風格》一書第九章論及明清審美風尚之流變時，即以「晚明時期求眞爲本」作爲一個小標題，總提晚明時期的審美特徵；〔註 8〕或認爲晚明文藝、哲學的傾向乃是「詩心不師道」——「心」的內容涵攝情欲與性靈。〔註 9〕但當論者察覺一個統一的意義難以提挈、涵蓋整個晚明時期的美學風尚，而卻又必須對此一時期的審美現象作出描述時，便產生了另外一種先依文類（此中又包含不同的藝術門類）分派章節，復以人物爲綱，多方標舉的闡說方式。例如葉朗在《中國美學的開展》中論及明清時期美學現象時，先區別出「明代美學」、「明清小說美學」、「明清戲劇美學」、「明清園林美學」四個部分，復於「明代美學」一章之下，提舉此階段的重要人物、文學流派，以及不同流派所提出之論點涵括此一時期的審美內容。依據此種鋪設章節的方式，我們可以得知，葉氏認爲這一時期的審美內容，爲各種特徵——「韻」、「境」、「童心」、「唯情」、「性靈」——聯合而成。〔註 10〕再如吳功正《中國文學美學》一書，中卷「歷

外」的用言方式與含蓄的美典》（台北：學生書局，2001），頁 296～298。

〔註 8〕林淑貞著，《詩話論風格》（台北：文津出版社，1999），頁 446。

〔註 9〕參見李澤厚著：《華夏美學》（台北：三民書局，1996），第六章「走向近代」，頁 203。

〔註 10〕葉朗於「明代美學」一章之下，標寫之目次分別爲「王履的《華山圖序》」、「祝允明論韻與境」、「王廷相、陸時雍論意象」、「李贄的童心說」、「湯顯祖的唯

史邏輯篇」論及晚明美學現象時，獨標舉「散文」此一文類以與「唐宋散文」相互對顯，而其餘，則總括元、明、清三個朝代，分論「小說」與「戲劇」兩種文類的美學特徵。綜觀吳氏此書的綱領結構及內容分置，可以得知，在其思考脈絡中，晚明時期的審美特徵乃由「世俗情味」、「感性」、「情緒」、「趣」、「韻」、「眞與假」、「虛與實」、「理性」等要素組合而成。〔註 11〕

同時提出「韻」、「境」、「童心」；或「世俗」、「情緒」、「趣」；或是「俗」、「露」、「趣」等多種審美特徵以闡明晚明時期的審美現象，〔註 12〕顯見論者已思及晚明「審美」一詞實際上包含了多重意涵、多種用法。然而，晚明「審美」此一語詞的多種用法、多重意涵，自正面言之，正足以昭顯其內涵、面向之豐富與深繁，但自反面而言，則後世讀者不免時時困惑於其中各種特徵、各種概念之間的含混或相互矛盾之處。例如「趣」作爲晚明重要的審美概念，袁中道認爲：「凡慧則流，流極而趣生焉。天下之趣，未有不自慧生也」，因此，「山水的玲瓏多態」、「水之漣漪多姿」、「花之生動多致」、人的「俊爽機穎」皆是「趣」；〔註 13〕再如黃周星（明崇禎十三年（1640）進士）論「趣」，以爲「趣非獨於詩酒花月中見之」，「凡屬有情」皆有「趣」在，所以「今人之遇情境之可喜者，輒曰有趣，有趣」；「則一切語言文字，未有無趣而可以感人者」，而有「情」之「聖賢、豪傑之人，無非趣人；忠、孝、廉、節之事，無非趣事」。〔註 14〕袁宏道更以爲：

> 世人所難得者唯趣。趣如山上之色，水中之味，花中之光，女中之

情說」、「公安派的性靈說」、「公安派的藝術發展觀」、「溫柔敦厚美學原則的衝擊」。葉朗，《中國美學的開展》（台北：金楓出版有限公司，1987）。

〔註 11〕參見吳功正《中國文學美學》（江蘇：江蘇教育出版社，2001），上卷「目錄」，頁 7～9 以及中卷九章、十章與十一章之內容。此外，陳望衡《中國古典美學史》（湖南：湖南教育出版社，1998）一書則依照不同的文學潮流、不同的文學、藝術類別分論明代的美學特色，在「明代浪漫主義美學」一章之下，仍是以人物作爲區隔的方式，揭示人物主要思想，其目次爲「徐渭『眞我』說」、「李贄『童心』說」、「袁宏道『性靈』說」、「湯顯祖『至情』說」，頁 8、9。

〔註 12〕例如馬信美《晚明文學新探》（台北：聖環圖書公司，1994），一書即認爲晚明的詩文有俚俗化之傾向，其特徵乃在於「俗」、「露」、「趣」，相關論述參見是書，頁 163～173。

〔註 13〕袁中道，〈劉玄度集句詩序〉，袁中道著、錢伯城點校，《珂雪齋集》（上海：古籍出版社，1989），上冊，頁 456。

〔註 14〕黃周星《製曲枝語》，收入楊家駱主編《歷代詩史長編二輯》（台北：鼎文，1974），冊七，頁 120、121。

態，雖善說者不能下一語，唯會心者知之。今之人慕趣之名，求趣之似：于是有辨說書畫，涉獵古董以爲清；寄意玄虛，脫跡塵紛以爲遠。又其下則有如蘇州之燒香煮茶者。此等皆趣之皮毛，何關神情！〔註15〕

循此三則文獻觀之，晚明文人論「趣」，其內容除了時與「慧」、「情」、「神情」等其他審美元素相互聯繫、依屬之外，就「趣」本身而言，它有時候涉及了自然客體的特徵與表現，有時候涉及了人類主體生命的型態特徵、有時候涉及感性情感，有時候涉及倫理道德，有時候涉及藝術表現，有時候涉及知覺的方式，有時候涉及知識與判斷。綜合來看，「趣」交相意指美的、感性的、愉悅的、藝術的、創構的、不著痕跡的以及非強制的。

然而，既是「藝術的」、「創構的」，又如何意指「不著痕跡」、「非強制的」？「趣」作爲晚明重要的審美概念，在不同的書寫者筆下，因爲文學觀念的差異，往往會出現不同的意義指涉；而即使同一位書寫者，在使用同一個語詞，進行理念的闡述、說明時，亦會出現意義前後不一，內涵、外延俱皆模稜、游移的現象。依此推衍，「雅」與「俗」、「韻」與「境」、「眞」與「假」、「虛」與「實」等審美概念，是否亦如同「趣」般內涵紛雜，以致於我們難以清晰地整繪出一張晚明審美概念的清晰版式？並且往往迷失在各種形容性的詞彙拆解過程中，最終僅能得到片斷性的理解而難以完整地掌握晚明審美經驗中關於掙脫束縛、情感淨化、行動實踐、自我教育等更爲深刻之情感轉變的軌跡？以及忽略了：相對於道德經驗，審美經驗作爲另外一種生命存在之可能向度，晚明文人的審美經驗雖時時自傳統審美價值、審美規範脫逸而出、情態迥異，但是，是否絲毫不減其依然深具深度的人性意義？因此，除了依照藝術類別之不同、觀點各異的文學主張、或是標舉出數個審美概念以總攝晚明審美現象的闡釋進路之外，我們有沒有其他的詮釋方法可供反思、依循？意即：我們既能借鑑前人之研究成果，又能別開蹊徑，更進一步地釐清晚明審美現象的複雜樣貌以及貼切地闡述其間深刻的人性內蘊？

此外，毛文芳《晚明閒賞美學研究》一書，以「閒賞」一詞指稱晚明人審美生活的價值追求；羅筠筠《靈與趣的意境——晚明小品文美學研究》，以「靈」、「趣」標舉晚明小品文的美學境界；吳宏一校訂，邱琇環、陳幸蕙選

〔註15〕袁宏道，〈敘陳正甫會心集〉，袁宏道著、錢伯城箋校，《袁宏道集箋校》，卷十，〈解脫集之三——遊記、雜著〉，上冊，頁463。

註之《明清小品》一書，則以「閒情逸趣」作爲標目，與歷代詩詞的美學特徵作一區隔。然而，即如毛文芳在闡述晚明美學特徵時所指出之：

> 晚明文人一方面要對審美物象纖膩深情而專注，一方面又有像焦竑這樣強調「寓意爲寄」、不滯於物的莊子美學精神來作警醒，取宋代文人的「煙雲過眼」觀來作典型；一方面要表現嗜、癖、癡、溺、殉這樣物我之間密切貼合的關係，另一方面卻又時時要跳開、要隔離、要裝飾、要表演，這樣看來矛盾齟齬的現象，使得「晚明閒賞美學」更呈現了複雜耐人尋思的義涵。〔註16〕

晚明的審美義涵既時時齟齬衝突且複雜多變，那麼，呈露「清空」意蘊的「閒」、「逸」、「靈」等形容性術語、詞彙，如何得能適切地闡釋、全面性地涵蓋晚明文人對於審美對象狂熱追求，乃至於「成癖」、「成癡」，甚且要「以身相殉」之情感耽溺、偏執的現象？此種情感上的耽溺、癡狂，顯然與「閒」、「逸」的情調內涵有所牴觸；而足以「積極身殉」的審美狂熱又如何得稱爲「閒賞美學」？因此，「閒」、「逸」、「靈」等內涵模稜之形容性詞彙的揭提，僅能說明晚明審美風格之一端；「閒」與「賞」結合成詞，亦僅摘提出型態紛陳之各色生活態度、審美實踐的某一特殊類型，我們很難以某一特定的風格類型或觀玩態度指述晚明審美現象之全幅內容。捨置整體時代現象不論，我們甚至亦難以以某個既定概念，論斷一位創作者，或者某一文學流派美學觀念的所有轉折與辯證性發展。例如，我們可以窺見袁宏道作爲晚明性靈小品文學的重要代表作家，其審美對象不僅及於詩文書畫、古玩器物，更包括了對於紈綺、歌舞等聲色之樂的流湎，其所暢述之「目極世間之色，耳極世間之聲，身極世間之鮮，口極世間之譚」的人生「快活」事，〔註17〕以及對於「誨淫」《金瓶梅》小說的賞愛，無一不是其審美經驗之具體內容，此中，清楚呈現了欲望與性靈交織牽連之痕跡。而審美經驗與道德經驗之間的辯證關係，在袁宏道的生命歷程中，亦從未終止過。袁小修在〈吏部驗封司中郎中郎先生行狀〉中即不避諱地直指中郎晚年已體認到往昔所見所學「偏重悟理，而盡廢修持，遺棄倫物，偭背繩墨，縱放習氣，亦是膏肓之病」；〔註18〕

〔註16〕毛文芳，《晚明閒賞美學》（台北：學生書局，2000），頁25、26。

〔註17〕袁宏道，〈龔惟長先生〉，袁宏道著、錢伯城箋校，《袁宏道集箋校》，卷五，〈錦帆集之三——尺牘〉，上冊，頁205。

〔註18〕袁中道著，錢伯城點校，《珂雪齋集》，卷十八，中冊，頁758。

而同爲性靈文學代表作家之袁小修，晚年時亦逐漸將倫理思考納入審美視域之中，純然「靈趣」、「閒賞」甚而「放曠」的生命情調，似乎成了漸行漸遠之青春記憶，死亡焦慮取代了審美快感當境、即時之宣發。由此，我們遂知僅止提拈「清閒」、「靈逸」的生命情調，實難以盡述晚明文人的生存處境、精神追求，以及審美經驗。而《金瓶梅》「崇禎本」評點者更毫不掩飾其對於小說文本情色場面、市井人物情態的賞愛讚嘆之情，此一種審美經驗，離毛文芳對於「閒賞」之義界——「若是將時間與心緒，放在宮室、美色、梁肉、紈綺、歌舞、床笫上求歡愉，則並非閒的眞樂」〔註 19〕——亦有著一段遙遠距離，但卻是晚近學者考察晚明情欲課題，或是審美現象所經常擷取的重要材料之一。〔註 20〕

此番關乎倫理與審美、情與欲、雅與俗的糾葛，羅筠筠在《靈與趣的意境——晚明小品文美學研究》一書中，將倫理觀念視之爲晚明小品文所以興盛之思想文化背景加以考察，及至討論小品文的美學思想時，已鮮少觸及與道德倫理相關之課題；對於「欲」與「俗」的審美課題，羅氏則將其視爲晚明文人對於外在社會審美風尚之反映，文人內在的審美價值，乃在於積極建構「性靈」、「眞情」、「陶養」等「雅化」的美學思想。這自然是研究上的一種方便進路，但我們依然不禁懷疑，這種區隔是否能夠恰當地闡釋晚明文人眞實的心靈世界，是否倫理、審美，以及日常生活，可以如此切割而少有交涉？我們更感興趣的是，晚明社會各個「現實」之間的關係，究竟如何聯結，對話，以及相互滲透？因此，我們能否找到一種研究進路，它令我們可以把研究置於一個更廣闊的視域之上，清晰地指述晚明各個「現實」之間的相互關係，並同時對於晚明的審美現象進行一番更爲深刻的闡述——有關人性內蘊、存在價值、自由與眞理的思考，以及各種情感淨化之自我教育的闡述。

〔註 19〕毛文芳，《晚明閒賞美學》，頁 38。

〔註 20〕例如浦安迪（Andrew H. Plaks），〈瑕中之瑜——論崇禎本《金瓶梅》的評注〉，收入徐朔方編：《金瓶梅論文集》（上海：上海古籍，1987）；齊魯青，〈明代《金瓶梅》批評論〉，《內蒙古大學學報》第一期（1994）；劉勇強，〈《金瓶梅》本文與接受分析〉，《北京大學學報》第四期（1996）；李梁淑〈論《新刻繡像批評金瓶梅》的女性人物批評〉，《中國文學研究》第十五期（2001）；楊玉成，〈閱讀世情：崇禎本《金瓶梅》評點〉，《國文學誌》第五期（彰化：彰化師範大學國文系，2001）；陳翠英，〈今昔相映：《金瓶梅》評點的情色關懷〉，收入熊秉眞、余安邦合編《情欲明清——遂欲篇》（台北：麥田，2004）。

第二節　本文論述架構與思考進路

緣於本論文之研究旨趣在於試圖闡釋晚明社會倫理、審美，以及日常生活等「多重現實」之間的關係，並解析晚明審美經驗的各個面向及其內蘊，因此，我們將立基在這樣的一個假設前提上：如果說，任何一種審美價值的探詢與追求，並非僅止於發揮其妝點生活、修飾生活的功能，或是作爲豐富個人生命內容，陶養生命情懷的諸多實踐方式之一，而可能蘊涵著更爲深刻的人性面向與人性意義——亦即對於自身存在處境與當代社會現象之深沈思考，那麼，當晚明人面對明中葉以來逐漸惡化的政經環境，或是面對哲學思想發展、人性情感、民生物用條件等社會各個面向的巨大改變所引生之或困頓窒息、或價值混淆的生存處境，爲了疏通內在生命的蹇滯之感，人們遂不得不重新檢視舊有的思想價值，思索新的人性觀念，以符應社會風氣、人性情感之轉變。於是，「審美」一途，自然而然地成爲晚明人重獲自由——思想自由，與「士」身分之自由的重要嘗試路徑之一。換言之，若我們意欲深入闡釋晚明的審美現象與審美風潮，那麼我們將難以忽略晚明審美經驗之特殊性，實緣於與其相互對應之社會、政經環境的改變、逼仄而有，此意即：我們不深入檢視晚明政經環境對於文人所造成的迫促之感，就難以深入闡述晚明文人生命痛處與美學思想深度二者之間的關聯；相同地，若我們不能理解晚明人追逐刺激、沉湎官能欲望的社會風氣與眞實的生活境況，亦難以完整地、深刻地指述「性靈」思想所涵蓋的生命內容與美學面向。

本此研究旨趣，在第二章中，我們將透過「時代精神」與「晚明士人心態之嬗變」二端總攝晚明社會文化概況，揭提士人之仕宦環境與政治思想，並試圖詮釋晚明知識分子在面對逐漸顯露弊端之政經環境時，所表現之或爲激詭、或屬消極等諸般行爲態度的內外在成因。「時代精神」一詞，日人廚川白村曾有一清晰之義界，他在《西洋近代文藝思潮》一書中認爲「時代精神」意指：任何時代皆有構成它的文化中心或基礎思想，做爲該時代一切活動的軸心和轉動時勢的根本精神。以此揆諸晚明時期政治、經濟、文學、社會生活等各種現象，我們認爲推動晚明歷史不斷向前轉動的根本精神，即是陽明學說在晚明時期持續發展、分化、歧出與社會化的過程。依牟宗三之見，王陽明「致良知」、「知行合一」之哲學思想，乃含有超越之精神、積極身殉之精神，以及至純至簡之藝術浪漫情調，據此，我們遂得以照察晚明之學術信仰、政治投入、講學活動，社會事業的成就，在精神上，或多或少地汲取了陽明學說中「超越」與「積極身殉」之精神以爲養分；而晚明文學藝術的發展，則與陽明學說中所蘊含之「藝術浪漫情調」互爲照應。對於晚明文化生活作一俯瞰性之描述後，我們討論的焦點將移轉至晚明知識分子之政治觀念與仕宦心態。論點起自晚明士人對於萬曆年間吳中行等五賢受杖事件的不同詮釋，以見當朝知識分子對於「道」與「勢」關係之辯難、思考，並指述晚明士人或激徼、或爲維護綱常名教、或恪守政統朝綱之心理變化與價值取捨，繼之以當時人對於生命存在多數懷有厭棄之感收束此章。

在經濟生活方面，明中葉之後，隨著政治的腐化，中央政權對於社會的控制能力不斷地下降，明初既定的經濟政策受到極大的衝擊，土地兼併與地主莊田的擴張，迫使許多農民離鄉流亡。流民所到之地，不論是偏僻山嶺，或是城鎮都邑，皆促進了遷居地種植業、礦業，或是手工業、商業的蓬勃發展。〔註 21〕因此，隨著流民問題持續深化、商業活動逐漸活絡、生存競爭轉趨激烈，舊有的律法與道德，已難以規範人們的行爲活動，並主導價值觀念之趨變，不論是商賈，或是知識分子，莫不試圖提出嶄新的倫理觀念，或是重申、邃密傳統道德價值，以面對人性價值、人性情感之巨大改變。在第三章中，我們除了檢視了晚明幾種特殊的倫尙思考外，對於重視人類自然生活的泰州學者，以及較諸傳統乃更趨嚴格之劉蕺山的倫理思想，分別進行闡述說明。兩種分處極端的倫理觀念，無疑地皆是爲了回應當代人性情感之發展而有，然而卻各有其理論上，或實踐上難以寰通窮盡之處；而此番純屬思想界關於倫理議題之辯證、思考，終難轉易整體社會朝向恣情縱欲、沉湎官能享樂的軌跡前進。

傳統道德倫理觀念，既已難以發揮穩定家族、社會秩序之功能，並且一如往昔，緊密地將生活、道德與文化三者連爲一體，整體社會乃逐步朝向「世俗化」的軌跡轉進時，人性終將出現兩種發展方向：一是自我人格精神的無限擴張，另一則是人們將不斷地追求新奇與享樂，最終淪於放蕩的生活型態。這兩種人性發展的方向，我們在晚明時期，皆能照見具體之例證。在自我人格精神的擴張上，我們以李贄一生的經歷作爲說明，意在指出：此番自我人格之無限擴張，固然造就了理論思想上的創新與突破，然而卻難以眞正形成一種「哲學突破」——既能安頓自身並得以影響時局，啓迪來者。至於晚明

〔註 21〕參見傅衣凌主編，楊國楨、陳支平著，《明史新編》（台北：雲龍，2002），第五章，「正統到正德間的社會變遷」，頁 189～207。

社會追逐新奇與官能享樂之生活，透過晚明史料筆記與各類文學作品，我們得窺晚明人對於官能欲望之追逐，涵蓋了「六根」——眼、耳、鼻、舌、身、意，與「六識」——色、聲、香、味、觸、法等各個層面，性活動的泛濫，尤屬歷代之最。此種遁逃到自戀戀物、追求刺激之官能世界的現象與心境，凸出了晚明人一種「困頓枯竭」的存在處境。疲弊叢生之政治環境、困頓枯竭的生存處境，與生命氣質的殊性相互激發，晚明時期出現了許多有著特異行為之人。對於此類或醜怪、或顛狂等擁有特殊生命型態者，晚明文人喜以審美態度理解之、闡釋之。而此番審美性地理解，所呈示出來的人性深度，已非傳統儒、釋、道所強調之「絕對理境」可以涵攝，因此，其人性深度並不顯現在一種「絕對理境」之提出，而在於閱聽者（包含作者）與審美對象間一種交感思考之運作。藉著交感思考的持續運作，閱聽者將逐步調整自身經驗與各種感知狀態，在各種不同的情感認同中，逐步理解、尊重各種生命經驗之獨特性，據此，異於傳統價值之生命內容中某些「隱蔽」卻深具意義的人性價值將重新為世人所掌握。此外，我們復提出「倫理主體對於『快感』的感知與質疑」，作為「審美現實」的參照系統，審視當《金瓶梅》成為審美主體感知的對象時，倫理主體又在什麼層面上，經由何種感知、照察，將「性快感」此一活動，逐步建構成為道德關注的特殊領域。

在第四章中，我們論及晚明文人在覽觀特殊的生命現象時，已率然能夠由倫理價值之判斷轉向審美態度之援取、審美意義之掘發。第五章中，我們將追溯晚明審美意識構成的思想根源，並試圖闡述晚明審美意識的特殊性質與特殊內容。由於審美態度的援取，日常生活中的瑣細事物，或是歷史文化之內容；官能欲望的流湎，或是性靈才情的發露，無一不可視之為審美對象，因此，我們遂能照見晚明人的審美經驗涵蓋了官能享樂與性靈發抒之審美光譜的兩個極端。此中，我們難以忽視的是，官能享樂與性靈抒發看似分屬「欲」與「靈」的兩個極端，但晚明文人或者各據光譜的兩極，提出各具風姿之審美主張；或者在兩極之間遊走，既倡性靈、情感昇華之美，喜好事物的形象、秩序之美，亦同時在書寫性靈中流瀉出幾許世情欲望。唯有同時審視晚明審美光譜的兩個極端，我們方能較為清晰地勾勒出晚明美學現象的整體輪廓，以及闡述處於時代語境下的各般審美趣味。因此，在指述「晚明審美意識的構成」之後，我們接著觀察「清賞小品」、「山水小品」與「諧謔小品」中性質有別之審美經驗，以及「審美現實」與「日常現實」或是「道德現實」之間的關係。第三節，則轉而視察晚明文人對於「官能欲望」的審美態度。我們以《金瓶梅》，以及《金瓶梅》「崇禎本」評點作爲考察材料，〔註 22〕聚焦於「冷熱世情」議題的探討，旨在藉此揭明晚明的審美實踐經由文學表現、文學批評，完整地呈示出關於審美經驗之生產製造、接受與淨化的三個面向。據此，我們遂能進一步指出，晚明審美概念乃呈現出一種「狀態屬性」，其所具含之流動性、多義性的特徵，成爲晚明審美現象的重要特色，因此，我們藉著考察晚明審美概念中不同的語義因素，以及各種不同的語義聯結方式，收束本章關於晚明審美現象的闡述。

餘論部分，我們首要說明的是：緣於「倫理」與「審美」兩種存在經驗，乃具有不同的認知型態，因此，我們得以照見「倫理現實」與「審美現實」在晚明社會中時常顯現出價值意義上的矛盾與衝突，以及兩股力量相互抵消下，人們生存意志普遍低落、消極之境況。即在於「道德現實」與「審美現

〔註 22〕本文關於《金瓶梅》文本與評點文字之討論，主要依據《新刻繡像金瓶梅》（台北：曉園，1990）一書。《新刻繡像金瓶梅》評點者確切的身分，晚近學者仍然意見紛歧：或者無法驟下斷語，或者以爲即是李漁，或是馮夢龍。王汝梅在《新刻繡像金瓶梅》一書「前言」中，難以確指「崇禎本評語」的評點者究竟是誰，僅是指出：評點者衝破傳統重教化、重史實之評點觀念，轉而重視審美、眞趣的藝術視角，顯然受到李贄、袁宏道「童心」、「性靈」、「眞趣」、「自然」等審美意識的影響，其人主要活動時期，應早於馮夢龍、金聖嘆、李漁、張竹坡等小說評點者，雖然實際身分難以確認，但認爲「崇禎本評點，可以看作是袁宏道、謝肇淛對《金瓶梅》評價具體化的審美反映。」（卷前，頁 12）王汝梅亦僅能推測出評點者活動的時代背景：其人與袁宏道（1568～1610）、謝肇淛（萬曆壬辰進士）的時代約略相當，而在馮夢龍（1574～1646）、李漁（1611～1680）之前。劉輝〈論《新刻繡像金瓶梅》〉一文，則根據首都圖書館藏本插圖中的「回道人題辭」，認爲「回道人」即李漁之化名，此外，復列舉其他相關論據，論證李漁即爲《金刻繡像批評金瓶梅》之寫定、作評者（文見劉氏所著《金瓶梅論集》，台北：貫雅文化出版，1992）。黃霖〈《新刻繡像批評金瓶梅》評點初探〉一文，則根據此書刪去詞話本第一篇欣欣子所寫之序言，獨存東吳弄珠客序文之況，推測寫定作評者即爲東吳弄珠客，而東吳弄珠客亦即馮夢龍之化名，又批評的情趣、形式與馮夢龍其他評點作品，皆甚爲相近（文見黃氏所著《金瓶梅考論》，遼寧人民出版社，1989）。《新刻繡像批評金瓶梅》的寫定、評點者，究竟爲馮夢龍、李漁，或是另有他人，因超出本文論述範圍，無法進一步詳加考證。然而，我們可以進一步說明的是：綜合上述三種意見，不論評點者爲誰，其批評活動中呈示的藝術觀念、美學思想，明顯地受到晚明美學思潮之影響，依然處於晚明時代語境籠罩下的美學氛圍中，因此，據此以窺晚明美學的諸多現象，有材料上可信、可本之典徵意義。

實」之間既互相聯繫，又各有其內在理序，難以真正融合會通以主導時代人心趨變的情況下，晚明逐漸走向朝代的尾聲。此外，依循前述各章節之思考脈絡，此章中，我們進一步檢視了晚明文人關乎「快感欲望」之管理、控制的道德思考，以及「養護生活」此一論題所蘊涵之「倫理」與「審美」兩重經驗性質。此兩種文化面向的深刻內蘊，以及審美經驗與宗教經驗之間的相互滲透，皆是本論文未及深論，有待將來進一步持續深化與開拓的研究課題。

藉由對於文化概況、政治思想、倫理思考，以及審美經驗等各個範疇的考察，我們希望藉由不同領域的觀看照應、相互詮釋——即各種因素互相折射形成的樣貌，更爲完整而眞切地理解晚明文人的人格塑成與心靈世界，並指述晚明之「審美經驗」，乃具有自我教育、重新溝通自我與現實世界關聯的重要媒介功能與價值意義。

第二章　晚明「時代精神」與士人心態之嬗變

在討論特定時代的文學議題、描述該時代的審美活動，或是關注其間獨特的語言現象之前，我們必須先描述文學、審美活動所依處的環境和文化背景。維特特根斯坦（Ludwig Wittgenstein，1889～1951）後期哲學思想中重要的研究課題之一，即在於「日常語言」之分析，認爲人類對於語言的使用脫離不了「生活形式」之影響。維特根斯坦所謂之「生活形式」，主要意指人類整體性的活動，包括一般日常生活行爲、語言活動、心理活動等各種行爲範疇。更準確地說，他將「生活形式」理解爲一種文化概念，視之爲人類一切語言遊戲賴以存在的文化模式，即此，作爲語言遊戲之一的審美描述語彙，之所以具有流動性與多義性，乃因其亦屬於一種行爲活動，與人們完整、統一的生活形式緊密聯繫，因此，我們在描述與語言、審美相關議題的同時，也必須同時描述與這些議題相互關聯的生活形式。維特根斯坦指出：

> 我們稱做審美判斷的表達的那些詞在我們所認爲的某一時期的一種文化中，起一種非常複雜的但又非常明確的作用。你要描述這些詞的用法，或要描述你所指的一種有教養的趣味，你就必須描述一種文化。……屬於一種語言遊戲的是整個文化。〔註1〕

經由對特定時期的文化描述，我們可以進而理解語言現象；反之，在描述語言現象的過程中，我們亦隨之得以想像、掌握一個文化現象——這並非是一

〔註1〕轉引自蔣孔陽主編，《二十世紀西方美學名著選》（復旦大學出版社，1988），下卷，頁89。

種線性、靜態式的邏輯推演，而是一種循環性的詮解過程。此一循環特徵源於語言的世界與審美生活的世界，乃是一種動態的存在現象（曾經動態地存在過，或者正動態地存在著的世界），人類在主動建構語言世界、審美世界的過程中，也被動地受到外在各種語言成規或是審美風氣的影響。〔註 2〕

維特根斯坦所謂的「生活形式」，與其另外一個用語——「世界圖式」（Weltbild, Worldpicture）——的概念多有重合之處。他將「世界圖式」描述爲「繼承下來的背景」，比喻爲「思想的河床」、「軸」、「完整的圖畫」。通過各種譬喻，維特根斯坦意在闡明：人類社會中不論採取何種生活形式，每一種生活形式，會體現出與其互爲對應之特定的「世界圖式」。此一「世界圖式」是該時期人類「語言遊戲」賴以存在的基礎，亦是生命得以存在和延續的生活根本。「世界圖式」爲某一類人（或某特定時期的人）所共有，它令各種經驗之相互理解、傳承教導、對話與溝通得以存在；它亦提供了一種框架，使特定之一致、不一致性的見解，各種懷疑、旁生、詰難與反動之主張，伴隨而來的解決之道、因應之方等各種相互聯繫的思想行爲，皆得以在其中互見並陳，它提供了一個眾聲喧嘩的共同場域。〔註 3〕

我們或許可以更爲具體地指陳：維特根斯坦所謂的「世界圖式」，亦即一個時代既普遍構成，又異於其他時代之政經社會環境、思想趨向、物質流通與日常生活方式。這些不同面向構成了當日社會的輪廓，此中，復存在著一種推動此一時代不停向前運轉的「核心精神」。據此，本書將通過闡述晚明時期四個「存在」面向——「時代精神」、「倫理思想」、「追求刺激的社會生活」、「審美經驗」，試圖勾勒晚明時期的「世界圖式」。

第一節　晚明「時代精神」

所謂推動一個時代不斷地向前轉動的「核心精神」，亦即十九世紀以後，受到德國文學史家與藝術史家重視之「時代精神」（Zetigeist）。〔註 4〕日人廚

〔註 2〕參見李醒塵，《西方美學史教程》（台北：淑馨，2000），頁 545～554。

〔註 3〕參見江怡，《維特根斯坦——一種後哲學的文化》（北京：社會科學文獻出版社，2002），第五章〈來自思維方式的革命〉，頁 78～88。

〔註 4〕陳昭瑛於〈朱熹的《詩集傳》與儒家的文學社會學〉一文中對「時代精神」一詞之蘊義有如下之解說：「時代精神是指同一時代的人在思想和行爲上所表現的共同傾向。十九世紀以後爲德國的文學史家和藝術史家所重視。時代精神與個人主義的藝術觀（即重視作家個人的風格）基本上是對立的，或說需

川白村（1880～1923）在《西洋近代文藝思潮》一書中對「時代精神」有一清晰具體之界說：

> 文學常是時代的反映，而任何時代都有構成它的文化中心或基礎思想，做爲該時代一切活動的軸心和轉動時勢的根本精神，此謂之「時代精神」。當然，文學的背後也必有它的時代精神。

廚川白村所使用的「軸心」與「轉動」二詞，並非抽象懸隔地談，僅視之爲描述性或狀態性語彙加以使用，乃涵有實質上的關鍵意蘊。通過考察近代學術發展脈絡、理論方法的變革、人類物質生活與精神生活之趨向、文藝發展，以及新興之社會問題等各個面向，廚川白村認爲：「以近代而言，它的時代精神應是自然科學」。牽一髮而動全身，「自然科學」帶動了近代人類生活各方面的變遷，此一以「自然科學」作爲社會轉動「軸心」的「時代精神」，令「近代」成爲一個「快速」（haste）和「醜陋」（ugliness）的時代。〔註5〕

以此作爲論述基礎，我們藉以反思晚明時期政治、經濟、文學、社會生活等各種現象，亦可以指出：推動晚明歷史不斷向前轉動的根本精神即在於陽明學說在晚明時期持續發展、分化、歧出與社會化的過程。〔註6〕下文將自晚明學術信仰、知識分子之政治投入、講學活動的發展，社會事業的成就，

要深刻的論證才可能調和。文學上的『時代精神』的概念，意指同一時代或大致相彷的歷史時期的作家，會由於相同或相近的社會、政治、經濟等條件，而表現出某些共同的特色，『時代精神』的概念爲後來西方文學史研究中盛行的『斷代』（periodization）提供了理論基礎。」文見氏著，《儒家美學與經典詮釋》（台北：臺大出版中心，2005），頁148，註10。

〔註5〕廚川白村指出：在孔德「實證哲學」、達爾文「進化論」相繼提出之後，引起歐洲思想界的大革命。不論哲學、宗教、道德、藝術、科學等各方面，無不受到達爾文學說的影響，科學精神遂成爲思想界的中心：在各種社會問題上，評論家莫不企圖以生物進化論的理法加以證明；文藝論著中將詩文的發展史，當作人類進化現象的一部分加以解釋；哲學領域內的精神科學，以經驗作爲基礎從事研究，開啓實驗研究的途徑；在情意方面，由自然科學的發達伴隨而來的交通工具及各種機器的發明，造成前所未有的物質的飛躍進步；人類的生活狀態轉趨奢華、物質慾望高漲、生存競爭激烈、一切講究速率、生活壓迫帶來精神上的焦慮與煩惱苦悶、貧富差距懸殊、犯罪、自殺各種社會問題滋衍……。物質文明使人類的生活庸俗化、平淡化，不再知道生活的樂趣爲何物。引文與相關內容參見廚川白村，《西洋近代文藝思潮》（台北：志文出版社，1987），頁27～39。

〔註6〕例如袁宏道即曾云：「故僕謂當代可掩前古者，惟陽明一派良知學問而已。」袁宏道，〈答梅客生〉文，《袁宏道集箋校》，卷二十一，〈瓶花齋集之九——尺牘〉，中冊，頁738。

以及晚明文學藝術的發展，論述陽明學說與晚明社會發展之關係。

陳獻章（字公甫，號石齋，廣東新會白沙里人，世稱白沙先生，1428～1500）之學，旨趣在於不依倚、不傍恃，強調學者應在日用事物中掌握樞機，以此貫通古往今來、上下古今之事理，認爲天地由我而立，萬物由我而出，此後，明代理學遂逐漸擺脫因循蹈襲的「述朱」學風，高唱一種「自得」之學。〔註7〕王守仁（字伯安，浙江餘姚人，因築室越城外的陽明洞天，自號陽明子，學者稱陽明先生，1472～1529）承此意趣，繼之提出良知說、格物說與知行合一之說。關於陽明學說的闡述，後人論著甚多，我們無法在此一一贅述，只能擇其要者，略作疏理。黃宗羲《明儒學案・姚江學案》對於陽明學說的起源、要旨作了一番簡明精要的勾勒：

> 先生憫宋儒之後學者，以知識爲知，謂「人心之所有者不過明覺，而理爲天地萬物之所公共，故必窮盡天地萬物之理，然後吾心之明覺，與之渾合而無間」。說是無內外，其實全靠外來聞見，以塡補其靈明者也。先生以聖人之學，心學也。心即理也。故於致知格物之訓，不得不言「致吾心良知之天理於事事物物，則事事物物皆得其理」。夫以知識爲知，則輕浮而不實，故必以力行爲功夫。良知感應神速，無有等待，本心之明即知，不欺本心之明即行也，不得不言「知行合一」。〔註8〕

黃宗羲認爲陽明所說的「本心」並非外鑠的認知之心，而是人以自我生命作爲主體，對於生命存在之各種現象隨機應感、隨處掌握，在知中行，在行中知，在道德實踐與生命經驗的積累、擴充之中，體悟「良知」具體而深微的內蘊。雖此「良知本心」具有超越性的道德義涵，但並不抽離日用生活。牟宗三進一步闡釋「本心」的蘊義：

> 本心具有種種實性，每一實性皆是其當體自己。但是你不要抽象地想那個心體自己，因此，陽明便說「心無體」。本心並沒有一個隔離的自體擺在那裏。……心除以「感應之是非」爲其本質的內容以外，並無任何其他內容。它的全部感應之是非之決定就是它的體，就是

〔註7〕參見繆天綬，〈明儒學案・新序〉，繆天綬選註，《明儒學案》（台北：台灣商務印書館，1986），頁11。

〔註8〕黃宗羲著，沈芝盈點校，《明儒學案》（北京：中華書局，1985），卷十，「姚江學案」，上冊，頁181、182。

> 他的當體自己，它以是非之決定爲本質的內容即以是非之決定爲其自己。……良知本體就在當下感應之是非之決定處見。由此亦可言「當下即是」。此只是叫人不要停在那抽象的光景中。分解地言之，言良知本體，言超越的道德本心，具體地言之，則言「當下即是」，然不要看成是形上形下不分也。〔註9〕

此「當體自已」、「當下即是」之時時刻刻感悟存藏的意念、理蘊是道德倫理的內容，唐君毅名此爲——「存天理」、「去人欲」的立人極之精神：

> 「存天理」——「人去除天理，使天理下來」；「去人欲」——「人自己內部之天理要去人欲」。人欲去了，人才成一與天合德的人。這不是漢人之外在的天與人感應之說。這亦不是懸空的哲學懸想。這是是一種最誠敬的道德生活中，所感之一種實事的敘述。〔註10〕

就此觀之，陽明所謂的「良知本心」，其所具涵的道德內容與人性另一之生而即有，但在日用生活中，卻時時更具主導力量的感性生命、欲望內容之間的關係，是一剋除、對立的關係，而非涵攝互濟的關係。牟宗三闡述良知與私欲之間的存在與消長之理：

> 人人有此良知，然爲私欲蒙蔽，則雖有而不露。即或隨時可有不自覺的呈露，所謂透露一點端倪，然爲私欲，氣質，以及內外種種主觀感性條件所阻隔，亦不能使其必然有呈露而又可以縮回去。要想自覺地使其必然有呈露，則必須通過逆覺體證而肯認之。若問：即使已通過逆覺體證而肯認之矣，然而私欲氣質以及種種主觀感性條件仍阻隔之，而它亦仍不能順適調暢地貫通下來，則又如何？曰：此亦無繞出去的巧妙辦法。此中本質的關鍵仍在良知本身之力量。良知明覺若眞通過逆覺體證而被肯認，則它本身即是私欲氣質等之大剋星，其本身就有一種不容已地要湧現出來的力量。此即陽明所以言知行合一之故，亦即孟子所言之良知良能也。〔註11〕

在此，我們無法一一細辨陽明學說之各項要旨，只能大抵指出：王陽明提出之「良知明覺」雖如牟宗三先生所言之「若眞通過逆覺體證而被肯認，則它

〔註9〕參見牟宗三，《從陸象山到劉蕺山》（台北：臺灣學生書局，1990），頁222、223。
〔註10〕參見唐君毅，《中國人文精神之發展》（台北：臺灣學生書局，1988），頁26。
〔註11〕參見牟宗三，《從陸象山到劉蕺山》，頁230。

本身即是私欲氣質等之大剋星」，就理上談，這是孔孟仁義儒學更爲精深的發揚與特色之所在；就生命存在的眞實經驗上談，亦是可能被驗證與達至的。但是，我們亦能以一般性、共通性的生命經驗指出：「可能性」並不等同於「必然性」，牟先生上文亦云：已通過逆覺體證而肯認後，亦復可能受到私欲氣質及種種感性條件的阻隔。於此，若我們再向前推進一步繼續追索，可知此間之所以有種種障隔，其根源乃在於：在道德生命之「逆覺體證」與「肯認」的過程中，所謂的「本心之明」既是終極之境，亦涵有一歷程意，換言之，此「良知本心」的眞實內容皆在一主觀體認的歷程之中，各人進境、體悟難以摹同，所體悟者可以是道德內容得以逐步擴充，成爲私欲氣質之大剋星的生命歷程；但亦可以是私欲氣質的溫床——在道德良知被深刻體證的歷程之中，感性條件、氣質、私欲亦同時被深刻地覺知著，人在趨向道德之境而實未竟之際，受到欲望的牽引，任何志趣、學思、行止皆有中途轉向之可能，已然轉向而尚且要飾以「良知見在」的面目，則「本身不容已地要湧現出來的力量」不必然定是德性的內容，而可能是氣質私欲更爲深沈與沛然莫之能禦的原始力量。此一來，「達情遂欲」之哲學論題的提出，將非僅僅止於有效地疏導人們自然原始之感性生命，將之從僵斃窒息之道德論述中解脫出來，而是更進一步地成爲人們放縱肆欲、追逐官能享樂的絕佳藉口。我們將在第三章第三節與第四章第一節中仔細討論晚明思想界對於「達情遂欲」此一命題之辯難、思考，及其對於晚明社會縱欲享樂風氣之影響。

以上，乃就個我道德生命之完成，隨時有歧出之可能處立說。再就士大夫之「再使天下風俗淳」的社會責任而言，陽明良知之學中「應物感物」、「推己及人」此部分，其要旨與究極之境在於：

> 從明覺感應說萬物一體，仁心無外，我們不能原則上說仁心之感通或明覺之感應到何處爲止，我們不能從原則上給它畫一個界限，其極必是以天地萬物爲一體。這個『一體』同時是道德實踐的，同是也是存有論的——圓教下的存有論的。
>
> 感應於親，而有事親之行（事）；感應於兄、民、書、君、訟等等，而有從兄，治民，讀書，事君，聽訟等等之事。親，兄、民、書、君、訟等，則所謂物也。……事親，從兄，治民，讀書等，則所謂事也。……眞誠惻怛之良知，良知之天理，不能只限於事，而不可應用於物。心外無事，心外亦無物。一切蓋在吾良知明覺之貫徹與

涵潤中。事在良知之貫徹中而爲合天理之事，一是皆爲吾之德行之純亦不已。而物亦在良知之涵潤中而如如地成其爲物，一是皆得其位而無失所之差。〔註12〕

「不能從原則上給它畫一個界限」、「其極必是以天地萬物爲一體」，只能作爲一種原則上之指導性的「境界」描述語而存在；「事在良知之貫徹中而爲合天理之事」，則「良知」之個我體證的歷程既充滿艱難，那麼「事」是否終能成爲「合天理之事」，則亦復充滿了艱辛與曲折。換言之，陽明之致良知學說，在成聖、立教方面，雖然一洗明朝前、中期僵斃固著之學風，繼陸象山之後，成爲孔孟儒學之集大成者，影響後世「百又餘年之久」（顧炎武語）。然而，「成聖之事」固無必然，對於客觀制度的建立、風俗的化成等等社會生活、社會之整體性精神的形塑而言，亦並無任何實際規範之效用，因此，一個理想完善社會的建構，終究還是得依賴「仁者德治」、「唯仁者宜在高位」的「聖王之治」。〔註13〕此中，但教聖者不在位，或是在位者不爲聖，則「內聖外王」的雙重實踐，就只還是士人最高理想之寄託，無法必然且眞有效能地化成世界、主導歷史並積極地建構歷史，到頭來，「內聖」亦復「外王」最爲徹底的眞實只能是歷史濤流中偶然性的存在與生發。

「聖王之治」已具內在歷程性之艱難，復又受限於外在客觀時勢之變化，這一切士大夫之仕與退、學與思的生命歷程，落實在人生政治、經濟、文藝、衣食日用生活等各種人生場域上，實是更增添了種種扭曲之可能與千百般面相；而此歧出，亦無誰能確保人生與政經社會的發展趨勢再如何歧出，終將回歸至道德內容與道德生活之應然與實然的路向上，最後達成淳化風俗的必然結果。因此，牟宗三在論及泰州派王艮（王心齋）及王襞（王東崖）父子之學風，演變而爲狂蕩一途，終是走上「情識而肆」的狂禪此一路向上時，指出陽明「良知」學說即境界即工夫之理境所隱藏的暗潮：

良知自須在日用間流行，但若無眞切工夫以支持之，則此流行只是一種光景，此是光景之廣義；而若不能使良知眞實地具體地流行於日用之間，而只懸空地去描畫它如何如何，則良知本身亦成了光景，

〔註12〕兩段引文分見牟宗三，《從陸象山到劉蕺山》，頁225；頁239、240。

〔註13〕此處只能概念性地指述，若欲更細密準確地掌握此項論題，可以參見牟宗三《政道與治道》（台北：台灣學生書局，1987），第八章〈理性之內容的表現與外延的表現〉。

此是光景之狹義。我們既須拆穿那流行底光景（即空描畫流行），亦須拆穿良知本身地光景（空描畫良知本身）。這裏便有眞實功夫可言。順泰州派家風作眞實工夫以拆穿良知本身之光景使之眞流行於日用之間，而言平常，自然，洒脱與樂者，乃是羅近溪，故羅近溪是泰州派中唯一特出者。〔註 14〕

就泰州派學風中僅羅近溪是唯一特出者此一現象觀之，可知要拆穿各種光景，拔身於內在德性與私欲氣質渾成一片之泥淖外，眞切地作眞實道德工夫之不易，而就各種晚明文獻所呈現的整體社會面貌觀之，我們亦能得到一種普遍性的認知：眞切地作道德修持工夫，並非晚明時期引領社會風氣走向之主要精神力量所在，更爲普遍的社會風習是各種「光景」的流連、沈湎，以及欲望快感的無盡徵逐，〔註 15〕士人復對繼之而來之種種歧出思想、社會弊端提出糾舉之方。即是此對於陽明學說的闡釋、歧出、誤用、援藉與糾導，體現在學術思想、政經法治、文學創作等各個面向上，推動了晚明歷史的繼續向前與發展。下文，我們擬就各個面向逐一探究之。

陽明學說提出之際，崇仁學派（余訒齋）、河東學派（呂涇野）等人「皆驟聞陽明之學而駭之」，〔註 16〕並與之論辨、抗頡；而初時陽明之學生，「不過郡邑之士耳」，此後門生漸多，於龍場悟道之後，「四方弟子，始益進焉」。〔註 17〕陽明辭世後，門人遍及天下，並廣爲施設門庭，聚徒講學，黃宗羲錄記錢德洪（字洪甫，號緒山，1496～1574）、王畿（字汝中，別號龍溪，1498～1583）講學之盛況，指出：

陽明歿後，緒山（錢德洪）龍溪（王畿）所在講學，於是涇縣有水西會，寧國有同善會，江陰有君山會，貴池有光岳會，太平有九龍

〔註 14〕參見牟宗三，《從陸象山到劉蕺山》，頁 287、288。

〔註 15〕黃仁宇於《中國大歷史》一書第十五章論及晚明時亦指出：「明代最大的哲學家爲王陽明。他將佛家頓悟之説施用於中國儒家的思想體系之內。只是迄至明末，王之借重於自然的傾向，被極氾濫的引用，因之也產生了不少的王學支派，這和王陽明的注重紀律有了很大的區別。」黃仁宇，《中國大歷史》（台北：聯經出版事業公司，1993），頁 242。

〔註 16〕黃宗羲著，沈芝盈點校，《明儒學案・諸儒學案・序錄》，卷四十三，下冊，頁 1044。

〔註 17〕黃宗羲《明儒學案・浙中王門學案・敘錄》：「姚江之教，自近而遠，其最初學者，不過郡邑之士耳。龍場而後，四方弟子始益進焉。郡邑之以學鳴者，亦僅僅緒山、龍溪，此外則椎輪積水耳。然一時之盛，吾越尚講誦、習禮樂，絃歌之音不絕，其儒者不能一二數」，上冊，頁 220。

> 會，廣德有復初會，江北有南譙精社，新安有程氏世廟會，泰州復有心齋講堂，幾乎比户可封矣。〔註18〕

錢德洪與王畿在野三四十年之間到處講學，江浙一帶，講會極盛。此後，羅近溪、耿天臺、鄒聚所、何心隱、王塘南等人於大江南北各地廣集縉紳士民會講，至萬曆三十年李贄下獄，在獄中自刎而死，王門講學運動受到重大挫折。稍後，東林黨人繼之而起，〔註19〕但因涉入時政日深，朝野之爭益熾，經過「紅丸」、「梃擊」、「移宮」諸大案後，東林黨人或流放或慘死，這明代末葉學術最後的一幕慘劇，隨著清兵入主中原而劃下句點。這一時期講學活動的昌盛構成了當時士大夫的精神活動的主要內容之一，而廣泛地傳播於庶民階層中，亦推動了陽明學說「普世化」、「通俗化」的歷史進程。〔註20〕

在學理上，各個學派所爭論的問題，依繆天綬之見，可以簡別爲二：一是再啓朱陸二派之爭論。「格物致知」之義蘊究應屬於知識性之聞見，或屬於工夫上之踐履，羅整庵與王陽明二人已深入地辯難過，但任何一方皆未能取得學界共識，及至後來，說法又各有異別及發展，迨至明末，對於「格物致知說」的各種異論，總達七十二家之多。另一個爭論的焦點在於王門弟子對於「致良知工夫論」之爭執：王門左派主張本體即是工夫，近頓悟；王門右派主張由工夫達到本體，主漸修，兩派之中，各人所見又有不同，遂「各以其性之所近」取陽明學說之部分義理作爲發揮，因此成就了王門各派不同之學風；後東林學派之顧涇陽（1550～1612）與甘泉學派之劉蕺山（1578～1643）爲矯正王學末流

〔註18〕黃宗羲著，沈芝盈點校，《明儒學案・南中王門學案・敘錄》，卷二十五，上冊，頁579。

〔註19〕吳震於《明代知識界講學活動系年》（上海：學林出版社，2003）一書中云：「卓吾之死具有一定的象徵意味：意味著王門講學活動的受挫，同時也意味著作爲一場思想運動的陽明心學思潮開始逐漸走向萎縮。要而言之，萬曆三十年以後的講學活動雖有延續的跡象，但是與在此之前的王門講學活動相比，已經在很大程度上發生了變異，不可同日而語。本書以1602年作爲下限，其因之一蓋在於此。」（頁436）但據黃宗羲《明儒學案・東林學案》、趙翼《二十二史箚記》之相關記載，東林黨人的講學活動仍然盛極一時，唯已逐漸涉及議論時政，與早期單純討論良知心性義理之學的性質有所不同，此或即吳震所云「已經在很大程度上發生了變異」的具體內容。然而就講學活動本身的持續性而言，東林黨人的講學仍在明代講學活動的歷史進程之中，是以本文暫不取吳氏以1602年作爲明代知識界講學活動之下限的斷限方式。

〔註20〕晚明講學風氣的盛況，可並參繆天綬，〈明儒學案・新序〉，《明儒學案》，頁15、16；吳震，《明代知識界講學活動系年》，頁307～463。

糅合儒釋、大張宗風，被視爲野狐禪之弊端，將學術討論集中於陽明四句教之首句「無善無惡心之體」一端上。晚明學術思潮，不論爭持者爲何，要皆環繞陽明學說而起，對於陽明學說之闡釋、發揚、辨明與廓清，遂成爲晚明思想界論述焦點所在。這是陽明學說所帶動的晚明學術思潮。〔註21〕

此外，陽明的良知學說因爲強調良知「當下具足」、「聖愚無間」，因此學說不僅宜於「教天下之君子」，亦宜於「教天下之小人」，士夫及平民百姓皆可以各取其所能理會者隨機觸發、體悟。因此，在廣施講堂，聚徒會講的活動過程中，所聚集的社會階層，除了學界士友外，亦包羅了許多非學術界之縉紳以及平民百姓，陽明學說於中晚明時期遂歷經一普及化、社會化的過程。吳震於《明代知識界講學活動系年》一書的序言中云：

> 陽明所提倡的那種「聖愚無間」的良知理論大大加速了儒學的「世俗化」進程。或者我們可以換一種說法：陽明的良知學說使得原本具有超越性的理性精神（「理」或「道」）開始被平民百姓所理解和接受，同時良知學說本身作爲一種儒學思想也被「溶入」或「滲透」到下層社會的現實世界當中。……同時也由此產生出眾多所謂的「平民思想家」（用當時）的術語來說，就叫做「布衣儒者」或「布衣講學家」。〔註22〕

講學活動除了取代學校教育功能、廣開民智、產生新的社會階級——「布衣儒者」、「布衣講學家」，我們可以稱之爲思想教化運動之外，亦在實業上成爲穩定社會秩序的一股民間力量。就教育功能而言，自宋以來，以迄於明朝，兩朝六百年的政府，大抵而言，並不能有效能地主持教育，領導學術思潮，一旦政治不上軌道，則州學、太學等學校教育之進展即告終止，開發民智、陶育人才的功能遂由私人講學予以支撐、彌縫。宋明儒之講學活動，純屬社會平民學者間的自由結合，縱使身居官位，但其講學純爲私人投身的社會交際活動，與政府或政治不太相涉，陽明弟子之會講更是完全脫離學校氣味，變成純粹之社會公開講演的活動與集會研究的性質。社會學風在此講學風潮的帶動下，逐步擴大，逐次普及，講社的功能進而取代學校，成爲民心啓迪、薈聚之所，學校教育逐漸轉變爲社會教育。除了廣開民智，在實質的社會事業方面亦獲得了相當顯著的成績，無論在義莊、社倉、保甲、書院、鄉約等

〔註21〕參見繆天綬，〈明儒學案・新序〉，繆天綬選註，《明儒學案》，頁16～29。
〔註22〕參見吳震，《明代知識界講學活動系年》，頁2、3。

各種民間組織上，皆能承續宋儒舊有之規模加以經營或擴充，此種士人集團與講學的風潮固其終極目的在於向上影響政治、創構理想社會，但其往下層農村社會之著力，亦成爲長期以來穩定社會之一股重要力量。陽明後學的講學活動、社會事業，將陽明學說由士大夫問學切磋的學理層次向下伸展札根，積極地參與各種社會現實，擔負起士人的社會責任，〔註 23〕此亦是雅俗會流之文藝現象所以形成的社會成因與社會氛圍之另一側面形態。

此外，明末清初流行於社會民間思想之善書，諸如袁了凡《功過格》、呂坤之《呻吟語》、洪自誠之《菜根譚》等善書，與晚明講學運動、陽明學說的普及化亦有深切的淵源。講學運動對於「講學組織」（講會）及講學章程（會約）必然有所規範及提挈，鄒守益（1491～1562）〈惜陰申約〉即申明參加講會者必須尊循的各種規約：

> 自今以往，共訂除舊布新之策，人立一簿，用以自考，家立一會，與家考之，鄉立一會，與鄉考之，凡鄉會之日，設先師像于中庭，焚香而拜，以次列坐，相與虛心稽切，居處果能恭否？執事果能敬否？與人果能忠否？盡此者爲德業，悖此者爲過失。德業則直書於冊，慶以酒；過失則婉書於冊，罰以酒。顯過則罰以財，大過則倍罰，以爲會費。凡與會諸友，各親書姓名及字及生辰，下注「願如約」三字。其不願者勿強，其續願入者勿限。〔註 24〕

「惜陰會」乃陽明仍在世時即已創立、在王門中頗具聲名的一個講會組織。會約中規定與會時眾人必須相互檢討平時的功過善惡，並將德業過失紀錄在冊簿之中，此外，有善則賞、有過則罰，這些規定與勸善書中「勸善懲惡」的說法互有類近之處。我們可以說：這種規約中之於人們須有德業、重倫理、行善行的種種規定對於「功過格」一類善書的產生、流行，起了一種催化的功效。「功過格」一類善書的特色在於將一切道德教訓格言化，以便於人們能簡易地理解、把握，內容大抵在於：就人日常生活之行爲，規定其善惡功過，進而論因果報應，以勉勵人爲善去惡，積功悔過。其思想基礎往往建立在「因果報應」的觀念上，這與儒家思想似乎不甚相涉，但一則道德的宣講爲能及

〔註 23〕並參錢穆，《國史大綱》（台北：臺灣商務印書館，1990），下冊，頁 605～617；吳震，《明代知識講學活動》，頁 1～41。

〔註 24〕鄒守益，《東廓鄒先生文集》（北京大學圖書館藏清刻本，台灣：莊嚴文化，1997），卷七，〈惜陰申約〉，葉二十上下。

於庶民大眾——工、農、商等階層，則一般性的觀念講論自然要較精微之心性義蘊的論辯更能切近庶民之生活與價值觀念；二則，儒釋道三教的思想會流已爲時代風尚，是以善書中的因果報應思想雖然本於佛家，但宋明儒所謂性理、天理、義理之流行處與人內在性理之發現、流行皆能一一有所對應，就此一端，亦能論因果報應；而外在的事勢之理與物理人情亦有必然性的因果關係可說，三者合流，則「因果報應」之說法即能互相通轉。設若此又與《詩》、《書》之「作善降之百祥，作不善降之百殃」；漢代天人感應之說相契接，遂即成爲道教徒用以勸世之書。因此，此類善書雖然與陽明後學講學運動相關，但由於其訴求者爲一般民眾，難以（也不須）精微地區辨各教核心義理，一旦形成可以轉相說釋之面貌後，復進而與世俗功利相結合，〔註 25〕離儒家強調的道德內蘊日去益遠，劉蕺山即嘗選述《人譜》，希望能取代袁了凡的《功過格》。唐君毅曾綜述此類書籍之特色：

> 此善書之思想於儒佛道，乃不名一家，亦無甚深微妙之論，又可說之爲人之道德觀念，與功利觀念之結合之產物，而不合於儒者以道德爲義之所當爲，不應計及功利之傳統精神者。故爲一般學者所不屑道。〔註 26〕

雖爲「一般學者所不屑道」，但此類書籍在民間廣爲流傳，唐君毅續云：

> 而周安士之書，其影響尤大。其〈太上感應篇〉，爲三百年來中國民

〔註 25〕余英時認爲晚明以來善書的風行反映了商人們雖知從商風險甚大，但成功與否端視個人道德行爲而定的心態，指出：「最近的研究已經顯示明清變遷時期商人財富的重要性與社會地位的改善，完整地反映在此時大批善書與功過格的盛行上。」余英時〈明清變遷時期社會與文化的轉變〉，余英時等著，《中國歷史轉型時期的知識分子》（台北：聯經，1992），頁 39～40。

〔註 26〕唐君毅此處所言之「一般學者」，具體的指涉範圍爲何，難以確指。余英時與唐君毅有不同之理解，認爲明清之際的知識分子喜好〈太上感應篇〉者甚眾，余氏云：「晚明的李贄（1527～1602）、焦竑（1540～1620）、屠隆（1542～1605）都曾宣揚過此書。結果在十六、十七世紀造成了一波翻印與註解的熱潮。清代的經學家朱珪（1731～1801）與汪輝（1731～1807）都曾說他們『每日誦讀此書』，使他們有所警惕『不敢放縱』。章學誠（1738～1801）也提到他的父親與祖父都對此書有很大的興趣，他的父親並想爲此書作註。值得注意的是清代經學大師惠棟（1697～1758），也曾爲此書作了廣泛的註解。惠氏的註解在學界受到普遍的歡迎，而且再版了多次。」（余英時〈明清變遷時期社會與文化的轉變〉，余英時等著，《中國歷史轉型時期的知識分子》【台北：聯經，1992】，頁 40。）此類善書在明清之際的傳播與接受，知識分子扮演了何種角色，非在本文討論範圍之內，此處僅提出兩種相異之說法，以供參照。

間最普遍流行之一書。或考其發行之數量，過於其時新舊約書之在西方。〔註 27〕

由於此類善書在民間的影響甚爲深遠，是以與當世流行的通俗小說每每強調或爲「世勸」、「世戒」之勸善戒惡的著述用意，可以互相發明、參證。

在政經、法治的發展狀況上，晚明時期最爲榮盛的十年，要屬萬曆即位後的第一個十年（1572～1582）：北方「虜患」不再發生，東南的倭患也已絕跡，承平一些時日後，國家府庫亦隨之日見充實，這海晏河清的十年，無疑地要歸功於張居正一連串的改革。張居正所學，出入心學與佛學之間。其步入仕途之初，座主爲徐階，乃鼓吹陽明心學不遺餘力者，後與聶豹、胡直、羅洪先、羅汝芳、耿定向、周友山等心學學者交游往來，對於陽明學說有深切的習染與體悟，〔註 28〕然張居正（1525～1582）所重者，爲「務實」之學，不喜於「言語名色」中空論心學，此近於儒學中「成己成物」、「感而遂通天下」之重事功、圖外王之路向。張居正於〈答楚學道胡廬山論學〉一文中曾指出：若不能於生命經驗之具體事物中務實以求，獨在語言話頭中談論仁義之理，那麼將滋生許多弊端：

承教，虛寂之說，大而無當，誠爲可厭。然僕以爲近時學者，皆不務實得於己，而獨於言語名色中求之，故其說屢變而愈淆。夫虛故能應，寂故能感。《易》曰：君子以虛受人，寂然不動，感而遂通天

〔註 27〕此段落關於「善書」的說明與引文，參見唐君毅，《中國哲學原論‧原教篇》（台北：臺灣學生書局，1984），頁 690、691。

〔註 28〕張居正曾綜觀儒學的演變，指出陽明心學的歷史意義：「自孔子歿，微言中絕，學者溺於見聞，支離糟泊，人持異見，各信其說，天下於是修身正心，眞切篤實之學廢，而訓詁詞章之習興。有宋諸儒力詆其弊，然議論乃日益滋甚，雖號大儒宿學，至於白首猶不殫其業，而獨行之士往往反爲世所姍笑。嗚呼！學不本諸心，而假諸外以自益，只見其愈勞愈敝也矣。故宮室之敝必改而新之，而後可觀也。（張居正，《新刻張太岳詩文集》【私藏明萬曆四十年唐國達刻本，台灣：莊嚴文化，1997】，卷九，〈宜都重修儒學記〉，葉十八、十九）又曾對心學中「致虛歸寂」有所闡發，其於〈啓聶雙江司馬〉一文中云：「竊謂學欲信心冥解，若但從人歌哭，直釋氏所謂閱盡他寶，終非己分耳。昨者伏承高明指未發之中，退而思之，此心有躍如者。往時薛君采先生亦有此段議論，先生復推明之，乃知人心有妙萬物者，爲天下之大本，無事安排，此先天無極之旨也。夫虛者道之所居也，涵養於不睹不聞，所以致此虛也。虛則寂，感而遂通，故明鏡不憚於屢照，其體寂也。虛谷不疲於傳響，其中窾也。今不於其居無事者求之，而欲事事物物求其當然之則，則愈勞愈疲也矣。」（張居正，《新刻張太岳詩文集》，卷三十五，葉十七）。

> 下之故。誠虛誠寂，何不可者。惟不務實得於己，不知事理之如一同出之異名，而徒兀然嗒然以求所謂虛寂者，宜其大而無當，窒而不通矣。審如此，豈惟虛寂之爲病，苟不務實得於己，而獨於言語名色中求之，則曰致曲，曰求仁，亦豈得爲無弊哉？〔註 29〕

持此觀想，張居正入閣後，於隆慶二年，針對嘉靖以來國家種種弊端，向穆宗上陳〈陳六事疏〉之萬言書，提出省議論、振紀綱、重詔令、核名實、固邦本，飭武備六項建議，以期綜核名實、掃空務實，振興國家氣象。〔註 30〕

此務實而勇於任事的性格，與其對於豪傑生命情調的嚮往，互爲表裏，關係密切。嘉靖末期，張居正未執權柄之前，曾對耿定向明言：要彌平天下亂象，非得一位大破大立的豪傑之士在位不足以立其功，其云：

> 非得磊落奇偉之士，大破常格，掃除廓清，不足以彌天下之患。顧世雖有此，人未必知，即知之未必用，此可爲慨嘆也。中懷鬱鬱，無所發舒，聊爲知己一吐，不足爲他人道也。〔註 31〕

掌權之後，法度嚴整，鐵腕斷事，遂屢遭翰林、刑部官員彈劾，張居正於文章中亦多次言明自身力謀國事，不計毀譽之決心：

> 僕一念爲國家爲士大夫之心，自省肫誠專一，其作用處或有不合於流俗者，要之，欲成吾爲國家士大夫之心耳。僕嘗有言：使吾爲劊子手，吾亦不離法場而證菩提。又一偈云：高崗虎方怒，深林蟒正嗔，世無迷路客，終是不傷人。(〈答奉常陸五臺論治體用剛〉)
>
> 項有人以執事爲太嚴者，然不如是，焉能振頹綱而正士習乎？世俗之所非議，不穀之所深喜也。願益堅而雅操以副鄙望。(〈答陝西學道李翼軒〉)
>
> 孤數年以來，所結怨於天下者，不少矣。憸夫惡黨顯排陰嗾，何嘗一日忘於孤哉？念己既忘家狥國，遑恤其他，雖機穽满前，眾鏃攢體，孤不畏也，以是能少有建立。(〈答河漕按院林雲源言爲事任怨〉)
>
> 〔註 32〕

〔註 29〕張居正，《新刻張太岳詩文集》，卷二十二，葉二上。

〔註 30〕參見傅衣凌主編、楊國楨、陳支平著，《明史新編》(台北：雲龍出版社，1999)，頁 259。

〔註 31〕張居正，《新刻張太岳詩文集》，卷三十五，〈答西夏直指耿楚侗〉，葉二十二。

〔註 32〕三文分見張居正，《新刻張太岳詩文集》，卷二十八，葉四、五；卷三十一，葉十一；卷三十，葉一、二。

而於位極人臣，處於權力顛峰之際，張居正辭謝了奉承者欲為其建亭以彰聲譽之建議，其於〈答湖廣巡按朱謹吾辭建亭〉一文中說：

> 且古之所稱不朽者三，若夫恩寵之隆，閥閱之盛，乃流俗之所艷，非不朽之大業也。吾平生學在師心，不蘄人知，不但一時之毀譽不關於慮，即萬世之是非亦所弗計也，況欲侈恩席寵以誇耀流俗乎？……使後世誠有知我者，則所為不朽固自有在，豈建亭而後傳乎？〔註 33〕

「大破常格」的豪傑之士，是廓清天下大患之希望寄託所在，也是張居正對於自身的認知與期許；掌理國家大政後，推動一連串政治革新運動，不計毀譽，堅決改革；權隆勢盛之際，辭謝建亭之議，重申三不朽之義……，此等作為與心志固然是傳統儒者積極入世亟立三不朽以傳世的志節與操守，但在陽明學說風偃天下的時代氛圍中，與陽明「狂者心懷」，〔註 34〕積極建立事功的生命氣象亦互有對應、鳴和之處。〔註 35〕此不可謂，陽明之生命情調、平生經歷、「致良知」學說對張居正之以天下為己任的心志情懷並無絲毫啓迪與感發。

〔註 33〕張居正，《新刻張太岳詩文集》，卷三十二，葉二十二。

〔註 34〕陽明乃自言有「狂者胸次」，《傳習錄》卷下記載：「薛尚謙，鄒謙之，馬子莘，王汝止侍坐。因嘆先生自征寧藩已來，天下謗議益眾。請各言其故。有言先生功業勢位日隆，天下忌之者日眾。有言先生之學日明，故為宋儒爭是非者亦日博。有言先生自南都以後，同志信從者日眾，而四方排阻者日益力。先生曰，『諸君之言，信皆有之。但吾一段自知處，諸君俱未道及耳』。諸友請問。先生曰，「我在南都已前，尚有些子鄉愿的意思在。我今信得這良知真是真非。信手行去。更不著些覆藏。我今纔做得箇狂者的胸次。使天下之人都說我行不掩言也罷」。尚謙出曰，『信得此過，方是聖人的真血脈』。」陳榮捷，《王陽明傳習錄詳註集評》（台北：學生書局，1988），頁 355；相關說明，尚可參見蔡仁厚，《王陽明哲學》（台北：三民書局，1988），第十章〈陽明的人格與風格〉，頁 201～206。

〔註 35〕在〈答奉常陸五臺論治體用剛〉一文中，張居正雖藉佛理說明自身掌理國家大政的用心，但為國為民的「肫誠專一」之情，卻即是陽明屢立事功所憑藉之「觸之不動」的意念。明武宗正德十一年，陽明受到兵部尚書王瓊的薦舉，任督察院左僉都御史，巡撫南贛汀漳等處，平剿盜寇侵擾，陽明受命之後，先回家省親。其友王思輿對季本（字彭山，後為陽明弟子）說：「陽明此行，必立事功。」季本問，何以知之？答道：「吾觸之不動矣！」蔡仁厚說釋此「觸之不動」：「所謂『觸之不動』，即孟子「不動心」之意。面對艱鉅的責任，心不搖惑，無所躊躇，即是「不動心」，亦即宋明儒常說的「義理承當」。所以陽明的『觸之不動』，是從學養而來。他不但不是剛愎執拗之不動，而且與英雄豪俠的『氣魄承當』亦不相同。」武德十一年，陽明受命平剿盜寇事以及此段說釋參見蔡仁厚，《王陽明哲學》，頁 180。

袁中道曾於出遊途中偶見張居正題寫之唐詩字軸，對張居正的政績、人格心生許多緬懷之情。袁中道云：

> 城中見張江陵寫唐詩字一軸，下有「太和」二字，蓋江陵少時號太和居士。和尚豁渠《語錄》云：「過江陵，會張太和，如在清涼樹下打坐。」江陵少時留心禪學，見《華嚴經》，「不惜頭目腦髓，爲世界眾生，乃是大菩薩行」，故立朝時，於稱譏毀譽，俱有所不避；一切利國福民之事，挺然爲之。〔註36〕

就袁中道的理解而言，在未仕之前，張居正取禪學之理境，用以調心靜氣（或安頓仕途浮沉憂切焦躁之欲念）；在位之後，則取徑禪學中立發大悲願、渡救一切眾生離於苦海的心懷，不懼世俗之譏，致力革化時弊、廓清時政。〔註37〕

固然，掌權日久，權傾朝野十餘載之後，是否尚能一秉良知明覺，謹守公私分際，天理明而私欲泯？張居正在位時即已毀譽不一。張居正的剛愎獨裁，身後雖然遭致許多批評，〔註38〕史家對其功過亦早有定論，〔註39〕我們

〔註36〕袁中道，《遊居柿錄》卷五，收入袁中道著，錢伯城點校，《珂雪齋集》，下冊，頁1208。

〔註37〕張居正在萬曆初期獨攬朝綱十餘年，進行了一連串重要的改革，諸如行考成法以整頓吏治；督促《世宗實錄》、《穆宗實錄》的修成；匡正當時浮誇之制敕文風與頹靡之社會風氣，俱以「崇實」、「簡嚴」爲出發點；淘汰內外冗官；下令裁減均徭加派以利民、富民；清查丈量全國土地，打擊地方豪強；限勛戚莊田；大舉汰除帶領萬曆皇帝耽於酒色、嬉遊的太監內侍……等等利民、富國之措施，並竭忠傾力輔弼君王。參見王其榘，《明代內閣制度史》（北京：中華書局出版，1989），頁240～259；傅衣凌主編，楊國楨、陳支平著，《明史新編》（台北：雲龍出版社，1999），第六章，第三節〈張居正改革與一條鞭法〉，頁258～276；左東岭，《王學與中晚明士人心態》（北京：人民文學出版社，2004），頁505。

〔註38〕例如彈劾張居正被流放邊疆的官吏，不明不白地死於流放之地；吏部尚書張瀚因「奪情」一事勸告張居正應遵古法丁憂守制，而被參奏下臺；因「奪情」一事，官員集體糾舉張居正，帶頭糾舉官員若非受「梃杖」並「削籍」，則充軍邊省，終身不赦。尤爲人所詬病者在於其對王學士人及王學講學活動的打壓，此源於王學學者往往「舍其職業而出位是思」，熱衷於心學傳講，而對於本等職業逐漸茫昧、怠忽，此與其所力行之政治改革工作間出現了嚴重衝突，張居正即曾云：「二三子以言亂政，實朝廷紀綱所繫，所謂芝蘭擋路，不得不鋤者。知我罪我，其在是乎？」（〈答汪司馬南溟〉）除不進用王世貞、羅汝芳被罷官之外，復禁書院講學，反覆上疏申明應該禁止異端邪說，期許學術要能回歸經術的研習、傳講，一正當前空譚廢業的學術風氣，而令其能「適於世用」；繼而具體下令「各游士人等許各衙門訪拿解發」，終於導致何心隱下獄致死；又間接阻止陽明從祠孔廟一事等等。並參見黃仁宇，《萬曆十五年》

無意於此再行爭訟，但可以進一步指出的是：張居正獨攬大權十餘年而有的政治建樹，不能不視爲陽明心學的影響投射在政治上有所作爲的一個重要範例，黃仁宇亦以萬曆十五年——張居正死後五年，作爲明朝綱紀逐漸毀敗，終至滅亡的一個關鍵時刻。〔註 40〕

在一切荒怠、漸趨腐敗的朝政中，陽明學說的影響，自然無法及於諸如朝綱、文官體制、財富稅收等具體律法內容之制定，〔註 41〕其影響處乃在於陽明學說所昭示之士人以澄清家國天下爲職志的士大夫精神。此精神固爲傳統儒家所本有，但其間奮起不歇、百折不回、甘以生命力搏極權，則是陽明直承孟子學，強調死生之義之學說暨人格氣象的習染、感召，更是陽明後學通過講學活動，所逐漸凝聚形成的一種宗教性精神與力量。張居正是爲官有成之範例，在此之前，趙貞吉的屢仆屢起；〔註 42〕此後，東林黨人百死不回

（台北：麥芽文化，1985），頁 22～26；左東岭，《王學與中晚明士人心態》（北京：人民文學出版社，2004），頁 509～523。

〔註 39〕王其榘於《明代內閣制度史》一書中引述明人對於張居正的正、反面評價，並指出：「張居正有功有過，但是應該說，他作爲封建社會裏的政治家，他的功還是大於過的」（頁 259）；徐復觀於〈明代內閣制度與張江陵（居正）的權、奸問題〉一文中，就當時政治制度上的法制爲立論基點，爲張居正是權臣、奸臣一說平反，並同意《明史》對張居正的論斷：「故輔居正，受遺輔政，事皇祖者十年，肩勞任怨，舉廢飭弛，弼成萬曆初年之治。其時中外乂安，海內殷阜，綱紀法度，莫不修明，功在社稷。日久論定，人益追思」，徐復觀，《中國思想史論集》（台北：學生書局，1988），頁 279～293。

〔註 40〕黃仁宇視此年，而非張居正病逝該年爲最關鍵的一年，原因在於：此年是神宗脫離張居正之影響，性格、行爲產生巨大變化的一個重要的轉折點，此後的明朝，內外形勢不再平靜——楊應龍在西南叛變、哱拜在寧夏造反，日本的關白豐臣秀吉侵占朝鮮、東北的努爾哈赤在白山黑水間發難；皇廷內，上下因建儲一事紛紛擾擾；明代回歸至中央依然集權，技術不能展開，財政無法核實，軍備只能以效能最低的因素作標準的舊有政經狀況中。參見黃仁宇，《萬曆十五年》（台北：麥芽文化，1985），頁 42、95、112、274。

〔註 41〕行政與律法，在中國傳統政治環境中，常常被儀禮及道德所取代，黃仁宇於《萬曆十五年》（台北：麥芽文化，1985）一書序言中云：「萬曆十五年，公元爲 1587 年，去鴉片戰爭，尚有兩個半世紀，可是其時以儀禮代替行政，以無可認眞的道德當作法律，是爲傳統政治的根蒂，在大歷史的眼光上講，已牽連明清。」（頁 2）。

〔註 42〕【清】潘介祉纂輯，《明詩人小傳稿》（台北：國立中央圖書館特藏組，1986），「趙貞吉傳」：「貞吉字孟靜，號大洲，內江人。生時母夢緇衣比邱來借居，五六歲，好談出世事。登嘉靖乙未進士，入翰林，授編修，遷春坊中允，兼國子司業。會都城有警，上言請『錄周尚文之功，以勵邊帥；釋沈鍊之獄，以開言路』等語，上善之，手詔嘉獎。升諭德，兼御史，領宣諭。嚴嵩惡之，

的力挽狂瀾；即使是張居正擔任首輔期間，與張居正相抗的眾翰林大臣，以及鄒元標之無懼萬曆帝殺一儆百的威嚇，力反張居正「奪情」一事終至遭受梃杖、充軍貴州等節烈之士，〔註 43〕皆是此種精神力量的遺緒與發揚。

在文藝生活方面，牟宗三先生曾經指出：根據陽明所言「致良知」、「知行合一」以奔赴一個客觀之理想，其中含有（1）超越之精神，（2）積極身殉之精神，（3）至純至簡之藝術浪漫情調。〔註 44〕晚明之學術信仰、政治投入、講學活動、社會事業的成就，其精神上之養分，主要來自於「超越精神」與「積極身殉精神」的感召，而晚明文學藝術的養分、內涵得力於陽明學說處則主要在於第三項之「至純至簡之藝術浪漫情調」的感染與影響。陽明良知之學與程朱之學的根本區別在於前者強調良知之本心，人人生而皆有，乃生命主體所能自主自律者，而非外在之規範。爾後，泰州學派將道體流行之境界與眼前生活的樂趣消泯為一，強調「至道」不離「鳥啼花落、山峙川流，饑食渴飲、夏葛冬裘」（《東崖語錄》）；王畿論學則力主「良知」或「人心」的自由無礙，認為「若是見性之人，眞性流行，隨處平滿，天機常活，無有剩欠，自無安排，方為自信」。〔註 45〕此種著意於任心適性之生活樂趣與眞性

敕書不及督戰，以輕其權，兵部不與一護卒，單騎出城，諭畢復命，上怒謂銜命督兵，一無所措置，徒為周、沈遊說，下獄拜杖，降廣西荔波典史。久之移徽州判，由南吏部主事，六遷至户部侍郎。又以嵩黨劾罷官。隆慶初，起吏部侍郎，掌詹事，累遷禮部尚書，文淵閣大學士，加太子太保。尋與共事多左，諍論不相下，引疾乞歸。入五臺山參禪趺坐，與老禪扣扣擊宗旨，閱數年乃返。著《經世通》、《出世通》二書，未就而卒，年六十有九。贈少保，謚文肅，有集（二十三卷）。」（頁 93）。

〔註 43〕【清】潘介祉纂輯，《明詩人小傳稿》，「鄒元標傳」：「元標字爾瞻，號南臯，吉水人。萬曆丁丑進士，觀政刑部。以論張居正奪情，廷杖謫戍都勻衛。十年薦起吏科給事中，復以言事忤旨，上怒欲杖殺之。申時行疏救，謫南刑部照磨，調兵部主事，改吏部，歷員外郎中，以母喪歸。天啓初，起大理卿，進刑部侍郎，陞御史。偕馮從吾建首善書院於京師，與高攀龍輩講學。天啓二年，朱童蒙等交章劾，以植黨沽名，並比之山東妖賊，將加嚴譴。葉向高力為疏辨，入朝而躓，御史前糾失儀。朱國祚上言曰：『元標在先朝，直言受杖，至今餘痛未除』，上意乃解。由是六疏乞罷，乃加太子太保，馳傳歸，卒謚忠介，尋以璫禍削籍。崇禎初贈吏部尚書。有《存眞集》。旁注《藝文志》、《東疏五卷》、《文集七卷》，《續集十二卷》」，頁 128。

〔註 44〕牟宗三，〈比較中日陽明學・校後記〉，收入張君勱，《比較中日陽明學》（台北：臺灣商務，1976），卷尾，頁 1。

〔註 45〕王畿，《龍溪王先生全集》（中國社科院文學研究所藏，明萬曆十五年蕭良幹刻本，台灣：莊嚴文化，1997），卷七，〈龍南山居會語〉，葉三十一。其於〈華

流行、隨機生發之論學態度，轉而爲文學家之創作態度、創作內容所資取，晚明文學遂出現力求體現主體生命覺醒的特色，與傳統文人側重群體之社會倫理關係、倫理內容，或側重的方式，有了清楚的區隔。

重視主體生命之內容，則「我」此一主體生命可以由「我註六經」的附屬地位轉而成爲「六經註我」之首出地位，此進入藝術創作領域，自易產生尚眞絀僞、強調個體生命天機流轉的價值取向，不論貴賤、無分士庶，私我的心靈、情感經驗在此被重新體認、掌握，成爲審美活動的重要對象。例如徐渭（1521～1593）揭示了文學摹寫眞情之創作原則，認爲：「人生墮地，便爲情使。聚沙作戲，拈葉止啼，情昉此已。……摹情彌眞則動人彌易，傳世易彌遠。」〔註46〕李贄（1527～1602）則提出「絕假純眞，最初一念之本心」的「童心」是「天下古今至文」的創作根源；〔註47〕袁宏道（1568～1610）繼之云：

> 故吾謂今之詩文不傳矣。其萬一傳者，或今閭閻婦人孺子所唱《擘破玉》、《打草竿》之類，猶是無聞無識眞人所作，故多眞聲。不效顰於漢魏、不學步於盛唐，任性而發，尚能通於人之喜怒哀樂嗜好情欲，是可喜也。〔註48〕

湯顯祖（1550～1616）與馮夢龍（1574～1646）更進而或「以人情之大竇，爲名教之至樂」，〔註49〕在戲曲創作中建立「因情成夢、因夢成戲」的理論系統；或認爲「天地若無情，不生一切物。一切物無情，不能環相生」、〔註50〕「借男女之眞情，發名教之僞藥」〔註51〕——一則將「情」視爲宇宙生

陽明倫堂會語〉又云：「人心虛明，湛然其體，原是活潑，豈容執得定。惟隨時練習，變動周流，或順或逆，或縱或橫。隨其所爲，還他活潑之體，不爲諸境所礙，斯謂之存」，《龍溪王先生全集》，卷七，葉十九。

〔註46〕徐渭，《徐渭集・補編・選古今南北劇序》（北京：中華書局，1999），冊四，頁1296。

〔註47〕李贄，〈童心說〉，《焚書》卷三，《焚書／續焚書》（台北：漢京文化，1984），頁98、99。

〔註48〕袁宏道，〈敘小修詩〉，袁宏道著，錢伯城箋校，《袁宏道集箋校》，卷四，「錦帆集之二——遊記、雜著」，上冊，頁188。

〔註49〕湯顯祖，〈宜黃縣戲神清源師廟記〉，見徐朔方箋校，《湯顯祖詩文集》（上海：上海古籍出版社，1982），卷三十四，頁1127。

〔註50〕馮夢龍，〈情史序〉，《情史類略》（長沙：岳麓書社，1984），頁1。

〔註51〕馮夢龍，〈序山歌〉，見馮夢龍著，王廷紹、華廣生編述，《明清時調歌集》（上海：上海古籍出版社，1999），上冊，頁269、270。

成的本原，一則以「情」的角度重新評估文學之社會功能，認為感性情感才是穩定、教化社會倫理道德的基礎，因此大力提倡民歌與通俗小說。〔註 52〕俗世大眾，人皆有之的感性情感遂進一步被提昇到與天理相同的高度。晚明文人此種強調「理在情內」，或即「以情代理」的文藝觀念，拆解了良知一覺，私欲即除之傳統儒學「理」——「情」——「欲」三者之間的關係及架構。

又王艮既云「聖人之道，無異於百姓日用」，〔註 53〕李贄續云：「苟童心常存，則道理不行，聞見不立，無時不文，無人不文，無一樣創制體格文字而非文者」，〔註 54〕肯定小說、戲曲是天下之至文。則由哲學而文學，皆著意起日用生活、僮僕勞役動作中，隨處蘊藏的人生道理、聞見知識；那麼，只要秉持著童心與眞情，日常生活中無事不可入於文學藝術，無處不能掘發美感及趣味，聖哲所傳述的「六經」、《語》、《孟》之歷史經典，士人經國濟民之志懷、詩騷香草美人的政治喻託，也自然不再是文學藝術所恪尊之獨一至高的美學典式。傳統文學中視詩文為正統，以詞曲、戲劇、小說為小道之文學觀念開始明顯地鬆脫、轉變。在李贄「童心說」的理論基礎上，袁宏道、湯顯祖、馮夢龍繼之而起，對於民間歌謠、小說戲曲等通俗文學的提倡與推廣不遺餘力，市民階層的日常生活、思想意識在藝術領域中逐漸成為表現的重點。

李贄承王艮之說，云「穿衣吃飯，即是人倫物理；除卻穿衣吃飯，無倫

〔註 52〕關於湯顯祖與馮夢龍對於「情」的觀點，歷來研究者眾，此處無法一一詳及，茲略舉案頭既有之書籍以資參酌。左東岭，《王學與中晚明士人心態》（北京：人民文學出版社，2000），第四章・第三節〈陽明心學與晚明言情思潮〉；周群，《儒釋道與晚明文學思潮》（上海：上海書店出版社，2000），第六章〈「可上人之雄」、「李百泉之杰」：湯顯祖的「尚情論」及革新派的創作高標——「臨川四夢」〉、第十二章〈儒學與「情教說」：馮夢龍的通俗文學觀及晚明文學思潮的消退〉；陳萬益，《晚明小品與明季文人生活》（台北：大安出版社，1988），附錄：〈馮夢龍「情教說」試論〉；馬積高，《宋明理學與文學》（湖南：湖南師範大學，1989），第十章〈明代中後期的反理學思潮與小說〉、第十一章〈明代中後期的反理學思潮與戲曲〉；馬美信，《晚明文學新探》（台北：聖環圖書，1994），第五章〈絢麗多采的藝術風格〉。

〔註 53〕上下文為：「惟先生於眉睫之間，省覺人最多，謂『百姓日用即道』，雖僮僕往來動作處，指其不假安排者以示之，聞者爽然」，參見黃宗羲著、沈芝盈點校，《明儒學案・泰州學案一》「處士王心齋先生艮」，卷三十二，下冊，頁 709。

〔註 54〕李贄，〈童心說〉，《焚書／續焚書》（台北：漢京文化，1984），卷三，頁 99。

物矣」，〔註 55〕又云：「富貴利達所以厚吾天生之五官，其勢然也。是故聖人順之，順之則安之矣」、〔註 56〕「如好貨，如好色，如勤學，如進取，如多積金寶，如多買田宅為子孫謀，博求風水為兒孫福蔭，凡世間一切治生產業等事，皆其所共好而共習，共知而共言者，是眞邇言也」。〔註 57〕強調人類一般日用生活與物質生活的重要性，在位者不必強制規禁人天生而有之或為官能、或為權勢地位、或為知識等種種欲望，應順著百姓欲望之趨向而使之、用之。如此一來，則生活中的事事物物——七情六欲、財貨利祿、各種奇異的「錦綺」、「文具」、「花果」、「珍饈」等物材、工藝品無一不可追求。此種思想趨向，與隆慶、萬曆以來，江南地區商品經濟的發展，手工業發達、工藝品愈趨精良、城市集鎮的繁榮一經結合，〔註 58〕二者互為推瀾，則晚明文人對於各種官能欲望、技藝品好的追求，遂更加熱切、堂皇，如張岱在〈老饕集序〉一文中云：

> 世有神農氏，而天下鳥獸草木之滋味始出。……中古之世，知味惟孔子。「食不厭精，膾不厭細」，「精細」二字，已得飲食之微。……嗣後宋末道學盛行，不欲以口腹累性命，此道置之不講，民間遂有東坡茶撮泡肉之誚。循至元人之茹毛飲血，則幾不火食矣。我輿，至宣廟，始知有飲食器皿之事。語云：「三代仕宦，著衣食飯。」世雖概論平民，要之帝王家法亦不能外也。〔註 59〕

袁宏道於〈時尚〉一文中則指出世人對於技藝的重視與工匠社會地位的提升：

〔註 55〕李贄，〈答鄧石陽〉，《焚書／續焚書》卷一，頁 4。

〔註 56〕上下文為：「是故寒能折膠，而不能折朝市之人；熱能伏金，而不能伏競奔之子。何也？富貴利達所以厚吾天生之五官，其勢然也。是故聖人順之，順之則安之矣。」李贄，〈答耿中丞〉，《焚書》，卷一，參《焚書／續焚書》，頁 17。

〔註 57〕李贄，〈答鄧明府〉，《焚書》，卷一，頁 40。

〔註 58〕晚明時期，所謂的經濟物質生活的勃興，主要以江南地區而言，並未及於西北，黃仁宇於〈晚明：一個停滯但注重內省的時代〉一文中指出：「白銀由海外流入，使東南受益卻未及於西北，西北諸省倚靠中央政府向邊防軍的津貼，才能維持平衡，而且流通於全國的銀兩總數也有限。例如張居正存積庫銀時立即引起通貨緊縮，重要的商品價格因之下跌。當明帝國用兵於東北，與滿州人作戰時，朝代的資源重新安排，實陷西北區域於不利。我們不能忽視此中關係和以後流寇橫行於西北的影響，他們終使朝代傾覆。」（黃仁宇，《中國大歷史》，頁 249）中國西北方，由於依然貧儉，民風尚稱樸實，受到地域特色的影響，北方的學者性情較為檢直無華，因此，陽明後學學說的影響與物質繁興的時代風潮，主要集中於江南一帶。

〔註 59〕張岱著，雲告點校，《琅嬛文集》（長沙：岳麓書社，1985），頁 23、24。

古今好尚不同，薄技小器，皆得著名。鑄銅如王吉、姜娘子，琢琴如雷文、張越，窯器如歌窯、董窯，漆器如張成、楊茂、彭君寶，經歷幾世，士大夫寶玩欣賞，與詩畫並重。當時文人墨士、名公鉅卿，炫赫一時者，不知湮沒多少，而諸匠之名，顧得不朽。所謂五穀不熟，不如稊稗者也。〔註60〕

文人汲取日常衣食等生活物事作爲創作素材，精良的工藝品成爲案頭的清供，雅士與能工巧匠結爲知契之交；一般民眾亦可以以文化、藝品作爲裝飾生活、提高生活品質的裝點物。於是，歷史、文學等嚴肅的文化課題、文化使命，遂常褪變爲一身輕巧裝束，自寡眾的學術殿堂、文苑士林走出，走入文人居家生活、走入民間的茶舍市集；來自民間的工藝器物，進入皇室內廷、縉紳士夫之家，士與工與商的界限，隨著主體生命意識的覺醒與藝品交易的熱絡頻繁，愈趨模糊，〔註61〕一切文藝皆可以只是存留「愉悅」的作用與屬性，僅是作爲愉樂大眾生活、來往流通於市場的物品。此藝術審美觀念、士農商工社會階級的流動，復結合經濟物資的快速流通，遂呈現了雅俗交流之文化現象。

光景的流連，所以令人醉心動容，即在於情感欲望得以快意地宣洩、滿足，在持續營造的美感氛圍中易於逃避無力改造的政治現實與動則得咎的生命威脅，此種情緒之易得、清閒與喜悅，自然遠勝於往往得在粗礪生活中磨粹之篤實易簡的道德實踐之路。〔註62〕富足繁盛的經濟物質生活與雅俗交流

〔註60〕袁宏道著，錢伯城箋校，《袁宏道集箋校》，卷二十，「瓶花齋集之八——雜錄」，中冊，頁730、731。

〔註61〕巧匠往往兼通傳統視爲高雅的詩文、繪畫能力，例如園林建築師張南陽、張南垣皆工繪畫；計成既是建築理論家，又兼有畫名，寫得一手好文章；雕刻家黃貞具「文心賦手」；文人陳孟長善作瓦器，人們珍之爲「異寶」。參見夏咸淳，《情與理的碰撞——明代士人心史》（保定：河北大學，2001），第四章〈情智的迸發〉，頁268～283。

〔註62〕錢穆曾指出吳康齋開啓明儒躬耕食力、篤實易簡之講學、求道一種生活型態，陳白沙、王陽明的學問系統皆承此脈而興，錢穆云：「吳康齋爲明儒開先，其居鄉躬耕食力，從遊者甚眾。嘗雨中被蓑笠，負耒耜，與諸生並耕説學，歸則解犁飯糲蔬豆共食。陳白沙自廣來學，晨光纔辨，先生手自簸穀，白沙未起。先生大聲曰，秀才若爲嬾惰，即他日何從到伊川門下。一日刈禾，鎌傷指，負痛曰，何可爲物所勝，竟刈如初。嘗歎箋注之繁，無益有害，故不輕著述。按在如此生活環境中，講學者無有不討厭箋注支離而走上實際經驗之一途，即所謂篤實易簡者是。陳白沙、王陽明皆此一脈。」錢穆，《國史大綱》，下冊，頁611。

的文化現象所帶來的負面效應，即是社會生活的庸俗化、豪奢化與道德風氣的淪喪。由於江南一帶經濟物品流通快速，縉紳官僚，既已有學術上的教養在先，經濟生活之富庶在後，則對於財富與物質品味上的追求、講究超越一切。一般人可以捐官、士人可以依於富者門下取得富裕的物質生活，因此，向人炫耀、賄絡把持成為一種世俗常情，暴發戶尤喜如此，王士性（萬曆五年進士）曾描述當代富豪之人、縉紳士夫廣為聚財、賄賂、奢華等敗壞風俗的社會現象：

> 都城眾庶家，易興易敗。外省富室，多起於四民自食其力，江南非無百十萬金之產者，亦多祖宗世業。惟都城人，或冒內府錢糧，抑領珠寶價值，抑又賃買中貴、公侯室居而掘得地藏窖金，以故，數十萬頃刻而成。然都人不能居積，則遂鮮衣怒馬，甲第瓊筵，又性喜結交縉紳，不恡津送，及麗於法，一敗塗地，無以自存。〔註63〕

除縉紳士夫外，「庶民」階層亦不復明初純樸之風，奸偽詭詐之行層出不窮，〔註64〕社會風俗隨之隳壞。總觀晚明時期，上自神宗之貪婪斂財，〔註65〕下至官僚、庶民對於財富權勢的熱烈追求，朝野上下無不瀰漫著物欲橫流的景況。

陽明末學流於「玩弄光景」的思想暗潮，在綱紀廢弛之政治現實的挫折與三教會流、比附體道境界的學術趨向中渦漩而起，更復面臨自明朝中葉以來持續勃興之商品經濟發展所驅動的各種人性、物質欲望的高漲，由朝官、士林乃至民間，整體社會享樂奢靡的風潮持續不歇，儒家篤習經典、尊性節欲、尊德輕藝的傳統思想；為政者理應導引，使之趨於淳正良善的社會風教，至此幾乎瓦解殆盡。在人欲無盡徵逐、氾濫成風的氛圍與情狀中，縱恣頹靡、弱肉強食成為主宰國家政經發展、社會生活變貌的主要趨勢，黃仁宇即云：「長

〔註63〕王士性撰、呂景琳點校，《廣志繹》（北京：中華書局，1997），卷之二，「兩都」，頁18。

〔註64〕葉權（1522～1578）《賢博編》（凌毅點校，北京：中華書局，1997）記載庶民貪財詭詐之行為：「今時市中貨物奸偽，兩京為甚，此外無過蘇州。賣花人挑花一擔，燦然可愛，無一枝真者。楊梅用大棕刷彈墨染紫黑色。老母雞撏毛插長尾，假敦雞賣之。滸墅貨席者，術尤巧。大抵都會往來多客商可欺，如宋時何家樓故事。」頁6、7。

〔註65〕關於明神宗聚斂財富，以致成癖，歷來明清史論著，多有述及，可參見孟森，《明清史講義》（北京：中華書局，1981），上冊，頁264；樊樹志，《晚明史》（上海：復旦大學出版社，2003），上卷，頁553。

期的道德淪亡，即已標志社會形態和其組織制度的脫節」。〔註66〕此中，知識分子「玩弄光景」、「尚言清談」的學術風尚，亦即是顧炎武（1613～1682）在《日知錄》中對於晚明暢論孔孟，疏於實踐，乃致誤國之歷史論斷的基源思考：

> 昔劉石亂華，本於清談之流禍，人人知之。孰知今日之清談，有甚於前代者。昔之清談談老莊，今之清談談孔孟。未得其精而已遺其粗，未究其本而先辭其末。不習六藝之文，不考百王之典，不綜當代之務，舉夫子論學論政之大端，一切不問，而曰一貫，曰無言。以明心見性之空言，代修己治人之實學；股肱惰而萬事荒，爪牙亡而四國亂，神州蕩覆，宗社丘墟。〔註67〕

第二節　晚明士人心態之嬗變——自萬曆間五賢受杖事件的不同詮釋談起

上一節，乃就陽明學說之發展、歧出對於晚明學術思想、政治活動、藝文表現等各個層面之影響，勾勒出晚明政經、文化生活之大致風貌。此節擬就晚明時期「士」階層之政治思想與仕宦心態的變化，試作一番較爲細部的描述與說明，旨在觀察「士」此一特定階層，在晚明君主專制極盛（「道」屈於「勢」）、道德與律法嚴重脫節的時代裏，如何思考個體生命之存在與道統、家國之間的關係，以及士人對於政經、社會與人生的普遍感思。本節論點起自萬曆年間吳中行等五賢受杖事件的不同詮釋，以見晚明士人心態之諸般變化，終以生命存在方式的消極選擇爲結，以此綰結本文第一節環繞陽明學說而起的晚明「時代精神」，並開啓後文第三章中關於晚明社會幾種重要倫尚觀念之探討。

何爲「士」？對於傳統儒者而言，不論是孔子提出的「篤信善學，守死善道」（《論語・泰伯》篇）、「君子謀道不謀食」、「憂道不憂貧」（《論語・衛靈公》篇），或是孟子所云之「天下有道，以道殉身；天下無道，以身殉道。未聞以道殉乎人者也。」（《孟子・盡心》篇上），傳統儒家經典皆著意強調「士」

〔註66〕黃仁宇，《萬曆十五年》（台北：麥芽文化，1985），第三章〈世間已無張居正〉，注釋1，頁112。

〔註67〕【清】顧炎武撰、黃汝成集釋，《日知錄集釋》（台北：臺灣中華書局，1976），卷七，「夫子之言性與天道」條。

的價值取向須以「道」作為最後的依歸。「道」之具體內容固為「仁」與「義」，但就人、我關係而言，其要旨乃一在「修己」，一在「治人」，二者互為表裏——「治人」必本於「修己」，而「修己」最終亦必然歸結於「治人」，從人、我的關係來看，此既是倫理思想，也是政治思想。然就中國傳統政治結構而言，「士」與「君」之間，恆存在著「道」與「勢」對立的緊張關係，於此，孟子亦早已揭示「道」尊於「勢」之觀念，對於士人之仕進，提出「三就三去」的原則。〔註68〕換言之，「士」的身分蘊義，在應然上，所須終身思考者有二：一為自身德性之完成與師道的傳承，一為「士」與家國天下的相繫命運，而終身所憂、所患者，即在於此二者是否踐履、得以圓滿，恆不在於自身財貨利祿的鑽營與謀求。總言以論，傳統儒家對於「士」的身分思考與責任擔負，旨在要求「士」能夠超越一己與社群的利害得失，不為權勢所屈，終其一生，志在完成一己德性之修養暨對家國天下、整體社會投予深厚的關懷。〔註69〕

然而就客觀的政治生態而言，自明代開國之初，即存在了「勢」高淩於「道」的局面。明代立朝，一改宋太祖「不殺大臣及言事官」的「家法」，在《大誥》三編中設有「寰中士大夫不為君用」一科，觸犯者每施以淩遲、梟示、誅戮、抄籍等各種刑罰。即論洪武一朝，士大夫初期以聲績著稱，後來因事被誅者，就列傳所記載的人數已可彙輯成一宗類案；此外，每有發為忠言，觸怒君上，當廷命武士捽搏立戮階下者；或建言忤旨，懼罪投水而死者、刑死獄中者……，因為各種情事而遭戮之士大夫，人數之眾難以計量。洪武四大獄案，牽連尤眾。胡惟庸以宰相謀叛、藍玉恃功驕縱、空印案及郭桓案，太祖疑心吏官有貪贓之嫌，此四大案坐連誅死者各皆數萬人。〔註70〕職是之

〔註68〕《孟子・告子》下：「陳子曰：『古之君子何如仕？』孟子曰：『所就三，所去三。迎之致敬以有禮，言將行其言也，則就之。禮貌未衰，言弗行也，則去之。其次，雖未行其言也，迎之致敬以有禮，則就之。禮貌衰，則去之。其下，朝不食，夕不食，饑餓不能出門戶，君聞之，曰；『吾大者不能行其道，又不能從其言也，使饑餓於我土地，吾恥之。』周之，亦可受也，免死而已矣。』」《十三經注疏》本（台北：藝文印書館，1989）冊八，頁223。

〔註69〕參見余英時〈古代知識階層的興起與發展〉，《中國知識階層史論》（台北：聯經，1980），頁38～43。

〔註70〕並參張廷玉撰、楊家駱主編，《新校本明史并附編六種》（台北：鼎文書局，1982），卷九十四，〈刑法二〉，冊四，頁2318、2319；孟森，〈明開國以後之制度〉，《明代政治》（台北：學生書局，1968），頁113～116。

故，自明初起，士大夫並不因爲得官容易（進士、監生、薦舉三種選官之法，參錯互用）而大膽奔競，士人往往懼爲君用，避之唯恐不及。葉伯巨曾上書論及朝廷對於士人動輒被凌辱與誅戮的仕宦處境：

> 古之爲士者，以登仕爲榮，以罷職爲辱。今之爲士者，以溷跡無聞爲福，以受玷不錄爲幸，以屯田工役爲必獲之罪，以鞭笞捶楚爲尋常之辱。其始也，朝廷取天下之士，網羅捃摭，務無餘逸，有司敦迫上道，如捕重囚。比到京師，而除官多以貌選，所學或非其所用，所用或非其所學。洎乎居官，一有差跌，苟免誅戮，則必在屯田工役之科。率是爲常，不少顧惜。〔註 71〕

據《明史》本傳記載，葉伯巨此書一上，太祖大怒，結果仍不免是「下刑部獄，死獄中」。余英時對於這段史料以及「寰中士夫不爲君用科」的酷法延用至明中葉以後，曾有說釋，〔註 72〕此處不再贅述。但我們可以進一步著意的是葉伯巨所指述之明初「士」的仕進心態異於傳統之變化。「屯田工役」、「鞭笞捶楚」既成爲朝廷對待士夫的常態，而士之所學與所用，尤難以名實相符，則此政治環境已非適合士人屈身效力之場域，明白可知。然而，士一旦「斷指不仕」或「被徵不至」，亦是「誅殺」、「籍沒」的下場（《明史》卷九十四〈刑法二〉），士人選擇「去之」之自由意志不僅不復存在，「士」之尊嚴亦蕩然無存。如此，則孟子所云士「三就三去」的仕進原則只徒留虛懸的理境意義與歷史嚮往之憑弔情懷，士人面對政治現實，僅能消極地將心態調整爲「以溷跡無聞爲福」、「以受玷不錄爲幸」。此消極心態，至晚明又有所變。沈德符（1578～1642）《萬曆野獲編》云：

> 今上寬仁，古今所無。然廷杖一事則屢見之。如丁丑之杖五賢，則江陵相盛怒。馮璫主之，非上意也。此後不用者幾十年。而丙戌年盧禮部（洪春），以修省疏忤旨得杖。至戊子給事李沂，以論廠璫張鯨得杖。壬辰春則孟給事（養浩）請建儲杖一百。又數年庚子，而王給事（德完）請厚中宮，亦杖一百。此皆關係朝家綱常，有功名教者。雖見辱殿廷，而朝紳視之，有若登仙。〔註 73〕

〔註 71〕楊家駱主編，《新校本明史并附編六種》，卷一百三十九，〈列傳第二十七〉，冊六，頁 3991、3992。

〔註 72〕參見余英時，《宋明理學與政治文化》（台北：允晨文化，2004），第六章「明代理學與政治文化發微」，頁 253～255。

〔註 73〕沈德符，《萬曆野獲編》（北京：中華書局，2004），卷十八「刑部」，中冊，明初士人雖以「鞭笞捶楚」、「屯田工役」爲尋常事，但在心態上畢竟深深以此爲辱，因此在進既無法保有尊嚴，退亦難爲的仕宦處境下，採取了消極的避禍心態。然而，廷杖之刑，自明初以迄明末，歷經二百多年，士人大抵已處於馴化的狀態。沈德符雖於文後續言：「若去衣受笞，則始於逆瑾用事，名賢多死，迄今不改。此在聖朝明主，念可殺不可辱之旨，亟宜停止者也」，主張廢止杖刑。此種建言雖不至於招致如明初葉伯巨刑死獄中的下場（此即沈德符述稱「今上寬仁，古今所無」原因之一。但神宗自萬曆十五年之後已不再上朝視事，此後閣臣用事，閹黨擅權，朝綱已然大壞，怯懦荒殆亦可得「寬仁」之表象），但對於已然施行二百多年的刑法，以及維繫朝廷威勢最爲便捷有效的方式而言，此等呼籲早已顯得微弱而貧乏。士人爲維護綱常名教，屢杖屢疏，既已招禍，則在心態上轉趨以氣節精神之崇尚抵禦身家性命遭遇瓦解摧殘的荼害之苦。然而此精神之崇尚一至於「有若登仙」之狀態，則實已進入於一種過度激化、偏激的精神境地，此不得不視爲一種病態社會氛圍下所醞釀產生的扭曲心理。〔註 74〕

萬曆間，「五賢」受杖，爲一次重大的杖刑事件，此刑案係因張居正「奪情」一事而起。萬曆五年（1577），張居正之父張文明驟逝，依明代「丁憂」制度，官員需離職服喪，服喪期滿之後，方能視事「起復」，逆違者稱之爲「奪情」。該時神宗對張居正依倚甚深，不願其丁憂歸里，更憂心新政中途夭殤，無人能繼。張居正三疏乞恩守制，皆爲神宗所拒，最後以「在官守制」折中定案：辭

頁 475。

〔註 74〕晚近史論，對於明末「崇尚氣節」的現象，多有持此看法者，例如樊樹志，《晚明史》一書云：「一些官員無辜被杖，天下以爲至榮，終身令人傾慕。病態社會所釀成的病態心理，是正常社會的正常人難以理解的。」（上卷，頁 273）；費振鐘，《墮落時代——明代文人的集體墮落》（台北：立緒，2002）中，對晚明士人上疏受杖已幾乎抱持完全負面的理解，其云：「萬曆中的幾次廷杖，因『皆關係朝家綱常，有功名教者，雖見辱朝廷，而朝紳視之，有若登仙』。這似乎在告訴我們，原來明代士大夫文人在被打屁股的經歷中，發現了一種境界，在他們看來，爲了綱常名教而受杖刑，儘管肉體痛楚、重創難平，心理上還會蒙受屈辱，可它能夠讓你名重天下，立刻成爲人們心目中的英雄。有這樣大的造化之功，對於明代士大夫來說，杖刑不但不可怕，反而有了一種特殊魅力。難怪一時間尋找打屁股機會的士大夫文人屢屢可見，因爲只要一被打屁股，他十有八九就會成爲一個偉大人物了。」（頁 171、172）晚明文人受廷杖之辱，雖已出現扭變的心理現象，然其間自東漢以來即已塑成之士大夫氣節觀念依然是許多士人直言讜論的動力來源之一，仍可見到正面精神力量的湧現與推動。費氏之言，或又過於激切！

免薪俸，以素服角帶辦事，日侍講讀。定案之後，輿論四起，翰林院編修吳中行、檢討趙用賢、刑部員外郎艾穆、主事沈思孝反對最爲激烈，上疏論劾張居正「奪情」，以其「在官守制」有違綱常倫理，宜奔喪守制以全大節。爲壓制輿論，神宗降旨敕諭，對此四人施以廷杖，並且或發回原籍爲民，永不敘用；或發極邊充戍，遇赦不宥。稍後，刑部觀政進士鄒元標繼之上疏，再論張居正奪情非禮，疏入，神宗命廷杖八十，謫貴州都勻衛充戍。〔註 75〕

于愼行（1545～1608）時任翰林侍講，與張位、李長春、沈懋學等多位翰林官員上疏申救吳中行諸人，奏疏受阻，無法呈進。張居正得知此事後，怒責素有交誼的于愼行，于愼行從容以對，不久，即因病告歸，直至張居正猝逝，才以原來官銜復職。〔註 76〕于愼行晚年致仕家居之後，以讀書著述爲事，《穀山筆麈》寫就於此一時期。書中對於嘉靖、隆慶、萬曆三朝之朝政、官場風氣、士人心態以及社會經濟文化等各種現象皆有所記，其中「明刑」一則言及明代刑法與士人心態的轉變，造語遣詞與沈德符有一些疊似之處，但立論則有所異。于氏云：

> 唐開元中，刺史楊濬坐贓當論死，上命杖之六十，丞相裴耀卿上疏：「決杖贖死，恩則甚優，解體受笞，事頗爲辱，止可施之徒隸，不當及於士人。」玄宗習見武后之朝笞撻公卿有如徒隸，而忘其非法也，耀卿一言，遂停此法。有宋三百餘年，未嘗及朝士，可謂有禮矣。近代建言得罪之臣，往往賜杖，大廷裸體係累，不以爲辱，而天下以其抗疏成名，羨之如登仙，是古人之所爲辱，乃今之所爲榮也，豈盛世所宜有哉！大抵上之所賞，即下之所譽，則以其賞爲榮，而不然者，則賞亦辱也；上之所刑，即下之所毀，則以其刑爲辱，而不然者，則刑亦榮也。夫使上之刑賞不足爲榮辱，而士之榮辱制於下之毀譽，則國是將日非矣。有識之士可不爲寒心哉！〔註 77〕

就上下語脈觀之，于氏對於唐玄宗廢停杖刑施於朝士一事，以及有宋一代，杖刑未嘗及於士夫，心存嚮往之情，而此情感之懷抱，實即其對於明代杖刑之「無禮」的委婉反喻。然於文後，語鋒一轉，卻站在了對於明代皇權體制

〔註 75〕並參王其榘，《明代內閣制度史》，頁 250～254；樊樹志，《晚明史》上卷，第一章「張居正與萬曆新政」，頁 261～279。

〔註 76〕並參張廷玉撰、楊家駱主編，《新校本明史并附編六種》，卷二百一十七，〈于愼行傳〉，冊八，頁 5737～5739；樊樹志，《晚明史》，上卷，頁 274。

〔註 77〕于愼行撰、呂景琳點校，《穀山筆麈》（北京：中華書局，1997），頁 117、118。

之認同與維護立場上，擔憂起明代刑法之立意一旦與士夫價值觀念背向而馳，恐怕即喻示了朝綱行將瓦解、盛世不再的國家處境。檢視于愼行生平：隆慶二年進士，歷官翰林編修、掌詹事府、陞禮部侍郎、進禮部尚書；當代儀習典制，朝中諸大禮多經其裁定；又於史館任職期間，爲萬曆帝進講唐史，甚得帝君倚重。〔註 78〕以其一生行誼作爲理解背景，則其書中所主張「士之榮辱」應以「上之刑賞榮辱」爲榮辱，而不應「制於下之毀譽」的觀點，及其屢次言及「明法」乃是「正大仁厚之體，自三代以來所僅見者」；執「法」者不能「爲有罪者決網而爲無罪者設鉤」，要能掌握「止輕殺之端而開重法之原」的原則等等，〔註 79〕可以窺見「道」與「勢」之間，于氏所重者在於「朝綱」之維繫與「刑賞」之「尙同」——強調士夫之價值觀念應上同於朝綱刑賞之立意，「勢」固然要能切合於「道」，而「道」亦不應凌駕於「勢」之上，進而破壞綱常與國體。此自是老臣公忠體國，爲維護皇權體制而興發之言論。以此立場作爲前提，便不難理解何以于愼行對於朝士受杖，士人以「抗疏」爲榮，天下人「羨之如登仙」的現象，所見者爲其間「成名」之誘因，而視此舉多爲士人一種求名干譽的激徼心理。于愼行眞正憂心者，恆不在於「道統」的內蘊與價值是否高於一切，有足以士人干冒性命家財之瓦盡戮力追求、實踐於本朝者；而在於政統制度能否條貫有序地執行維繫以及此所昭示之國運的昌隆盛衰。因此，對於同一時期的杖刑事件，立論便與沈德符相異。沈德符乃站在士夫尊嚴之存否以及眾人抗疏實爲護守名教而不得不然的基礎上，對於「諫止江陵奪情被杖諸賢，聞吳趙稍輕，然亦創甚；第二疏爲沈艾，則加重矣；最後鄒疏入，杖最毒。」〔註 80〕流露出深厚的同情與理解；于氏則以爲士夫之價值觀念既能左右、凝聚天下人之價值觀念，則士夫之賞譽榮辱的價值體認，即應以政統朝綱、家國世運作爲最高、也是最後的價值依歸。

清初朱彝尊（1629～1709）追記此事，所見者則又異於前朝于、沈二人。朱氏略去當時士人所呈露的一種激徼心態，直取「士之氣節」說釋五賢受杖事件，轉移了于、沈二人議論之焦點。朱氏《靜志居詩話》論沈思孝云：

〔註 78〕並參張廷玉撰、楊家駱主編，《新校本明史并附編六種》，〈于愼行傳〉；錢謙益撰、錢陸燦編，《列朝詩集小傳》（台灣：明文書局），頁 011～586、011～587。

〔註 79〕于愼行撰、呂景琳點校，《穀山筆麈》，頁 115～118。

〔註 80〕沈德符，《萬曆野獲編》，卷十八「刑部」，中冊，頁 476。

先生封事，尤觸江陵之怒，杖畢即加鐐鎖，復下獄，三日始僉解發戍。既抵嶺南，巡撫欲殺之，以媚政府，遽以尺符召之行，至恩平，先生袖匕首示縣令曰：「巡撫必欲殺我，我當與俱斃，不然伏尸軍府中，令天下士大夫皆知巡撫所殺也。」縣令密以告巡撫，得不死。蔡副使文範作〈壯哉行〉送之。其歸也，胡元瑞贈詩云：「薏苡花前千里夢，桄榔樹下十年人。」

論吳中行云：

江陵奪情，事在萬曆五年七月，迨十月之朔，慧星見，大內火。於是既望三日，吳公疏上，次日，趙檢討用賢疏上，又次日，艾員外穆、沈主事思孝疏上，江陵怒不可止，而諸公均受杖矣。方杖時，鄒進士元標疏復上，一時士氣持正若是。許文穆以庶子充日講官，爲吳、趙二公餞，鐫玉杯一，銘曰：「斑斑者何卞生淚，英英者何藺生氣。追之琢之永成器。」以贈吳公。犀杯一，銘曰：「文羊一角，其理沉黝。不惜剖心，寧辭碎首。黃流在中，爲君子壽。」以贈趙公。玉杯今不見，犀者爲吾鄉何少卿蕤音所得，余嘗飲此作歌。

論沈懋學云：

君典（沈懋學字君典）少任俠，兼精技勇，能上馬舞丈八槊。嘗出塞縱觀飛狐、花馬險塞，突爲擴騎至幕南，君典挾一矢命中，其黨乃不敢追。既登狀頭，是年第二人，即江陵相君子嗣修。江陵方欲引以相助，會奪情之舉，君典貽書嗣修謂：「相君天子師表，奈何棄綱常，飽人以口實。」嗣修恧而不能答也。又貽書李尚書養河，辭頗激切，養河發書，嘻笑而已。君典乃與吳編修子道、趙檢討汝師謀，各上疏，吳趙受杖，而君典疏草，爲人所持，不果進。然江陵業恨其異己，而海內皆服其風節矣。〔註 81〕

朱氏此三則文字，皆已不見圍繞此事件所產生之「羨若登仙」的社會現象描述，而轉以「一時士氣持正若是」、「海內服其風節」詮釋、定位五賢及其相關人物之言行。此正直不阿的氣節表徵，朱彝尊以受杖者不論謫邊遠行或復官回朝之際，諸多士人以作詩、鐫杯刻銘爲之餞行、慶賀等行爲典式加以表現。此行爲典式極易令我們聯想起宋代由范仲淹所引領之「每感激論天下事，

〔註 81〕三段引文見朱彝尊著、姚祖恩編、黃君坦校點，《靜志居詩話》（北京：人民文學出版社，1998），下冊，頁 435、436、438、445。

奮不顧身，一時士大夫矯厲尚風節」之士大夫自覺精神。〔註 82〕因此朱氏實則以五賢之精神意緒與行止，乃一上接宋人先天下之憂樂而憂樂之以名節相尚的士夫精神。此外，朱彝尊復以災異圖讖、天人感應之說，於「名教綱常」之外，進一步證論吳中行諸人上疏的正當性。對於張居正奪情，五賢紛紛上疏之因，朱氏追記了當時彗星出現一事。雖奪情事件發生前後，有彗星出沒之異象，爲于、沈二文中所未見，〔註 83〕但亦非朱氏旁蒐得來之佚事。《明史》〈吳中行傳〉記載：

> 大學士張居正，中行座主也。萬曆五年，居正遭父喪，奪情視事。御史曾士楚、吏科都給事中陳三謨倡疏奏留，舉朝和之，中行獨憤。適彗出西南，長竟天，詔百官修省，中行乃首上疏曰：……。〔註 84〕

時人張瀚（1514～1596）在《松窗夢語》中錄記此次出現之彗星：「其光紅白，閃爍搖動，令人可畏」，一經占卜，出現「降舊布新」、「大臣災」之預示結果，經禮部題奏之後，皇帝降旨百官修省。〔註 85〕由此觀之，《明史》「吳中行本傳」

〔註 82〕引文見《宋史》卷三百十四「范仲淹傳」；宋人士大夫自覺精神之內蘊參見錢穆，《國史大綱》，下冊，頁 415～419。

〔註 83〕沈德符對此事件的描述見於同卷「大俠遁免」一則，文云：「時有江西永豐人梁汝元者，以講學自名，鳩聚徒眾，譏切時政。時江陵公奪情事起，彗出亙天，汝元因指切之，謂時相蔑倫擅權，實召天變，與其鄰邑吉永人羅巽者同聲倡和，云且入都持正議，逐江陵去位，一時新局。江陵恚怒，示意其地方官物色之。諸官方居爲奇貨。適曾光事起，遂竄入二人姓名謂且從光反。汝元先逮至，拷死。」（氏著，《萬曆野獲編》，卷十八，「大俠遁免」則，中冊，頁 480）沈氏將此天人相感之說視爲在野講學者之異論，並將其與時人視之爲「妖者」的曾光——「大言惑眾」、「撰造妖書」、「糾合倡亂」——聯繫以論，可以得見沈氏並不認爲此等「邪說」乃爲五賢上疏的合理原因之一，是以將其摒除在五賢受杖事件的因果始末之外。

〔註 84〕張廷玉等著，楊家駱主編，《新校本明史并附編六種》，卷二百二十九〈吳中行傳〉，冊八，頁 5998、5999。

〔註 85〕惟張瀚所記彗星出沒的時間乃在九月，張居正聞訃之前，與《明史》、朱彝尊《靜志居詩話》所記不同。張瀚此說，則災變異象的天人感應之義更爲明顯，人事現象本身的倫理意義則較爲隱晦。張瀚除以天象之變說釋天人相感之義，亦有以此昭示一己爲維護綱常，拒絕勸留張居正，終遭奉旨致仕處置之行爲辯護的意圖。上下文爲：「歲丁丑九月，彗星出西方，長亙五七丈，本在箕、尾間，未指斗、牛。其光紅白，閃爍搖動，令人可畏。占曰：『主降舊佈新。』又曰：『主大臣災。』時禮部題奏，奉旨修省。已而江陵聞訃，不欲奔喪，乃降旨令吏部往諭眷留意，復移咨吏部。余時秉銓，爲百寮長，諸部院咸勸余上疏保留。余曰：『今日之事，惟皇上可留，或相君自留，吾輩安可留也！』尋奉旨致仕。而諸公卿不附者，一時盡更。象示不虛，豈偶然哉！」【明】

所使用的「適」字副詞，旨在表明事件的巧合意義，認為吳中行對於「舉朝和之」的奉承現象，乃「獨憤」在先，而彗星出沒的現象、時間，正好提供了一種建言的機會與條件，因此，《明史》對於此一事件的理解茲為：吳氏諸人對於人事的倫理價值判斷先行，異象發生在後，天人相感之義遂成上疏的輔成性條件。但觀朱彝尊所使用的「於是」一詞，為一表明因果關係之連詞，〔註86〕其前後句式可簡易為——「因彗星見、廷內火，故疏上」。朱氏使用「於是」此連接詞彙所欲昭明之義在於：彗星出沒、朝廷內繼之發生大火的天災異變與吳、趙諸人上呈疏文二事之間，在事理上乃是一種前後相承的因果關係。正因為吳氏諸人甚明天象災異為一種對於國家失道現象的譴告，若是舉朝上下不知修省，傷敗將隨之而至；士夫基於廓然無私之為家國朝綱盡忠竭誠的深切用心，方犯顏上疏糾舉，而意不在於挾天象之變以報私人隙怨、負氣抒憤。

朱彝尊曾參與《明史》之編纂，《明史》為官修史書；《靜志居詩話》則原來附屬於朱氏編選《明詩綜》諸家評語之後，後經盧文弨抽輯《靜志居詩話》單獨成書二十二卷，為朱氏私著之書。〔註87〕朱彝尊在《明詩綜》自序中說明著述目的：「或因詩而存其人，或因人而存其詩，間綴以詩話，述其本事，期不失作者之旨」、「庶幾成一代之書，竊取國史之義，俾覽者可以明夫得失之故矣」。〔註88〕由其自述之編撰動機，我們可以明白得知，朱氏冀圖通過此書還原明代詩人之精神形貌，並「以詩存史」，總結歷史教訓以啓來者。因此，透過書後其對於詩人的描述、評騭，我們更能辨明朱氏個人之價值取捨。朱彝尊為明朝大學士朱國祚曾孫。朱國祚攝政尚書期間，曾為爭國本、立儲等事抗疏進言數十次，儲位終定乃止；又曾為鄒元標「侍經筵而躓」失儀一節申辯於帝君，遂得熹宗正容以對；並合疏上救為魏忠賢所斥逐的朝中大臣。〔註89〕朱彝尊承此清正廉慎之家風，在明、清易代之際，曾一度身預

張瀚撰，盛冬鈴點校，《松窗夢語》（北京：中華書局，1997），卷五「象緯紀」，頁91。

〔註86〕「於是」作為連詞，其功能在於：「用在分句或句子之間，承上啓下，表示後一事承接前一件事，兩事之間，既有時間上先後相繼的關係，又有事理上前後相因的關係。」段德森著，《實用古漢語虛詞》（山西：山西教育出版，1992），頁71。

〔註87〕參見霍松林主編，《中國歷代詩詞曲論專著提要》（北京：師範學院出版，1991），「靜志居詩話」，頁265。

〔註88〕朱彝尊，〈明詩綜自序〉，《明詩綜》（台北：世界書局，1962），前一，葉上。

〔註89〕參見《新校本明史并附編六種》，卷二百四十，〈朱國祚傳〉，冊九，頁6250。

浙東一帶的抗清軍事活動。事敗後，遍遊吳、越，再渡嶺到廣東，結交當地的抗清志士，後爲衣食及保身立命計，以同鄉晚輩的身分投靠卒後被列名「貳臣」的曹溶（1613～1685），遊食於清廷大吏之門，南北奔走，逐漸走向仕清之路。〔註90〕由其家世背景及一生行誼觀之，朱彝尊編選《明詩綜》，既存「竊取國史之義，俾覽者可以明夫得失之故」的用意，則是書之選隱寓故國之思，顯而易見。又朱氏甚爲推重陳子龍，以爲陳子龍詩歌之成就在於：「王、李教衰，公安之派浸廣，竟陵之燄頓興，一時好異者譸張爲幻，……臥子（陳子龍字）張以太陰之弓，射以枉矢，腰鼓百面，破盡蒼蠅蟋蟀之聲，其功不可泯也」此不止以豪俠形象形容陳子龍詩歌的思想、創作能一掃公安、竟陵之流弊；亦以爲陳子龍編選明詩的目的正在於：「刺譏之詩微以顯，哀悼之詩愴以深，使聞其音而知其德，省其辭而推其志」，稱許陳子龍是深諳「論詩之本」者。〔註91〕朱氏此等言論俱皆寓示了陳子龍詩歌之所以能突破擬古、復古的樊籬，即在於其具有「憂時托志」的豪傑精神。豪俠詩風即豪傑人格之映投，朱氏以設譬論詩之方式，所欲深爲托寓者，乃是陳子龍在面臨異族入侵，爲拯救家國免於覆亡，最終死於國難的節烈之義。

循此以論，我們可以進一步探知：在本事的描述上，何以朱彝尊特重人物智取巡撫（沈思孝）、能武擅槊（沈懋學）、士人以作詩鐫杯公開聲援杖囚者以示節義的任俠性格。朱氏爲五賢辯護之論點與方式，不僅已由于慎行負面的憂患之思，一轉而爲正面積極之解讀，甚至已遠遠超過了沈德符之以「名教」爲說的立場；而此辯解亦無委婉申明朱氏自身雖身仕異族，卻心懷故國的隱忍心志？

士人以「理」抗「勢」之在朝抗疏、或在野聚眾反抗之舉，在晚明時期有其特殊的內在理論基礎。例如何心隱（1515～1579）曾自倫常的角度重新檢視君臣關係，其云：

> 達道始屬於君臣，以其上也。終屬於朋友，以其下也。下交於上，而父子昆弟夫婦之道統於上下而達之矣。夫父子昆弟夫婦，固天下之達道也，而難統乎天下，惟君臣而後可以聚天下之豪傑，以仁出政，仁自覆天下矣。天下非統於君臣而何？故唐虞以道統統於堯舜。惟友朋

〔註90〕參見謝正光，《清初詩文與士人交游考》（南京：南京大學，2001），頁200、214、248。

〔註91〕二段引文見朱彝尊著、姚祖恩編，《靜志居詩話》，下冊，頁642。

可以聚天下之英才，以仁設教，而天下自歸仁矣。天下非統於友朋而何？故春秋以道統統於仲尼。……殊不知君臣友朋，相爲表裡者也。昔仲尼祖述堯舜，洞見君臣之道，惟堯舜爲盡善矣。〔註92〕

就傳統儒家觀念而言，士與君主的關係可以分爲三類：師、友與臣。例如孟子引述費惠公之言曰：「吾與子思，則師之矣；吾於顏般，則友之矣；王順、長息，則事我者也。」（《孟子・萬章》篇下）；又《戰國策》記載郭隗答燕昌王語云：「帝者與師處，王者與友處，霸者與臣處，亡國與役處。」（「燕策」）。〔註93〕但自東漢以來「名教」之論蔚然而興，視君臣關係乃仰效父子關係而來，本天地之性而有，因此，尊卑上下的位序具有絕對性而不容改易。〔註94〕何心隱捨棄「名教」之論，摭取先秦儒者觀點，強調君臣之間的關係應調整爲友朋之關係，將君臣關係視爲相對平等的人倫（夫婦、朋友）關係，或師友關係（「君臣相師，君臣相友，堯舜是也」），〔註95〕而非天生命定的天倫（父子、兄弟）主從關係；如此，則政統與道統之間方得以既分立而又相涉，「德」與「位」二者遂能均衡協適地相待以成，終而達至仁教廣被的至善之境。〔註

〔註92〕何心隱，〈與艾冷溪書〉，何心隱著，容肇祖整理，《何心隱集》（北京：中華書局，1981），卷三，頁66。

〔註93〕此義興起的時代背景與相關內蘊可參見余英時，〈道統與政統之間〉，《史學與傳統》（台北：時報文化，1988），頁55～58。

〔註94〕例如晉朝袁宏（328～376）云：「光武之繫元帝，可謂正矣。夫君臣父子，名教之本也。然則名教之作，何爲者也？蓋準天地之性，求之自然之理，擬議以制其名，因循以弘其教，辯物成器，以通天下之務者也。是以高下莫尚於天地，故貴賤擬斯以辯物；尊卑莫大於父子，故君臣象茲以成器。天地，無窮之道；父子，不易之體。夫以無窮之天地，不易之父子，故尊卑永固而不逾，名教大定而不亂，置之六合，充塞宇宙，自今及古，其名不去者也。」【晉】袁宏撰、周天游校注，《後漢紀》（天津：古籍，1987），卷二十六，「初平二年」條，頁743。

〔註95〕此語之前後脈絡爲：「三代之上，宗旨出於上，皇極之類是也。三代之下，宗旨出於下，人極之類是也。宗旨出於上，雖師友不有二旨也，不有二宗也，況君臣乎？雖兄弟不有二旨也，不有二宗也，況父子乎？宗旨出於下，雖君臣猶有二旨也，猶有二宗也，況師友乎？雖父子猶有二旨也，猶有二宗也，況兄弟乎？君臣相師，君臣相友，堯舜是也。旨出於堯而宗於舜，不有二也。父子相師、父子相友，文武是也。旨出於文而宗於武，不有二也。兄弟相師，兄弟相友，武周是也。旨出於武而宗於周，不有二也。」何心隱著，容肇祖整理，《何心隱集》，卷二，〈宗旨〉，頁37。

〔註96〕關於何心隱人倫觀的細部論述，可參見周志文，〈何心隱與李贄的人倫觀〉，《晚明學術與知識分子論叢》（台北：大安出版社，1999），頁115～135。

96〕何心隱此論似與先秦儒者所言並無不同，然而若將此天下君臣達道之理，置於其對於「家」之特殊觀念上予以理解，則可見此論特殊的時代意義。

何心隱早年曾在家鄉建立「萃合堂」宗社，此一社團有其嚴密自足之教育、經濟組織機構。此類的宗社祖織既可以協助政府成爲安定基層社會之力量，但亦由於其具有獨立自足之機能，反之亦可以不受官方政治權力所左右而對官方形成威脅。何心隱遂於嘉靖三十八年（1559），因抗拒中央「賦外加徵」被逮補下獄，後經地方巡撫、縣官申救，方免去牢獄之災。稍後，何氏游於京師，又曾於京師「辟四門會館，招來四方之士，方技雜流，無不從之」。〔註97〕此社團組織，廣爲包羅士農工商各階層之人物，成員已不限於知識分子階層。此看似流品甚雜之四方人物，其共同特徵在於皆具儒俠形象、豪義精神者。因其組織成員爲師弟、朋友，不爲父子、夫婦，何心隱遂極力強調師友之地位，將「師」視爲「道之至」、「學之至」的至善；將友視爲「天地之交」，道和學都盡於此義之中，〔註98〕因此，本被排除在三綱之外的師友關係，被提昇至一切人倫關係之上。耿定向（1524～1596）曾命稱何心隱此類社團爲「孔子家」。〔註99〕若將此「孔子家」之觀念，推向極大化，則天下、家國莫非「孔子家」；君臣、父子、夫婦莫非師友之關係，如此，則何心隱「達道始屬於君臣」、「終屬於朋友」之論便呈顯出異於傳統儒家所揭示之義。近人鄧志峰即指出：「由『心（陽明闡良知）——身（王艮尊身之說）——家（何心隱聚友以成「孔子家」）』的演變，可知泰州師道派由個性主體的張揚，一步步發展爲通過社會組織與現行專制權力對抗的眞實軌跡」。〔註100〕何心隱所聚結的社會組織，將士農工商各階層之人皆包蘊其中，此亦已非傳統儒者所云之君臣以師友相待，獨爲「士」此階層群體自覺下所共同標舉之政治理想，而弘道達道亦非唯士爲能。

稍後，呂坤（1536～1618）在《呻吟語》一書中提出「以理抗勢」之說。呂坤主張以「天理」限制君王之權勢，其云：

〔註97〕黃宗羲著，沈芝盈點校，《明儒學案》，卷三十二，「泰州學案‧何心隱傳」，下冊，頁704。

〔註98〕何心隱，〈師說〉、〈論友〉，《何心隱集》，卷二，頁27、28。

〔註99〕耿定向〈里中三異傳〉：「姚江（王陽明）始闡良知，指眼開矣，而未有身也；泰州（王艮）闡立本旨，知尊身矣，而未有家也；茲欲聚友以成『孔子家』。」收入耿定向，《耿天臺先生文集》（台北：文海，1970），冊四，頁1628。

〔註100〕何心隱諸般行止及鄧氏此言參見鄧志峰，《王學與晚明的師道復興運動》（北京：社會科學文獻，2004），頁245～252、252註解3。

> 故天地間惟理與勢爲最尊。雖然，理又尊之尊也。廟堂之上言理，則天子不得以勢相奪，即相奪焉，而理則常伸於天下萬世。故勢者，帝王之權也；理者，聖人之權也。帝王無聖人之理，則其權有時而屈；然則理也者，又勢之所恃以爲存亡者也。以莫大之權，無僭竊之禁，此儒者之所不辭，而敢于任斯道之南面也。〔註101〕

「理」與「勢」二者，「勢」既恃「理」以爲存亡，君王使勢用權之際只要遵循「理」的原則，則不論在學理上或現實世界中，都可免於衝突、對立的狀態。然而現實之政治環境，「帝王無聖人之理」恆爲一種常態性現象，迫使「理」與「勢」間難以兩全，士人面對此矛盾境況，只能選擇「理」以抗「勢」、以「理」矯正君王之偏失，因此，在道統上居主體者乃爲師儒而不爲君王。呂坤既主張「以理抗勢」，則提倡一種敢於「犯顏直諫」，敢強君、矯君，甚至不惜一死的無畏精神。〔註102〕

此後，顧憲成（1550～1612）、高攀龍（1562～1626）等東林學者於朝政日非，黨禍、閹禍流衍朝野之際，更具體明白地轉向以清議論政之方式對抗爲魏忠賢所把持之權勢。東林諸人或在野以講學論道力抗「勢」之傾軋，或在朝以議論彈劾維繫「道」之價値與「士夫」之尊嚴，反覆重申學者求道、講學之目的應在致用，論學的「念頭」要在「世道」，在治國平天下上，否則「即有他美，君子不齒也」；「揀擇題目以賣聲名」，而「志不在弘濟艱難」者，只是「硜硜之小人耳」。此等慨然以天下治亂爲己任，嚴分君子與小人，認爲「紀綱世界，全要是非明白」之以「士」身分自高的風氣，〔註103〕在晚明形成一股強大之「士之群體自覺」的精神力量，〔註104〕士人相率以「氣節」互

〔註101〕呂坤著，吳承學、李光摩校注，《呻吟語》（上海：上海古籍出版社，2000），卷一，「談道」，頁54。

〔註102〕如其云：「君子畏天，不畏人；畏名教，不畏刑罰；畏不義，不畏不利；畏徒生，不畏舍生。」、「斯道這個擔子，海內必有人負荷。有能慨然自任者，愿以綿弱筋骨助一肩之力，雖走僵死不恨。」呂坤著，吳承學、李光摩校注，《呻吟語》，卷一，「存心」，頁20、21。

〔註103〕引文分見黃宗羲著，沈芝盈點校，《明儒學案》，卷五十八，「東林學案一．顧憲成傳」，下冊，頁1377；卷六十一，「東林學案四．黃尊素傳」，下冊，頁1489、1490；卷五十八，「東林學案一．高攀龍傳」，下冊，頁1399。

〔註104〕「士之群體自覺」一語爲余英時所提出。余氏論文旨在以「士之群體自覺」與「士之個體自覺」詮解漢晉之際的思想變遷。其定義「自覺」二字云：「惟自覺云者，區別人己之謂也，人己之對立愈顯，則自覺之意識亦愈強。」，並指出此種「國而忘家，公而忘私」，「以天下爲己任」之兩漢士大夫的「群體

高自許，甚至不惜以身殉道，捨生以取義。〔註 105〕在與強權對抗、衝撞的過程中，此力量不見消滅，卻愈見頑強與奮起。

士人此種對於「道」的堅持，是爲一種「思想上的信念」。〔註 106〕此思想之信念，並非純然只是知識上的肫誠專一，乃已提升至一種人格上的確認與立身行事的信仰。此中絕不肯與政治威權妥協的態度，自然是孔子所言「天下有道則庶人不議」（《論語・季氏》篇）的政治實踐；而其中對於「道」的信仰亦已入於一種宗教情懷，一切節烈行爲乃憑藉此「宗教情懷」得以外示、完成。〔註 107〕然而，若此「積極身殉」之精神不能超拔於一己個人利害之外，則難以維持超然大公之高度，容易流於意氣上的偏執與衝撞，「宗教情懷」遂亦容易質變爲難辨大是大非的狂飆意緒，而深具破壞性力量。嘉靖三十八年（1559），何心隱因抗拒中央「賦外加徵」，拒捕之際殺傷吳善五等六命，被

自覺」，「若貫通全部文化史而言之，則其根本精神實上承先秦之士風，下開宋明儒者之襟抱，絕不能專自一階級之利害解釋之也。」雖余氏所舉明儒之例，以顧炎武之議論爲說，但檢視東林諸儒之言行，亦皆是此等精神的契接與發揚。余氏之論，參見氏著，〈漢晉之際士之新自覺與新思潮〉，《中國知識階層史論・古代篇》（台北：聯經，2001），頁 206、214、215。

〔註 105〕如高攀龍曾云：「氣節而不學問者有之，未有學問而不氣節者。若學問而不氣節，這一種人爲世教之害不淺。」又云：「然即死是盡道而死，非立巖墻而死也。大抵現前道理極平常，不可著一分怕死意思，以害世教。不可著一分不怕死意思，以害世事。」黃宗羲著，沈芝盈點校，《明儒學案》，卷五八，「東林學案一・高攀龍傳」，下冊，頁 1433、1421。又因論劾魏忠賢，天啓五年，工部屯田司郎中萬景死於杖刑；楊漣、左光斗、魏大中等「六君子」刑死獄中；天啓六年高攀龍、黃尊素、周起元等「七君子」或自沈而亡或下而獄死；死前或肌體潰瀾、或碎裂如絲，身無完膚，死狀甚慘。參見樊樹志，《晚明史》上卷，第七章「從泰昌到天啓」，頁 675～698。

〔註 106〕余英時云：「近代社會學家也曾指出，由於知識階層不屬於任何一個特定的經濟階級，因此它始能獨持其「思想上的信念」（"intellectual convictions"）。這一「思想上的信念」之說正好是孟子所謂「恒心」的現代詮釋。」氏著，〈古代知識階層的興起與發展〉，《中國知識階層史論・古代篇》，頁 43。

〔註 107〕士人所堅持的道統，涵有許多宗教成分，學者已多有論說，例如錢穆云：「他們（宋明儒）可說是一種秀才教。可說是范仲淹諸人以來流行於一輩自負以天下爲己任的秀才們中間的宗教。凡內在有一種相互共同的信仰，向外有一種綿歷不斷的教育，而又有一種極誠摯極懇切之精神，自發自動，以從事於此者，自廣義言之，皆可目之爲宗教。」（氏著，《國史大綱》，下冊，頁 614）；余英時：「中國的道統包涵了宗教的成分，但並不是一般意義上所謂的宗教；它不具備有形式的組織。」參見氏著，〈道統與政統之間〉，《史學與傳統》（台北：時報文化，1988），頁 55。

時人視為俠義之士。〔註 108〕但何心隱卻為此「俠義」之名深感不安，曾撰文申明一己之行為乃是「落於大」的「聖賢意氣」，其「誠」是「意與道凝」、「明明德於天下」的聖賢之誠，而非「誠其一己之俠之意」、「養其一己之俠之氣」，純落於私人意氣之爭的「世俗之俠」。〔註 109〕萬曆年間，泰州派學說風偃天下，泰州士人「多能以赤手搏龍蛇」，並且時時倡言「不滿師說」故轉而祖師於禪。但黃宗羲以為泰州諸人之學術並無法真正契接禪之底蘊，其云：「釋氏一棒一喝，當機橫行，放下拄杖，便如愚人一般。諸公赤身擔當，無有放下時節，故其害如是」。〔註 110〕黃氏所見正為泰州諸人思想行止中所展現之一種精神意緒上的偏執與衝撞，而其學術則是有賴此生命氣質中的凌盛血氣而強力成就的一種學說樣態。

循此以論，沈德符之以「有功名教」說釋五賢受杖一事、朱彝尊稱揚諸人洵有「風節」、鼓舞了正直士氣，二人所見乃為士人「堅持信念」此精神力量所昭示的正面意義。于慎行雖有其特定之政治立場，但亦正是由於見到了此精神力量本身即具涵的負面性可能，而率然指斥事件中所呈露之士人沽名釣譽、價值倒置，足以撼動家國朝綱的矯激心態，實不足為取。不唯于氏獨有此論，《明史》亦屢次言及趙用賢「性剛，負氣傲物，數訾議大臣得失」、沈思孝「素以直節高天下，然尚氣好勝，動輒多忤」，並記載了趙用賢之妻對趙氏受杖後潰落的體肉甚至「臘而藏之」之超乎常情的詭激行為。〔註 111〕此外，東林學者顧憲成在萬曆年間即有：黨爭「始於意見之歧，而成於意氣之激」，「長此不已」勢將釀禍流毒的憂慮，〔註 112〕而此竟終於成為歷來史評者訾病東林黨人最為著力之處。例如《明史》云：「方東林勢盛，羅天下清流，士有落然自異者，詬誶隨之矣。攻東林者，幸其近己也，而援以為重。於是中立者類不免蒙小人之玷。核人品者，乃專以與東林厚薄為輕重，豈篤論哉。」；〔註 113〕《四庫全書總目提要》云：「（東林）欲以主持清議為己任，一

〔註 108〕參見鄧志峰，《王學與晚明的師道復興運動》，頁 249。

〔註 109〕何心隱，〈答戰國諸公孔門師弟之別在落意氣與不落意氣〉，《何心隱集》，卷三，頁 54。

〔註 110〕黃宗羲著，沈芝盈點校，《明儒學案》，卷三十二，「泰州學案一」，下冊，頁 703。

〔註 111〕參見楊家駱主編，《新校本明史并附編六種》，卷二百二十九，〈趙用賢傳〉、〈沈思孝傳〉，冊八，頁 6001、6006、6000。

〔註 112〕顧憲成，〈與伍容菴〉，《經皋藏稿》（《四庫全書珍本》），卷五，葉二九上下。

〔註 113〕參見楊家駱主編，《新校本明史并附編六種》，卷二百五十六，「贊曰」，冊九，

時聲氣蔓延，趨附者幾遍天下，互相標榜，自立門戶，而流品亦遂糅雜而不可問。」〔註 114〕此皆在指述東林諸人不能秉持廓然爲公之中道立場，徒流於門戶角立、排擠異端、負氣使性，終至釀成小人得而乘之的黨獄之禍。

道德性命與功名利達混爲一氣、廣納貨弊且又庇短護貪，則學術氣節、吏治人品、天下風氣俱相隨之敗壞。在政治上，士人集團對立；官制上，吏制混亂、一般官員的薪俸甚爲低微，又萬曆末年，文官離職後，該官位即懸缺不補；道德上，明代開朝二百年，始終以「四書」中的道德規範作爲法律裁決的依據，並未隨著時代風尚的轉變而變更調整，道德與律法遂與庶民日常生活、風俗習慣日益脫節，朝廷所宣揚的倫理道德轉趨僵化凝固，孔孟所提倡的仁義之道，不再足以領導社會、改造社會，反成爲限制身心的重重桎梏。如此惡劣之職場環境，致令士人對於仕進一途產生極爲強烈的失落感，黃仁宇描述該時士人仕宦心態云：

> 他們（文官）鞠躬盡瘁，理應得到物質上的酬報，升官發財、光宗耀祖，此時都成泡影，使他們的畢生心力付之東流。再者，他又把倫理道德看作虛僞的裝飾，自然就不在這方面用功夫。很多把孔孟之道奉爲天經地義的文官，至此也覺得他一片丹心已經成了毫無意義的愚忠。〔註 115〕

在律法、道德已不足爲用，卻又強調一切行爲價值須奉行固有倫理道德的情況下，「拘謹和雷同被視爲高尚的教養，虛僞和欺詐成爲官僚生活中不可分離的組成部分」，〔註 116〕於是，消極敷衍的仕宦態度類似疫氣，瀰漫朝野上下，多數閣部大臣、地方胥吏不再勇於任事，銳意進取。李贄曾經慨然指出：「以諸子雖學，夫嘗以聞道爲心也。則亦不免仕大夫之家爲富貴所移爾矣，……無怪其流弊至於今日，陽爲道學，陰爲富貴，被服儒雅，行若狗彘然也。」〔註 117〕呂坤筆下之「士」則流品駁雜、稱謂繁複，可以概見當時士人各種樣貌形態之一斑。其中，呂坤稱有德之「士」或爲「上士」、「厚德

頁 6616。

〔註 114〕紀昀（1724～1805）等編，《四庫全書總目提要》（上海：商務印書館，1933），卷五十八，〈史部・傳記類〉二，〈東林列傳〉提要，頁 1287。

〔註 115〕晚明士人之仕宦處境及黃仁宇語，參見黃仁宇，〈世間已無張居正〉，《萬曆十五年》，頁 82～115。

〔註 116〕語見黃仁宇，〈李贄——自相衝突的哲學家〉，《萬曆十五年》，頁 244。

〔註 117〕李贄，〈三教歸儒說〉，《續焚書》（台北：漢京文化，1984），卷二，頁 76。

之士」、「盛德之士」、「烈士」、「守士」、「吉士」……，德性低下者則爲「中士」、「下士」、「任士」、「忿士」、「貪士」、「躁士」、「無識之士」……，對於無行之士，呂坤或總稱爲「曲士」，或逕稱爲「小人」，〔註 118〕「士」階層的高度分化反映了政經社會的複雜與價值世界的混亂。

此外，由於晚明低層官吏的官俸甚爲微薄，士人維持家計並不容易，〔註 119〕再加上明中葉以後，江南地區商品經濟勃興，思想上復得泰州學者強調百姓日用之道即是聖人之道的理論支拄，在各種因素的結合趨動下，士人逐漸將「治生」的思考納入道德理論的範疇中。例如王艮云：「人有困於貧而凍餒其身者，則亦失其本而非學也」、「知保身者，則必愛身；能愛身，則不敢不愛人；能愛人，則人必愛我；人愛我，則吾身保矣」、「身與道原是一件，至尊者此道，至尊者此身」；〔註 120〕李贄則更明白地強調「穿衣吃飯，即是人倫物理；除卻穿衣吃飯，無倫物矣」，不再採取傳統儒家認爲「士」應當薄於物資、崇尚「憂道不憂貧」、「謀道不謀食」的道德操守，轉而主張日用人倫、物質載具，皆是道德中之一環，以作爲自身謀求物資的理論基礎。因此，李贄認爲士人操行最爲可議之處，不在於有無私欲，而在於虛僞矯飾、混淆視聽，此等言行不一的士人乃連市井小夫都不如。繼之，更進一步提倡「絕假純眞」，不失「最初一念之本心」之以「眞」爲尚的人性價值。〔註 121〕

李贄此強調眞實無妄地面對人性中各種資求與欲望的主張，復得三教會通思潮的推波助瀾，「士」之身分與「道人」、「僧人」之間的界域，遂亦出現

〔註 118〕雖稱謂繁複，但呂坤對於士階層的劃分，基本上仍襲用了荀子對於「士」的劃分方式。荀子將「士」區分爲士、君子、聖人三類（相關內蘊參見余英時，〈古代知識階層的興起與發展〉，《中國知識階層史論—古代篇》【台北：聯經，1980】，頁 46），惟呂坤所用之名稱與荀子稍有不同及變動處：其於無行之士或稱「曲士」，此類近於荀子所稱之「仰祿之士」，但更具道德貶義，因此書中時或逕稱爲「小人」；有德之士則稱「君子」、「士君子」、「中道君子」、「丈夫」，或在「士」前增以各種德行定詞，如「篤實之士」、「一節之士」（「士大夫」則傾向指稱有官銜在身、享有優渥官俸之高級官員，多爲負面義）；最上者爲「聖人」、「聖賢」「「大人」。此義，可參證《呻吟語》「性命」、「存心」、「倫理」、「談道」、「修身」、「問學」、「品藻」諸篇。

〔註 119〕例如李贄，在近二十年的仕宦之途中，多年沉浮於下僚，位卑俸微，長期爲經濟問題所苦。參見黃仁宇，《萬曆十五年》，頁 217、219、220、222。

〔註 120〕王艮，《心齋語錄》。參見黃宗羲著，沈芝盈點校，《明儒學案》，卷三十二，「泰州學案一」，下冊，頁 715、716。

〔註 121〕李贄之論分見〈答鄧石陽〉、〈答耿司寇〉、〈童心說〉諸文，《焚書》，卷一、卷三，頁 4、30、98。

消融、模糊的態勢。耿定向（1524～1596）曾經譏刺李贄「出入於花街柳市之間」，又強迫人狎妓、率領僧眾進入寡婦內室化緣等種種不拘形跡的行爲，無非即是顏鈞（1504～？）於講會中「就地打滾」以令人見其良知所在的可笑行徑，此等唐突行徑終將在士友間傳爲笑柄。李贄則以爲此乃世俗之見，他的行爲實然上乃是處在一無善無惡的境地之中，眞正見道之人所追求者應是「內外兩忘、身心如一」、「和光同塵」之境界，並藉取佛法本爲上智者所說、有「遊戲三昧」之理，來爲自己與顏鈞（字山農，1504～1596）的行爲辯解，其云：

> 夫世間打滾人何限？日夜無休時，大庭廣眾之中，諂事權貴人以保一日之榮；暗室屋漏之內，爲奴顏婢膝事以倖一時之寵。無人不然，無時不然，無一刻不打滾。……當滾時，內不見己，外不見人，無美於中，無醜於外，不背而身不獲，行庭而人不見，內外兩忘，身心如一，難矣，難矣。
>
> 幸有領者，即千笑萬笑，百年笑，千年笑，山農不理也。何也？佛法原不爲庸眾人說也，原不爲不可語上者說也，原不以恐人笑不敢說而止也。〔註122〕

「內不見己，外不見人」、「內外兩忘」是一心靈狀態，強調擺落價值上的是非判斷。雖言「身心如一」，但因所重者乃在於心靈的主宰力量，是以行爲上的是非善惡與此心靈狀態，實際上可以分別對待、毫不相涉。由於此等境界是精神修爲所產生的作用結果，在時間上可以是暫時性之存有，人們亦可以執此以爲安身立命之最高標的，終身追求——既是作用，亦是本體，則「作用層」與「實有層」乃泯合爲一，無所分別。而「上智者」與「下智者」仍是一主觀自由之判斷，並無客觀標準可言。既然「佛法原不爲庸眾人說」，作用亦即實有，那麼對於他人的恥笑怒罵、外在社會之榮辱名節等一切世間價值之巧飾，便可以完全放下，「我」之主體精神可以絲毫無住無著。然而，若眞是無住無著，作用即實有，那麼「士」如何再能進言特定的身分責任與德性內容？呂坤甚爲強調士君子當有善惡羞恥之心，認爲君子當有「親在而貧」、「用賢之世而賤」、「年老而德業無聞」等「三恥」，但處於三教會通的時

〔註122〕李贄諸般行跡與觀念，參見李贄，〈答周柳塘〉、〈答周二魯〉二文，《焚書》，增補卷一，頁259～264；黃仁宇，〈李贄——自相衝突的哲學家〉，《萬曆十五年》，頁235～239。

代思潮中，亦時見其援借釋道之觀念討論修身達道之理。呂氏云：

> 我身原無貧富、貴賤、得失、榮辱字，我只是個我。故貧富、貴賤、得失、榮辱，如春風秋月，自去自來，與心全不牽掛，我到底只是個我。夫如是，故可貧、可富、可貴、可賤、可得、可失、可榮、可辱。
>
> 世之治亂，國之存亡，民之死生，只是個我也作用，只無我了，便是天清地寧，民安物阜世界。〔註 123〕

「境」可以隨「心」而轉，只要「我」覺如何，世界的樣態便如何，一切正面、負面的行爲價值皆可以依照主觀心境之意向而決定如何彰顯、通過何種形態彰顯。如此，則所謂的「眞」與「不眞」亦將落入一己自由之判準中，而可出現各種形貌、各種說釋，「眞」與「假」遂亦無所分別，既無分別，則「眞」此命題的提出，將喪失其眞正的效能與意義。此外，對於外在相異之判準，「我」既然可以隨機指摘、隨機說釋，並藉此詮解世間一切眾生現象，一至於浮濫，則此法便容易爲無行之士援藉以爲自身言行的辯護資具。如此，則「士有三恥」之「恥辱感」，其內容終將成爲一虛空、飄浮之存在，再無眞實恆定之意義足以士人終身持守，人生價值，亦終難有最後之實在性的終極目標與安定歸宿可談。此三家會通、道見於日用物理的思想潮流，在士人階層引發了許多負面效應，肇致了傳統價值的混淆與道統論的崩潰。不論在時局、科舉、人生等各種場域中，時時可以見到士人價值錯亂、虛無荒誕之行爲表現。趙南星（1550～1627）即屢次指出「士非士」、「僧非僧」的虛妄現象：

> 有士人入寺中，眾僧皆起，一僧獨坐，士人曰：「何以不起？」僧曰：「起是不起，不起是起。」士人以禪杖打其頭，僧曰：「何必打我？」士人曰：「不打是打，打是不打。」贊曰：「此僧之論，其於禪機深矣，而不能忍禪杖之痛。近日士子作文，皆拾此僧之唾，以爲文章之三昧，主司皆宜黜之，告以「黜是不黜，不黜是黜」也。
>
> 一和尚犯罪，一人解之，夜宿旅店，和尚酤酒勸其人爛醉，乃削其髮而逃。其人酒醒，繞屋尋和尚不得，摩其頭則無髮矣，乃大叫曰：「和尚倒在，我卻何處去了？」贊曰：「世間人大率悠悠忽忽，忘卻自己是誰。這解和尚的就是一個，其飲酒時更不必言矣，及至頭上

〔註 123〕呂坤，《呻吟語》，「品藻」、「修身」、「談道」，頁 244、97、71。

無髮，剛才知是自己卻又成了和尚。行尸走肉，絕無本性，當人深可憐憫。〔註 124〕

趙南星以詼諧諷刺的口吻寫出嚴肅而沈重的社會現象與人生課題。僧人不研經義，專以打、罵、喝、推領悟教義，詭辭爲用，士子亦以此法應考、寫作文章；押解罪犯的人，雖然職屬於「吏」，是低階的知識分子，但若以趙南星身爲重要的東林士人之身分而言，則此二則小品的深層喻義，已然指向混亂政局下眾多高低階官吏、士紳大夫之言行。此種「忘卻自己是誰」的價值失落，已成爲該時士人階層的一種普遍性現象。「贊」自然是清醒的，然如「贊」清醒的士夫，恐怕亦只能於歌哭笑罵之間，寄寓深沈的慨嘆且聊抒心中鬱憤，若欲倡論文學之社會功能，試圖藉由文字傳播，以正清價值、醒豁人心，就晚明整體社會的發展趨向觀之，其效果乃極爲有限。

士人既要「以聞道爲心」、成爲「把得彝倫大節定理」之聖人，亦要能在艱難的時局與人生歷程中，時時處於可得、可失、可榮、可辱，甚而臻於一無得失榮辱之「遊戲三昧」的境地中，則「理」與「道」遂將隨現象之諸般變化而遷流無方，難有定向。此中不能無有矛盾之感，伴隨此而來者，將是一種對於朝政時局、士行道德等人生現象所產生的虛無、懷疑與幻滅之感。因此，李贄在反諷了多數士人的無行、虛飾與墮落時，亦同時不斷地批判自身德性上的缺失，其〈自贊〉云：

其性褊急，其色矜高，其詞鄙俗，其心狂癡，其行率易，其交寡而面見親熱。其與人也，好求其過，而不悅其所長；其惡人也，既絕其人，又終身欲害其人。志在溫飽，而自謂伯夷叔齊；質本齊人，而自謂飽道飫德。分明一介不與，而以有莘借口；分明毫毛不拔，而謂楊朱賊仁。動與物迕，心與口違。其人如此，鄉人皆惡之矣。

此外，在鄙薄「山人」「非公卿之門不履」，有辱「山人」之名，而又「不持一文」故不得名之爲「商賈」的同時，亦反向質疑自身何嘗不是以佛門袈裟遮飾「商賈之行之心」，「欺世而盜名」。〔註 125〕此矛盾衝突、懷疑不安之感思，容易伴生對於現實世界的厭棄與逃避。李贄詩文中時能得見此種厭世心態，他在〈答友人書〉中云：

〔註 124〕趙南星，《笑贊》，收入楊家駱主編，《中國笑話書》（台北：世界書局，1961），頁 209、211。

〔註 125〕李贄，〈自贊〉、〈又與焦弱侯〉，《焚書》，卷三、卷二，頁 130、50。

> 七十之人，亦有何好而公念之，而群公又念之乎？多一日在世，則多沈苦海一日，誠不見其好也。……所喜多一日則近死一日，雖惡俗亦無能長苦吾也。

在〈與周友山〉一文中亦云：

> 今年不死，明年不死，年年等死，等不出死，反等出禍。然而禍來又不即來，等死又不即死，眞令人嘆塵世苦海之難逃也。可如何！但等死之人身心俱滅，筋骨已冷，雖未死，即同死人矣。〔註126〕

這種厭世的心緒，是李贄結束一己生命的主要動因。袁小修〈李溫陵傳〉記載李贄在獄中自刎之後，氣絕以前，用手指寫下「七十老翁何所求」以解釋自殺之因。〔註127〕李贄雖屬於偏激憤世之文人，有其個人獨特之性格與生命情調，但此厭世傾向亦肇因於時代政局、哲學思潮之混亂與苦悶。整個晚明，懷有悲觀厭世情調者，非獨李贄爲然，例如趙貞吉（1508～1576）選擇出世以終餘年，徐渭（1521～1593）曾多次自殺而未成，鍾惺（1574～1625）晚年亦皈依佛門以卒。〔註128〕或者，多有隱於山林之中，或是遁逃至藝術品玩的世界中，以寄寓對於人生最後一絲眷戀者，此種厭棄現實世界之感實普遍漫衍於晚明社會之中。

〔註126〕李贄，《續焚書》，卷一，頁10、11。

〔註127〕李贄，《焚書》，卷首，頁5。

〔註128〕三人生平經歷，參見楊家駱主編，《新校本明史并附編六種》，卷一百九十三，「趙貞吉傳」，冊七，頁5122；卷二百八十八，「徐渭傳」，冊一○，頁7387；卷二百八十八，「鍾惺傳」，冊一○，頁7399。

第三章　晚明倫理價值世界之失落與重建之諸般限制

明朝初年，太祖通過「里甲制度」、「鄉飲之禮」對農村進行嚴密管理，並且制定各種細密的刑責律法用以懲戒豪強、貪官污吏，以及威嚇士人。〔註1〕太祖這一連串的整肅措施對於政治、社會的影響不可謂不大，此後明代一百多年的穩定發展係由嚴刑峻法予以維繫，人民難以自由地凸出個人生存意志。因此，人們觀念在此一百多年之間雖亦漸有所變，然而較諸陽明學說分化之後，與繁盛之商業活動相互牽引而發展出來之重視治生、強調人性欲望的思想激變相比，則顯得保守而沈寂。物質環境之改變與重視自然欲望的思想相互影響、循環推衍，直接促成了社會生活、日常生活發生激烈、快速且自覺性之改變。人們對於衣食日用等物質的追求或緣於生計之必需，或純爲享樂之故，但較之明中葉以前，不論就階層身分之轉換，或是生活型態的營求，皆已相對地享有較爲自由且裕如的選擇空間，而衣食抉擇與享樂縱欲的問題一旦迫近各個階層，乃至人人身前，社會即開始呈現非常顯著的變調。

即此階層之流動與人身自覺所肇致之衣食日用乃至道德觀念上縱恣無節的激烈變化，形成了晚明與其他時代迥然相異的特殊情調。若說明中葉以前所呈現的社會氛圍，茲爲儉僕的、拘謹的，那麼，晚明時期無異是較爲放縱、異常，甚至出現了一些「病態」特徵的。面對社會經濟生活、思想文化的急速變遷，舊有的律法與道德，明顯地已難以發揮繼續規範、支配人們行爲活

〔註1〕參見傅衣凌主編，楊國楨、陳支平著，《明史新編》（台北：雲龍，2002），第二章，「明初政治的由亂入治」，頁45～52。

動與價值觀念的功能。即緣於人們已然意識到舊律法與新時尚之間逐漸脫節失序的不調和感，以及自然欲望與倫理生活難以調適順遂的阻滯之感，遂企圖掙脫傳統道德之規範，轉而尋求新的人性價值以與世界重新聯結。

第一節　社會風尚之轉變與舊有人倫秩序之脫逸

除漢高祖之外，中國史上由平民直起爲天子者，只明太祖一人；元末群雄，諸如韓山童、韓林兒、徐壽輝、陳友諒、方國珍、明玉珍、徐達、常遇春等人，其本業若非爲農、商，即爲工，尤有甚者，本屬盜寇之流，朱元璋則爲皇覺寺僧——元末群雄，較之秦末，更見其平民之色彩。〔註 2〕因出身農工階層，早年清貧；復鑑於元朝末年上下賄賂成風、貪贓枉法、紀綱不振，太祖朱元璋自開朝起，即承襲漢代以來之傳統，將維護「貴賤有等」的階級制度和「儉僕淳厚」的社會風氣視爲國家興衰之要事。〔註 3〕此看法具體而明確地表現在洪武三年（1370）八月給中書省的諭令中，太祖曰：

> 古昔帝王之治天下，必定禮制，以辨貴賤，明等威。是以漢高初興，即有衣錦繡綺穀、操兵乘馬之禁。歷代皆然。近世風俗相承，流于僭侈，閭里之民服食居處與公卿無異，而奴僕賤隸往往肆侈於鄉曲。貴賤無等，僭禮敗度，此元之失政也。中書其以房舍、服色等第，明立禁條，頒布中外，俾各有所守。〔註 4〕

除明白要求中書省需立法制定禁條外，並屢屢在各種場合隨機申誡百官：「惟儉養德，惟侈蕩心。居上能儉，可以導俗；居上而侈，必至厲民」、「人主嗜好，所繫甚重。躬行節儉，足以養性；崇尚侈靡，必至喪德」。〔註 5〕而一國之興亡主要繫於國庫之豐耗，能富厚財源者，唯人民；耗損財力者，爲各項軍備及宮室之營建。爲了經理天下，藏富於民，並穩定國庫之來源，洪武十

〔註 2〕參見錢穆，《國史大綱》，第三十六章〈傳統政治復興下之君主獨裁〉，下冊，頁 498。

〔註 3〕傳統中國經濟思想變遷大要以及明初之繼承，參見林麗月，〈晚明『崇奢』思想隅論〉，《國立臺灣師範大學歷史學報》十九期，1991 年 6 月，頁 215～219。

〔註 4〕《明太祖實錄》，卷五五，「洪武三年八月庚申」條，收入黃彰健校勘，《明實錄》（據中研院歷史語言研究所民國五十一年刊本縮印，台北：中文出版社），冊一，頁 295，葉下。

〔註 5〕分見《明太祖實錄》卷一〇六，「洪武九年五月丙寅」條，冊一，頁 468，葉上；卷一一六，「洪武十年十一月乙亥」條，冊一，頁 499，葉下。

四年，太祖遂更加意於重本（農）抑末（商），下令農民之家只許穿綢紗、絹布；務賈之家，僅能著布服；農民之家，但有一人爲商賈者，亦不許著穿綢紗；洪武十八年，又諭示戶部：

> 人皆言農桑衣食之本，然棄本逐末，鮮有救其弊者。先王之世，野無不耕之民，室無不蠶之女，水旱無虞，饑寒不至。自什一之途開，奇巧之技作而後農桑之業廢。於是一農執耒而百家待食，一女事織而百夫待衣，欲人無貧得乎？朕思足食在於禁末作，足衣在於禁華靡，爾宜申明令天下四民，各守其業，不許游食；庶民之家，不許衣錦繡，庶幾可以絕其弊也。〔註6〕

明太祖一則通過立法以約束各個階層之庶民；一則以身示法，率先恭儉：在宮室營建、衣服用度上敦崇儉樸，拒絕珍品玩好之物的進貢，並且要求各級官員在各種食衣住行等日常器用上亦必須恪守勤儉，甚至下令毀碎官員爲邀譽爭寵所呈進之「水晶刻漏」、「鏤金床」等工巧華麗之物。因此，明初百官庶民皆以樸素爲榮，以侈華爲辱，舉國上下逐步養成儉樸無華之風。〔註7〕《太平縣志》記載明初浙江太平縣之風俗即指出：

> 是法尚嚴，有犯則籍沒，人罔敢虎步行。丈夫力耕給繇役，衣止細布，非達官不得用紵絲，士人妻非受封不得長衫束帶，居室無廳事，高廣惟式。〔註8〕

《歙縣志》記載安徽歙縣一地之風俗，亦云：

> 余竊覲里中曩先君，行皆老成長厚，與頃時異。曩長者多樸茂勤治生，適百里內，則擔簦躡蹻徒步行；恂恂禮讓，即班白見父黨，隅坐肩隨，務折節下人。婚姻晏會，朋尊二簋，旦而會，日高而罷，促坐話桑麻生事，竟席無違禮焉。嫁娶問家世，不問財帛，嗟乎！〔註9〕

由各地方志之記載，可以概見明初敦本尚樸社會風尚之一般。

〔註 6〕《太祖實錄》，卷一七五，「洪武十八年九月戊子」條，收入《明實錄》，冊一，頁 692，葉下。

〔註 7〕此處止於概論，詳細之人物、事件，參見孟森，《明史講義》，第二編，第一章〈開國〉，頁 34、35。

〔註 8〕《太平縣志》（據清·慶霖等修、戚學標等纂，清嘉慶十五年修，光緒二十二年重刻本影印，台北：成文，1984），卷十八，〈風俗〉，冊五，頁 1783。

〔註 9〕《歙縣志》（據清·靳治荊、吳苑等纂修，清康熙年間刊本影印，台北：成文，1985），卷二，〈風俗〉，冊一，頁 114、115。

太祖開國宏規既定，由太祖歷經成祖、仁宗、宣宗四朝，各項與民休息、均平賦稅等農、工、商政策均能一貫推動、扶植循良，因此仁、宣二世，社會安定昇平，農業及手工業俱有長足穩定之發展，進一步促成了商業、交通和城市的興起與繁榮。即因國庫充盈，民食軍糧皆裕如無缺，宣宗已難以恪遵太祖遺訓，開始縱情揮霍：除大修離宮、頗事游獵玩好之外，又熱衷於派遣差吏國內外廣搜美女、歌舞伎伶以及鷹、犬、促織等各種獸禽、珍玩。帝君如此，則百官繼起，聞風效尤，例如楊士奇等輔政大臣時時挾妓玩樂、歡謔入俗；一般大臣則喜好歌伎滿前、觥籌交錯的宴樂生活，奢華成風，紀綱為之不振。又仁、宣父子慎用刑罰、宥罪輕刑，對於權貴官僚之貪吝殘酷，漸漸失去約束的效能，諸王、勳戚與官僚占田、私役軍民等不法活動日趨猖獗，土地非法兼併，賦稅管理逐漸混亂，饑饉失業之流民於是開始輾轉遷徙。許多流民或因私債抵賣、或被威力強奪，遂成為豪富大家之僕隸役屬，其餘則或淪為佃戶；或轉而佔領山區曠土，種作墾植；或進入城市，行旅經商，促進了遷居地手工業以及商業之發展。直至英宗朝，江南地區各種手工業持續發展，並逐漸臻於前所未有的昌盛之境。例如蘇州府，不論是漆作、銀作、錫作、銅器，以及絲織品等各種手工製造業，製作成品皆已漸趨精良，蘇州東城一帶，專為紡織之用的街屋，比併連綿，人們無不投入絲織品之製造、生產活動中，並將之轉貿四方，絲織品遂成為吳地最為重要的經貿商品。〔註10〕此工商業、市鎮的新興繁榮，與一批批擁有技術之流亡工匠的參與、投入實有密不可分之關係。〔註11〕

隨著商品經濟與工商市鎮的蓬勃發展，奢侈之風亦隨之熾盛、蔓延，明初純樸勤儉的風尚至英宗一朝，已有顯著的轉變。人們開始即時行樂、恣意揮霍，僭禮越制的行為層出不窮。有鑑於此，英宗開始重新發布禁奢令，正統十二年（1447）正月，諭令工部官員：

> 官民服式有定制，今聞有僭用織繡蟒、龍、飛魚、斗牛，及違禁花樣者，爾工部其通諭之：此後敢有仍蹈前非者，工匠處斬；家口發

〔註10〕嘉靖《吳邑志》（明・蘇祐楊循吉纂修，天一閣藏明代方志選刊續編影印明嘉靖刻本，台灣：莊嚴文化，1997）記載：「綾錦紵紗羅紬絹，皆出郡城機房，產兼兩邑，而東城為盛，比屋皆工織作，轉貿四方，吳之大資也。」卷十四，〈貨物〉，葉一。

〔註11〕仁、宣二朝之朝官生活、經濟發展、社會風尚，參見楊國楨、陳支平著，《明史新編》，第四章、第五章。

充邊軍，服用之人亦重罪不宥。〔註12〕

二月，英宗又下令：

官員、軍民人等服色，俱有定式。近年各處邊衛指揮千、百户有僭服麒麟、獅子花樣者；舍人有服虎、豹、犀牛、海馬花樣等；軍餘有服禿袖衣、外夷尖頂狐帽者，僭禮違法，請敕禮部都察院申明禁約，庶上下之分明，華夷之類別。〔註13〕

這些禁令皆針對官民服飾僭禮越制的行爲而發，但效果並不顯著。時至憲宗成化一朝，不論官府民間，華奢僭越的風尚不但未能禁抑，反更見昌熾。余繼登（萬曆五年進士）《典故紀聞》記成化一朝事，指出：

成化時，九卿以災異陳言，内一款：「軍民服色器用，近多僭越，服用則僭大紅織金羅段遍地錦，騎坐則僭描金鞍帖鋄，首飾則僭寶石珠翠。今四方絲貴金少，率皆坐此。宜嚴加禁約，違者即重罪而沒入之。此風在今更甚，尤宜禁止」。〔註14〕

不惟成化一朝之官員對於奢靡之風的漫衍深感憂心，各朝官員亦多有敦請帝王下詔嚴禁者，於是自英宗起，歷經憲宗、孝宗、武宗、世宗、穆宗，乃至於晚明神宗、光宗、熹宗，共頒佈了一百一十五條的禁奢令，〔註15〕然而社會成效始終不彰。張瀚（1514～1596）在《松窗夢語・風俗紀》中指出：

洪武時律令嚴民，人遵畫一之法。代變風移，人皆志於尊崇富侈，不復知有明禁，群相蹈之。如翡翠珠冠、龍鳳服飾，惟皇后、王妃始得爲服；命婦禮冠四品以上用金事件，五品以下用抹金銀事件；衣大袖衫，五品以上用紵絲綾羅，六品以下用綾羅緞絹；皆有限制。今男子服錦綺，女子飾金珠，是皆僭擬無涯，踰國家之禁者也。〔註16〕

宣宗已啓帝王浮華之風；英宗之後，宦官專政，内外大臣紛紛夤緣依倚，往往「多與交結，饋獻珍奇，伊優取媚，即以爲賢，而朝夕譽之。有方正不阿

〔註12〕明，余繼登，《典故紀聞》（北京：中華書局，1997），卷十一，頁207。

〔註13〕《明英宗實錄》，卷一七五，「正統十二年二月丙寅」條，收入《明實錄》，冊四，頁3214，葉下。

〔註14〕明，余繼登，《典故紀聞》，卷十五，頁268。

〔註15〕並參滕新才，〈明朝中後期社會心態蠡測〉，《且寄道心與明月——明代人物風俗考論》（北京：中國社會科學，2003），頁255～259；林麗月，〈明代禁奢令新探〉，《第五屆明際學術討論會論文集》。

〔註16〕明・張瀚撰、盛冬鈴點校，《松窗夢語》（北京：中華書局，1997），卷七，頁140。

者，即以為不肖，而朝夕讒謗之」。〔註 17〕君王達臣如此，官紳士人服飾上的大膽僭越則顯然已屬末事，即連素來貧困的一般百姓，亦要廣為「強飾華麗、揚揚矜詡，為富貴容」。〔註 18〕

再如杭州等市鎮，向來即是歌舞繁華之地，因此「遊惰之人」皆「樂為優俳」，「好事者競為淫麗之詞，轉相唱和；一郡城之內，衣食於此者，不知幾千人矣」；而素有高風、「位臻崇秩」的士紳，其後人往往「踵事奢華，增搆室宇園亭、窮極壯麗」，然而不出幾年，即轉手變賣、更易新主。又江南諸城，禮佛事盛，人們在佛事上，亦是「齋供僧徒，裝塑神像，雖貧者不吝捐金，而富室祈禱懺悔，誦經說法，即千百金可以立致，不之計也」。律法至此已形同虛設，與律法互為因應、作為穩定社會秩序之用的傳統道德內容，亦逐漸疲軟弱化，律法倫常之規範與社會風尚遂割離為二，難收劃一之效。於是，「人情以放蕩為快，世風以侈靡相高，雖踰制犯禁，不知忌也」。〔註 19〕在相染成俗、久積漸累之中，人們但僅慮及眼前高堂大廈、美食鮮衣的物質追求，不再圖思未來以及身後之事。此奢華的生活方式既經效仿沿染，逐步形成一種新興的社會風尚，要以未嘗更新之舊式的倫常內容、律法制度移風易俗，其成效與結局自是不難預期。湛若水（1466～1560）在擔任南京兵部尚書期間，曾律令人民：「毋得餐大魚酒肆中，沽市無論舉火當爐，致眾叢飲者禁。除歲，庶民毋得焚楮祀天，縻財犯禮」，但卻引發了許多民怨，此條律令之結果終究是：「稱不便者怨聲載道，未幾法竟不行」。〔註 20〕

法令的無法貫徹來自於人民埋怨不滿之情緒，此情緒之產生又肇因於舊式的律法，已不適用於新的生活型態，徒自成為不便於民生的強制性規範。然而，此間更為深層的矛盾乃在於：伴隨著商業文明的繁榮發展，新的道德觀、世界觀與相應之法則尚未重新建構，舊的倫理秩序已提早崩解，人們遂在失序混亂中摸索著向前，直至王朝傾覆。流民問題尚未深化，工商活動還未活絡、普及之前，傳統之孝親敬長、睦鄰友愛等素僕的道德觀念，與宗族

〔註 17〕張廷玉撰、楊家駱主編，《新校本明史并附編六種》，卷一百八十〈王微傳〉，冊七，頁 4768。

〔註 18〕參見明．張瀚撰、盛冬鈴點校，《松窗夢語》，卷七，頁 139。

〔註 19〕引文及各種風俗現象，參見明．張瀚撰、盛冬鈴點校，《松窗夢語》，卷七，頁 139、140。

〔註 20〕參見顧起元撰、陳稼禾點校，《客座贅語》（北京：中華書局，1997），卷三，「化俗未易」條，頁 79。

群落的社會組織、男耕女織的農業經濟型態得以和諧適洽地交融為一，具體落實於庶民的日常生活之中——男女老幼各司其職、各守其業，敦親和睦。〔註 21〕律法、道德與社會聚落、經濟型態相互綰合，整體社會遂得以由簡易素僕的道德觀念予以支撐，緩慢而穩定地發展。

此外，農業生活中所形成的時空觀念與工商生活截然不同，人倫關係之維繫遂亦有難易之別。唐君毅指出二者之間的差異乃在於：由於農業生活使人在空間中必需擁有一處定居之所，因此人所注目者，容易聚焦於空間中之特定事物在時間中的變化，與變化中的恆常，因而人們之時間意識同時具備了變化性、綿延性與悠久性，因此乃有眞正的時間意識與歷史意識；因為具有眞正之時間意識與歷史意識，「在人倫關係中，更能追慕祖宗之生命，體念祖宗之意志，以愛護子孫之生命，而感到生命意義之悠久」。然而，「游牧與工商業」，則使人常流動於不同的空間之中，不必需有定居之所，因此工商業者，空間意識特為發達，而當他們在認識每一新空間的事物時，均必須快速掃忘前一時間所見的舊事物，因此其「時間意識」，雖然具備了變化性，但卻是缺乏「綿延性」與「悠久性」的。〔註 22〕以此作為理解基礎，我們可以進一步說明的是：由農業向工商業轉換的過程中，由於人們在空間上不斷地遷徙變更、人事物之變化恆常處於快速、不確定之狀態中，因此傳統農業生活之通過群落、宗社等社會祖織予以聯繫的深厚感情紐帶與素樸的美德情操，漸漸變得渙散、薄弱。即因舊有之倫理圈域呈現不斷縮小的現象，本來作為提供人們共同身份意識和感情交流的基本因素（家庭、宗族、群落）與功能已逐步弱化，在時間和空間上，人們遂失去維護彼此長久關係之能力。舊的人倫秩序逐漸鬆脫瓦散，新的人倫秩序尚未建立，新法與舊律之間、時尚與

〔註 21〕例如萬曆《永安縣志》（清・裘樹榮纂修，清雍正十年修，清道光十三年重刊本影印，台北：成文，1974）云：「（明初）值亂極思治之日，民則敦本而尚樸，士則篤行而重恥，婦女則勤紡績以為事。」卷三，〈風俗〉，冊一，頁 121。萬曆《建陽縣志》（民國・趙模修，王寶仁撰，民國十八年鉛印本影印，台北：成文，1975）描繪建陽縣之風俗亦云：「國初風俗淳樸，都人士斤斤自好，後進遇長者輒退讓，不敢以賢智自多。學士少寅緣，敬師咸愼重，不為勢豪所辱。……民氣淳厚，宗族比閭之間，患難相維持，緩急相輔助，穆然有古樸之風。」卷八，〈風俗〉，冊三，頁 905、906。

〔註 22〕農業生活與工商生活相異之時間意識、空間意識，參見唐君毅，《人文精神之重建》（台北：學生書局，1988），伍〈中國人之日常的社會文化生活與人文悠久及人類和平〉，頁 520、521。

固有的價值體系之間，遂失去了一套清晰而準確，可資裁量日常道德事理的尺標。

第二節　幾種特殊的倫尚思考——崇奢論與商賈之倫理思想

既然舊有的倫常內容、律法制度已難以有效移易日趨奢華的社會風尚、規範新變的人性價值與行爲舉度，不論商賈或士人，皆開始尋求新的倫理價值，以符應社會環境的變遷。陸楫（1515～1552）即曾爲奢華風尚尋求合理之解釋，他自商業行爲的活絡有助於改善民生經濟的觀點，試圖合理化江南物資富庶所帶動的華奢風俗。陸楫指出：

> 論治者類欲禁奢，以爲財節則民可富也。噫！先正有言，天地生財，止有此數，彼有所損，則此有所益，吾未見奢之足以貧天下也。自一人言之，一人儉則一人或可免於貧；自一家言之，一家儉則一家或可免於貧；至於統論天下之勢則不然。治天下者，將欲使一家一人富乎，抑亦欲均天下而富之乎？予每博觀天下之勢，大抵其地奢則其民必易爲生，其地儉則其民必不易爲生者也。何者？勢使然也。今天下之財賦在吳越，吳俗之奢，莫盛於蘇、杭之民，有不耕寸土而口食膏粱、不操一杼而身衣文繡者，不知其幾何也，蓋俗奢而逐末者眾也。只以蘇、杭之湖山言之，其居人按時而游，游必畫舫肩輿，珍羞良醲，歌舞而行，可謂奢矣，而不知輿人舟子、歌童舞妓，仰湖山而待爨者不知其幾。故曰：彼有所損，則此有所益。若使傾財而委之溝壑，則奢可禁，不知所謂奢者，不過富商大賈、豪家巨族自侈其宮室車馬、飲食之服之奉而已。彼以梁肉奢，則耕者、庖者分其利；彼以紈綺奢，則鬻者、織者分其利。正孟子所謂通功易事、羨補不足者也，上之人胡爲而禁之？若今寧（波）、紹（興）、金（華）、衢（州）之俗，最號爲儉，儉則宜其民之富也，而彼諸郡之民，至不能自給，半游食於四方，凡以其俗儉而民不能相濟也。要之，先富而後奢，先貧而後儉，奢儉之風，起於俗之貧富，雖聖王復起，欲禁吳、越之奢，難矣！或曰：不然，蘇、杭之境，爲天下南北之要沖，四方輻輳，百貨華集，使其民賴以市易爲生，非其

> 俗之奢故也。噫！是有見於市易之利，而不知所以市易者，正起於奢，使其相率而爲儉，則逐末歸農矣，寧復以市易相高耶？且自吾海邑言之，吾邑僻處海濱，四方之舟車不一經其地，諺號爲小蘇州，游賈之仰給於邑中者，無慮數十萬人，特以俗尚甚奢，其民頗易爲生爾。然則吳越之易爲生者，其大要在俗奢，市易之利特因而濟之耳，固不專恃乎此也。長民者因俗以爲治，則上不勞而下不擾，欲徒禁奢，可乎？嗚呼！此可與知者論道也。〔註23〕

陸氏此篇文章，討論者甚眾，〔註24〕我們無意依循諸文脈絡，重申其中消費與經濟繁榮之間的關聯究係爲何等諸般經濟命題，所欲進一步討論的是此文關於道德命題的思考方式。陸楫此文純從貧富的經濟角度暢論「奢華」之風有其道德上之合理性、正當性，不應一味地禁抑懲戒。陸楫認爲：奢與儉的風俗現象所反映的，乃是貧富的經濟狀態——財富是導致風俗奢儉的經濟前提，由奢華正得以照見人民物產之富庶、謀生之容易。此外，復將富商大賈、豪家巨族的奢侈揮霍視之爲生產勞動者的衣食之源，爲貧民提供了就業、謀生的途徑——生產、貿易與消費生活之間，形成一個循環之鍊，而其所帶動之旅游、交通、飲食、文化等周邊新興行業的興起，進而改善了人們經濟狀況、改變了人們生活之方式，隨之產生不同之新興價值觀念，因此，奢華不必禁，而治者正應因俗以治。陸楫此論乃是以貧富的經濟觀念統攝道德倫理之價值內涵——道德上是非善惡之判準決定於經濟的榮枯景況。以此作爲前提，陸楫遂作出：有益於經濟民生者，其風尚道德不必爲壞之論斷。此自是自謀生與技術之必需重新尋求人們與世界之關聯的道德認同方式，若依此論點繼續向前推擴、發展，我們可以得到之結論將是：不論奢華或是罪惡，各種沉淪、醜陋、詭變等社會道德生活皆將在經濟民生決定一切的思考前提下得享合理性與正當性。

然而，道德範疇中尚有其他課題存焉。宗族與親聚之間所形成的人倫秩

〔註23〕陸楫，《蒹葭堂雜著摘抄》，收於《紀錄彙編》（台北：商務印書館，1969），卷二〇四，葉二下。

〔註24〕例如林麗月，〈晚明「崇奢」思想隅論〉，《國立臺灣師範大學歷史學報》十九期，1991年6月；林麗月，〈陸楫（1515～1552）崇奢思想再探〉，《新史學》五卷一期，1994年3月；陳國棟，〈有關陸楫禁奢辨之研究所涉及的學理問題〉，《新史學》五卷二期，1994年6月；滕新才，〈明朝中後期社會心態蠡測〉，《且寄道心與明月——明代人物風俗考論》。

序、道德規範與家族歷史向來作爲自我認同之起源與基點。此間訴求之孝悌友愛等道德觀念，並不具涵個人功利之追求與爭競的質素，所強調者恆在於家族宗社之團結與生息綿延，自我利益與個體需求在以家族作爲行爲與思考之最小意義單元下，並不享有優先序位。傳統社會，由此一代代習以爲成之儉僕、孝親、友愛等倫理道德規範予以支撐提領，經長期凝聚後形成一特定的社會氛圍。在此社會氛圍中，個人自覺地願意相互尊重、遵循共同的道德規範、擁有一套相同的價值標準，並在具體的生活之中，通過眾人的生命歷程、行爲果報一再地確認無誤，終於形塑爲一種恆定的人生價值。此種道德依準自有其眞實之素樸純簡，乃至純化昇華的感受可言，而即因此純化昇華感受之眞實存有，人們在面對種種世俗欲望、罪惡糾纏時，尙能匯集社會中絕大多數成員的素樸德性，予以糾舉平衡，進而維持、穩定整體社群秩序。然而，一旦此種價值體系被打破，則意謂著純化昇華與奢靡沉淪、節約與放縱之間的區界已足以被清楚地感知、辨認，而此區界之越趨顯豁（不論抗拒或合理化）正意謂著整體社會正在歷經一次恣情縱樂的過程。若我們承認此恣情縱樂過程即是世俗化的過程，那麼奢華風尙的普遍現象所標誌的即是整體社會正在歷經一場世俗化的洗禮；而傳統社會良善倫理觀念的逐漸淡薄，則意謂著舊有定義下的道德世界逐漸縮小，至後來，不再以其作爲律法之外的抽象秩序而得能約束大多數的社會成員，亦不再是大多數人所共同秉持之信仰，其最終之意義將徒然成爲被摒棄於群體生活之外的個人信仰、徒顯個人意志。這整體世俗化的過程，如何產生相應的倫理秩序與新的道德價值觀念？在陸楫的文章中，其所謂「因俗以爲治」之具體內容付之闕如，我們未能窺見任情放縱與節制昇華之間的思考，各地方志所凸出者乃是在奢華的風氣中，人們已經改變了的道德行爲——浪費的衝動代替了辛勤勞動，享樂縱恣的生活方式淹沒了素樸節制，道德上乃至曲直不分、人倫泯喪。例如朱彤在《崇武所城志》（成書於 1541）中對於正德以後社會風氣的描繪：

> 近數十年來，土習民心漸失其初，雖家詩書而户禮樂，然趨富貴而厭貧賤。喜告訐，則借勢以逞，曲直至於不分，侈繁華，則曳縞而遊，良賤幾於莫辨，禮逾于僭，皆無芒刺，服恣不衷，身忘災逮。反唇反目，不念夫姑之親；同胞同乳，敢割兄弟之好；多女則溺所生女，母無難色。〔註 25〕

〔註 25〕朱彤撰、陳敬法增補，《崇武所城誌》（明嘉靖二十一年【1542】修，崇禎七在朱彤的描繪中，與「奢繁華」之好尚伴隨出現的道德行爲乃是「告訐」、「借勢逞欲」、「僭禮」、「反目」、「溺女」等足以擾亂人倫、社會秩序的負面行爲，此與其記憶中之「長幼尊卑有序，親疏貴賤有倫」、「山無盜賊，家給人足」的明初風尚明顯區分爲兩個價值國度。朱彤對於「敦仁守禮」之明初風尚雖然涵帶了一種在懷舊心態下所投射之對於昔日社會的審美想像，但對於當下所處之世界，其所感知之人們因欲望無節肇致社會失序混亂的眞實感受則具體而鮮明。此中因失落了素來熟習並確認不移之進退有節的人倫價值秩序，人們在追索、緬懷並咀嚼「失落」的情感波瀾中，容易產生「昔是而今非」之價值判斷，繼而在此判斷中喪失探究新世界之各種內容與建立新道德之情感動機，遂亦難以以全新的視域重構新的價值秩序，以及體認其中所蘊含之關於純淨、昇華、愉悅等陌生卻並非毫無意義可談的各種生命經驗。對於朱彤及張瀚此等見今日「侈靡日甚，余感悼脈脈，思欲挽之，其道無由」，而終於消極地「余遵祖訓，不敢違」，並「因記聞以訓後人」之士夫而言，〔註 26〕今日與昔時之道德衝突既恆相對立而無以解之，遂只能捨新從舊以安頓一己之身家性命。

在優勝劣敗、弱肉強食的商業環境中，服膺適者生存之法則，以趨利避害爲尚、任情縱恣爲特色的「自然生活」，茲爲一種維護一己生存安全與追求瞬間幸福感受的有效方式。由於此爲一種滿足天賦本能的生存方式，任其趨向極端發展，自然將形成絕對利己之主義，而爲一充滿個性色彩、力求宣瀉各種原始欲望的生活方式。社會成員盡皆如此，則難以維護公共利益，並確保社會之穩定發展，因此須有「社會生活」予以平衡。換言之，不論處於何種時空狀態中，人類必須在一定範圍內儘可能限制個體欲望，必要時且能捐棄個人利益爲公眾犧牲，才能維持社會秩序之穩定，並可望遠離因「自然生活」之放任所產生之弱肉強食、爭鬥、姦淫等層出不窮之一切罪惡事端的擴大。〔註 27〕

毋論整體社會之發展，即就工商業此特定範域觀之，一切假逐利之名的放縱與罪惡亦終將阻礙商人競逐更大的經濟利益，因此在以追求財物獲益作

年【1634】補修，據福建省圖書館藏抄本影印），收於《中國地方志集成．鄉鎮志專輯》（上海：上海書店，1992），冊二六，〈習尚〉，葉四十八、四十九

〔註 26〕引文見明．張瀚撰、盛冬鈴點校，《松窗夢語》，卷七，頁 139、140。

〔註 27〕「自然生活」與「社會生活」需平衡發展之相關論點，參見日．廚川白村，《西洋近代文藝思潮》（台北：志文出版社，1987），第二章〈近代的生活〉，頁 46～48。

爲人生首要奮鬥目標的情況下，「社會生活」亦有其存在之必要。官方制定之法律與所提倡之道德本爲防止人們「自然生活」趨向極端發展，導致社會傾斜失衡而存在。然若官方之律法道德與庶民之價值趨向已處於脫節失序的狀態，則民間在求生存之本能下，亦將自覺地意識到倫理關係重建之必需，便易自行摸索出新的平衡法則。明代商人在倫理的建構方式上，大量援借了儒家思想之內容，遂產生出一套與陸楫看似相反之以道德倫理統攝、規範經濟發展之思考模式。在明代商人編寫之「工商會館」記錄文字中，我們容易見到仁、義、禮、智、信之道德持守有助於利益追求之觀念：

> 夫以父母之貲，遠逐萬里，而能一其利以操利，是善謀利也；以爲利，子知之，吾取焉。抑以鄉里之儔，相逐萬里，而能一其利以同利，是善篤義也；以爲義，子知之，吾重取焉。然而利與義嘗相反，而義與利嘗相倚者也。人知利之爲利，而不知義之爲利；人知利其利，而不知利自有義，而義未嘗不利。〔註28〕

利益追求中涵蘊了道義之理，道義之理有助於追求利益，只要篤守信義、遵循以「義」爲尚之道德觀念、「存心合乎天理」，人們即能如常地維繫舊有的倫理關係，並且「正三綱，明五倫，拯困苦，解冤訟，行方便，息是非，恤孤寡，寬貧窮，不妒不奸，毋虐毋強」，〔註29〕是以「貿易之道，勤儉爲先，謹言爲本」，〔註30〕如此一來，則利益的徵逐便無法毫無禁忌地踰越道德界限，而有所節抑。這是商賈爲順應時代變化而自覺、新興的商業倫理觀念，其所資取的養分，來自於舊有傳統屬於士階層之道德思考。

在一定程度上，這套法則維繫了商人倫理與經濟利益之間的平衡，並且屢屢獲致成功。〔註31〕但細索之，其間仍有無法克除之本質上的矛盾存在。商賈除以商業利益安身立業外，商業利益之謀取，最初即是絕大數商賈最爲重要乃至終極的人生目標。換言之，商賈無法徹底有效改變、控制的是以獲利爲最終

〔註28〕〈創建黃皮胡同仙城會館記〉，李華，《明清以來工商會館碑刻選編》（北京：文物出版社，1980）。

〔註29〕楊正泰校注，《天下水陸路程天下路程圖》引《客商一覽醒迷》（太原：山西人民出版社，1992）。

〔註30〕楊正泰，《明代驛站考附錄・士商類要》（上海：上海古籍出版社，1994）。

〔註31〕商人持此精神而致富的事例，參見汪道昆撰，胡益民、余國慶點校，《太函集》（合肥：黃山書社，2004），卷十四，〈贈方處士序〉；卷二十八，〈汪處士傳〉；卷三十五，〈明賜級阮長公傳〉；相關論述，可參見余英時，〈中國商人的精神〉，《中國近世宗教倫理與商人精神》（台北：聯經，1988），頁143、144。

目的之商業爭競的本質，以及自身對於利益追逐之欲望的無限擴張與膨脹。〔註32〕財富的累積自有其生計上之現實考量，然而亦是欲望之要源——將財富的積累視爲畢生唯一的社會成就並致力追求。而由財富之獲致所擴及之其他諸如田產、居室、衣食等等用度欲望的滿足雖然可以採取節約、抑制之處理方式，而導入儉約之觀念；人與人之間則由誠信、仁義、孝友等德性予以維繫，然而此間難以確保的是：一切道德之維繫若基於爲維護更大的經濟利益，則一旦商業利益出現重大之紛爭衝突，道德之脆弱立即暴露無遺——兄弟爲爭家產亦終將反目。是以這套商人倫理之建構雖看似以道德實踐統攝經濟行爲，然而經濟利益之追逐與獲得，方是最終決定道德世界「在」與「不在」的最高核心價值。兄弟姑姪等親倫因利益乃至於反目之社會矛盾雖非明代一朝與商賈階層所特有，然而商業活動繁盛所刺激牽引之利益追逐，足令此種社會矛盾更形激化；而在以利益作爲前提下所建立起來的道德世界則將呈現其結構上的脆弱性與本質上的匱乏。此外，此種商業倫理，亦是端顯個人意志，而難以約規、凝聚爲商賈之集體意識，更遑論影響彌遠而終於凝結爲一普世價值。例如謝肇致（1567～1624）《五雜俎》描寫徽州商人之生活云：「新安（徽商）奢而山右（山西商人）儉也。然新安人衣食亦甚菲嗇，薄糜鹽虀，欣然一飽矣，惟娶妾、宿妓、爭訟，則揮金如土」；〔註33〕新安人汪道昆（1525～1593）描繪同鄉商賈之生活亦云：「新安多大賈，其居鹽筴者最豪，入則擊鐘，出則連騎，暇則召客高會，侍越女，擁吳姬，四坐盡驩，夜以繼日」。〔註34〕

第三節　泰州學者與劉蕺山之倫理思想

根據余英時之觀察：自明中葉開始，知識分子間即已流行一種「棄儒就

〔註32〕余英時曾經揭示此義，指出：「明代商人已用『賈道』一詞，這似乎表示他們對商業有了新的看法，即在賺錢以外，還有其他的意義。但『賈道』又有另一層意思，即怎樣運用最有效的方法來達到做生意的目的。」惟余英時對於明清之際商人倫理多持肯定態度，著意者乃在於「賈道」中的「超越性動機」；而本文意在凸顯明代文化各種矛盾之現象，則傾向觀察其間「世俗動機」與「超越性動機」之間的矛盾與間隙，立論遂有所異。余氏之論，參見余英時，〈中國商人的倫理〉，《中國近世宗教倫理與商人精神》，頁147。

〔註33〕謝肇淛撰、郭熙途校點，《五雜俎》（瀋陽：遼寧教育出版社，2001），卷四，「地部二」，冊一，頁77。

〔註34〕汪道昆，〈汪長君論最序〉，《太函集》，卷二，冊一，頁49。

賈」的趨勢，或是「儒出於商」的現象，「士」與「商」二階層開殆交互流動，二者身分容易變更轉換，界線日趨模糊。長期「士商相雜」的結果，商人之意識形態開始浮現，並大量出現在士大夫的作品之中，因此許多士大夫已在有意無意之間改從商人之角度來觀看世界，〔註35〕例如泰州學者不僅倡言「治生」之說，在現實生活上，亦頗善於營生。這一節，我們將觀察泰州學者以及賡續傳統，但較諸傳統乃更趨嚴格之劉蕺山的倫理思想。

一、「遂養庶民之欲」——泰州學者之倫理思想

顧憲成（1550～1612）曾經記述何心隱善於營生一事，顧氏《小心齋劄記》云：

> 何心隱輩坐在利欲膠漆盆中，所以能鼓動人者，緣他一種聰明，亦自有不可到處。耿司農（定向）擇家僮四人，人授二百金，令其生殖。內一人從心隱問計。心隱授以六字曰：「一分買，一分賣」。又益以四字曰：「頓買零賣」。其人用之起家，至數萬。試思兩言，至平至易，至巧妙，以此處天下事，可迎刃而解。假令其心術正，固是有用才也。〔註36〕

由顧憲成對於何心隱等人「坐在利欲盆中」、心術不正的批判，正可得見士夫階層對於營生逐利一事可略分爲二的不同思考方式。逐利爲欲、各種衣食嗜好亦爲欲，人欲的覺醒與追求既不可擋，泰州學者「順情遂性」的提出遂成爲明中葉以後思想界最爲符應時尙的思考。顏鈞（字山農，1504～1596）云：

> 人之生理，自心與身。禮法養心，衣食養身。養身養心，身心兼□。生理經營，信行天理。天理莫欺，信行爲主。鬼神協贊，人情助輔。士農工商，生理各業。心盡利歸，各有時節。若不居業，必然窮折。書讀不成，田作不得。工不能工。客不像客。一生愁苦，十欠九缺。〔註37〕

〔註35〕並參余英時，〈明清變遷時期社會與文化的轉變〉，余英時等著，《中國歷史轉型時期的知識分子》（台北：聯經，1992），頁36、37；余英時，〈中國商人的精神〉，《中國近世宗教倫理與商人精神》，頁161、162。

〔註36〕黃宗羲著，沈芝盈點校，《明儒學案》，卷五十八，「東林學案一」，下冊，頁1388、1389。

〔註37〕顏鈞，〈箴言六章・各安生理〉，《顏鈞集》（北京：中國社會科學院，1996），卷五，頁41。

生計之謀求與精神養護同爲人們生理之必須，是以士農工商各有其專司之生理本業，亦皆在天理運行下各有斂藏作長之時節規律。但顏鈞此段文字所重者仍在於「養」之一義：「禮法」用以孳育心靈精神，同時亦是規範與節制；而「衣食」雖用以「養身」，然而此間尚有「天理信行」加以約束，因此既言「養」，則已非漫無節制的放蕩與縱越。循此以論，其所言之「居業」、「利歸」旨在強調四民無分貴賤，皆在各盡其業，以滿足生理之基本需求，是以四民追求之「利」亦僅僅止於維護基本生存之「利」，而非財富無盡加累擴張之欲望。職是之故，顏鈞所肯定之人皆生而即有的「情欲」，爲一「發爲喜怒哀樂中節」之「情」，乃可護持、節養，因此被上提至與「性」相同之高度而成爲一種超越性的道德情感，如其所云之：「性情也，神莫也，一而二，二而一者也。如此申晰，是爲『從心所欲不逾矩』之學」。〔註 38〕換言之，就顏鈞所揭示之「本心即性即情」的思想系統而言，「情」乃性情之德中的「情」，而非易於沈淪獲罪之世俗欲望。此「心、性、情」之哲學內蘊的提出爲顏鈞與商賈間士商異道的分水嶺，但是顏鈞所提出之「生理」與「天理」並行不悖之說法，以及論說中所導入之「鬼神協贊、人情助輔」等民間信仰、俗情世理，已與商人倫理所倡論之「天道不欺」、「賈道與天道冥合」；篤信仁義之人往往得有「神助」而能處處逢凶化吉諸說互有交涉融滲之處。〔註 39〕

〔註 38〕上下文爲：「若性情也，本從心帝以生。其成也，人皆稟具，是生之成，自爲時出時宜者也。若神莫也，善供心運以爲妙爲測也。群習遠乎道，百姓日用而不知也，今合其從其供心帝之運。性也，則生生無幾，任神以妙其時宜。至若情也，周流曲折，莫自善測其和睟。是故性情也，乃成象成形者也。神莫爲默運也，若妙若測乎象形之中，皆無方體無聲臭也。如此互麗冥運，皆心帝自時明哲萬善以爲神妙，莫測乎性情者也。故曰：性情也，神莫也，一而二，二而一者也。如此申晰，是爲『從心所欲不逾矩』之學。」顏鈞，〈辨性情神莫互麗之義〉，《顏鈞集》卷二，頁 13。關於顏鈞「情欲觀」之細部論述，可參見鄭宗義，〈性情與情性—論明末泰州學派的情欲觀〉，熊秉眞、張壽安合編，《情欲明清—達情篇》（台北：麥田，2004），頁 53～59。

〔註 39〕例如康海（1475～1541）在〈扶風耆賓樊翁墓誌銘〉中記商人樊現（1453～1535）云：「誰謂天道難信哉！吾南至江淮，北盡邊塞，寇弱之患獨不一與者，天監吾不欺爾！貿易之際，人以欺爲計，予以不欺爲計，故吾日益而彼日損。誰謂天道難信哉！」（康海，《對山集》，四庫全書珍本四集，卷三八）；汪道昆認爲商賈「雖與時逐，而錯行如四時。時作時長，時斂時藏。其與天道，蓋冥合也。」（汪道昆，〈兗山汪長公六十壽序〉，《太函集》，卷十六，冊一，頁 349）；汪道昆述記商人汪通保，爲一素有仁義之稱的廉賈，時得神鬼之助：「處士尚夢三羽人就舍，旦日得繪事，與夢符，則以爲神，事之謹。其後或中他人毒，賴覆毒，乃免災。嘗出丹陽，車人將不利處士，詒失道，既而遇顏鈞所言之「情欲」尚有超越性之道德情感一面可說，何心隱論「欲」則往往泯除「欲」之超越性意義而與一般性之自然意義等同並觀。他在〈辨無欲〉一文中云：

> 濂溪言無欲。濂溪之無欲也，其孟軻之言無欲乎？孔子言無欲而好仁，似亦言無欲也。然言乎好仁，乃己之所好也。惟仁之好而無欲也。不然，好非欲乎？孟子言無欲其所不欲，亦似言無欲也。然言乎其所不欲，乃己之不欲也。惟於不欲而無欲也。不然，無欲非欲乎？是孔孟之言無欲，孔孟之無欲也。豈濂溪之言無欲乎？且欲惟寡則心存，而心不能以無欲也。欲魚欲熊掌，欲也。舍魚而取熊掌，欲之寡也。欲生欲義，欲也。舍生而取義，欲之寡也。能寡之又寡，以至於無，以存心乎？欲仁非欲乎？得仁而不貪，非寡欲乎？從心所欲，非欲乎？欲不逾矩，非寡欲乎？能寡之又寡，以至於無，以存心乎？抑無欲觀妙之無，乃無欲乎？而妙必妙乎其觀，又無欲乎！抑欲惟徼爾，必無欲乃妙乎？而妙必妙乎其無徼，又無欲乎？然則濂溪之無欲，亦無欲觀妙之無欲乎？辯辯。〔註40〕

何心隱認爲「欲」並無道德仁義與聲色安佚等形上形下之「質」的區別，只有多與寡之「量」上的分別；此量上之多寡又因個體之不同而有不同的詮釋、判準；且無論道、儒，任何聖哲皆不能達到全然無欲的境地。順此「人皆有欲」、「欲無聖賢凡愚之分」的理路發展，何心隱認爲治理天下的爲政者，對於庶民「情欲」，應該「育之」、「遂之」，而非禁抑。其在〈聚和老老文〉一文中云：

> 欲貨色，欲也。欲聚和，欲也。族未聚和，欲皆逐逐，雖不欲貨色，奚欲哉？族既聚和，欲亦育育。雖不欲聚和，奚欲哉？……昔公劉雖欲貨，然欲與百姓同欲，以篤前烈，以育欲也。太王雖欲色，亦欲與百性同欲，以基王績，以育欲也。育欲在是，又奚育哉？仲尼欲明明德於天下，欲治國、欲齊家、欲修身、欲正心、欲誠意、欲致知在格物，七十從其所欲，而不踰平天下之矩，以育欲也。育欲在是，又奚欲哉？〔註41〕

一老父，乃覺之。處士自謂幸保餘年，莫非神助。乃就獅山建三元廟，費數千金。」（汪道昆，〈汪處士傳〉，《太函集》，卷二八，冊一，頁599）。

〔註40〕何心隱，〈辨無欲〉，何心隱著，容肇祖整理，《何心隱集》，卷二，頁42。

〔註41〕同上註，卷三，頁72。

何心隱將個體之嗜欲、家族綿延之欲乃至治國、平天下之欲，平列等觀，強調主持一家、一宗社乃至治理天下者，不必強分欲之佳惡美善與公私高下，只要育之、養之、遂之即可。換言之，欲不必禁，只要能遂養眾人之欲，「欲」自然能夠順著貨色、聚和、修身、齊家、平天下等人我不同之各殊欲求，而各安其位、各有其序。此「欲」乃是混同善惡、泯除成己安人之不同層次而模糊以言，如何導欲昇華？如何節養而不至於泛濫無歸？如何在遂安百姓之「公」領域與成就一己道德之「私」領域上，得能既有所別又相輔以成？就此文觀之，俱皆模糊不明。何心隱之道德論，甚爲簡易粗略，於此可見一斑。然而其道德系統中卻又並非絲毫不見超越性之道德情感一面，其於〈寡欲〉一文中云：

> 性而味，性而色，性而聲，性而安佚，性也。乘乎其欲者也。而命則爲之御焉。是故君子性而性乎命者，乘乎其欲之御於命也，性乃大而不曠也。凡欲所欲而若有所發，發以中也，自不偏乎欲於欲之多也，非寡欲乎？寡欲，以盡性也。盡天之性以天乎人之性，而味乃嗜乎天下之味以味，而色、而聲、而安佚，乃又偏於欲之多者之曠於戀聲而苟安苟逸已乎？乃君子之盡性於命也，以性不外乎命也。命以父子，命以君臣，命以賢者，命以天道，命也，御乎其欲者也。而性則爲之乘焉。是故君子命以命乎性者，御乎其欲之乘於性也，命乃達而不墮也。凡欲所欲而若有所節，節而和也，自不戾乎欲於欲之多也，非寡欲乎？寡欲，以至命也。至天之命以天乎人之命，而父子乃定乎天下之父子，以父以子，而君臣，而賢者，而天道，乃又戾於欲之多者之墮於委君委臣委賢而棄天棄道已乎？乃君子之至命於性也，以命不外乎性也。凡一臭，一賓主，亦莫非乘乎其欲於性，御乎其欲於命者，君子亦曷嘗外之，而有不盡性至命於欲之寡乎！〔註42〕

黃宗羲《明儒學案》評贊何心隱之學問：「不墮影響，有是理則實有是事，無聲無臭，事藏於理，有象有形，理顯於事」。〔註43〕據此，我們可以進一步掌握理解的是：何心隱爲求「理」能具體實踐於「事」上，因此所提出之「性—

〔註42〕同上註，卷二，頁40。

〔註43〕黃宗義著，沈芝盈點校，《明儒學案》，卷五十八，「泰州學案一」，下冊，頁705。

一命——欲」的道德論述主要訴求目的是：簡易可行，得以隨機指點農工商賈，是以其並不在「欲」上細分各種層境，而是將道德中超越昇華一面置於「命」（倫常關係之聯繫與命稱）與「性」此二義上。換言之，人欲只要能在各種人倫關係中予以調節、和暢，自然就沒有所謂多欲敗德之事，如此便能「達命」而「盡性」，道德遂有超越昇華之義可論。但何心隱此道德論明顯的偏失在於：他所謂的人倫關係，實際上並無法平衡均適地包蘊傳統中所言的「五倫」關係。如前一章節所論，何氏乃是以「友朋」一倫統攝其他四倫，所謂的「命達」，亦只是遂盡「友朋聖賢」一義。在高舉「友朋聖賢」的義理大纛下，其他四倫的內容將相對地薄弱化、空泛化，其間蘊義既無法充分地予以彰顯、闡明，在具體實踐上，亦將難以完善地克盡各種職責。尤有進者，人人若皆只是各盡其所欲盡之人倫道德，選擇性地遺略其他人倫關係，則此「遂欲」與縱情率性、恣意無節，實際上恐怕僅止一線之隔，若此，如何再能進言「達命」之必然可至？因此，當朝學者已然指出何心隱學問之病乃在於：「人倫有五，公舍其四，而獨置身於師友賢聖之間，則偏枯不可以為訓。」〔註44〕

此外，就為政者角度以論，何心隱強調應重視、遂養庶民之欲望。將此與其「寡欲」之個人道德修養論並觀，我們遂能得見何心隱乃有兩套不同的道德價值判準——自身修養所重者在於寡欲、節制而不事治生歛聚，足令一己「置身於師友賢聖」之「孔子家」中；但對待他人則應「厚其生」、廣推仁義於眾人，眾人即能各治其生、各安其家而遂養其所欲之欲。若此，我們進一步可以提問的是：為政者將如何約束、誘導庶民皆能辨欲、寡欲，不因汲汲於治生而致妨害師友之義，並樂於置身於師友賢聖之間？進而得收化成天下之效？何心隱此種道德論述亦僅是徒顯個人意志，有賴個人凌盛意氣以立說。因此，雖然李贄極為稱許何心隱毫不作假、本乎「眞心」以論道，且其「獨不肯治生」、「直欲與一世賢聖共生於天地之間」的「厚生」與世俗之純為聚累財富的「厚生」，乃為高下立判之兩種人格境界。然而，李贄這種讚美所認肯者，依然是何心隱獨特的生命情調所彰顯之個人氣魄與精神。何心隱

〔註44〕李贄，〈何心隱論〉：「（世之學者）病心隱者曰：『人倫有五，公舍其四，而獨置身于師友聖賢之間，則偏枯不可以為訓。與上誾誾，與下侃侃，委蛇之道也，公獨危言危行，自貽厥咎，則明哲不可以保身。且夫道本人性，學貴平易。繩人以太難，則畔者必眾；責人於道路，則居者不安；聚人以貨財，則貪者競起：亡固其自取矣。』」《焚書》，卷三，頁90。

之道德論述中，始終無法迴避之問題仍將是「世之學者」對其所批判之「聚人以貨財則貪者競起」之理論上的瑕疵，〔註 45〕以及如何建立、同一一種普世道德價值而眞能化俗移民的實踐困境。

李贄對於當朝士人率常假仁義之名，行斂財之實，道德論說與實際言行嚴重悖反、虛僞矯飾之風氣，有甚爲深刻的體認，且即不假辭色，憤慨激烈地予以撻伐，他在〈三教歸儒說〉一文中說：

> 孔之疏食，顏之陋巷，非堯心歟？自顏氏沒，微言絕，聖學亡，則儒不傳矣。故曰：「天喪予。」……夫世之不講道學而致榮華富貴者不少也，何必不講道學而後爲富貴之資也？此無他，不待講道學而自富貴者，其人蓋有學有才，有爲有守，雖欲不與之富貴，不可得也。夫唯無才無學，若不以講聖人道學之名要之，則終身貧且賤焉，恥矣，此所以必講道學取富貴之資也。然則今之無才無學，無爲無識，而欲致大富貴者，斷斷乎不可以不講道學矣。今之欲眞實講道學以求儒、道、釋出世之旨，免富貴之苦者，斷斷乎不可以不剃頭做和尚矣。〔註 46〕

就此文之意觀之，李贄認爲孔子之「飯疏食」、顏回之「居陋巷」，才眞正是「視富貴若浮雲」、「志在聞道」者，自顏回之後，純然追求道理聞見者已不存在，「富貴」早成爲官紳士庶等眾生終身追求的普世價值。就士人階層而言，唯有學問品性皆爲上乘者，方能富貴自來而不假外求，其餘士人爲求顯名於當世、聚財以自厚，不得不藉一生所學爲謀求富貴的手段。此等高舉道德性命之說，而遂行欲望追逐之實的假道學充斥世間，乃是世風益下、人倫斲喪之肇因。此外，他並直言自身之所以出世爲僧，即是爲了免受富貴之欲所苦，得能切實地追求至道。由於認爲富貴之欲亦爲聖賢智者本性所有，一般俗人難免，遂主張士夫不妨直接認肯欲望之眞實存在，坦然以對，繼之則讚許庶民直來直往，直言營生遂欲之事的態度，乃較一般俗儒更爲有德。他在〈答耿司寇一文〉中云：

> 試觀公之行事，殊無甚異於人者。人盡如此，我亦如此，公亦如此。自朝自暮，自有知識以至今日，均之耕田而求食，買地而求種，架

〔註 45〕當朝學者對於何心隱之正反評論以及李贄之辯駁，參見李贄，〈何心隱論〉，《焚書》，卷三，頁 88～90。

〔註 46〕李贄，〈三教歸儒說〉，《續焚書》，卷二，頁 75、76。

> 屋而求安，讀書而求科第，居官而求尊顯，博求風水以求福蔭子孫。種種日用，皆爲自己身家計慮，無一釐爲人謀者。及乎開口談學，便說爾爲自己，我爲他人；爾爲自私，我欲利他；我憐東家之饑矣，又思西家之寒難可忍也；某等肯上門教人矣，是孔、孟之志也，某等不肯會人，是自私自利之徒也；某行雖不謹，而肯與人爲善，某等行雖端謹，而好以佛法害人。以此而觀，所講者未必公之所行，所行者又公之所不講，其與言顧行、行顧言何異乎？以是謂爲孔聖之訓可乎？翻思此等，反不如市井小夫，身履是事，口便說是事，作生意者但說生意，力田作者但說力田。鑿鑿有味，眞有德之言，令人聽之忘厭倦矣。〔註47〕

較之士人之以道學責人、教人，自身卻反其道而遂行營利、求財等一切身家計慮之事，則庶民之「言顧行」、「行顧言」乃更具忠信、不自欺之美德。即此，李贄進而在理論上提出：不論聖者、豪俠英雄或一般庶民，世人之一切與營生相關的「勢利之心」，乃是「秉賦之自然」。由於秉賦自然，所以唯有順此自然之性，率眞地面對各種追逐功名利祿之「人欲」、「私心」，方能破除對於傳統道德的迷信盲從，並且滌蕩虛僞矯飾的社會風氣。他在《明燈道古錄》一書中與〈德業儒臣後論〉一文中分別指出：

> 大聖人亦人耳，既不能高飛遠舉，棄人間世，則自不能不衣不食，絕粒衣草而自逃荒野也。故雖聖人，不能無勢利之心；……以此觀之，財之與勢，固英雄之所必資，而大聖人之所必用也，何可言無也？吾故曰：「雖大聖人不能無勢利之心。」則知勢利之心，亦吾人秉賦之自然矣。

> 夫私者人之心也。人必有私而後其心乃見，若無私則無心矣。如服田者，私有秋之獲而後治田必力；居家者，私積倉之獲而後治家必力，爲學者，私進取之獲而後舉業之治也必力。……此自然之理，必至之符，非可以架空而臆說也。然則爲無私之說者，皆畫餅之談，觀場之見。但令隔壁好聽，不管腳根虛實，無益於事。只亂聰耳，不足採也。〔註48〕

〔註47〕李贄，〈答耿司寇〉，《焚書》，卷一，頁30。

〔註48〕分見《明燈道古錄》，卷上，第十章，《李贄文集》（北京：社會科學，2000），第七卷，頁358；《藏書》，卷三十二，《李贄文集》，第三卷，頁626。

據此，李贄遂將「世間一切治生產業等事，皆其所共好而共習，共知而共言」的「眞邇言」視爲道德的基礎：

夫善言即在乎邇言之中，則邇言安可以不察乎？……夫唯以邇言爲善，則凡非邇者必不善。何者？以其非民之中，非民情之所欲，故以爲不善，故以爲惡耳。〔註49〕

「民情所欲」之外，皆無善者可論，換言之，若不能自人性最基本的欲望出發、眞實面對聖賢凡愚皆有飲食、穿衣等基本欲望，其他一切諸如超越的道德倫理，皆無善之意涵可論。基於此，爲政者若能遂從民欲，不從己欲，則物各付物，天地因材而篤，萬物並育而不相害。又因材而用，則強者、眾者，自易出頭，並可爲弱者之歸宿、寡者之依附，對於社會未必是害，不必以法禁之、治之。他說：

上爲者又不肯強之使從我，只就其力之所能爲，與心之所欲爲，勢之所必爲者以聽之，則千萬其人者，各得其千萬人之心，千萬其心者，各遂其千萬人之欲。是謂物各付物，天地之所以因材而篤也。所謂萬物並育而不相害也。今之不免相害者，皆始于使之不得並育耳。若肯聽其並育，則大成大，小成小，天下更有一物之不得所者哉！

夫栽培傾復，天必用材，而況人乎。強弱眾寡，其材定矣。強者弱之歸，不歸必并之；眾者寡之附，不附即呑之。此天道也。雖聖人其能違天乎哉！今子乃以強凌眾暴爲法所禁，而欲治之，是逆天道之常，反因材之篤，所謂拂人之性，災必及其身者，尚可以治人耶？〔註50〕

由此，只要治理天下者能以順性適材、禮則自齊的治理方式，取代政刑之威、強制之禮的統治之方，即能令萬物各盡其才、各適其所，自化而能「至齊」，這才是「以禮」平天下的最高境界。在〈答耿中丞〉一文中，李贄又云：

貪財者與之以祿，趨勢者與之以爵，強有力者與之以權，能者稱事而官，懦者夾持而使，有德者隆之虛位，但取具瞻，高才者處以重任，不問出入。各從所好，各騁所長，無一人之不中用，何其事之

〔註49〕《明燈道古錄》，卷下，第一章，《李贄文集》，第七卷，頁369。

〔註50〕分見《明燈道古錄》，卷上，第十五章，《李贄文集》，第七卷，頁365；《明燈道古錄》，卷下，第七章，《李贄文集》，第七卷，頁375。

易也？〔註51〕

李贄此套治理方式，自然融入了老子「失禮而後刑」、「我無爲而民自化，我好靜而民自正，我無事而民自富，我無欲而民自樸」（《老子》五十七章）之政治思想與精神，且亦嘗試躬身實踐。他在姚安任太守時，治尚清靜，順民之欲而治，因此姚安人皆樂其治。李贄友人顧養謙論及李贄在姚安的治績，指出：

> 溫陵李先生爲姚安府且三年，大治，懇乞致其仕去。……先生爲姚安，一切持簡易，任自然，務以德化人，不賈世俗能聲。其爲人汪洋停蓄，深博無涯涘，人莫得其端倪，而其見先生也不言而意自消。自僚屬、士民、胥隸、夷酋，無不化先生者，而先生無有也。此所謂無事而事事，無爲而無不爲者耶。〔註52〕

李贄此一套道德論述與爲官之法，自然是要士人誠懇地面對道德論說與日常生活世界的聯結關係，觀察日日徵逐之世界中，各種人性欲望的眞實呈現，而不是透過一個抽象的理論系統曲折地應對人世、甚至蠱惑世人。換言之，李贄認爲，道德世界並非抽象的、虛懸的，只在語言形式的層次上作用著，更不是用來圖謀富貴的工具，它必需落實到日常生活世界中，不斷地交互作用並切實地被經驗著。於是，對於李贄而言，傳統的道德論述已淪爲一種抽象系統，其所引發的危機乃在於：在天理本心之各種心性理論的導引下，道德倫理的講求已被道學家強制性地化約爲一種放諸古今、四海皆準的普遍眞理，而實際上乃脫離了一般人日常生活的常態與實境；此虛空架起，爲一用特定方式詮釋出來的抽象世界又轉而成爲人性欲望的僞裝物、成爲競逐富貴之資具，如此，則其不惟不再有化成天下之大用，更徒見人性上虛飾、狡詐之失德與墮落。

然而，李贄卻未能繼續堅持其治理之方，安住於小國寡民、一城一鄉的治理之樂中，在迕觸上司後，他毅然決然地選擇了辭官一途。〔註53〕辭官、出家之後，李贄並非採取退離、趨避世事之態度，而是轉以發言批判世學之方式，更爲熱切地關注著世間與世道。其發言批判之舉，雖有立春秋之意，

〔註51〕李贄，〈答耿中丞〉，《焚書》，卷一，頁17。

〔註52〕顧養謙，〈贈姚安守溫陵李先生致仕去滇序〉（顧沖老送行序），《焚書》，卷二，頁77。

〔註53〕並參李贄，〈豫約・感慨生平〉，《焚書》，卷四，頁185～187；李清輝，《李卓吾生平及其思想研究》（台北：文津，1993），第二章，〈李卓吾之家世及其生平考述〉，頁89、90。

但他任憑一時意氣之激，隨興而發的評騭方式，更爲突出者，已非事理上之是非對錯，而是個人意氣的宣發與豪強人格意志的貫徹與實踐。例如，他爲強者辯說，稱許狂者、俠者、豪傑、英雄，而尚朋友之義，讚美歷史上自我意志極度發達的人——或可謂之「我欲者」——之秦始皇、曹操、武則天、馮道諸人。〔註 54〕李贄認爲，自宋明儒以來所暢言之道德觀貽害甚鉅，因此重申：眞正的道德觀必須以切近人類之基本欲求爲基礎，尊重人之天賦本能，如此方能眞誠無僞的反省修持並化育萬民，在此環境下也才可能孕育出見識至高至大的人物。這種讚揚豪傑俠者的論述，已接近西方所謂「超人」之概念。〔註 55〕超人擁有強猛、勇敢、認眞、見識超群、不懼痛苦等特質。李贄此種認知，所突顯者乃爲個人所擁有之任意的「自由本能」，人於此所展現的將是一種屬於「力之欲望」的根本衝動，因此，李贄所讚美之《水滸傳》中諸如武松、黑旋風、李逵、石秀等人物角色，大都強猛、剛直、憤激，具有強烈自我意志之特色。〔註 56〕

但同時，李贄卻又認爲他這種對於歷史、小說人物的是非之評，目的並不在於索求是非之終有定論、至論。他在〈藏書・世紀列傳總目前論〉中說：

> 人之是非，初無定質。人之是非人也，亦無定論。無定質，則此是彼非並育而不相害；無定論，則是此非彼亦并行而不相悖矣。然則

〔註 54〕參見李贄，〈與焦弱侯〉（《焚書》，卷一，頁 3、4）；〈忠義水滸傳序〉（《焚書》，卷三，頁 109、110）；〈崑崙奴〉（《焚書》，卷四，頁 193）；〈讀史・曹公二首〉（《焚書》，卷五，頁 196、197）、《藏書》，卷五十六，〈武臣傳・李勣〉（《李贄文集》，第三卷，頁 1078、1079）、〈孔明爲後主寫申韓管子六韜〉（《焚書》，卷五，頁 223）。

〔註 55〕此爲尼采所提出。廚川白村對尼采之學說，作了一扼要之概括。廚川白村指出：尼采的學說是以強烈的自我爲中心的個人主義。他認爲，一個健全的人應有任意的「自由本能」，人的根本衝動就是「力的欲望」。因而他極端反對基督道德，認爲那是爲弱者、爲奴隸所建立的道德，而如今必須另外樹立一種爲強者所需要的道德，並崇尚遠古的人類生活，因爲那種環境令勇者、強者非常愉快，因爲他們可以盡情發揮自己的力量。而如今，基督教爲製造適合大多數弱者的生活狀態所提出的主張，壓抑了最高等人物——強者、勇者——的本能和欲望，阻礙了他們的自由發展。所以人類若要創造光輝幸福的未來世界，必須過著自然的、本能的生活，排斥爲多數人著想之類的主張，轉而多爲少數的強者圖謀。廚川白村，《西洋近代文藝思潮》，頁 48～51。

〔註 56〕袁無涯刻《忠義水滸全傳》，第二十八回回末總評、第三十八回回末總評、第五十四回回末總評、第五十三回回末總評、第四十六回回末總評，《水滸資料彙編》（台北：里仁，1981），頁 113～117。

今日之是非，謂予李卓吾一人之是非，可也。謂爲千萬世大賢大人之公是非，亦可也。謂予顛倒千　萬世之是非，而復非是予之所非是焉，亦可也。則予之是非，信乎其可矣。前三代，吾無論矣。後三代，漢、唐、宋是也。中間千百餘年，而獨無是非者，豈其人無是非哉？咸以孔子之是非爲是非，故未嘗有是非耳。然則予之是非人也，又安能已！夫是非之爭也，如歲時然，晝夜更迭，不相一也。昨日是而今日非矣，今日非而後日又是矣。雖使孔夫子復生於今，又不知作如何非是也，而可遽以定本行罰賞哉！〔註 57〕

依此，李贄之意乃在於：一切的是非之評，只是爲了破除對於經傳聖賢的執迷，以破爲立。如此一來，李贄不求世間但有一個公定的是非之理的見解，實際上正翻轉、顛倒了王陽明致良知之學所謂「良知即天理」——天下有一公定之是非之理的立場。換言之，李贄乃揭示了：歷史與眼前之世界，並非僅有一種，或僅止於宋明以來，道學家所認定之絕對的經驗方式與解釋方式，因此，亦並不能藉之以獨占、壟斷天下之一切解釋權而強迫他人從之、順之。即由此故，他所認爲之秉良知而發的是非公斷只屬於個人當下之批評行爲，並無恆定性，既無恆定性，自不必執此以爲世界之絕對眞理而強人以從。李贄此種任一己之是非以裁定古往今來之各色道德聞見、人情事理的論說方式，足以使學者之人格得能獨立自足而無所畏懼，直破僞道學之迂腐卑瑣，並開展出一套對於一切相反或相成之經驗方式、解釋方式可同時並存於此世界中的詮釋理論，以多方論述之同時存在——即以「多元」之價值世界面對人倫關係日趨複雜的商業文明，進而，在某種意義上肯定：日常生活世界乃是一個全面豐富、而又不失倫常秩序之世界。

然而，這種可能爲時代開創新局的論述，並無法客觀而縝密地全面開展。李贄之道德學說，固然鼓舞了長期以來被禁錮、壓抑的個體性情與思想，但並未形成一種「哲學突破」，〔註 58〕重新打造一個新的價值世界觀。其中原因，一如黃仁宇所指出：李贄思想之缺點在於缺乏前後一致的完整性，「他的學說破壞性強而建設性弱。他沒有能創造一種思想體系去代替正統的教條」，以及

〔註 57〕李贄，〈藏書世紀列傳總目前論〉，《藏書》，《李贄文集》，第二卷，卷首，頁 7。

〔註 58〕余英時認爲所謂的「哲學突破」，意指：「即對構成人類處境之宇宙的本質發生了一種理性的認識，而這種認識所達到的層次之高，則是從來都未曾有的。與這種認識隨而俱來的是對人類處境的本身及其基本意義有了新的解釋。」引文見氏著，《中國知識階層史論・古代篇》，頁 32，相關論述見頁 32～38。

「當時的社會不具備接受改造的條件」。〔註 59〕黃仁宇所言之前二因，與李贄愛嗔強烈、率情任性之生命氣質息息相關，後因看似乃大環境之限制，然亦與其生命特質脫離不了關係。詳言之，即如前文所述，李贄學說更爲突出之處，乃是他以強悍之自我人格的擴張（並以此作爲一種論述姿態），試圖根除所有思想之威權性與合法性。由於他時常悍然地枉顧歷史定論，人們遂能輕易地仿效、援借此種論述方式，以激狂意氣，而非博學愼思之姿態，斷然割裂或瓦解一切強制性之關於「連續性存在」的各色論說、各種強調，進而，把新奇視爲興趣的源泉，將好奇轉變爲價值判斷的依準。因此，對於思想領域之威權者而言，由李贄所引發之追求個性獨立的文化運動，侵犯了原有的道德領域，並把威權的中心從神聖、形而上的心性講求，移向了對於世俗欲望的凝視與追逐；而其「隨說隨掃以見至道」的言詮方式，則提供了其他任情率性之人執此以爲言行依倚的法則，而自滿自足於當下之喜惡是非，乃至於肆無忌憚，終歸狂放的境地。是以黃宗羲《明儒學案》不爲李贄立學案，《明史》將之附於〈耿定向列傳〉之末，並以異妖之端的描述語氣，三言二語輕率地總結了他一生經歷。〔註 60〕

總觀顏鈞、何心隱、李贄等泰州學者之道德論述：以任情適性、天機流轉爲核心，同時亦強調超越性之道德存有與重視聖賢豪傑之高偉人格，因此，逐步形成所謂之「尊大節、略小德」之行爲思考模式。此種思考與行爲，負面發展以至其極，則將是：緣於我能「自致吾之良知」，秉持一己良知之見在，是以我之於大節、小德之判準，我恆知之，而我之是非，他人無法眞知，故不得眞判定我之是非；然我則可自本一己之是非，以是非天下之人。唐君毅曾經指出此間將形成一「大我慢」之弊端，唐氏云：

> 此則可形成一如佛家所謂大我慢，既拒天下人之對我之是非，而更無忌憚；又可以我之是非，是非天下人，以自居于至尊之位，即又成一大狂肆。……以任己一時是非之事爲率眞，而不知此只求率眞，

〔註 59〕黃仁宇，〈李贄——自相衝突的哲學家〉，《萬曆十五年》，頁 238。

〔註 60〕《明史》云：「（耿定向）嘗招晉江李贄于黃安，後漸惡之，贄亦屢短定向。士大夫好禪者往往從贄遊。贄小有才，機辨，定向不能勝也。贄爲姚安知府，一旦自去其髮，冠服坐堂皇，上官勒令解任。居黃安，日引士人講學，雜以婦女，專崇釋氏，卑侮孔孟。後北遊通州，爲給事中張問達所劾，逮死獄中。」楊家駱主編，《新校本明史并附編六種》，卷二百二十一，〈耿定向傳・附李贄、定向弟定理、定力〉，冊八，頁 5817。

> 即歸于狂肆。出乎偽，入乎狂；出乎狂，又入乎偽。此晚明王學之所以弊也。若狂若偽，皆可使人所謂良知之是非，更與其一時意氣之激、恩怨之情、利害之使、習氣之使、嗜欲之流，互相夾雜。依此是非而有之好惡，乃皆不得其正矣。〔註61〕

依此，暫且不論其他佯狂詐僞之學泰州而未成之末流人物，即論顏鈞、李贄諸人，往往自謂不離聖賢之域，但卻同時有著同乎流俗，甚且欺世污名之行爲，論說與行爲間，時見難以同一之矛盾。例如顏鈞在南京講學時，曾挾詐人財，事發後被補，經弟子羅汝芳奔走相救，方得免於一死；曾訂下拜師求學者，定要先受他擊毆三拳然後「受拜」之規矩，何心隱拜顏鈞爲師後，察覺他諸多歪詭行止，「意甚悔」，某日，遇見「山農之淫於村婦」，便躲在避隱處，「俟其出而扼之，亦毆三拳使拜，削弟子籍」；又顏鈞本與趙貞吉友善，後趙氏發現顏鈞「在外主一寡婦家，與之講學，盡攫寡婦金，寡婦之子訟之令」，且亦多方設計，欲騙取趙貞吉之錢財，趙氏「遂與之絕交」。〔註62〕而李贄，則常恐懼淪爲縱情肆欲者流，因此，在〈答友人書〉中辯稱自己「每見世人欺天罔人之徒，便欲手刃直取其首」等舉止，並非「暴怒」；在〈戒眾僧〉中講求戒律；在〈朋友篇〉中嚴辨義利；在〈阿寄傳〉中褒獎孝弟，〔註63〕然而在行爲上，卻常出現與言論相左的矛盾行爲：他在爲官時坦然收受「常例」；辭官出家爲僧後，依賴其所稱爲「假道學」之士夫的接濟而生活；認爲士夫「隨身規矩太嚴」，便在宴席間「調弄優旦」，意在解去眾人枷鎖；己身狎妓，亦強迫他人狎妓。〔註64〕欣賞李贄之人，稱讚他「深入至道，見其大者」、「直氣勁節、不爲人屈」；〔註65〕不以爲然者，則批評他「遨遊四方，以干權貴，意氣張甚」。〔註66〕除士人各有褒貶定見外，就社會風氣

〔註61〕唐君毅，《中國哲學原論‧原教篇》（台北：學生書局，1984），第十七章，「王學之弊及東林學之止至善之道與其節義之教」，頁443、445。

〔註62〕參見王世貞，〈嘉隆江湖大俠〉，《何心隱集》，「附錄」，頁144；徐學謨，《冰廳劄記》，《徐氏海隅集‧文集》（南京圖書館藏明萬曆五年刻四十年徐元嘏重修本，台灣：莊嚴文化：1997），卷十四，葉二十～二十二。

〔註63〕分見李贄，《焚書》，卷二，頁58；卷三，頁165；卷五，頁222；卷五，頁222、223。

〔註64〕參見李贄，〈答周柳塘〉，《焚書》增補卷一，頁260、261；黃仁宇，〈李贄——自相衝突的哲學家〉，《萬曆十五年》，頁220、221、236、242、

〔註65〕袁小修，〈李溫陵傳〉，《焚書》卷首，頁7。

〔註66〕謝肇淛，《五雜俎》：「近時閩李贄先仕宦，至太守而後削髮爲僧，又不居山寺，而遨遊四方以干權貴，人多畏其口而善待之。擁傳出入，髡首坐肩輿，張黃

之影響而言，李贄之學說實爲天下人開啓了一種作聖爲賢之方便巧門，因此，其思想風偃天下——「《藏書》、《焚書》人挾一冊，以爲奇貨」，〔註 67〕眾人自此樂於相信：縱使耽溺於酒色財氣之中，亦能不礙菩提路。〔註 68〕

二、「存理以遏欲」——劉蕺山之倫理思想

有鑑於泰州諸人之論說，已使社會大眾之倫理觀念流於漫無定準之弊端，東林學者遂又重申「格物」與「止於至善」之學——著重「格物」，以求人們在應物之際，有一定的是非判準；強調「止於至善」，則爲救正王陽明所提出之「無善無惡心之體」所肇致之一切善惡之辨、君子小人之辨皆含糊渾淪，終至善惡不分之困境。〔註 69〕進而強調勤物敦倫，謹言敏行之平日道德工夫，對於人欲的生起漫衍，抱持「當下即是」，不令逸樂的情緒蔓延，亦不要在知識上分辨何者爲「可甘」、何者爲「可悅」，意念一起，立時化除，即能體悟「性善之理」。〔註 70〕

蓋，前後呵殿。余時在山東，李方客司空劉公東星之門，意氣張甚，郡縣大夫莫敢與均茵伏。余甚惡之，不與通，無何，入京師以罪下獄死，此亦近於人妖者矣。」卷八，〈人部四〉，頁 169。

〔註 67〕朱國禎著、繆宏點校，《涌幢小品》（北京：文化藝術，1998）：「卓吾名贄，曾會之邳州舟中，精悍人也，自有可取處。讀其書，每至辯窮，輒曰：『吾爲上上人說法。』嗚呼，上上人矣，更容說法耶？此法一說，何所不至。聖人原開一權字，而又不言所以，此際著不得一言，只好心悟，亦非聖人所敢言，所忍言。今日士風猖狂，實開於此。全不讀《四書》本經，而李氏《藏書》、《焚書》，人挾一冊，以爲奇貨。壞人心，傷風化，天下之禍，未知所終也。」卷十六，「李卓吾」條，下冊，頁 374。

〔註 68〕黃宗羲，《明儒學案·江右學案一》，《鄒穎泉學案·穎泉先生語錄》記載：「李卓吾倡爲異說，破除名行，楚人從者甚眾，風習爲之一變。劉元卿問於先生曰：『何近日從卓吾者之多也？』曰：『人心誰不欲爲聖賢，顧無奈聖賢礙手耳。今渠謂酒色財氣，一切不礙，菩提路有此便宜事，誰不從之？』」黃宗羲著，沈芝盈點校，《明儒學案》，卷十六，「江右王門學案一」，上冊，頁 347。

〔註 69〕相關論述，可參見唐君毅，《中國哲學原論·原教篇》，第十七章，〈王學之弊及東林學之止至善之道與其尚節義之教〉，頁 446～450。

〔註 70〕顧憲成《小心齋劄記》云：「『食色性也』，當下即是，更有何事？若遇食而甘之，遇色而悅之，便未免落在情境一邊，謂之仁，不謂之性矣。若於食而辨其孰爲可甘？於色而辨其孰爲可悅？便未免落在理路一邊，謂之義，不謂之性矣。故曰動意則乖，擬心則差，告子之旨，蓋如此」。又云：「程子喜人靜坐，則初下手事也。然而靜坐最難，心有所在則滯，無所在則浮。李延平所謂看喜怒哀樂未發氣象，正當有在無在之間，就裏得個入處，循循不已。久之氣漸平，心漸定，獨居如是，遇事如是，接人如是，即喜怒哀樂紛然突交

較之東林學者，劉蕺山在情欲問題上的思考，乃更見細密與完善。劉蕺山倡論人們在「致良知」之際，應著力於「誠其意」工夫之涵養、鍛鍊，對於欲望要能警敏地覺察、並加以調節或對治，如此，即能在是非好惡的判斷上免於一己意氣之激、恩怨之情、利害之便等私心。劉蕺山云：

> 喜怒哀樂，雖錯綜其文，實以氣序而言。至殽爲七情，曰喜怒哀懼愛惡欲，是性情之變，離乎天而出乎人者，故紛然錯出而不齊，所爲感於物而動，性之欲也。七者合而言之，皆欲也。君子存理遏欲之功，正用之於此。〔註71〕

劉蕺山對於心、性、人、天關係的理解是「夫性本天者也，心本人者也，天非人不盡，性非心不體也。」〔註72〕心、性爲一，但作用不同：心與人就主觀面而言，性與天就客觀面而論，因此，劉蕺山認爲，《中庸》從「喜怒哀樂之中和」指點天命之性，是「言性第一義」。因此人們喜、怒、哀、懼、愛、惡、欲七情，要能依天理予以調節、對治而致中和，不隨著感受放馳、耽溺而一至於淫、一至於傷，在「愼獨」處用功、著力，即能「遏欲存理」，逐步復歸天命之性。進而，他主張「天下無心外之性」以邃密王陽明所主張之「天下無心外之理」，重新強調「性」、「天」所表具的客觀意義，以救泰州學派以「任情爲率性」、「情識爲良知」之義理上的歧出。〔註73〕他又說：

> 心也者，覺而已矣。覺故能照，照心嘗寂而嘗感，感之以可喜而喜，感之以可怒而怒，其大端也。喜之變爲欲、爲愛，怒之變爲惡、爲哀，爲懼，則立於四者之中，喜得之而不至於淫，怒得之而不至於傷者。合而觀之，即人心之七政也。七者皆照心所發也，發則馳矣。眾人溺焉，惟君子時發而時止，時返其照心，而不逐於感，得《易》之逆數焉。此之謂「後天而奉天時」，蓋愼獨之實功也。
>
> ……是故君子戒懼於所不睹聞，此愼獨之說也。至哉獨乎？微乎微

於前，亦復如此，總總一箇未發氣象，渾無內外寂感之別，下手便是究竟處。」黃宗羲著，沈芝盈點校，《明儒學案》，卷五十八，「東林學案一」，下冊，頁1381、1382、1387。

〔註71〕劉蕺山，《語錄》，黃宗羲著，沈芝盈點校，《明儒學案》，卷六十二，「蕺山學案」，下冊，頁1519。

〔註72〕劉蕺山，《讀易圖說》，《明儒學案》，卷六十二，「蕺山學案」，下冊，頁1586。

〔註73〕參見李明輝，〈「情欲解放」乎：論劉蕺山思想中的「情」〉，熊秉眞、張壽安合編，《情欲明清——達情篇》（台北：麥田，2004），頁110

乎？穆穆乎不已者乎！

古人恐懼二字，嘗用在平康無事時，及至利害當前，無可迴避，只得赤體承當。世人只是倒做了。〔註 74〕

依劉蕺山之理學系統，他將《中庸》所論之「喜怒哀樂」置於超越性意義之「性」此一概念中，與七情的根本區別在於：「喜怒哀樂」出於天，因感而動，是「性之發」；七情出於人，逐物而遷，是「心之發」。據此，劉蕺山即以「性體」（具超越性意義）中之喜、怒因感於可喜或可怒之對象而變化爲七情中的喜、怒，若再仔細區分，則性體中的喜分化爲七情中的欲、愛；怒分化爲惡與哀；而懼，則具備特殊的居中調節功能，可令喜、怒不致於進一步下墮而淪變爲愛、欲、惡、哀。〔註 75〕爲避免七情紛馳造成本性良知之「闇然日章」、「的然日亡」，因此「愼獨」至關重要，「君子知之」，則「凜乎淵水，於所不睹，於所不聞，日夕兢兢，道念乃凝」。〔註 76〕這「戒愼恐懼」之「愼獨」工夫，落實於具體之人倫物用上，劉蕺山強調：

應事接物，相爲表裏，學者于天下不能遺一事，便于天下不能遺一人。自落地一聲，此身已屬之父母；及其稍長，便有兄弟與之比肩；長而有室，又有妻子與之室家。至于食毛踐土，君臣之義，無所不在。惟朋友聯合，于稠人廣眾之中，似屬疏闊，而人生實賴以有覺。合之稱五倫。人道之經綸，管于此也。然父子其本也，人能孝於親，未有不忠于事君與友於兄弟、信于朋友、宜於家事者。夫妻一倫，尤屬化原。古來大聖大賢，又多從此處發軔來，故曰：「刑於寡妻，至于兄弟，以御於家邦。」蓋居室之間，其事最微渺而易忽，其惡爲淫僻。學者從關打破，便是眞道德，眞性命，眞學問文章，不然只是僞也。……

今爲學者下一頂門針，即「向外馳求」四字，便做成一生病痛。吾儕試以之自反，無不悚然汗浹者。凡人自有生以後，耳濡目染，動與一切外物作緣，以是營營逐逐，將全副精神，都用在外，其來舊

〔註 74〕分見劉蕺山，《讀易圖說》，《明儒學案》，卷六十二，「蕺山學案」，下冊，頁 1585、1586；劉蕺山，《語錄》，《明儒學案》，卷六十二，「蕺山學案」，下冊，頁 1519。

〔註 75〕此段說釋參見李明輝，〈「情欲解放」乎：論劉蕺山思想中的「情」〉，熊秉眞、張壽安合編，《情欲明清——達情篇》，頁 113、117、118。

〔註 76〕劉蕺山，《大學雜繹》，《明儒學案》，卷六十二，「蕺山學案」，下冊，頁 1591。

> 矣。學者既有志於道，且將從來一切向外精神，盡與之反復身來，此後方有下手工夫可說。……
>
> 如一事有過，直勘到事前之心，果是如何？一念有過，直勘到念後之事，更當如何？如此反覆推勘，更無閃躲，雖一塵亦駐足不得，此所謂致曲工夫也。〔註77〕

綜觀劉蕺山之道德學說，我們可以清楚得知劉蕺山對於自反內求、節制克念之修養工夫的強調，但亦同時可以窺見他乃存有一種對於未經約束之人性的恐懼：放縱將與貪欲、爭奪、暴力、殘酷等罪惡聯繫起來。這種恐懼是對於邪惡——因離開常態性規範，進入罪惡領域而欣喜若狂的境地——的恐懼。傳統儒家所言之「戒慎恐懼」、「如臨深淵、如履薄冰」的修養工夫自能在一定程度上規範人們的言行尺度，使之不流於放縱無節而一至於罪惡、過惡的境地，是以茲為歷代儒者諄諄以言、努力奉行，而不敢稍有輕忽者。然而，反之，若邪惡的耽溺——對於自身欲望之展現若不加以有效地控制，則一切行為終將放浪無節乃至於淫亂的境地——只是一種揣想，「想像」此一意識活動所提供之無限可能空間，是否亦將令恐懼感隨著意識之所及，無止盡地擴張膨脹？若眞如此，恐懼本身即已成為一種虛擬的心理狀態，對於危機之認識未必眞實確切，對於危機處理之反應亦自難是從容自然之態（所謂的「赤體承當」，僅是勇於面對，並不意味能有效地解決難題），更多源自於意識上強矯、造作的成分將使得人性價值之講求、行為矩度之規範成為另外一種偏執、甚或淪為虛妄。

此外，雖然劉蕺山亦說「性情之德，有即心而見者，有離心而見者。即心而言，則寂然不動，感而遂通，當喜而喜，當怒而怒，當哀而哀，當樂而樂。由中導和，有前後際，而實非判然為二」，〔註78〕認為喜、怒、哀、樂之情有其當然、應然之理可說，因此有一定的價值界域，而其核心標的乃在於「致中和」。但是此「中和」境域的追求與達至，應然之理與實際行為之間是否同一、分歧，依然受限於主觀心念之自由裁定，容易隨著各人根器體悟、認知掌握的分化殊異，而陷入自由心證——標準甚為高嚴、或是過於寬鬆——之認知與實踐的雙重困境中。因此，我們遂能窺見劉蕺山在《人譜》中，對於道德的要求不僅止於嚴正，且到達了一種近乎嚴苛的程度。

〔註77〕劉蕺山，《說》，《明儒學案》，卷六十二，「蕺山學案」，下冊，頁1576、1583。
〔註78〕劉蕺山，《語錄》，《明儒學案》，卷六十二，「蕺山學案」，下冊，頁1522。

《人譜》著述之旨在於「敦大倫以凝道，備百行以考旋」、「言過不言功，以遠利也」；其分篇次第則爲「著《人極圖說》以示學者，繼之以六事功課，而《紀過格》終焉。」〔註79〕所謂「言過不言功，以遠利也」，乃揭示了此書並不具備、也不提供「道理聞見」作爲自身、或者世人逐名求利之資具；強調「六事功課」，則在重申工夫修持之重要。秉其一貫之學說要旨，劉氏在《人譜》中認爲人在「愼獨閒居」之際，尤能得見道德工夫著力之深淺，他指出：

> 夫一閒居耳，小人得之，爲萬惡淵藪，而君子善反之，即是證性之路。蓋敬肆之分也。敬肆之分，人禽之辨也。（〈證人要旨・一曰凜閒居以體獨〉）

而在愼獨靜坐之際，對於紛去沓來之七情，以及七情中最爲纏繫疲累身心的「嗜欲忿懥」，要能即時「懲之」、「窒之」，在「正就動念時一加提醒，不使復流於過而爲不善」，只要「當下廓清，可不費絲毫氣力」（〈證人要旨・二曰卜動念以知幾〉）。繼之，對於日常中活中的起居坐臥、舉手投足等行爲儀容皆有具體之規範，循《禮記》之舊稱，依然名曰「九容」。此「九容」乃「天命之性」呈露處，故不可以不端凝，其云：

> 足容當重，無以輕佻心失之；手容當恭，無以弛慢心失之；目容當當端，無以淫僻心失之；口容當止，無以煩易心失之；聲容當靜，無以暴厲心失之；頭容當直，無以邪曲心失之；氣容當肅，無以浮蕩心失之；立容當德，無以徙倚心失之；色容當莊，無以表暴心失之。（〈證人要旨・三曰謹威儀以定命〉）

唯有在「九容」間收束著力，方能在容貌辭氣之間體現天命之性的當然理則，是以「謹威儀」正在於「以定命」。接著，在《紀過格》中則詳示人們在情感、儀容、五倫關係等各種行爲表現上可能產生的過失。例如：溢喜、遷怒、縱欲爲情感上之過失；箕踞、交股、攘臂、高聲、謔、笑、搖首、側耳、跛倚、當門等是儀容上之過失；唯諾不謹、奔走不恪、私交遊、不守成業、私議公祖父母官政事美惡、聽婦言、私寵婢妾、異母相嫌、聽妻子離間、遇族尊長於途不起居、群居遊談、流連酒食、強聒、好爲人師等等是爲五倫關係上之過失；至於游夢、戲動、博、弈、流連花石、好古玩、好書畫、觀戲場等藝

〔註79〕劉蕺山，〈人譜・自序〉，和刻本《劉氏人譜》（台北：廣文，1975）。以下引文，俱從《劉氏人譜》中引出，爲避免繁複，僅於文後注明摘引篇目，不再另行加注說明。

文活動之投入，則屬「百行」上之過失。此「百行」之「百」，乃是「略以百爲則」，所以又曰「叢」，這諸般過失皆源自於「五倫不敘」。若要滌除生活中這種種過失，則可輔以特殊的靜坐法——「一炷香、一盂水」、「布一蒲團座子於下，方會平旦以後，一躬就坐，交趺齊手，屏息正容」，並在自問自答、起身復坐、反覆訟念，直至痛汗微星，得一線清明之氣而止——以此逐步驅逐眾般罪妄差池。劉蕺山所提出的靜坐法已類近宗教上之戒律儀式，劉氏之所以提倡此法，目的在於借此「以補小學一段求放心工夫」（〈訟過法〉，即靜坐法）。

《人譜》中，將「勢交」、「利交」、「濫交」、「貪」、「酷」、「傲上官」、「陵下位」皆列爲「過」，則劉氏旨在排斥一切自我、利我的主張；而夫婦間「婦言踰閾」、「無故娶妾」「反目」、「帷薄不謹」皆爲過，則強調不論夫與妻，皆要堅守夫婦之道，不可有放蕩的行爲或離德情事，其他四倫關係之維繫，亦要能謹守克己、端肅的生活法則；而「不輿馬」、「不憎食」、「不饕餮」、「不市飲」、「不衣冠異製」，則強調人們在衣食住行上要能樸素無欲。由此觀之，劉宗周在《人譜》中所提倡之道德論說已傾向於極端的「道德誡律」，有類於清教徒式的禁欲主義。這種道德潔癖，當是他在熹宗朝一再辭官的心理要因，後來當政者將他革職爲民，理由乃爲「矯情厭世」。〔註 80〕此「矯情厭世」的批判，或出於政治立場相左者之惡意攻擊，固然可以不必深究，然而此中所透露之道德要求與俗情世界難以融一的二分價值立場，將凸顯出士夫如何以天下興亡爲己任，挽救國家世道於危墜之際的責任擔負危機。成己與成物之間的實踐困境與難以兼得的痛苦抉擇，或許是劉蕺山在「愼獨涵養」之際，終其一生不得不苦苦思索、徘徊來去的道德難題；而其最終之從容殉難，固足以完成「成己」之道德期許，然而卻徒留對於天下國族興亡之「成物」一事實乃無能爲力的深切遺憾。

如果說，人類生活世界中的眞理，是一在不斷生成變化中爲具體的人而存在、構作的眞理，那麼理學家認識世界的方式和思維取向，皆無不受到當代文明所帶來之一般性實用目的、欲望表現、行爲態度等社會現象的影響，

〔註 80〕黃宗義記述劉蕺山生平事蹟曰：「（蕺山）萬曆辛丑進士。授行人。上疏言國本，言東林多君子，不宜彈射。請告歸。起禮部主事，劾奄人魏忠賢、保姆客氏，轉光祿寺丞。尋陞尚寶少卿，太僕少卿，疏辭，不允。告病回籍。起右通政，又固辭。内批爲矯情厭世，革職爲民。」，《明儒學案》，卷六十二，「蕺山學案」，下冊，頁 1508。

其學說亦為回應當前社會之種種境況而有。然而，劉蕺山此套「自誠其意」、講究「慎獨」的哲學論述，首要強調者仍是士夫階層關於克己修德、復歸於天性的道德議題；其著意、施力之處，主要集中於自身（擁有知識解釋權者）關於欲望與天理之間的對話及辯證（唐君毅名此為「自修作聖之功」）。〔註81〕因此，對於周遭生活世界中其他階層之庶民——知、情、意三種意識功能尚未分化或難以分化的庶民而言，此套哲學論述儼然成為另一個價值國度的標高之論。換言之，此一種以對治、遏抑為主要方式之道德修養論，雖然緣於當代商業文明繁興所引發之人欲萌動、人性價值改變而起，然而受限於客觀歷史條件，憂世者在眼見縱之、任之乃為害更鉅之情況下，不得不回歸傳統，冀能正之、救之的消極選擇——選擇回歸，並進而逐一邃密、修補理論隙縫處。但是，此一論述既歸少數菁英分子所能掌握，對於當代頹靡縱恣已久的社會風氣，明顯地已難以鼓動新一波道德更新的社會風潮，進而坐收改變、轉化之效，繼之以成就一番開新之局。此外，「天、性、心、情、知」此一套不斷轉趨細密的道德概念分析，由於逐漸抽離了不斷變動之眞實具體的日常生活世界，在行為實踐尚未昇華至最究竟之形而上的意義世界之前，亦可能已先行走向純粹客觀化與抽象化一途，一如現今科學世界中的邏輯構作與公式演繹。

晚明時期，在一切生活態度已然迥異於以往的時代氛圍中，兩種極端的道德觀——一為跳出傳統牢籠、一為循著傳統前進而更趨嚴格之兩種極端的道德觀，之所以能夠成為思想界之兩股主流勢力，毋寧是自然的趨勢。泰州諸人與以劉蕺山為代表之理學家，對於當代文明的憂心，並無不同，但他們的道德觀，卻剛好是完全相反的兩個極端。泰州學者甚為重視人類的自然生活或本能生活，主張「個人情欲」具有絕對的價值，追求「自然性」之生存，其所帶動之公安、竟陵等文學家所強調之生活、藝術創作理念近於任情肆縱之道德、藝文觀。以劉蕺山為代表之理學家則反之，他們強調的是一種約束、節制的道德觀念，蔑視個人欲望之追逐，注重道德修養與社會生活，主張人類必須在節抑的生活中，方能維繫個人、家族以及社會之倫理生活秩序。在亟需價值定位的晚明時期，兩種學說雖然俱能引發類同者之共鳴，然而，對於整體社會，不論在理論、或具體實踐上皆有其難以寰通窮盡之躓踣處：泰

〔註81〕此語參見唐君毅，《中國哲學原論・原教篇》，第二十五章，〈事勢之理在中國思想中之地位及三百年來之中國哲學〉，頁685。

州學派所強調之適情遂性的道德觀，並無法有效提供一個更高位階的神聖之感，以遏止負面罪惡的發生，諸人的言行不一，已具體凸出此間弊端；而劉蕺山等理學家所提出的情性之論，其遏欲、止欲、化欲的崇高追求，難以真正進入律法、教育、宗社等一切具體的組織之中以化成天下、轉易時風，徒自成爲個人，或小眾群體間的道德信仰。換言之，前者對於欲望的無盡追逐有推波助瀾之功；後者，僅凸顯個人意志與個人信仰，二者皆無力阻止社會朝著世俗且庸敗的軌跡前進。泰州學派任情遂欲之道德觀與東林學者、劉蕺山的救正之論，雖爲兩種極端，但亦形成一種放縱和約束之間的辯證關係，在辯證的過程中，劉蕺山突破了宋明以來，程、朱與王陽明之觀點，強調情感之合理性，認爲其間乃有形上意義可談；李贄與三袁亦逐漸體證了節制之必須。〔註 82〕但這些亦僅僅屬於思想界之辯證、體悟，對於隨著商業潮汐起落的庶民而言，日日所見、所耽，依然是聲色世界的光影魅惑與欲海情仇的快意徵逐。

〔註 82〕袁中道於〈殷生當歌集小序〉中云：「才人必有冶情，有所爲而束之，則近正，否則近邪。丈夫心力強盛時，既無所短長於世，不得已逃之游冶，以消磊塊不平之氣，古之文人皆然。……雖然，此亦是少年時言之耳。四十以後，便當尋清寂之樂，……予夢已醒，恐殷生之夢，尚栩栩也。」不論是出自道德內省，或純自縱慾傷身之現實境況以爲考量，袁小修已不再正面迴護文人「徵妓」之行爲，藉著爲殷生《當歌集》寫作序文之際，對「徵妓」之「冶情」作了一番辨析。《珂雪齋集》，卷十，上冊，頁 472、473。

第四章　刺激、疲病、扭曲的社會癥狀與藝文觀

文藝發生的背景，與時代精神息息相關。若我們要指述晚明此一歷史階段具有「頹發傾向」，那麼所謂的「頹廢傾向」，我們可以觀察到的現象是，人們並未隨著聲色物欲的追求、享樂，而獲致幸福之感，其間更為顯著的境況恆常是：在一心一意追求官能享樂、沉湎於各種欲望快感後，往往復陷於懷疑苦悶，支離裂解的悲哀之中；或者標舉「狂病」、「醜怪」的生命型態以爲審美典尚；或者因對外在仕宦環境喪失了改革熱情，卻又依然戀生、憂生，因此轉趨以冷情、冷眼看待俗情世間，繼之遁入物質品玩的藝術世界中，寄寓對於人生最後的一絲熱情。據此，我們這一個章節旨在觀察晚明文人追求刺激、享樂的生活態度，以及興味盎然地標舉各種「醜怪」、「狂病」之人物以爲審美對象的藝文觀；同時，復提出「道德感知」作爲「審美感知」的參照系統，觀察倫理主體又在何種面向上，將「官能享樂」此一活動，逐步建構成爲道德關注的特殊領域。

由於晚明文人習於以各種「殘缺」、「醜怪」的生命內容作爲藝文創作的主題，試圖掘發其間特殊的審美內蘊、生命價值，因此，「審美對象」的特色、內涵似乎應該是我們這一章節詮釋晚明人各色審美活動時，首要掌握的論題與範疇。然而，晚明此種異於傳統審美典尚的書寫活動所反映出來的，依然是「知覺主體」鮮明的觀照角度、「書寫主體」自我生命價值的投射與自我辯護，審美對象的功能，往往在於提供晚明文人作爲自我生命存在意義的參照系統。因此，我們這一章節的討論，雖然時時涉及「醜怪」、「奇異」之審美

對象的審美性質與特殊內涵，然而關注的焦點，依然是書寫者的生命內容與價值趨向。

第一節　刺激 —— 自我人格精神的無限擴張與官能欲望的追逐

傳統儒家道德的兩個功能，一是使人們信守良善之價值、從事爲善之活動（同情、節欲、自尊、尊人、愛人以德等），並以此作爲社會價值生活的基礎。人們在節制之中，通過一定程度之「自我犧牲」以完成家族、社會的穩定秩序，並延續生命。其次，它提供了人們與過去的聯繫 —— 當生活、道德與文化三者連成一體時，人們根據過去以判斷現在，並藉此達成二者之間的連續性。〔註1〕一旦這兩種功能喪失，徒存規範之框限，道德遂不再具有支配生命現實中諸如本能、衝動、欲望等盲目勢力的決定性力量，人們容易藉著宣洩情欲以激起身心興奮而獲致存在之感，並在宣洩中暫時遺忘、緩解鎮日汲汲營營、奔忙應對的厭倦感與緊張情緒；尤有甚者，或藉以逃避、掩飾生活的痛苦以及各種外界之壓迫。於是，隨著物品流通市場的活絡，形形色色的刺激物、興奮品將大量出現，充斥在人們的日常生活世界之中。

這追求刺激、興奮，重新掌握存在感受之聲色徵逐、警敏神經的生活，不論保守者如何抗拒，茲已成爲一種新的生活態度。一如前節所論，如果我們承認這恣情縱樂的過程即是世俗化的過程，那麼世俗化的過程中將出現兩種人性發展方向。當代美國社會學家丹尼爾・貝爾（Daniel Bell）在《資本主義的文化矛盾》一書中指出：

> 世俗本身僅有兩種發展發向：要麼導致一種追求新奇與享樂（最終是放蕩）的生活，要麼導致黑格爾所謂的「自我無限擴張精神」，也就是使人獲得神一般無所不能而又絕對的知識。人往往同時追求這兩種前景。〔註2〕

當我們以中國道德哲學範疇的語彙系統、語義指涉與丹尼爾此段文字的意旨

〔註1〕並參唐君毅，《道德自我之建立》第四章〈精神之表現〉（台北：學生書局，1985）；《人文精神之重建》第五部第五節〈中國人之日常的社會文化生活與人文悠久及人類和平〉（台北：學生書局，1988）。

〔註2〕美・丹尼爾・貝爾（Daniel Bell）著；趙一凡、蒲隆、任曉晉譯，《資本主義的文化矛盾》（台北：桂冠，1991），第四章，〈走向大修復〉，頁177。

相互參照，可以進一步詮明的是：儒家所重視的禮樂生活，意旨及功能乃在於試圖將人之精神生活、文化生活涵納於日常生活之中，唯有三者相互結合，構成一種儀節有度的生活方式，方能以最自然之方式涵養、潤澤自然生命之欲望，令其有所節制，不致漫流無端，終而發展爲生之大欲的無盡徵逐與權力意志的無限擴張。〔註3〕然而，即如上文已然指述之：當傳統儒家道德不再具有支配精神生活內蘊與日常生活形態的決定性力量時，伴隨著商業潮汐的起落發展，生之大欲中物質性的需求——追求「新奇、無度之飲食男女大欲」（唐君毅以「不正當私欲」稱之），以及精神性的擴張——「自我作聖」之「權力欲」、「知識欲」等精神人格的無限擴展，將同時呈露於此一時代庶民與知識分子身上。此即丹尼爾所指出之「追求新奇與享樂」與「自我無限擴張精神」的兩種人性發展方向。

晚明時期追求自我人格無限擴張的象徵自以李贄作爲代表。我們可以在李贄身上辨認出屬於晚明時代特有之思想、靈魂渴望掙脫禁錮的巨大身影，此身影之所以引起時代熱烈回響，激起無數或是繼承開新，或是撻伐的思想、文化洄瀾，乃因李贄匯集了跨越階層之多數群眾在當代政經局勢迫使下所形成的分裂意識，此分裂的心靈狀態已非僅僅是李贄個人的既定宿命。李贄通過薄周公、非孔孟，對歷史人物、小說人物進行具體評鑑活動，並結合理論之提出，暢論人一如水、豪傑一如巨魚，「欲求巨魚，必須異水；欲求豪傑，必須異人」，而一如巨魚之豪傑，乃有「一開口，而百丈風帆並流以入，曾無所於礙，則其腹中固已江、漢若矣」的吞吐豪情，此種巨物，並非任何善漁者及網罟所能羈牽。〔註4〕因此，李贄藉由著述以彰明自我、透露靈光、展現性情，繼而特出一己獨立自足之人格。在此快意與豪情中，李贄似乎認知到

〔註3〕參見唐君毅〈中國人之日常的社會文化生活與人文悠久及人類和平〉，收入氏著，《人文精神之重建》（台北：學生書局，1988），頁506～511。猶可進一步說明的是，晚明時期知識分子「自我精神之無限擴張」的具體內容及其流弊，亦已產生了唐君毅於文中所指述之西方文化容易出現的弊端：當人們的知識欲與權力欲無盡地擴張，並且無法超越轉化時，隨之而來的現象將會是：歪曲或否定一切超越性之道德價值世界的存在。而其所提出之道德知識系統，正由於缺少了內心上眞切「省察存養」的工夫，遂有了一切自我文飾與自我欺瞞之可能，繼之，自覺性地提出各種理由予以合理化。於是，看似依循理性規範、合乎理想之各種價值追求與實踐活動，其背後之推進力量，並非基於對某一超越性道德世界的企慕與追尋，而乃各種私欲、權力欲之驅使與策動。

〔註4〕李贄，〈與焦弱侯〉，《焚書》卷一，頁3。

自身乃具備了掌握世界整體之能力，而自我之人格精神遂能藉此無限地擴張。時至晚年，李贄年輕時的種種豪情已轉趨歛抑。他在《明燈道古錄》一書（書成於萬曆二十四年（1596）之後，年過七十）序文中說：雖然此書「遠之不足以繼周、邵，近之不足以繼陳、王」，但四人應驚喜地認可此書「猶在門庭之內」、「眞不謬爲吾家的統子孫」。〔註 5〕在這種既激切自豪卻又已有所歛抑的自我評價中，或許李贄眞正的體悟乃在於：他並沒有取得有關存在的絕對眞理以及足以睥睨天下的究竟知識，一生苦心戮力、孜矻以求的學術與至道，最終所能掌握者只不過僅是一種態度與趨向罷了。

換言之，我們眞正想要說明的是：如果李贄的生命歷程可以概分爲早年、壯年、晚年三個階段，那麼早年時，啓蒙學習、讀書應考；壯年時，仕進就祿、迎養其父，婚嫁弟妹各畢；又率領親族抵禦倭寇侵擾，城中嚴重缺糧，家中「口零三十，幾無以自活」；隨後遷居北京，待官期間，「囊垂盡」；此後數年之間，次子、二女、三女相繼過世……，嚐遍仕宦、貧病之苦。這兩個階段，他依循傳統儒者之路，十數年「奔走南北，祗爲家事」，然而所獲、所得盡是現實人生的飄離滄桑之感。因此，壯年階段，不論是任職南京期間與泰州學者王襞、羅汝芳拜結爲師友，開始聚友講學；或在姚安知府任內，「每至伽藍，判了公事，坐堂皇上」，與名僧參論虛玄，不以他人嗔怪爲異，皆可見李贄已明確昭然地走向叛離傳統之路。此後，直至萬曆二十四年（1596，時年七十），湖廣當道揚言以「大壞風化」之名，欲將李贄驅逐出麻城，李贄不避不走，誓言寧死不屈，不肯倖生。無疑地，這數十年間，所有公開衝決羅網、反對經典的經驗都刺激著、引誘著李贄；他亦毫不退縮，準備經歷一切挑戰傳統可能遭遇之禍。他在理論上的勇於突破爲時代開啓了一個嶄新的可能，締造了新的倫理世界、宇宙觀得以被重新打造之一線契機，然而，他在生活上卻難以窮盡一切——收入微薄、難以周全地照護親族、官場險惡。因此，他一方面對於傳統仕進之路、道德講求進行大規模的反省與批判；一方面藉著思考生命的困境以達到自我實現。於是我們可以窺見，他開始履足欲望之域、嘗試放蕩，並投入那自我看似清明，卻難脫價值混淆、曖昧之令人眩惑的情欲渦流中——爲官時坦然收受常例、在花街柳巷之間混跡、強人狎妓、率領僧眾進入寡婦內室化緣——這些行爲再如何藉由釋、道之理釋之、

〔註 5〕李贄，〈道古錄引〉，《明燈道古錄》，《李贄文集》（北京：社會科學，2000），第七卷，頁 347。

解之，實亦難掩人性中一種原始欲望的衝動與放任；然而在「性愛掃地，數人縛帚不給。衿裙浣洗，極其鮮潔，試面拂身，有同水淫。不喜俗客，客不獲辭而至，但一交手，即令之遠坐，嫌其臭穢」等行爲中，我們卻又照見了一種極端自潔、自矜，以至於強矯成癖的入世姿態。〔註6〕而貫串其一生經歷的核心意識乃是：李贄以自我爲中心的道德價値判準高於一切，藉此與僵化凝滯的道德規範作一對顯，以充分凸出僞道學的虛僞矯飾。然而此種衝決羅網，終致難以罷歇、放下的激情，只爲李贄帶來更爲深沉之生命碎離之苦而非究竟光明的人生出路。因此，雖出家已久，然而李贄對於生命終點的抉擇方式，仍然無法明確地指引人們如何追求一種幸福、歷經辯證而終能昇華的人生道路，而是充滿了厭棄、反諷和含混之詞。或許對於李贄而言，人活著，最大的災難即在於永無休止的矛盾衝突，而思考與研究既不足以解決精神問題，自亦難以支撐現實的獄中生活與歲月。此自我無限擴張的精神，設若其核心本質只是一種刺激感的追逐，則李贄以此方式收束一生，自已是理論上之必然，而非現實上的偶發事件。

袁小修〈李溫陵傳〉在盛讚李贄思想「上下數千年之間，別出手眼」，實則「有補世道人心」之際，亦流露出許多遲疑：

> 大都公之爲人，眞有不可知者：本絕意仕進人也，而專談用世之略，謂天下事決非好名小儒之所能爲。本狷潔自厲，操若冰霜人也，而深惡枯清自矜，刻薄瑣細者，謂其害必在子孫。本屏絕聲色，視情慾如糞土人也，而愛憐光景，於花月兒女之情極其賞玩，若借以文其寂寞。本多怪少可，與物不和人也，而於士之有一長一能者，傾注愛慕，自以爲不如。本息機忘世，槁木死灰人也，而於古之忠臣義士、俠兒劍客，存亡雅誼，生死交情，讀其遺事，爲之咋指斫案，投袂而起，泣淚橫流，痛哭滂沱而不自禁。〔註7〕

袁小修以爲他不能理解之李贄諸般言行，乃是緣於李贄「才太高、氣太豪，不能埋照溷俗，卒就囹圄」，因此造成李贄之外顯行爲處處呈露出超越性的潔

〔註6〕李贄一生行止，參見李贄，〈卓吾略論〉，《焚書》，卷三，頁83～86；袁中道，〈李溫陵傳〉，李贄，《焚書》，卷首，頁5；敏澤，《李贄》（上海：上海古籍，1984），頁1～15；陳清輝，《李卓吾生平及其思想研究》（台北：文津，1993），第二章，〈李卓吾之家世及其生平考述〉；黃仁宇，〈李贄——自相衝突的哲學家〉，《萬曆十五年》，頁217～154。

〔註7〕袁中道，〈李溫陵傳〉，《焚書》，卷首，頁6。

行與世情欲望之間的矛盾。然而，肇因於「才太高、氣太豪」而表現之超越性行爲，如前所言，亦爲李贄一種入世姿態的自我彰明與執著，一旦以激切手法凸顯自我人格，則又已難脫刺激本質的反射與映投。於此再觀袁小修以爲李贄言行，他不願意仿學之「好剛使氣、快意恩仇、意所不可，動筆之書」、「任情適口、鸞刀狼藉」等處，皆是李贄自我人格強力擴張的激切表現。袁氏在盛讚李贄之後，走筆終篇，終是發出「可惜也夫！可戒也夫！」的深長嘆息。此嘆息自然流露出袁氏保身立命之人生價值取捨，但亦透露出他對於人格過度張馳一舉所產生的惶惑與不安。

如前所述，世俗化的過程，除了導致人們追求一種「自我無限擴張之精神」外，另一種發展方向，即是致力追求各色新奇、刺激、享樂之生活，前者通常成爲知識分子專意追求之前景；後者，則不論是君王達官，或是士庶百姓，皆多有耽溺、沉湎，而難以自拔者。在追求新奇、享樂的生活方面，人們實際上接受了欲望可能與邪惡爲伍之結果，然而，亦無所畏懼地開始正視欲望、探索欲望，並從新奇中取樂，進而將此資引爲某種創造活動的源泉。

中國傳統審美意識，向來便不排斥人性欲望之發抒與欲望之美，甚而包容、肯定、讚賞各種感性——味、聲、色（包括顏色和女色）之快樂，認爲其乃人情之常」、是「天下所同嗜」。然而，另一方面，傳統文人對於官能享樂之肯定亦非是酒神型之狂放，有類於縱欲主義者，而是在享樂中，希望透過社會之規定、制度、禮儀加以引導、規範、塑造，以及建構。其目的在於節制狂暴、難以收束的感性力量，強調感性中應當蘊涵理性，在自然欲望的發抒中蘊含和諧、平穩有序的社會群性之美，強調「發乎情止乎禮義」，此即成爲儒家美學之根本主題。〔註 8〕然而，晚明人對於官能感性的追求，不僅早已悖離儒家強調之理性節制、以禮儀加以規範、導引之要求，亦無視老子所云之「五色令人目盲，五音令人耳聾，五味令人口爽」、「難得之貨，令人行妨」（老子《道德經》十二章）的古老道德箴言。晚明人對於「聲」、「色」、「味」等欲望追逐與逸樂快感的享用，在「聲」上，要能超越五聲之美，追求人爲極致，方稱得上是「天下之盛」；「色」則不止於「五色」，「味」則更遠非五味即能饜足口腹之欲。不論是視聽之美、飲食之盛，或是性快感之享樂，晚明人無不熱烈追求、恣意享受，並且多方汲取，或以之重複刺激疲憊了的官能知覺，或者視之爲文學創作的絕佳題材，反映對於某種生命存在價值的特

〔註 8〕李澤厚，《華夏美學》（台北：三民，1996），頁 15。

殊思考。

張岱在《陶庵夢憶》中對於昔時生活的視聽之美、飲食之盛，有許多追憶與描繪，其寫魯藩煙火：

> 兗州魯藩煙火妙天下。煙火必張燈，魯藩之燈：燈其殿，燈其壁，燈其楹柱，燈其屏，燈其座，燈其宮扇傘蓋。諸王公子、宮娥僚屬、隊舞樂工，盡收爲燈中景物。及放煙火，燈中景物又收爲煙火中景物。天下之看燈者看燈燈外，看煙火者看煙火煙火外，未有身入燈中、光中、影中、煙中、火中，閃爍變幻，不知其爲王宮内之煙火，亦不知其爲煙火内之王宮也。殿前搭木架數層，上放黃蜂出窠，撒花蓋頂，天花噴礡。四旁珍珠簾八架，架高二丈許，每一簾嵌孝、悌、忠、信、禮、義、廉、恥一大字。每字高丈許，晶映高明。下以五色火漆塑獅、象、橐駝之屬百餘頭，上騎百蠻，手中持象牙、犀角、珊瑚、玉斗諸器，器中實千丈菊、千丈梨諸火器。獸足躡以車輪，腹内藏人，旋轉其下。百蠻手中，瓶花徐發，雁雁行行，且陣且走。移時，百獸口出火，尻亦出火，縱橫踐踏。端門内外，煙焰蔽天，月不得明，露不得下。看者耳目攫奪，屢欲狂易，恆内手持之。昔有一蘇州人，自誇其州中燈事之盛，曰：「蘇州此時有起火亦無處放，放亦不得上。」眾曰：「何也？」曰：「此時天上被煙火擠住，無空隙處耳。」人笑其誕。於魯府觀之，殆不誣也。〔註 9〕

藉由此番描繪，我們遂知：魯藩煙火所以被張岱視之爲視覺官能的極至享受與刺激，除了煙火之外，尚有賴於各種照明素材的搭配。施放煙火的同時需處處高懸燈火、輔以天花之飛降、珍珠簾之映照，此外，復啓動百獸百蠻手持象牙、犀角等各種火器組成的車陣，且行且走，斷斷續續地噴火，藉著燈與煙與火，將觀賞者視野所及，點綴成一片錦麗的虛幻世界。一場煙火慶典，主事者之所以不惜耗費如此龐大的人力與物資，直至「煙焰蔽天，月不得明，露不得下」，除了應俗、誇富之外，絕大目的在於攫奪觀看者之耳目，令其興奮欲狂，以盡聲色炫美之能事。

張岱寫飲食之樂，則自乳酪、蟹等主食以至於酒、茶、泉等諸般飲品，連及各種方物，皆不吝惜筆墨，細細書之。在「方物」一則中，張氏對於國破家亡之後的生活，雖然不無感慨，但是，流連緬懷再三的，依然是承平之

〔註 9〕張岱，〈魯藩煙火〉，《陶庵夢憶》（台北：漢京，1984），卷二，頁 12。

時，日日耽逐的嗜欲之樂：

> 越中清饞無過余者，喜啖方物。北京則蘋婆果、黃鼠、馬牙松，山東則羊肚菜、秋白梨、文官果、甜子，福建則福橘、福橘餅、牛皮糖、紅乳腐，江西則青根、豐城脯；山西則天花菜，蘇州則帶骨鮑螺、山查丁、山查糕、松子糖、白圓、橄欖脯，嘉興則馬交魚脯、陶莊黃雀，南京則套櫻桃、桃門棗、地栗團、窩筍團、山查糖，杭州則西瓜、雞豆子、花下藕、韮芽、玄筍、塘栖蜜橘，蕭山則楊梅、蓴菜、鳩鳥、青鯽、方柿，諸暨則香貍、櫻桃、虎栗，嵊則蕨粉、細榧、龍游糖，臨海則枕頭瓜，台州則瓦楞蚶、江瑤柱，浦江則火肉，東陽則南棗，山陰則破塘筍、謝橘、獨山菱、河蟹、三江屯蟶、白蛤、江魚、鰣魚、裏河鰦。遠則歲致之，近則月致之，日致之。耽耽逐逐，日爲口腹謀，罪孽固重。但由今思之，四方兵燹，寸寸割裂，錢塘衣帶水猶不敢輕渡，則向之傳食四方，不可不謂之福德也。〔註 10〕

由北至南、由東至西、水陸葷腥、主食甜品，各色南北雜貨具體而微地再現於這短短數百字之中（寫糖即記下了松子糖、山查糖、龍游糖三種，櫻桃則南京與諸暨所產均佳）。這方物譜錄乃是鼎革以後，張岱透過追憶之方式，於眾多美食中信手拈來者，若在承平之時，只需稍費些心力，著意而仔細地載錄各種方物，其種類與數量，應遠不止於此。此則文字，尚未涉及烹調的方式、主食與副食交互搭配的飲食之道，若於此中講究，張岱則述稱此種口腹之欲的享樂境界「眞如天廚仙供」。〔註 11〕

除了追逐口腹之欲，流連於各種美食之中，對於其他聲色的追求與品賞，《陶庵夢憶》中亦多所記載。〈虎丘中秋夜〉寫中秋之夜，不論「士夫眷屬」、「民間少婦好女」、或是「土著流寓」、「女聲樂伎」、「崽子孌童」、「游治惡少」、

〔註 10〕張岱，〈魯藩煙火〉，《陶庵夢憶》，卷四，頁 38。

〔註 11〕因好吃蟹，張岱與友朋組成了「蟹會」，其於「蟹會」一則云：「食品不加鹽醋而五味全者，爲蚶、爲河蟹。河蟹至十月與稻粱俱肥，殼如盤大，墳起，而紫螯巨如拳，小腳肉出，油油如螾衍。掀其殼，膏膩堆積如玉麈珀屑，團結不散，甘腴雖八珍不及。一到十月，余與友人兄弟輩立蟹會，期於午後至，煮蟹食之，人六隻，恐冷腥，迭番煮之。從以肥臘鴨、牛乳酪，醉蚶如琥珀，以鴨汁煮白菜如玉版，果蓏以謝橘、以風栗、以風菱。飲以玉壺冰，蔬以兵坑筍，飯以新餘杭白，漱以蘭雪茶。繇今思之，眞如天廚仙供，酒醉飯飽，慚愧慚愧。」其他如〈乳酪〉一則寫乳酪收取、製作過程及各種料理之法。文見張岱，《陶庵夢憶》，卷八，頁 75；卷四，34、35。

「傒僮走空之輩」都競相至虎丘此地賞月，而鼓鐃、絲管、歌唱、洞簫等各種樂聲或錯雜四起，或隨著月移更深輪番演奏，直至三更猶未歇停，聲樂之盛，至此方能曰稱爲「識」。〈二十四橋風月〉則寫風月場所各色新鮮景況：「鈔關」此鎮的狎玩之處，占地極廣，「橫亙半里許，爲巷九條」，雖曰九，但「周旋折旋於巷之左右前後者什百之。巷口狹而腸曲，寸寸節節有精房密戶，名妓、歪妓雜處之」。「名妓」自然非嚮導薦引不能輕易得見。「歪妓」則爲數眾多，在濃妝塗抹後，「每日傍晚，膏沐薰燒，出巷口，倚徙盤礴於茶館酒肆之前」；夜深，尚未得客者，則群聚於茶館中或唱唱小詞、或相互謔浪嘻笑，「故作熱鬧以亂時候，然笑言啞啞聲中，漸帶凄楚」；夜分之際，不得不離開時，則「悄然暗摸如鬼，見老鴇，受餓、受笞，俱不可知矣」。而每過此城，必至此地狎妓之遊客，則以爲在數百美人之中，頤指氣使，任意揀擇的快意，實則「不減王公」。〔註12〕

性產業的活絡、蓬勃自是人們追求享樂、刺激，反映在商業活動上的具體指標。如余懷（1616～1696）〈板橋雜記〉論及南京青樓的繁華榮景：

> 金陵爲帝王建都之地，公侯戚畹，甲弟連雲；宗室王孫，翩翩裘馬；以及烏衣子弟，湖海游賓，靡不挾彈吹簫，經過趙李。每開筵宴，則傳呼樂藉，羅綺芬芳，行酒糾觴，留髡送客，酒闌棋罷，墮珥遺簪，眞欲界之仙都，升平之樂國也。〔註13〕

余懷文中「欲界之仙都」、「升平之樂國」二語，涵帶了許多讚嘆情緒，道德批判之意已甚爲淡薄。謝肇淛（1558～1614）則更自正面肯定歌舞繁華、管弦不綴是國家承平的象徵與妝點，並非惡事。他在《五雜俎》中說：

> 金陵秦淮一帶夾岸樓閣，中流簫鼓，日夜不絕。蓋其繁華佳麗，自六朝以來已然矣。杜牧詩云：「商女不知亡國恨，隔江猶唱後庭花。」夫國之興亡，豈關於游人歌妓哉。六朝以盤樂亡，而東漢以節義，宋人以理學，亦卒歸於亡耳。但使國家承平，管絃之聲不絕，亦足妝點太平，良勝悲苦吟呻之聲。〔註14〕

由此觀之，謝肇淛乃認爲「國家興亡」爲歷史之必然，無關乎聲色欲望的耽

〔註12〕二文分見張岱，《陶庵夢憶》，卷五，頁46、47；卷四，頁35、36。

〔註13〕余懷著，李金堂校注，《板橋雜記》（上海：上海古籍，2000），上卷，「雅游」，頁7。

〔註14〕謝肇淛，《五雜俎》，卷三，「地部一」，冊一，頁51、52。

溺與否，政治良窳、民族大義等國事與風月聲色之世情、世風並不相關，因此，大我之公德與小我之私德遂得以截然劃分，各別對待。「風月情色」至此，已不再是罪惡的淵藪，可以正色以對，熱烈追求，無分士庶。

順此發展，各種官能之愉悅刺激得以堂皇、廣泛地與性欲宣發相互結合，於是在晚明筆記、小說中，我們遂能得見各種堪稱「時尚流行」的詭態異行。例如嗜好玩弄金蓮，以三寸金蓮為「媚夜之具」，通過「隱躡蓮鉤」和「微露雙翹」的視覺快感刺激性欲。《金瓶梅》中但凡縱欲激情的場景，總是結合著對三寸蓮足的描繪。第四回寫西門慶欲與潘金蓮偷情：

> （西門慶）蹲下身去，且不拾箸，便去他繡花鞋頭上只一捏。那婦人笑將起來。
>
> 西門慶誇之不足，摟在懷中，掀起他裙來，看見他一對小腳穿著老鴉段子鞋兒，恰剛半扠，心中甚喜。

小說第五十二回：

> （西門慶）見婦人脫得光赤條身了，坐著床沿，低垂著頭，將那白生生腿兒橫抱膝上纏腳，換了雙大紅平底睡鞋兒。西門慶一見，淫心輒起。

小說同回寫西門慶與妓女李桂姐交歡：

> （西門慶）輕輕搊起他剛半扠恰三寸，好錐靶、賽藕芽、步香塵、舞翠盤、千人愛、萬人貪兩雙小小金蓮來，跨在兩邊肐膊，穿著大紅素段白綾高底鞋兒。〔註 15〕

緣於玲瓏小巧之形貌，金蓮不僅提供男性許多審美想像的空間，而且甚能挑動、刺激男性欲望，因此在交歡過程中，衣飾可以盡數解去，但裹著金蓮的纏腳布，不惟不需盡解，反而尚要穿起大紅色的睡鞋，以茲助興、求歡。由於「千人愛、萬人貪」，所以晚明刊行之春宮畫，無不藉著凸出金蓮以爭取世人目光，刺激觀賞者競逐、購藏。例如高羅佩《秘戲圖考》中所刊印之春宮畫，幾乎每一幅皆著意刻畫女子之纖足與其繡鞋，並在配圖之詩詞中強調金蓮與性愛之關係，如其中《花營錦陣》第七圖「試展芳情，雙蓮齊捧」，第八

〔註 15〕《新刻繡像批評金瓶梅》（齊煙、汝梅點校，台北：曉園出版社，1990），已略去此段關於金蓮之描寫，省簡為「輕輕搊起他兩隻小小金蓮來，跨在兩邊肐膊上。」此段文字之摘引，據笑笑生作，「明萬曆本」《金瓶梅詞話》（東京：大安株式會社，1963），卷六，頁 321、322。

圖「兩情濃，高挑繡履鳳頭紅」，第十圖「輕挑蓮足櫓聲長」，第十三圖「紅蓮雙瓣映波光，最是銷魂時候也」，第十六圖「金蓮纖約，牡丹瑩膩，一看魂銷」，第二十一圖「曳床斜倚，展金蓮雙瓣」，第二十二圖「紅裙鞋幫蓮瓣卸」，第二十三圖「金蓮並舉」。〔註16〕

由蓮足而弓鞋，繡花紅鞋繼之被賦予特殊含義，成為一種褻物以供收藏、竊取，或成為取樂之具。《金瓶梅》第二十八回，寫西門慶與宋蕙蓮有私，私下收藏其大紅弓鞋一只，「寶上珠也一般，收藏在藏春塢雪洞兒裡拜帖匣子內，攪著些字紙和香兒一處放著」。宋蕙蓮自縊身亡後，西門慶猶不願毀棄。潘金蓮發現後，自然深知其中含帶的性意味，又妒又憤，當著西門慶的面，吩咐丫鬟「取刀來，等我把淫婦剁作幾截子，掠到毛司裏去！叫賊淫婦陰山背後，永世不得超生！」同一回，陳敬濟則偷了潘金蓮的紅鞋，想藉此勾挑潘金蓮，書中詩云：「郎君見妾下蘭階，來索纖纖紅繡鞋。不管露泥藏袖裏，只言從此事堪諧」，紅繡鞋豐富的性徵意義，在小說中往往成為偷情的最佳信物。〔註17〕私藏獨享尚且不足，則轉而公開示眾以茲取樂。《萬曆野獲編》曾記載士人好以妓鞋行酒一事：

> 元楊鐵崖好以妓鞋纖小者行酒，此亦用宋人例。而倪元鎮以為穢，每見之輒大怒避席去。隆慶中，雲間何元朗覓得南院王賽玉紅鞋，每出以觴客，坐中多因之酩酊，王弇州至作長歌以紀之。〔註18〕

依沈德符此則記載，士人以妓鞋行酒之習慣，始於宋代，而元明人多受影響，視之為風流韻事，紛紛仿效，王世貞（1526～1590）甚而作歌紀之。不惟王世貞視之為樂事、美事，故藉詩歌詠訟，徐渭（1521～1593）亦有《鞋杯嘉則令作》一詩，以為女子羅鞋，提供了「凌波痕淺」、「神女行雲」、「西施若耶」之歷史、審美想像，因此較之「南海玻璃」更為無價。〔註19〕

據此，則坊間酒肆充盈著春宮畫冊的現象已不足為奇。〔註20〕世人競相

〔註16〕高羅佩《秘戲圖考》（廣東：人民出版社，1992）。

〔註17〕《新刻繡像批評金瓶梅》，上冊，頁367。

〔註18〕沈德符，《萬歷野獲編》，卷二十三，《妓女・妓鞋行酒》，中冊，頁600。

〔註19〕全詩為：「南海玻璃直幾錢，羅鞋將捧不勝憐。凌波痕淺塵猶在，踏草香殘酒併傳。神女罷行巫峽雨，西施自脫若耶蓮應知雙鳳留裙底，恨不雙雙入錦箋。」徐渭，《徐文長逸稿》卷四，《徐渭集》（北京：中華書局，1999），冊三，頁802。

〔註20〕春宮畫冊在晚明社會的流行概況與藝術成就，可參見吳存存，《明清社會性愛風氣》（北京：人民文學，2000），頁87～90。

談論觀賞、購買收藏，甚至僞仿名家之筆，市集中眞品、贗品摻雜錯出。《萬曆野獲編》「春畫」條云：

> 予見內庭有歡喜佛……今外間市骨董人，亦間有之，制作精巧。……此外有琢玉者多舊制，有繡織者新舊俱有之。閩人以象牙雕成，紅潤如生，幾遍天下。總不如畫之奇淫變幻也。工此技者，前有唐伯虎，後有仇實甫，今僞作紛紛，雅俗甚易辨。倭畫更精，又與唐、仇不同，畫扇尤佳。〔註21〕

不僅佛像、畫作、扇面，皆可雕繪男女私褻之狀，舉凡日用之杯盤茗碗等瓷器，皆可繪製。《萬曆野獲編》卷二六《瓷器》條云：「幼時曾于二三豪貴家見隆慶窯酒杯茗碗，俱繪男女私褻之狀。蓋穆宗好內，故以傳奉命造此種。」〔註22〕

通過視覺享樂以刺激性欲，則又不及藥石秘術之追求，用藥助性將更能幫助人們獲取更大、更爲直接之官能刺激與享樂快感。《萬曆野獲編》，卷二十一，「進藥」條云：

> 嘉靖間，諸佞倖進方最多，其秘者不可知，相傳至今者，若邵、陶則用紅鉛，取童女初行月事煉之如辰砂以進。若顧、盛則用秋石，取童男小遺去頭尾煉之如解鹽以進。此二法盛行，士人亦多用之。然在世宗中年始餌此及他熱劑，以發陽氣，名曰長生，不過供秘戲耳。至穆宗以壯齡御宇，亦爲內官所蠱，循用此等藥物，致損聖體。陽物晝夜不仆，遂不能視朝。〔註23〕

藥物適足以助性，反之亦將傷身，穆宗是爲一例，稍後之大司馬譚二華（綸），亦是「一夕御妓女而敗」因而喪命，喪命時，「年甫踰六十也」。譚二華還是庶僚小官時，受教於方術之士陶仲文，「行之而驗」，於是轉授張居正，此後譚氏則由庶僚「馴致通顯以至今官」。譚氏用藥一至於病，「自揣不起」後，曾遺囑張居正要謹愼而爲，但張居正依然「用譚術不已」，終至「日以枯瘠，亦不及下壽而歿」。雖然用藥可能嚴重戕害健康，但朝野上下皆樂此不疲，在陶仲文之術風行朝野的前後三十年間，「一時聖君哲相，俱墮其彀中」。而此等深諳房中術、能進秘藥者，往往以此榮顯，官至三公六卿。文中所指之邵

〔註21〕沈德符，《萬曆野獲編》，卷二十六，《玩具・春畫》條，下冊，頁659。
〔註22〕沈德符，《萬曆野獲編》，卷二十六，《玩具・瓷器》條，下冊，頁653、654。
〔註23〕沈德符，《萬曆野獲編》，卷二十一，《佞倖・進藥》條，中冊，頁547。

（元節）、陶（仲文）、顧（可學）、盛（端明）四人，邵、陶二人爲方技雜流，但因獻房中祕方，邵氏官至封伯官三孤，陶氏則官至特進光祿大夫柱國少師少傅少保、禮部尚書、恭誠伯；顧可學、盛端明二人則本是進士起家，但卻以方藥「受知世宗，與邵、陶諸人並列」。除此四人外，中晚明時期以祕方見倖之方技雜流、道僧之屬、文人士子，多不能勝數。〔註 24〕

房中術成爲無分士庶，皆得以藉之晉昇榮顯的一個方便法門，渾淪爲宮庭政治的一部分，達官貴臣除了好用藥物之外，也嗜癖搜羅褻器。據《萬曆野獲編》記載，嚴嵩父子收藏了許多褻器：「聞籍分宜（嚴嵩）時，有褻器，乃白金美人，以其陰承溺，尤屬可笑。莅事者，謂非雅物，難以進上，因鎔成錠以充數」；〔註 25〕姚靈犀《瓶外卮言》亦說：「王世貞史料後集載，世蕃（嚴嵩之子）當籍，有金絲帳、金溺器、象牙廂、金觸器之類，執政恐駭上聞，令銷之」。〔註 26〕較之宮庭，民間縱欲風氣，自是不遑多讓，眩奇搜怪，無所不能。《金瓶梅》第三十八回寫西門慶與王六兒偷情：「西門慶見婦人好風月，一徑要打動他。家中袖了一個錦包兒來，打開，裡面銀托子、相思套、硫黃圈、藥煮的白綾帶子、懸玉環、封臍膏、勉鈴，一弄兒淫器。」使了器物，尚且不足，又要燃點香物，燒炙肌膚，藉著觀看他人蹙眉齧齒的痛苦，尋求更大的刺激感與自我滿足。〔註 27〕女色之不足，再轉而追求男色、寵倖孌童；〔註 28〕繼之性別錯置，異裝成癖，塗粉以嬪御自居，〔註 29〕各種光怪

〔註 24〕事件、引文，參見沈德符，《萬曆野獲編》，卷二十一，《佞倖・祕方見倖》條，中冊，頁 546、547。

〔註 25〕沈德符，《萬曆野獲編》，卷八，《內閣・權臣籍沒怪事》條，上冊，頁 211。

〔註 26〕姚靈犀，《瓶外卮言・金瓶小札》（北平：天津書局，出版年不詳）「景東人事」條，頁 160。

〔註 27〕分見《新刻繡像金瓶梅》，第三十八回，頁 494；第六十一回，頁 807；第七十八回，頁 1120。

〔註 28〕沈德符，《萬曆野獲編》，卷二十四，《風俗・男色之靡》條云：「至於習尚成俗，如京中小唱、閩中契弟之外，則得志士人致孌童爲廝役，鍾情年少狎麗豎若友昆，盛於江南而漸染於中原。至今金陵坊曲有時名者，競以此道博游婿愛寵，女伴中相誇相謔以爲佳事，獨北妓尚有不深嗜者。」，中冊，頁 622；《風俗・小唱》條則云：「京師自宣德顧佐疏後，嚴禁官妓，縉紳無以爲娛，於是小唱盛行，至今日幾如西晉太康矣。此輩狡猾解人意，每遇會客，酒鎗十百計盡以付之，席散納完無一遺漏，僮奴輩藉手以免訶責。然詞察時情，傳布祕語，至緝事衙門，亦藉以爲耳目，則起於近年，人始畏惡之。其豔而慧者，類爲要津所據，斷袖分桃之際，賚以酒貲仕牒，即充功曹，加納候選，突而弁兮，旋拜丞簿而辭所歡矣。以予目睹，已不下數十輩。」，中冊，頁 621。

陸離的社會現象層出不窮。藉由種種癖行，人們將生之大欲的愉悅享受推上至樂的顚峰，流風所及，不論官紳或是文人、庶民，追逐者眾。〔註30〕

濫用藥物乃至於病、死，灼膚殘身以追求更大的快感，逸樂的追逐享受一至於此，已脫離了一般常態性之刺激，而進入極不自然、扭曲的人爲刺激之中。對於性愛之追逐，由初始之娼妓轉而尋覓孌童，由淫器進而各色藥物，此一逐漸加重刺激的過程，已見麻痺乃如影隨形地伴隨著刺激——過度的刺激持續一段時間後，感覺日漸遲鈍、麻痺，繼之則施以更大的刺激使遲鈍了的官能知覺重新警敏，於是，遲鈍——刺激——遲鈍——刺激……終將成爲一個循環之鏈。據此推衍，則追逐刺激的結果若非是對於刺激再也毫無所感，生命逐漸枯槁一至於行屍走肉，則是尚未達到一無所感之狀態，即已命喪於重複的刺激之中。而人們一旦陷入麻痺狀態與重複刺激的循環圈中，追逐刺激之方式，一爲增加刺激的份量，以維持刺激感之強度與連續性；二爲改變其質，多方尋求不同的新奇刺激，不論對象、方式，皆得以同時進行，嚴重依賴刺激以掌握生存感受者，則時時刻刻都在捕捉剎那的奇異、變化。晚明各種流行的時尚玩意，之所以吸引各階層之人爭相競逐，相衍成風，庶幾緣於此種尋求刺激的心理因素。

謝肇淛在《五雜俎》中曾嘗試說明人們尚好男寵之因：

> 衣冠格於文罔，龍陽之禁寬於狹邪，士庶困於阿堵，斷袖之費殺於纏頭，河東之吼，每末減於敝軒，桑中之約，遂難偕於倚玉，此男寵之所以日盛也。〔註31〕

當三綱五常成爲一種框格限制，現實上金錢的鑽營、獲取並非毫無困難時，男寵成爲諸般限制中最容易尋獲的宣洩口，因此，此種風氣之盛行乃屬必然。

〔註29〕《萬曆野獲編》，卷十二，《吏部・士大夫華整》條記載張居正喜好膏澤粉白，著華衣：「故相江陵公，性喜華楚，衣必鮮美耀目。膏澤脂香，早暮遞進，雖李固、何晏，無以過之。……近年公卿間，例遵朴素，惟協院中丞許少微（宏綱），朱紫什襲，芳馥遙聞，時年逾知命，而顧粉周旋，猶能照應數人。此公居官以廉著聞，蓋性使然也。」，上冊，頁316；卷二十四，《風俗・傅粉》條云：「若士人則惟漢之李固，胡粉飾面，魏何晏粉白不去手，最爲妖異。近見一大僚年已耳順，潔白如美婦人。密詗之，乃亦用李何故事也。昔齊文宣帝剃彭城王元韶鬚鬢，加以粉黛，目爲嬪御，蓋譏其雌懦耳。今劍珮丈夫以嬪御自居亦怪矣。」，中冊，頁620、621。

〔註30〕關於晚明社會性愛風氣流衍的各種現象及議題，可參見吳存存：《明清社會性愛風氣》（北京：人民文學出版社，2000）。

〔註31〕謝肇淛，《五雜俎》，卷八，「人部四」，上冊，頁607、608。

換言之，不唯男寵，從晚明整體政經社會發展之狀況以觀：商業活動刺激消費欲望；道德倫理思想之轉變，可資人們掙脫意識型態上的束縛；政治生活的苦悶導引人們進入感官世界中尋找存在的實感，那麼，只要任何可以宣發精神苦悶之事物，皆將誘導人性欲望之歸趨。這種對於當代政治、傳統道德充滿懷疑、不再抱持樂觀態度，並且充滿悲苦無力之感受，僅能藉由逃遁到自戀戀物、追求刺激之官能世界的現象與心境，已是「困頓枯竭」之存在處境。當代文化評論者南方朔曾經如此解釋「困頓枯竭」此一術語的內蘊：

> 所謂的「困頓枯竭」(exhaustion)，指的是被各式各樣毫無生產性的故技，毫無正面意義的動作，搞到筋疲力竭的那種感受。你完全的無可奈何，只是疲倦，在疲倦中對愈來愈靠近的黑暗漸漸習慣。「困頓枯竭」是一種狀態，一切都到了瓶頸階段，除非有新的視野、新的動人的願景，否則就只好在舊的泥淖中繼續的窒息下去。〔註 32〕

南方氏所謂「毫無生產性的故技，毫無正面意義的動作」，自然有其互為對應之當代各國（包括台灣）之具體政治、社會事件與特殊氛圍，然而此理實已具涵跨越時代之共通性與普遍性，我們以之檢視晚明人之生存處境、心理特徵，亦能獲致另外一番既顯具體又見精微之理解與掌握。袁宏道所云之：「目極世間之色，耳極世間之聲，身極世間之鮮，口極世界之譚」，〔註 33〕成爲許多晚明人生命存在之價值取向，早已淩替古訓之「立德」、「立功」以垂不朽，或「流金石之聲」，以「立言」昭世的生存目的。但一待窮盡一切耳目聲色之新鮮感，則生命長廊上的回音，盡是蕭索與枯寂。袁小修〈與劉計部〉一文云：

> 自念生平無一事不被酒誤，學道無成，讀書不多，名行不立，皆此物爲之祟也。甚者，乘興大飲後，兼之縱慾，因而發病，幾不保軀命。
>
> 古多以惡疾而致沖舉者，其初俱非忘情世樂者也。特世樂之路已窮，不得不尋寂寞之樂。蓋久之覺寂寞之樂，遠出於世樂之上。〔註 34〕

在道德實踐上，袁小修看似終能由毫無忌憚、縱酒迷花的聲色之域復歸「寂寞」之境，成爲三袁中享壽最長者（小修得年六十三、袁宗道得年四十一、

〔註 32〕南方朔，〈爲何全球都不信任領袖？〉，《中國時報》第四版（2004 年 11 月 29 日）。

〔註 33〕袁宏道，〈龔惟長先生〉，《袁宏道集箋校》，卷五，上冊，頁 205。

〔註 34〕袁中道著、錢伯城點校，《珂雪齋集》（上海：上海古籍，1989），卷二十三，中冊，頁 1002。

袁宏道得年四十三）。然而細究之，小修之所以深覺寂寞之樂遠出於世樂之上，乃在於他因年少縱欲而罹患的血疾，在「半住靜藍，常偕清冷，以消煩鬱」後，能稍稍有所緩和，現實上形軀之毀、生死之懼的計慮，仍遠超過了道德上的自持。〔註 35〕在欲望難息卻又病欲交加的煎熬中，身心越來越顯得羸弱不堪，由此，適足以得見晚明人對於欲望的渴求，實已遠遠超過原始生命，或是物理本能之所需，而見精神上的扭曲變態，而此亦是整體文化生命、精神生命之虛空，所必須付出的社會代價。

第二節　曲異、醜怪、殘缺的行爲偏尙與狂病的癥狀

徵逐官能愉悅者，無分士庶，而有嗜癖、行怪舉之人在晚明時期亦多不可勝數。沈德符《萬曆野獲編》記士人之怪行，寫徐渭「病恚自戕，時以竹釘貫耳竅，則左進右出，恬不知痛」；張幼予「身披采繪荷菊之衣，首戴緋巾，每出則兒童聚觀以爲樂」；寫「在京山人」，則云：「年來此輩作奸，妖訛百出」；記名僧雪浪「有侍者數人，皆韶華麗質，被服紈綺，即衵衣亦必紅紫，幾同煙粉之飾」。〔註 36〕袁宏道〈醉叟傳〉寫不知名的醉叟「不穀食，唯啖蜈蚣蜘蛛癩蝦蟆及一切蟲蟻之類。市兒驚駭，爭握諸毒以供」；〈拙效傳〉記述家中僕人「掀鼻削面，藍睛虬鬚，色若繡鐵，……貌若野獐，年三十，尙未冠，髮後攢作一紐，如大繩狀」。〔註 37〕這些特異之人，其外貌形容、行爲癥狀，若非曲異，則屬狂怪，猶有癲狂以至於病者。此種特異的生命現象，不惟晚明雜言筆記屢見著錄，亦爲晚明文人偏好書寫、創作之主題。

「曲異」、「醜怪」、「殘缺」與「狂病」皆指「異常」而言。若將這四個詞彙逐一拆解，還原爲單字形態，可以區分出兩種異常之層次。「殘」「醜」、「病」通常意指外在容貌、形軀上的缺陷，若非先天命定，即後天失養，通常與日後的生命互爲終始；「曲」與「狂」則意指外在行爲舉態異於常人，雖言「外在」，但實源於內在心理、精神狀態之異常而有。這種異常之形成，又

〔註 35〕參見袁小修，〈心律〉、〈東遊記二十二〉二文，《珂雪齋集》，卷二十二、卷十三，頁 952、583；龔鵬程，〈超凡入聖：袁小修的山水遊記〉，《晚明思潮》（台北：里仁，1994），頁 227～233。

〔註 36〕沈德符，《萬曆野獲編》，卷二十三，《士人・徐文長》、《士人・張幼予》條，中冊，頁 581、582；卷二十七，《釋道・雪浪被逐》條，下冊，頁 693。

〔註 37〕袁宏道，〈醉叟傳〉、〈拙效傳〉，《袁宏道集箋校》，卷十九，中冊，頁 719、724。

雖與先天之或爲負氣自傲、或爲褊急亢躁等性情秉賦息息相關，但外在客觀環境往往是互爲促逼、相互激發的觸媒——科舉、仕途之蹇滯是激發異常行爲的重要成因，既屬個人境遇，亦脫離不了社會環境的影響。兩組單字聯合成詞，則共通指向人物外在形貌、外顯行爲（緣於內在精神）之「殘缺」、「怪異」與「病癥」。這一類人，不論在形軀上、或是精神舉止上皆明顯地異於一般常人。因爲不合乎俗情世間對於形象美醜之執念，或是有悖於倫常社會對於行爲儀節之規範，這一類人物與一般俗眾自是格格不入，易遭蔑視。由於異常，因此不論是避隱山林、淡息世念，或是特立獨行、與世相抗，皆已與現實生活、一般社會有所疏離。

一、由倫理價值到審美態度的轉換與思考

自先秦以來，儒道二家即將外在形貌的缺陷、疾病，或視爲無可奈何的命定之限、或視爲人們對於相對性美醜觀念的偏執。就客觀現實而言，這種容貌形軀上的美善健全，既是命限之一，或純屬人們觀念之造作，將無端牽引情識上善惡喜怒之迎拒，是以不必求，求之亦不必然能得，費心於此將徒見追尋之虛妄，職以此故，二者皆轉而朝向倡明、指引人們追尋一種求之必得之內在精神世界的完滿自足。孔子提出「仁」以認肯人具有不受天命所限之自由心靈，以「求仁得仁」之追求道德心性的圓滿——以精神上獨立自足之無限性，去應對「斯人而有斯疾」之存在上的命限，經由對「仁」的把握實踐，超越轉化命定的限制；對於客觀環境之逼仄，則將「行道於天下」的政治理想移轉至整理舊文、教育後學之「教化理想」上，重新開展精神上之無限性與尋求「行道」之另番形貌的呈現，以此消解「鳳鳥不至，河不出圖」之對於政治環境失望的深沉慨嘆。〔註 38〕莊子則指出應以「遊於形骸之內」的德性之美破除「索我於形骸之外」之對於形象容貌的執迷（《莊子・德充符》），以不具相對性、美醜兩遣之德性之和，消解因執著美醜而起的迎拒心、分別心；〔註 39〕對於後天客觀環境之遷化、險逼，則強調以「物視其所一，而不見其所喪」、護守生命之「眞我」、「安時處順」，去面對「死生存亡、窮

〔註 38〕 參見曾昭旭，〈存在上的命限〉，《論語義理疏解》（台北：鵝湖出版社，1989），頁 47～53、55～56。

〔註 39〕 參見顏崑陽，《莊子藝術精神析論》（台北：華正書局，1985），第三章，「莊子藝術精神之體性」，頁 210～212。

達貧富，賢與不肖，毀譽、飢渴、寒暑」等「事之變、命之行」（《莊子・德充符》），終而得以「游心於德之和」，獲享主體精神之絕對自由。〔註40〕儒道二家所言之「德性」內容雖不相同，但追求精神獨立自足，避免心靈殘缺的目的則一。

然而，一則，欲臻此二種境界並非易事，形軀不全者，未必皆將此二境視爲人生終極價值，執此以爲絕對理境，並因其具有實現之可能性，遂孜矻以求，終身踐履不輟。二則，因先天殘疾所遭致之一般俗情世間的蔑視，甚或連帶影響實際生存之難易，而令現實之俗世生活、社會生活飽受困頓、障礙，那麼或者選擇漠然無聲、封閉自我，或者反抗對立，憤世而偏激，恆是此類人物存在上的眞實境況與常見的應世態度。晚明人於此，尤有激變之處在於：孔子以來所強調的道德論說，已徒存虛僞矯飾之面貌，人心之趨向，已大體接受恣情縱欲之思想。此間道理，前述各章節已有所辨明，此處不再贅述。於此，我們想進一步闡明的是，傳統儒家所倡論的道德實踐，已非晚明人在面對各種命限時，所能普遍認同、信守無疑的砭石良方；而對於身體上的殘缺，莊子雖自安駐於德性之全，自能得價值之全、人倫之和，以破除世人對於形象之美的偏執，旨在獲得精神上的逍遊自由，不在顚倒世俗的審美觀念，刻意地以美爲醜，或以醜爲美。然而，莊子之所以欲消解人爲偏執之各種相對性的情識造作與成見，意在追求一種更爲超越之宇宙萬物同一之大美。但即如前文所述，晚明人既已對人欲之各種可能經驗有著勇於嘗試、追逐之執迷與耽溺，一旦進入追逐各種刺激、享樂的生活之中，則已是執著「形軀」以爲「自我」，心靈與形軀糾合粘連，而非將「形軀」外推，視爲「客體對象」之一的思維模式，因此遂深陷於各種感受內容之中，難以超拔。換言之，對於晚明人而言，更爲普遍的認知與行爲活動乃是將「嗜欲」與「天機」渾淪一氣、打成一片，〔註41〕「形軀」已非是與「形骸之內」相對之「外

〔註40〕參見勞思光，《新編中國哲學史》（台北：三民書局，1988），第四章，「道家學說」，冊一，頁256～263。

〔註41〕羅汝芳（1515～1588）雖言：「形色天性，孟子已先言之。今日學者，直須源頭清潔。若其初，志氣在心性上透徹安頓，則天機以發嗜欲，嗜欲莫非天機也。若志氣少差，未免軀殼著腳，雖強從嗜欲，以認天機，而天機莫非嗜欲矣。」但「立志」之道德價值的確立與「源頭清潔」之修養工夫，在晚明實已內容空泛，呈現僅是一「話頭」語之趨向，此固爲李贄所嚴厲批判者，但包含李贄在內的泰州學者，於此，亦多呈現言行不一之弊端。此義，前文各章節已有所論，不再贅言。羅汝芳語，見黃宗羲著，沈芝盈點校，《明儒學案》，

在形骸」，與「萬物」同具遷流變化之性質，而是同時被吸納進「吾身」之中，成為「形骸之內」的重要內容。此理在重視「身心之欲」的哲學思潮中，已充分地被凸顯、彰明。此與莊子之要「外形骸」、破除「形軀我之執著」，以追求精神之自由逍遙，並掌握「獨與天地精神相往來」之宇宙大美的理境，在本質上已是相互衝突的兩種價值觀。因此，在「非儒薄孔」後，純粹道家式的人生理境亦並非晚明人之人生終極價值的普遍取向，因不是安頓生命的唯一選擇，自亦不足凝聚成為整體社會共通的心靈意識。

一旦將「形軀」之物理性存在轉化為「自我」之價值性存在時，則此「自我」之「諸境」已具備可資討論、正視之價值。承前文所論，當整體社會開始朝向世俗化之軌跡前進——道德生活、文化生活世俗化後，繼之而來者，即是各種生命存在經驗將被重新審視，且具有正面至高的價值。就審美角度的變化觀之，在「刺激飢渴」的心理狀態下，人們拼命尋求人為的、雜多的、出陳翻新的刺激，沉溺若干時間後，也許技窮了，即轉而搜求更不自然的、病態方面的刺激，並依此要求在美學上對於各種生命經驗的重新判斷。美國社會學家丹尼爾·貝爾在指出社會一旦世俗化，人性將朝向享樂放蕩、自我人格意志擴張兩種方向趨進後，繼而指出：

> 一旦文化開始接管對邪惡的處理，就引起了「美學自治」（autonomy of the aesthetic）的要求，也就是提出這樣一種觀念：經驗本身具有至高無尚的價值：一切都可以探索，任何事都被允許（至少想像是這樣），包括淫慾、兇殺和其他主宰現代主義的超現實主義。〔註 42〕

對於此一觀念，我們可以進一步闡明的是：由於傳統道德易將道德規範強加在文化發展上，強調感知界限，強調審美追求應服膺於道德法則，然而，一旦傳統道德或是一種特定的道德觀不再取得思想界絕對的權威與發言權，社會衝破了單一道德規範的藩籬，即意謂著傳統道德觀所強調的界限已失去絕對規範之功能，因此，文化的發展與表現遂取得了獨立自主之空間。換言之，因晚明道德觀極度分歧發展而產生裂隙之現象，足令審美感知得以自由宣發，毋需再服從某種特定的道德規範，因此，每一種生存經驗都可以重新被正視與強調。具體而言，昔日一切以諧和為重、以中庸為至境的思想或文明，

卷三十四，〈泰州學案三〉「羅汝芳語錄」，下冊，頁 800。

〔註 42〕美·丹尼爾·貝爾（Daniel Bell）著；趙一凡等譯，《資本主義的文化矛盾》，頁 177。

不再是人們唯一服膺的審美法則，因已失去其崇高、唯一之典範性意義，故而凡是與諧和、中庸相左、相異之諸如殘缺、偏嗜、醜怪的生命經驗，不但可以自由地面對、探索，亦有高尚之價值與美學內涵可論。此外，此一美學開展之途徑，就境界之高低、昇華以言，儒道兩家之或向道德價值層境提昇；或尋求宇宙大美、無所對立之精神絕待的藝術境界，若已不再是晚明人審美價值之終極依準，抑且開展不出其他新的絕對性理境；而同在強調去念除欲，尋求超經驗之解脫之釋教理境，此亦非晚明之崇尚經驗欲望者所眞能契入（晚明之佛教宗師已開始傳播某種官能愉悅之論，並使之合理化），〔註 43〕則其對於美感之掌握自易出現朝向與形象美感（一般感官經驗所能掌握）之同一層境的極端表現——曲異、醜怪、殘缺、狂病的途向上尋求，而偏離境界之向上提轉、超越與昇華等高度上的追尋。

最能特出一己個性特質，立時區分人我之殊，並以之昭示獨特生命經驗的方式，莫過於在衣著穿戴上大膽、誇張，以及其他有別於俗眾之行爲表徵。例如泰州學者王艮（1483～1540），喜歡頭戴「五常冠」，身著深衣古服，手持寫有「非禮勿視，非禮勿聽，非禮勿言，非禮勿動」四句箴言的笏板，並在門上書寫：「此道貫伏羲、神農、堯、舜、禹、湯、文、武、周公、孔子，不以老幼貴賤賢愚，有志願學者，傳之」。王艮此等怪誕荒奇、聳人聽聞之危言舉止，初意在於宣示自身之德性、知識已足以成爲當代儒學宗主，並意欲特出一己成賢得道的非凡經歷：幼貧不能竟學、長成由商轉儒、自習儒家經典有所證悟，而後「一夕夢天墜壓身，萬人奔號求救」，自己則挺身而出，「獨奮臂托天而起，見日月列宿失序，又手自整布如故，萬人歡舞拜謝」，夢醒之後，「汗溢如雨，頓覺心體洞澈」，此後，遂按《禮經》製五常冠、深衣、大帶、笏板，仿效起堯之言行、穿戴。然而，在受教於王陽明之後則體認到：此等言行，較之王陽明學說「精深極微，得之心者」，徒現「吾人之學，飾情抗節，矯諸外」，而僅爲「踐往聖之跡，得其糟粕」而已，遂拜王陽明爲師，「反服執弟子禮」。雖然此後又因意氣太高、行事太奇，而令王陽明不得不「痛加裁抑」，但在「長跪道旁」以示「知過」的來回辯難中，終成一家之言，爲「陽明而下」，「省覺人最多」者。〔註 44〕

〔註 43〕參見王岡，《浪漫情感與宗教精神——晚明文學與文學思潮》（香港：天地圖書，1999），頁 15、16。

〔註 44〕《王陽明年譜》記載：「王守仁問：『何冠？』曰：『有虞氏冠。』問：『何服？』

然而，王艮所體會之「飾情抗節，矯諸外」的道理，並未廣為晚明人所體認，反而傾向於將異裝怪行與王艮日後所提出之「身即心」、「百姓日用即道」的哲學內蘊——「尊身與尊道相即」、「人有困於貧而凍餒其身者，則亦失其本而非學也」、「身也者，天地萬物之本也」、「以天地萬物依於身，不以身依於天地萬物」〔註 45〕——結合並觀，外在行為即是內在精神的彰明，不藉異裝怪行之方式予以外示，則自我之生存價值難以昭著顯豁。泰州學者重視身心之欲的思想遂成為特立獨行、危言聳聽的言行基礎，因此晚明著奇衣、有怪行之人，屢見不鮮。沈德符《萬曆野獲編》形容士人劉子威：

> 同時吳中有劉子威（鳳），文苑耆宿也。衣大紅深衣，遍繡群鶴及獬豸，服之以謁守土者。〔註 46〕

再如余懷《板橋雜記》記載當時名士鄒公履：

> 無錫鄒公履游平康，頭戴紅紗巾，身著紙衣，齒高跟屐，佯狂沉緬，揮斥千黃金不顧。初場畢，擊大司馬門鼓，送試卷。大合樂於妓家，高聲自誦其文，妓皆稱快。或時闌入梨園，氍毹上為「參軍鶻」也。〔註 47〕

而最為奇特者，當屬吳人張幼予。《萬曆野獲編》記載：

> 吳中張幼予（獻翼），奇士也。嘉靖甲子，與兄伯起（鳳翼）、弟浮鵠（燕翼），同舉南畿試，主者以三人同列稍引嫌，為裁其一，則幼予也。歸家憤憤，因而好怪誕以消不平。晚年彌甚，慕新安人之富而妒之，命所狎群小呼為太朝奉。至衣冠亦改易，身披采繪荷菊之衣、首戴緋巾，每出則兒童聚觀以為樂。且改其名曰敉。予偶過伯起，因微諷之曰：次公異言異服，諒非公所能諫止，獨紅帽乃俘囚

曰：『老萊子服。』問：『學老萊子乎？』曰：『然。』問：『將止學服其服，未學上堂詐跌掩面啼哭也？』」《王陽明全集》，卷三四，「年譜」二，正德十五年九月。王艮儀行，並參《王艮年譜》，正德二年丁卯、正德六年辛未；《明儒王心齋先生遺集》，卷 4，俞樾撰《別傳》；黃宗羲著，沈芝盈點校，《明儒學案》，卷三十二，〈泰州學案一〉「處士王心齋先生艮」，下冊，頁 709～711。鄧志峰，《王學與晚明的師道復興運動》，〈中編：泰州學派與晚明的師道復興運動〉，頁 180～186。

〔註 45〕黃宗羲著，沈芝盈點校，《明儒學案》，卷三十二，〈泰州學案一〉，《處士王心齋先生艮・心齋語錄》、下冊，頁 711～718。

〔註 46〕沈德符，《萬曆野獲編》，卷二十三，《士人・張幼予》條，中冊，頁 582。

〔註 47〕余懷著，李金堂校注，《板橋雜記》，下卷，「軼事」，頁 61。

> 所頂，一獻闕下，即就市曹，大非吉徵。奈何伯起曰：奚止是，其新改之名亦似殺字，吾方深慮之。未幾而有蔣高私妓一事。幼予罹非命，同死者六七人。伯起揮淚對余歎狂言之驗。先是幼予堂廡間掛十數牌，署曰：張幼予賣詩或賣文，以及賣漿、賣癡、賣獃之屬。余甚怪之，以問伯起曰：此何意也？伯起曰：吾更虞再出一牌，云幼予賣兄，則吾危矣。余曰：果爾再出一牌，云賣友，則吾輩將奈何？相與撫掌大咍。〔註 48〕

錢謙益《列傳詩集小傳》則記載：

> 獻翼，字幼予，一名敉。年十六，以詩贄於文待詔，待詔語其徒陸子傳曰：「吾與子俱弗如也。」入貲爲國學生。姜祭酒寶停車造門，歸而與皇甫子循暨黃姬水、徐緯，刻意爲歌詩，於是三張之名，獨幼于籍甚。幼予好易，十年中箋注凡三易，仿顏氏家訓，教戒子弟，垂四萬言。好游大人，狎聲妓，以通隱自擬，築室石湖塢中，祀何點兄弟以況焉。晚年與王百穀爭名，不能勝，頹然自放。與所厚善者張生孝資，相與點檢故籍，刺取古人越禮任誕之事，排日分類，倣而行之。或紫衣挾伎，或徒跣行乞，邀遊於通邑大都，兩人自爲儔侶，或歌或哭，幼于贈之詩曰：「中年分義深，相見心莫逆。還往不相迎，抗手不相揖。荷鍤隨吾行，操瓢並吾乞。中路餽吾漿，攜伎登吾席。蒿里聲漸高，薤露歌甫畢。子無我少雙，我無君罕匹。」每念故人及亡妓，輒爲位置酒，向空酬酢。孝資生日，自爲尸，幼于率子弟緦麻環哭，上食設奠，孝資坐而饗之，翼日行卒哭禮，設妓樂，哭罷痛飲，謂之收淚。自是率以爲常。萬曆甲辰，年七十餘，攜妓居荒圃中，盜踰垣殺之。幼于死之前三日，遺書文文起，以遺文爲屬，及其被殺也，人咸惡而諱之，故其集自『紈綺』諸編外，皆不傳於世。〔註 49〕

沈德符述稱劉子威與張幼予之好穿異服，皆「一時服妖」。但劉子威之所以好異服，乃因「曾爲御史，遷外臺以歸，故不忘繡斧」——此舉容或有招徠世人目光之意，但多緣自於對昔日舊職的忠懷眷顧，是以尚爲時人所能容受，

〔註 48〕沈德符，《萬曆野獲編》，卷二十三，《士人・張幼予》條，中冊，頁 582。

〔註 49〕（清）錢謙益撰、（清）錢陸燦編，《列朝詩集小傳》，周駿富輯，《明代傳記叢刊・學林類 9》（台北：明文書局，出版年不詳），頁 492、493。

沈德符亦未進一步嚴辭批判。〔註50〕而鄒公履，爲鄒迪光之子，秉承家學，能書善畫，「好擊劍使酒，神宗時，嘗上疏，願以家貲三十萬助邊，不報乃止」。〔註51〕因此，鄒公履雖屢有佯狂之舉，一則因爲仍不失俠者豪義之節，二則家學淵源、稟賦出眾，輕狂則屬文人稟性，是以猶爲妓伶所稱喜。深有濟世之志的余懷，〔註52〕描述其事跡時，文字書寫間亦僅見客觀呈現，未作道德價值判斷。由於劉、鄒二人並未大肆而全面地刻意衝決社會既有的倫常秩序，因此亦未如張幼予般，招致世人深切之批評與非難。

然而綜觀張幼予一生起落，由「早擅才名，見賞於文徵仲（即文徵明）。讀書上方山治平寺中，撰《周易約說》、《雜說》、《臆說》，及《讀易紀聞》、《讀易韻考》，不失爲儒生」〔註53〕——可知不論才情稟賦，或是用功向學，張幼予皆有卓然過人之處。然其最終流於頹然自放、狂易任誕，其間原由，根據沈、錢二人之記述，大約可歸結出二因：一則，早年應舉落第之挫折，係因主試者一念之差，非個人才疏學淺之罪，遂由憤懣一至於怪誕；二則，由於晚年與王穉登爭名不能勝，故而愈加頹然自肆。據此，張幼予之所以任情怪誕，看似皆緣於客觀環境之蹇滯而導致性情上的異變，客觀環境之險惡乃是直接肇致文人性格扭曲的重要社會成因，因此張幼予之「好游大人」、「荷鍤操瓢」等諸般尚學阮籍、陶淵明等魏晉士人的言行，則亦應深具道家法諸自然以脫世網、精神遨遊於天地間的深沈寄意。然而其「倣顏氏家訓」，著書以教戒子弟，則又見其具涵儒家立德、立言以垂訓後世的志意；而既學莊子秦失之弔，卻又刻意顛倒眞實的生死境況，出之以虛矯無端之歌哭樂飲等詭行，此不僅未能掌握「遁天之刑」的眞義，更非「安時處順、哀樂不入」的「懸解」了悟。此等相互矛盾之處，凸出的意義或將僅只是：張幼予之倣

〔註50〕劉子威好異服之因與時人態度，俱見沈德符，《萬曆野獲編》，卷二十三，「士人・張幼予」條，中冊，頁582。

〔註51〕（清）潘介祉纂輯，《明詩人小傳稿》，「鄒德基傳」，頁442。

〔註52〕近人李金堂記述余懷生平指出：「崇禎十七年甲申（1644）三月，李自成率領農民軍攻占北京，明朝滅亡。五月，福王朱由崧繼位南京，建元弘光。馬士英把持朝政，引用閹黨阮大鋮，排斥忠良，煽構黨禍，大肆迫害東林與復社人士。南京成了黨爭的中心。余懷積極參加了反對馬、阮的鬥爭。後來，他回憶說：『余時年少氣盛，顧盼自雄，與諸名士厲東漢之氣節，掞六朝之才藻，操持清議，矯激抗俗。布衣之權重於卿相。』……」李金堂，〈板橋雜記（外一種）・前言〉，清・余懷著、李金堂校注，《板橋雜記（外一種）》，卷首，頁2、3。

〔註53〕朱彝尊，《靜志居詩話》，下冊，頁380。

效阮、陶，皆緣於不遇失志之個人出處境域而有，鮮少出自於對外在整體社經環境健全與否的終極關懷，亦不關乎人之存在處境上一切與終極價值相關連之深沈思考。因此，其「或紫衣挾伎，或徒跣行乞，邀遊於通邑大都」之舉，已遠遠超過阮、陶之所能為（恐亦非阮、陶二人所願為），徒存駭人聽聞之效應，已流於王艮所云「飾情抗節，矯諸外」之人格激狂張揚，純為嘩眾、洩憤的極端表現。因此沈德符與幼予兄長張鳳翼對於其一連串的荒詭行為深感憂心；沈德符並於文後追記：吳人將張幼予因妓而死之事例與當時吳中因酒醉死、因財而死、因逞血氣之勇至於刑死者，湊稱為「酒色財氣」四字；〔註 54〕而錢謙益所云之「及其被殺也，人咸惡而諱之，故其集自《紈綺》諸編外，皆不傳於世」。這數則記載與描述，皆足以言明時人對於張幼予生前儀行之一般觀感與負面評價。

沈德符與張鳳翼之擔憂與價值判準，自然立基於為維護社會倫常秩序而發，且隱然含涉：士夫之志在天下、化風易俗、師表海內，才是人格價值眞能挺立處；而此亦即是何良俊（1506～1573）曾反覆申明魏晉諸賢之言行，皆有關「天下大義」，並非依循個人好惡私情、遂行一己之欲的判斷基礎。何良俊《四友齋叢說》〈求志〉篇云：

> 孔北海嵇中散謝康樂三人之死，皆有關天下大義。……北海議論英發，海內所宗，蓋操之所望而震焉者也。……嵇叔夜名重一時，尤司馬昭之所最忌者也。方叔夜當刑之時，太學生徒二千餘人乞留康為太學師，況叔夜乃心魏室。使叔夜而在，則昭之異圖，叔夜率二千人倡之，所謂雖張空拳猶可畏也。……謝康樂之死，亦以聲名太盛，且知不為己用故也。……世但以為此三人者，皆以語言輕肆，舉動狂佚，遂以得罪。嗚呼，豈足以知三人者哉。……阮嗣宗陶淵明與叔夜康樂同時。蓋此四人才氣志節無一不同。然而二人死。二人不死。蓋嗣宗淵明所謂自全於酒者也。然比干死。箕子佯狂。並稱三仁，亦何害其為同也。〔註 55〕

以何良俊品評人物之標準觀之，舉凡「議論英發」、「名重一時」、「不曲阿於當朝」，而志在「天下大義」者，皆非一般時人及史家對於張幼予之論斷，世

〔註 54〕沈德符，《萬曆野獲編》，卷二十三，「士人・張幼予」條，中冊，頁 582、583。
〔註 55〕何良俊，《四友齋叢說》（北京：中華書局，1997），卷三十，「求志」，頁 274、275。

人對於張氏較爲深刻之觀感、印象，率皆爲「語言輕肆、舉動狂佚」等輕薄行止。然而袁宏道卻試圖翻轉何良俊等人對於生命經驗的道德判斷，欲將張幼予此類人物特殊的生命形態，由道德價值上的判準轉爲美學上的審美判斷，爲「顚狂」的生命類型，作出審美意義之闡釋。

這種審美意義之闡釋，具現於張幼予與袁宏道往來書信中。張幼予與袁中郎往來書信中屢次論及「顚狂」的人生主題。袁宏道在《解脫集・張幼予》一文中云：

> 僕往贈幼予詩，有「譽起爲顚狂」句，顚狂二字甚好，不知幼予亦以爲病。非僕非眞知幼于之顚狂，不過因古人有「不顚不狂，其名不彰」之語，故以此相贊。如今人送富貴則曰「俠」，送知縣則曰「河陽」、「彭澤」，此套語也。夫顚狂二字，豈可輕易奉承人者？狂爲仲尼所思，狂無論矣。若顚在古人中，亦不易得，而求之釋，有普化焉。張無盡詩曰：「槃山會裏翻筋斗，而此方知普化顚」是也。化雖顚去，實古佛也。求之玄，有周顚焉，高帝所禮敬者也。玄門尤多，他如藍采和、張三丰、王害風之類皆是。求之儒，有米顚焉，米顚拜石，呼爲丈人，與蔡京書，書中畫一船，其顚尤可笑。然臨終合掌曰：「眾香國裏來，眾香國裏去。」此其去來，豈草草者？不肖恨幼于不顚狂耳，若實顚狂，將北面而事之，豈直與幼予爲友哉？〔註56〕

試觀袁宏道列舉的「顚狂」例證，絕多數爲僧者、道人與耽於藝文世界之人。若我們以日常生活世界爲中心去權諸行事不合常態常情之人，則此等被世人目稱爲「顚狂」者，皆是脫於一般俗情世間之規範，而存在（指價值性地存在）於另一個自有特殊律令規則、生存標的的「他界」之中。因此，「顚狂」一詞雖然相對於俗情世間而言，乃爲「異常」，但極可能意謂著在各自所屬的「世界」中各有極高的體悟與成就，「顚」與「狂」則是眾人面對俗情世間的一種應世姿態。在這樣的理解基礎上，與俗情世間有別之宗教世界或是藝文世界，遂得以擁有另外一種異於傳統人生價值的高低判準。因此，袁宏道續云：幼予「若實顚狂」，他「將北面而事之」，袁氏願尊幼予爲帝，則「此帝」自是「他界」之帝師，而非俗情世界中擁有政治實權的帝君。袁宏道於此，已標舉出一個異於俗情世間的價值國度，而此國度，在「顚狂」此一稱目下

〔註56〕袁宏道著、錢伯城箋校，《袁宏道集箋校》，卷十一，「解脫集之四——尺牘」，上冊，頁501。

乃可匯集各種「他界」之人，以另外一種價值標準予以綰合提攝。綜觀袁宏道與張幼予其他往來書信，可以指出此價值世界，乃奠基在審美意義上，爲一依循審美之鑑賞態度與價值判準勾勒出的價值界域，其間的核心標的乃在於「任情」與「率眞」——人依於先天性情、稟賦所自然流露、眞實表現的各種生命情態與才能。袁宏道在〈識張幼予箴銘後〉一文中云：

> 余觀古今士君子，如相如竊卓，方朔俳優，中郎醉龍，阮籍母喪酒肉不絕口，若此類者，皆世之所謂放達人也。又如御前數馬，省中閟樹，不冠入廁，自以爲罪，若此類者，皆世之所謂愼密人也。兩種若冰炭不相入，吾輩宜何居？袁子曰：兩者不相肖也，亦不相笑也，各任其性耳。性之所安，殆不可強，率性而行，是謂眞人。今若強放達者而爲愼密，強愼密者而爲放達，續鳧項，斷鶴頸，不亦大可嘆哉！
>
> 夫幼予氏淳謙周密，亦其天性然耳。若以此矜持守墨，事櫛物比，目爲極則，而嘆古今高視闊步不矜細行之流，以爲不必有，則是拘儒小夫，效顰學步之陋習耳。而以之美幼予，豈眞知幼于者歟？〔註 57〕

此段引文中，袁宏道自先天氣質的殊異性——即「材質之殊性」，區分人有不同的生命氣質與行事風格，認爲「放達」與「愼密」是兩種截然不同的氣質表現，二者相互抵觸，一如冰與炭。這自然是六朝以來，以材質情性爲依準，品鑑人物高下優劣觀點的延續。但晚明以「任情率眞」爲尚的性靈思想，與六朝人物品鑑之不同處，一如曹淑娟先生所云：「他們（晚明性靈文學思想者）肯定所有本之性靈的作品，去品賞其殊異性時，只作平面性的分辨，並不作高下的判斷，相應於佛家所謂『分別一切法，不作分別想』」。〔註 58〕因此，在「率性」、「任眞」的審美標準下，不論「放達」或「愼密」，二者乃具有相同等一之價值，不必強矯，亦不必執著任何一種生命氣質、行事風格以爲絕對標準，各種材質皆各有其才情上的美感足供欣賞、珍惜。因此，袁宏道以爲張幼予之屢有踰越社會規範的荒詭行爲，純因天性如此，不必強以道德標準評貲之。也因如此，袁宏道在《錦帆集・張幼予》一文中進而指出：世人

〔註 57〕袁宏道著、錢伯城箋校，《袁宏道集箋校》，卷四，「錦帆集之二——遊記、雜著」，上冊，頁 193。

〔註 58〕參見曹淑娟，《晚明性靈小品研究》（台北：文津，1988），第四章、第一節，〈綜括德性與才性範疇以言性靈〉，頁 161。

自是可以重新思考生命是否必然得「大有世用」，而所謂的「世用」，其高低等次的判分標準亦應當另有所據。袁宏道說：

> 走支離無用人也。無用故不宜用，無用亦自不求用，此自常理，無足怪者。夫吏道有三：上之有吏才，次之有吏趣，下則有之以爲利焉。吏才者，吏而才也。吏而才，是國家大可倚靠人也，如之何而可不用哉！吏趣者，其人未必有才，亦未必不才，但覺官有無窮滋味，愈勞愈佚，愈苦愈甜，愈淡愈不盡，不窮其味不止。若奪其官，便如奪嬰兒手中雞子，啼哭隨之矣。雖欲不用，胡可得耶？若夫有之以爲利者，是貪欲無厭人也。但有一分利可趁，便作牛亦得，作馬亦得，作雞犬亦得，最爲污下，最爲可厭。然牛馬雞犬，世既不可少，則此等之人亦可隨大小方圓而器之矣。
>
> 獨生則有大乖戾不然者，不才無論矣，又且與烏紗無緣，既不能負重致遠，又不安司晨守夜，此等之人，雖分文用亦無矣。尚可不知進退，處居人間繫苦地耶？勉強年餘，頓成衰朽，心神俱困，痨瘵遂作，決意求歸，亦其宜爾，豈眞效令伯之顰，學元亮之步哉！〔註59〕

依袁宏道之見，「爲官之人，皆乃世用之人」，此一類世用之人，結合德性與才性並觀，〔註60〕可以判分爲三等：第一等「吏才」之人，因具備生命材質之優越稟賦，對於家國治平等人倫社會之穩定、健全大有俾益，因此玆爲最上乘之有「大用」者；第二類人則非關才能之高下，「爲官」乃基於一種興趣與態度之取向而有，此興趣、態度爲天性稟賦之所具，因出自於天生自然之興趣，故尚能言此等人乃有「吏趣」，至於「愈勞愈佚，愈苦愈甜，愈淡愈不

〔註59〕袁宏道著、錢伯城箋校，《袁宏道集箋校》，卷六，「錦帆集之四——尺牘」，頁257、258。

〔註60〕李贄〈童心說〉與〈律膚論〉二文中所展現的人性見解與文學見解，對晚明文學影響甚深。李贄以「童心」描述良知本體，特別著重先天性質的護守，而不重爲善去惡的工夫磨鍊，因此其所提出之文學見解，借於「道德義理」處，在於認可人性皆有相同、平等之一面——人人皆具良知之性，能自然止乎禮義；而另一方面又自人之天賦姿稟不一的角度，論說人人材質情性不同，展現爲各種生命殊相，有不可一律之姿態，因此對於種種差異應予以尊重。此綜合德性與才性範疇以言性靈的人性觀、文學觀，廣爲晚明文人所襲用。又晚明人雖屢屢出入道、禪之間，但自李贄而下的晚明文人，亦從未徹底失去過維護國家倫理紀綱的大原則。晚明人「綜括德性與才性範疇以言性靈」之內蘊，曹淑娟先生曾作過一番詳明之辨析。參見氏著，《晚明性靈小品研究》，第四章，第一節，頁153～164。

盡，不窮其味不止」之爲官狀態，則已是入於一種「嗜癖」的境地；而第三類爲官之人，乃純然爲了圖謀現實利益而登仕途，與德性、材質皆無所關涉，因此最不具備審美價值，甚且有污下可厭之處。而與「世用」相對者，尚有一種「無用」之境，張幼予此類人物，即是「無用」境域中的一種存在樣態。這自然是莊子「無用之用」、「得生命之全者」概念的援借、闡發。文末「豈眞效令伯之鞶，學元亮之步哉」二語則在駁斥世人對於幼予此類人物「飾情抗節，矯諸外」的評斷。

但雖然援借了莊子之觀點，但莊子所云「無用之用」，意在藉由「正言若反」的特殊表意方示，顯豁「正」與「大用」絕對理境之內蘊，並試圖以此破除人們知識、情意上的成見，重獲無所範域、無所拘限之意識、生命價值上的絕對自由與創新能力，繼而，致令每一種各殊生命，得能適性、適所地展現其天賦才能。換言之，由「無用」以見「大用」，莊子「無用」觀念之提出乃爲證立「大用」之存有，進而以此成全各種相殊生命之才情稟賦上的各種殊異價值。這自然已是一種具有普遍性、絕對性之人性價值觀，有具體、實質的內涵可論，而非虛無掛空之談。但袁宏道所云之「無用」之「無」乃是一實境上的指述，並非作用性地以此另揭另外一種「大用」境界的存在，因此，在提出審美意義的鑑賞態度後，即無法進一步清楚明言張幼予此類人物，其「大用」之價值向度應趨向何處、落在何方，「無」之意涵遂有掛空之虞。質言之，袁宏道所提出的「無用」與「世用」（其提出之「吏才」、「吏趣」二類）兩類生存樣態，仍然落在同一層境上，「無用」並不能超拔於「世用」之外，成就另一種「大用」，因此，不論在倫理意義或美學意義上，皆不具備高度上的超越性意涵。因此，其「無用」概念之提出，功效僅在於破除世人的「有用」之見，而未能重新建立一種更高境域之人性價值上的具體內涵。即因其所提出之審美觀念，並無絕對理境之「生命之全」的內容可論，是以晚明人結合德性與才性觀念所衍發的審美態度，若其所成就者，只在於一種平面上各種相殊生命、美感姿態之拓展，並無理境上高拔、超越性的昇華與指引，那麼，此種審美標準的提出與判斷，恐怕只是對於各種生命經驗之一種浪漫態度的援用。如果要指述其間的「深刻意義」，此意義是否只是來自於一種經驗上的勇於嘗試與同一層境中各種不同美感面相的掘發——僅限於量上的搜取，而缺少境界（質）上的昇華？除此之外即不再具備其他任何深度可資引談？此一問題，容許我們稍後再予以辨析。

我們先要指明的是：相應於明代科舉之「教職屢爲考官」、「鄉試取士濫額」、「子弟不第，父兄奏訐考官」、「考官爭席，論題膚淺」、「考生冒籍應考」、「門生與座師相訐」、「考官鋒鏑相對」、「黨派巨魁把持科場，廷臣皆不敢議」等連番怪象，〔註 61〕可知科舉制度理應具備之科場倫理、公正性與威權性，時至晚明一朝，弊端叢生，已見渙散失序之疲態。國家重要考試與舉拔人才之制度，其任意性與隨機性大爲增加，致令士人在政局糾結困頓、黨禍連綿之外，對於仕進之途益增蹇滯迷惘之感，士人往往有「英雄失路、托足無門之悲」（袁宏道〈徐渭傳〉）、「偃蹇宦途，三仕三黜」之窒（王思任之遭遇），此一世局，造就了一大批失志之文人。這一類看似了無世用，但卻爲了「世用」，耗費半生生命習經論文、深具淵才實學之文人，往往徘徊於仕與不仕的社群邊緣，即連三袁，對於科舉仕途亦多有偃蹇之感，是以深能體會此類人物的存在境況。即緣於此，袁宏道在人物品鑑上所提出的「性情之眞」、「材質之美」、「趣味之存」、「嗜癖之有」、「支離無用之殘缺」等奇徵異狀，既爲晚明多數士人存在之眞實處境，移用於文學表現，將自然地成爲品鑑人物的審美標的。晚明人即依據上述數種審美標準，或爲自身撰寫墓誌銘，或廣爲其他奇行士人、僧道之屬、以及位居社會底層之僮僕、隸人等各色人物書寫傳記，以之名世。這些傳記作品，不論在質與量上，皆蔚然有可觀處，成爲晚明小品中重要的書寫題材。陳萬益先生曾經指出：「明季文人既多屬失意文人，因此，不免有挫敗退縮的意識，因此，徐渭自稱『畸人』、屠本畯自稱『廢人』，陳眉公則自署『贅人』，可是，他們的著作卻都成爲明季小品的代表性著作」。〔註 62〕例如：袁宏道之〈效拙傳〉、〈徐渭傳〉、〈醉叟傳〉；袁小修〈回君傳〉、〈一瓢道人傳〉；黃淳耀〈僮乙傳〉；黎遂球〈阿顛傳〉；張光緯〈舟人傳〉；朱國楨〈黃山人小傳〉；龔安卿〈率情居士傳〉；楊廷楨〈自傳〉；鍾惺〈白雲先生傳〉、〈斷香銘〉；張岱〈五異人傳〉、〈自爲墓志銘〉等篇章，皆爲一時之選，屢見錄於各種晚明小品選本之中。〔註 63〕

〔註 61〕並參明・沈德符《萬曆野獲編》，卷十四、十五，「科場」諸條；清・趙翼《二十二史箚記》（台北：世界書局，2001），卷三十六，《明史》，「明代科場之弊」條，頁 535、536。

〔註 62〕陳萬益，〈晚明小品與明季文人生活〉，《晚明小品與明季文人生活》（台北：大安出版社，1988），頁 82。

〔註 63〕並參周作人編，《明人小品集》（台北：金楓，1986）；朱劍心選註，《晚明小品選註》（台北：台灣商務，1987）；劉大杰選編，《明人小品選》（上海：上海古籍，1995）；胡義成選評，《明小品三百篇》（西安：西北大學，1992）各

二、審美對象的深度——「絕對理境」之外

這種文學現象，若不再僅是具備豐富的史料意義，提供歷史研究者參考援引；亦不再僅僅作爲哲學思考者次等性之邊緣論述而存在，而是可能提供了一個特殊的人文向度，以供世人重新檢視人性情感之深度，那麼，在美學意義上，是否尚有其他深刻內容可談？如果說，審美對象在本質上是要呈現某種被忽視卻深具價值的經驗，那麼我們可以設想，它所引起的思考必然同時涉及了審美者與審美對象的生命經驗。這樣的生命經驗，既然成爲一種生命存在樣態，在藝文表現上，便有了一個關於存在之主題，希望得到閱聽者之理解。例如：醜怪、顛狂、扭曲的生命經驗，或殘缺、痛苦的身體——在文學表現之際，形軀所呈現的意義已經不全是物理性、病理性的感官痛苦，而是在書寫殘缺、痛苦的過程中，尚能感知到一種「異常」、「與眾不同」、「獨特」的快意，此快意之感知，已屬心理精神之層面，而爲書寫者所要表現、傳達的情意內容。因此，我們在觀看這些文學作品時，往往因其文詞間所揭示的諸般「異常」現象而深感吃驚，文中一些看似極不日常、又違反常規的話語，一旦置於「眞奇」、「嗜癖」的審美標準下，卻又突然變得極爲正常而深具價值。例如袁宏道與陶望齡分別寫有〈徐文長傳〉，二文中的用詞造語，鋪示了一種極爲奇特、驚悚、激烈的生命經驗。袁宏道如此描述：

> 晚年憤益深，佯狂益甚，顯者至門，或拒不納。時攜錢至酒肆，呼下隸與飲。或自持斧擊破其頭，血流被面，頭骨皆折，揉之有聲。或以利錐錐其兩耳，深入寸餘，竟不得死。……然文長竟以不得志於時，抱憤而卒。……石公曰：「先生數奇不已，遂爲狂疾；狂疾不已，遂爲囹圄。古今文人牢騷困苦，未有若先生者也。」〔註 64〕

陶望齡之〈徐文長傳〉則記載：

> ……然性豪恣，間或藉氣勢以酬所不快，人亦畏而怨焉。及宗憲被逮，渭慮禍及，遂發狂，引巨錐剚耳，刺深數寸，流血幾殆。又以椎擊腎囊碎之，不死。渭爲人猜而妒，妻死後有所娶，輒以嫌棄，至是又擊殺其後婦，遂坐法繫獄中，憤悶欲自決。爲文自銘其墓曰：「山陰徐渭者，少慕古文詞，及長益力。既而有慕於道，往從前長

書目錄。

〔註 64〕袁宏道著，錢伯城箋校，《袁宏道集箋校》，卷十九，《瓶花齋集》之七——「傳」，中冊，頁 717。

沙守季先生究王氏宗旨，謂道類禪。又去扣於禪，久之，人稍許之，然文與道終兩無得也。賤而惰且直，故憚貴交似傲，與眾處不浼，袒裸似玩，人或病之，然傲與玩，亦終兩不得其情也。舉於鄉者八而不一售，僦數椽，儲瓶粟者十年。一旦客於幕府，典文章，數赴而數辭，投筆出門，人爭愚而危之，而己深以爲安。其後公愈折節，等布衣，留者兩期，贈金以數百計，人爭榮而安之，而己深以爲危。至是忽自覓死，人曰：『渭文士，且操潔，可無死。』不知古文士以入幕操潔而死者眾矣，乃渭則自死，孰與人死之。渭爲人，度於義無所關時，輒疏縱不爲儒縛，一涉義所否，雖斷頭不可奪。故其死也，親莫制，友莫解焉。平生有過不肯掩，有不知恥以爲知，斯言蓋不妄者。」其自名如此。……然性縱誕，而所與處者頗引禮法，久之，心不樂，時大言曰：「吾殺人當死，頸一茹刃耳，今乃碎磔吾肉！」遂病發，棄歸。既歸，病時作時止，日閉門與狎者數人引噱，而深惡諸富貴人，自郡守丞以下求與見者，皆不得也。嘗有詣者伺便排户半入，渭遽手拒扉，口應曰某不在，人多以是怪恨之。晚絕穀食者十餘歲，人問何居，曰：「吾啾之久，偶厭不食耳，無他也。」尤不事生產，客幕時，有餽之洮絨十許匹者，遂大製被衣，下及所嬖私褻之服，靡不備者，一日都盡。及老貧甚，鬻手自給，然人操金請詩文書繪者，值其稍裕，即百方不得，遇窘時乃肯爲之。所受物人人題識，必償已乃以給費，不即餒餓，不妄用也。有書數千卷，後斥賣殆盡。幬莞破弊，不能再易，至藉藁寢。年七十三卒。〔註65〕

從袁宏道所云之「或自持斧擊破其頭，血流被面，頭骨皆折，揉之有聲」、「或以利錐錐其兩耳，深入寸餘，竟不得死」；或陶望齡所陳述之「慮禍及，遂發狂，引巨錐剚耳，刺深數寸，流血幾殆」、「又以椎擊腎囊碎之」、「爲人猜而妒，妻死後有所娶，輒以嫌棄，至是又擊殺其後婦」……，皆可得見袁、陶二人筆下的主角——徐渭，其德性情操並非一如聖徒、賢哲，乃深得完善中庸之旨，而有「佯狂」、「縱誕」、「善猜妒」等各種不完美的秉性特質。然而在各種性情缺陷中，卻又見其有著「深惡富貴人」、「義之所及，雖斷頭不可奪」、「廣愛孌眾」、「不餒餓，不妄用其才」等等超乎俗儒，卻更近於眞儒之

〔註65〕明・陶望齡，〈徐文長傳〉，《徐渭集》（北京，中華書局，1983）第四冊，「附錄」，頁1339～1341。

言行表現。即是此種雖有缺失，卻往往不失其性情之眞、性情之美的人格特徵，致令當代文人（諸如爲之立傳的袁、陶二人）對於徐渭產生了高度的情感認同；並在書寫、或閱讀徐渭飽受仕宦生活、倫理生活之苦，自我性格難與世諧之受難、悲劇性的人生過程中，獲得一種心靈、情感上的淨化與解放。對於晚明文人而言，徐渭佯狂怪誕的性格特徵與行爲表現，較諸完美的聖者形象，或許更能貼近當代文人的生存境況、眞切反映道德修爲的艱難之處與人性存在的眞實面相——不盡完善卻又具有一些不同於流俗、率眞任性的俠情豪舉。這種異常的人物，其行爲特徵，無疑地，與或是德性完善、或是事功奇偉、或思想恢弘足以傳世之傳統價值所稱訟的歷史人物、英賢聖者，形成了一種鮮明的對照。

又如張大復（1554～1630）〈病居士自傳〉一文，整體內容並不如兩篇〈徐文長傳〉來得令人吃驚，但其讓人心生另外一番恐怖之感，則得力於文前對其「病癥」娓娓道來的細緻描述，而最終突然出現之既在意料之外，卻又情理之內的局部行爲刻劃——一種非常人所能爲之，已入於「病態」的行爲描述：

> 居士姓父姓，名父名，然不能如父志，醜之。又多病，故自號病居士。少習舉子業爲諸生。諸習舉業者，嘔心刳肝多病悸。居士故不善雕蟲，所作制義居下下，然亦病悸。吳地下濕，處則病腫，父嘗爲木閣居之，亦病腫。或數月不跬步，所飲竟日夜不滿五合，然病下血，甚於豪飲者。好書及色，而性粗浮不期盡解，所求於人甚備，然病腎水竭，目昏昏不能視。祖父產粗足自給，所得修脯常中上，又無貧乏施與，及爲人報仇或藏亡破產之事，往往病窮，貰米養其老母，或貸之友而久負之。性懦，聞催租剝啄聲，心搖搖不能定；而強宗大猾負其勢以侮眾，即不吾犯必辱之，病傲。己無能，不欲言人之不及，而遇諸非法者，故爲強詞以奪正者，必折之無所容然後已，病憨。見義或不能爲，而好談節俠，若飛六月之霜，振齊台之風，寒易州之水，則毛骨竦竪，隱隱若刺蝟亂起，病躁。盡其足力不數里，每至佳山水必攀崖汩流，竟日徙倚不能去。或暮夜無侶，則獨往來庭宇間，至烏啼月落，欣然忘倦，病愛。緩步詳視，必求如禮，而廣坐綺筵而耐譚款；或蝨痒不可忍，輒捫而啗之，病草野而倨。……〔註66〕

〔註66〕杜聯哲輯，《明人自傳文鈔》（台北：藝文，1977），頁215、216。

張大復所言之各種身心上的病癥，可以區分爲幾個層次。「病腫」、「病下血」以及「病腎水竭」屬於生理上的病痛，可尋求適切的行爲途徑予以治療或調養，例如醫藥的調理；身心與環境、氣候之間的諧調、避忌等各種養護行爲的講求與實踐。此種生理上的病癥，屬然客觀敘述的層次。而其所謂的「病窮」、「病傲」、「病憨」、「病躁」、「病愛」、「病倨」，甚至「病悖」，則已涉及價值上的主觀認定與判斷。「病窮」雖然是一種客觀生存處境的描述——言其境況乃是「既病又窮」，然而一旦敘及因「窮」，故無「貸乏施與」、「爲人報仇」、「藏亡破產」等俠義事跡，則已是爲己身毫無「懿行佳德」足茲表彰的平凡人生，進行一種主觀性的詮釋與辯解。而「病悖」看似爲一針對「習舉業」、「作制義」之科舉制度而產生的特殊身心反應，然而，「悖」之經常性與嚴重性，若足以形成一種「病癥」，則此種描述，可能已非人物生存境況眞實發生、可以客觀驗徵的生理疾病或是精神疾病，而已是一種「反諷」性、「誇飾」性的書寫手法，含帶了對於「舉業」、「制義」之價值觀念上的拒絕與評斷。「病傲」、「病憨」、「病愛」與「病倨」，則進入一種顧影自憐，自我賞愛的情緒狀態中。張氏語帶讚嘆地揚述己身「雖病而傲」、「而憨」、「而愛」的各種行爲與情感狀態，甚至以「捫蝨」、「啗蝨」此一常情之外的驚人之舉，具體指述「倨」的內容，此中，既見一種自我憐憫式的情感意向，也存帶著一種意氣性的情感發抒。這些情感意向以一種自傳性的書寫類型出現，其意自在召喚讀者關注，甚而認同書寫者「我」此一特殊的生命類型。換言之，其創作目的，近者、淺者，乃在爲一己「異於常人」的生命型態申辯——不求史筆，且求以「習舉業」、「作制義」的「下下之筆」，留下自我著錄的文字記載，以茲樹立有別於傳統價值觀念之「異德」與「異言」；遠者、深者，或者意在敦促人們重新反思、義界「審美對象」與「道德對象」的另類內涵與各般殊性。

再如黃淳耀（1605～1645）〈僮乙傳〉之描述，並非通過使我們乍然一觀，視覺即陷於混亂的描摹方式打動我們，而是使用人們所熟悉的日常語言、日常事物，以又細又慢的事件分述方式來包圍我們：

> 吾生四歲時，有人攜一童子售吾家爲僕，髮鬅鬅覆額，其狀稚騃無識知。吾家以千錢鬻之，問其名曰乙，問其姓曰張，問其年曰不知也。與之錢，令計其數，自五六以上，則能知，至七八以外，輒愕眙不知所措，雖百方教之終不省。

> ……
>
> 生不知女色，或戲問之：「若欲得妻乎？」乙笑曰：「吾手持一把秤，不識銖兩，用妻何為？」每入市貿物，必預擇去錢之濫惡者，曰：「奈何以惡錢市人物。」及得物歸，良楛相雜，責令易之，終不可得，家人卒無如何。久之市人知其愿，亦不復與惡物，故乙所市物，視他僕反贏焉。
>
> 余嘗結夏課，患客剝啄，使乙司閽。夙誡曰：「客索我，必告以他出。」乙應曰「諾。」客至則笑而不言，客測知其故，佯謂之曰：「若主人令謝他客，獨不令謝我，亟入白若主。」乙如客言，走入白。余叱曰：「吾向與汝言謂何？」乙曰：「果爾是誑客也，我終不能誑。」余不得已，出見客，客道所以，相與大笑。
>
> 乙嘗拾遺金若干，執而號於市曰：「誰失金者，亟從我取去。」黠者紿之曰：「此固吾金也。」乙即隨手與金，不復問。得金者反不自慊，以數十錢勞之。乙大喜誇於人曰：「使吾不還金，安得此錢也。」……
>
> 〔註 67〕

此「僮乙」，外觀舉止「稚騃無識知」——對於自身年齡、金錢多寡、女色享樂、乃至一般生活常識，俱皆「稚騃無識」，因此日常生活之中，常受人們戲侮、誑騙。這種僮僕自易令人不免生氣好笑，卻又不由自主地心生許多憐憫之情。但即緣於其「稚騃無識」，因此欲望簡少、性情純樸正直、容易滿足快樂，也偶爾能得到人們的善意對待。黃淳耀即此特點，指明「稚騃」一類人物，性情純眞、可愛之美感價值所在，亦藉此側面襯寫、隱微諷刺充滿詭詐機心的俗情世間。據此，黃淳耀對於「僮乙」的情感認同，乃來自於其對「智能低下，卻不失童眞」者的同情憐憫，以及此類人物之於醜陋人性、社會的反面參照功能，並於此參照活動中，悟得一種「既愚且智」的生存、應世之道。

袁小修〈回君傳〉則是藉由描繪人物嗜於飲酒之各般姿態，宣發此類生活型態脫於塵網、逍遙自得的暢樂感受：

> ……。回聰慧，耽娛樂，嗜酒，喜妓入骨。家有廬舍田畝，蕩盡，遂赤貧。善博戲，時與人賭，得錢即以市酒。邑人皆惡之。予少年好嬉遊，絕喜與飲。邑人以之規予曰：「吾輩亦可共飲，乃與無賴人

〔註 67〕周作人編，《明人小品集》，頁 277、278。

> 飲何也？」予曰：「君輩烏足與飲！蓋予嘗見君輩飲也，當其飲時，心若有所思，目若有所注，杯雖在手，而意別有營。強爲一笑，隨即愀然。身上常若有極大事相絆，不肯久坐。偶然一醉，勉強矜持，關防忍嘿。夫人生無事不苦，獨把杯一刻差爲可樂，猶不放懷，其鄙如何！古人飲酒，惟恐不舒，尚借絲竹歌舞，以瀉其懷，況有愁人在前乎！回則不然，方其欲酒之時，而酒忽至，如病得藥，如猿得果；如久餓之馬，望水涯之芳草，踣足驕嘶，奔騰而往也。耳目一，心志專，自酒以外，更無所知。于于焉，嬉嬉焉，語言重復，形容顚倒，笑口不收。四肢百骸，皆有喜氣。與之飲，大能助人歡暢。予是以日願與之飲也。」人又曰：「此蕩子，不顧家，烏足取！」予曰：「回爲一身蕩去田產。君有田千頃，終日焦勞，未及四十，鬚鬢已白。回不顧家，君不顧身。身與家孰親？回宜笑子，乃反笑回耶？」其人無以應。……〔註68〕

回君「聰慧，耽娛樂，嗜酒，喜妓入骨」的性情特徵、興趣嗜好，無一不是小修性情、興趣的映投，因此小修方無保留地直指「絕喜與飲」，乃因其「少年好嬉遊」。因此，回君的性格的不完美，亦是小修可能具有的人格缺失，因此邑人對於回君「皆惡之」之情感態度與「無賴人」的評價，自易引發小修的不滿、反駁與憐憫同情。緣此，小修遂重申回君飲酒「如病得藥，如猿得果；如久餓之馬，望水涯之芳草，踣足驕嘶，奔騰而往也」、「耳目一，心志專，自酒以外，更無所知」、「四肢百骸，皆有喜氣」，能「助人歡暢」的特徵、美感，足可譬擬古人飲酒之典範以爲辯解。在此辯解中，除了對回君飲酒的態度心生許多欣慕、賞愛之情外，亦在對顯邑人飲酒的嚴肅無味；並進而指明世俗之人「終日焦勞，未及四十，鬚鬢已白」之爲生活俗事奮不顧身的價值觀念，較諸回君「不顧家常」的生命態度，並未高明許多。對於回君的同情憐憫，繼之爲其辯解，小修既呈現出一種對於道德興趣的淡漠，亦有著對於回君具體行爲的肯定，並試圖在此辯解之中，召喚讀者將自身投入一個陌生生命的價值世界，與主角採取同一觀看世事的角度，以激生一種理解同情，繼之認可、賞愛的審美情感。

譚元春（1585～1631）〈期山草小引〉，透過既入世又出世之典型事例的刻劃，乃爲使讀者一如創作者，深深著迷於一個女子的特殊情態與創作才情：

〔註68〕袁小修，《珂雪齋集》，卷十七，中冊，頁705、706。

> 己未秋闌，逢王微於西湖，以爲湖上人也。久之復欲還苕，以爲苕中人也。香粉不御，雲鬟尚存，以爲女士也。日與吾輩去來秋水黃葉之中，若無事者，以爲閒人也。語多至理可聽，以爲冥悟人也。人皆言其誅茆結庵，有物外想，以爲學道人也。嘗出一詩草，屬予刪定，以爲詩人也。詩有巷中語、閣中語、道中語，縹緲遠近，絕似其人。荀奉倩謂：「婦人才智不足論，當以色爲主」此語淺甚。如此人此詩，尚可言色乎哉？而世猶不知，以爲婦人也！〔註69〕

譚元春以「婦人才智不足論，當以色爲主」的世俗觀念作爲參照基礎，指出王微與眾男性文人來去西湖、苕地，倣若無事者；香粉不御、語多至理、有物外之想、能作詩論詩等異於一般婦女之特殊行徑，描摹王微「縹緲遠近」之感性、智性兼具的才情之美。這種賞愛之情，乃是經由王微異於一般婦女之行爲事跡所激發出來，譚元春藉著爲王微詩集作序的同時，亦在試圖建立一個許多女子皆可企及、有著男性優點的女性楷模，以取代那千古不變之「有色無智」的婦女形象。這是一種對於傳統婦女形象、世俗認知觀念的貶抑，亦是對於心目中完美女性形象的構設與摹繪。

周履靖（1542～1611）〈梅顚道人傳〉則是旨在表現一種離於俗情世間、時空俱止，看似顚倒荒誕、有違世情，卻眞摯熱烈的愛梅之狀：

> 梅顚，梅里之顚叟也。性嗜梅，種梅幾百株，環墟皆梅也。更不喜掃除，蒿來滿徑，結庵蓊蔚中，放歌狂嘯，若不知有人間世。或旬月不出，瓢餐汲飲而已。意與景會，則摘英嗅芬，掃石梅下，移墨揮灑其間，得意輒狂叫詫爲羲獻家流。每吟小詩，大抵宗法韋孟，沖淡而多味。合不合亦不論。平生無長物，止一鶴共行梅間，晴雲朗晝，戛然長鳴，曰樂矣快矣，丹成便可折梅馭此而去也。以是人或嘲之爲癲叟。叟曰吾癲以梅，當號梅癲，弗遺所好也。
>
> 贊曰，是渠非渠，穆然清矍，是潔非潔，山澤一漁。呼梅爲友，傍竹爲盧，闊略世故，恬然以居。席門甕牖，一瓢晏如，種荳南山，披雲帶鋤。興來把酒，芼蕨烹蔬。煙霞既痼，軒居乃疏，彼曰何其，是號梅墟。〔註70〕

雖云「顚」，但「嗜梅鶴友」、「蒿來滿徑，結庵蓊蔚中」，「放歌狂嘯，若不知

〔註69〕朱劍心，《晚明小品選注》，卷三，「序跋之二」，頁98。
〔註70〕杜聯哲輯，《明人自傳文鈔》，頁140、141。

有人間世」、「瓢餐汲飲」、「吟詩揮墨」等諸般行徑，莫不令人心生隱逸閒適之想。周履靖對於梅顛道人生活態度、人物形象的描繪，由於匯聚了人們對於王羲之、陶淵明、林和靖等歷代隱逸者一種群體性的歷史想像，此群體而非單一的聯想與形容，遂激發了書寫者、讀者一種心靈、精神上的審美熱情與欽慕式的情感認同。這種審美態度，乃是一種對於審美對象之人格特質、生活型態，無一不完美良善的價值認可，意在樹立一種當代隱逸生活的理想藍圖，並以之銜接歷史文化之源。「顛」於此，遂不再含有負面性之價值意涵，反成為一種深具正面意義的價值評斷語彙。

通過種種不同的審美創造，晚明文人將讀者帶入一種時而欣然解意、時而奇異衝突、甚或荒誕不經、驚訝怖駭，但卻引向另一種意義呈現的閱讀經驗之中。這些作品，若有深度可云，那麼書寫者眞正想要表現的生命深度是什麼？如果說：

> 把概念性的東西引進感性之中，一定要一條曲線、一條旋律線、一個色斑帶有一種意義。〔註71〕

那麼這種經由各種寫作手法所凸出之不合常情、逸於常軌，但又別具高尚人性價值等種種充滿「別異」、「衝突」的人物行爲，即是意義上的一條旋律線、或一塊色斑。創作者將特殊、不合常態，但卻具有一種概念性意義之存在經驗——奇異、扭曲、狂病、殘缺本身即深具意義與美感——引進人們的感性情緒之中，冀能獲取閱聽者一種審美上的感知與認同（通過思考，即能進入的審美體驗），並且即以此種美感宣示生命價值之所在。

詳言之，晚明人通過各種書寫方式以鋪展各種生命型態，其創作動機，乃在於藉由種種特殊生命類型之呈現，試圖擺脫傳統之影響，重新回到每一個生命自身，思考生命價值之歸趨。據此，或許他們的理解與掌握正在於：每種特殊的生命經驗所透顯之生存價值，只是眾多生命類型與價值中的一種，面對各種存在之殊相，容或有一個更高的理則爲他們所共同持守——當人們眞能理解生命價值如何建立在自身各種經驗的基礎上，如何從影響它的、決定它只成爲它自身的一切原因中獲得自我存在此一實體時，才能把握生命的根本現象，並重新挺立生命價值之所在。換言之，他們試圖通過書寫各種人物類型，令人們知悉：人類的行爲乃在於表現他們自身之存在，有其

〔註71〕【法】米・杜夫海納著、韓樹站譯，《審美經驗現象學》（北京：文化藝術，1996），頁429。

內在獨特之律則，人們應當尋求的是一種存在於生命內部的必然性——即一種由生命主體自由構成的、必然性的表現，而不應該依賴任何外部構成（外在形貌、外在作爲與外在價値觀）以決定主體的生命價値並評斷其生命之優劣高下，唯有如此，生命的意義才能重新爲人們所掌握。因此，這種思考，將產生、也將是對於各種生命型態之一種持續性的、熱情的關注，創作者「我」通過這種關注，熟悉對象，並達到與對象同感同體。依此，創作者即試圖通過外顯之形貌、作爲，卻不拘限於形象外部的某些特殊構成（多半以此作爲精神活動之參照起點），藉此掌握形象內部一種必然性的情緒以及對於各種經驗的理解、感知，從而確認各種生命存在的特殊性與各殊價値。然而，這種直截了當、無所顧忌的書寫方式，亦已昭示了「我是誰就是誰」之以自我爲價値中心的思維模式。

換言之，即因他們對於醜怪、曲異等異常生命內容的思考，乃是基於尊重各種生命經驗之獨特性、重要性而有，因此，在創作活動上，其表現的特徵將自然地由對外觀的描述進入各種生命經驗內在意義之掌握，從初始被視爲外貌刻劃的作品，逐步趨近作者眞正想要再現的生命課題、生命意義。緣此而有，創作者在進行創作之際，將自覺或不自覺地傳達一種創作訴求：即希望每一個觀看者「我」與「醜怪」、「曲異」的對象之間，建立起一種親密關係——有著「外在異常行爲」的「對象」，其外顯行爲不應被閱聽者視爲生命的全體構成，進而依此輕下論斷，率然指述其生命價値、社會功能，而淪爲一種「他者」之存在。因此，若要眞能了解這一切特殊的外顯行爲，本身並不具備什麼價値，也不爲自身表示什麼，而是另有其他內在意義時，那麼這些傳記小品，其表現方式上所構設出的種種「意義旋律線」與「色斑」，乃在藉由通過特殊呈現，以激起閱聽者一種奇特的閱聽感受，因奇特而停頓、思考，因停頓所帶來之思考空間的延伸、拓展，閱聽者遂能裕如地轉換一種新的觀看角度，自發性地投入、更爲直接之感悟，最終乃對各種異常作出別具意義之理解、甚或新的闡釋。策略果能奏效，那麼，通過文字與想像，一種全新的人性價値觀將重新爲世人所掌握，而異常卻深具意義的生命主體亦將重獲存在上的尊嚴。

這種創作訴求，不僅要求讀者啓用、運作一種交感思考，此交感思考亦是創作者創作活動賴以完成的重要感知能力。在交感思考中，作者以及閱聽者在感受、理解生命對象的過程中，亦將令自身經驗與各種感知逐步達到豐富敏銳之境，並即依此重新反思所有生命之價值。因交感思考來回不歇的持續運作，作者在創作活動的過程中，將逐步化身、等同於作品，因此，與其說創作者正在說明、詮釋一個特定的對象，不如說他乃藉由作品重新檢視並闡明自身之存在，作者與作品之間，終將形成一種相互參照、互爲闡釋之伴生關係。職是之故，設若創作者的書寫活動本身是一種爲把握對象之生命本質與更爲深刻之人性情感而作的努力，那麼晚明人此番爲他人立傳之創作活動（自傳則是更爲直接的傳達），乃連結了兩個不同的生命個體，此二生命體在交感鳴應、相互匯合的過程中，即已昭示了一種生命之深度，此生命之深度，即是此審美活動所應具涵之深度所在。質言之，審美對象若提供了一種鑑賞、玩味上的無窮性，理應歸結於此種不同生命之間匯合、探究，終而能同情地理解、並給予意義的人性深度而有。這種深度並非取決於量與形象上的無窮，亦即並非一種一覽無遺之朝向數量擴充的創作活動，而已是一種關於人性情感深度的掘發與探討。法國美學家米・杜夫海納（M.Dufrenne）曾經指出：追求物質或物象上的眾多只能稱之爲一種淺層、浮薄的審美活動，因爲量上的形象將訴求平面性的測量與無盡的擴充、延伸；而審美對象之所以具有深度，理應緣於它超越於測量之外，迫使觀看者須得經過改變自身、調整一些既定觀念才能把握它、理解它。繼而，杜夫海納揭示了審美對象與閱聽人之間，存在深度上的關聯性。他說：

> 測量審美對象的深度的是審美對象邀請我們參與的存在深度，它的深度與我們自己的深度是有關聯的。這種關聯是審美經驗在其中達到顛峰的感覺的特徵。因而闡述這種關聯，指出人自身是如何變深的以及反過來對象是如何在人看來是有深度的，就可以描述這種感覺。……因爲審美對象的深度只有作爲精神深度的關聯物和形象才能被人把握。〔註 72〕

因生命具涵相同之深度，故能彼此相通、相感，進而掘發類同之人。此生命深度的相互關聯性，袁小修在〈回君傳〉中曾予以揭示。在描述回君寄情於酒之諸般姿態後，小修論及自身耽嗜於酒之經過，指出：「予幾年前性剛命蹇，其牢騷不平之氣，盡寄之酒；偕回及豪少年二十餘人，結爲酒社」——其諸

〔註 72〕此節對於晚明傳記小品內涵深度之討論，許多觀察角度得自米・杜夫海納關於「審美對象的深度」論點之啓發。相關論述參見氏著，《審美經驗現象學》，頁 426～446；此段引文參見同書，頁 437。

般嗜癖之養成乃因生平際遇之偃蹇與稟性剛烈使然，失志不平之氣若不藉諸酒物，實難宣發。即因有此生命歷程，小修遂能深知凡有「嗜癖」之人，多數皆有其或緣於客觀環境、或緣於性情之偏之各種激發因素，是以小修對於此類特殊的生命型態，皆能同情地予以理解。因具涵同理心與深刻理解，當回君喪子，小修前往慰弔，卻見回君「方醉人家」，二人相對晤言，則回君反而笑著告知小修：「絕嗣之憂，寧至我乎？」於是，二人復即「相牽入酒家，痛飲達旦」。由「痛飲達旦」之行爲，正能窺見回君刻意掩飾之「絕嗣」（即不爲「絕嗣」，亦爲「喪子」）的痛苦愁悶，雖故作豪放語，但袁小修並非殊無所知，然而僅是解意地「相牽入酒家」，以酒物澆其塊磊。〔註 73〕即緣於小修曾「寄不平之氣於酒」的生命經驗，與由此所感悟之人於存在上的諸般艱難，方能作出有異於邑人對於回君之「無賴人」的評價，並對此種生命別有會心，進能由衷地眷愛、欣賞。此外，小修在藉由書寫活動以把握對象的同時，實則亦在以一旁觀者之身分，重新回顧自己生命之歷程：由昔時之「命蹇」而牢騷以寄，至今之「復以失意，就食京華」，然因「所遇皆貴人，不敢過爲顛狂，以取罪戾」的又一番轉折，同是失意處境，卻已有兩種不同的應世態度。立於此生命轉折處，重新檢視回君與自身的生命歷程：今日自身之戒飲與回君之「好飲日益甚」，二人似已終歸殊途，但二人之殊途，實爲小修自我生命之昔時與今日之殊途。在此番回顧中，小修重新檢視了人生各個階段的生存經驗以及各種可能理境，在生命內容上，對於立足於人世之諸般取境固然經歷了一番辯證之過程，而在呈現爲一藝術作品之際，隨著尋找、描述生命意義之殊同轉折，亦鏤刻出一往復辯難之由分至合，合而復分之有類於鐘漏圖狀的意義圖式——或即意義上的旋律線。

尤有甚者，如果說這些「異常」，對於習於俗情世間規範的「習爲令者」（袁宏道語）而言，有些事物與價值觀念是隱藏的、被俗情世間的價值系統所遮蔽的，那麼對於一個鑑賞者而言，隱蔽物之吸引力或許在於：此間的內容需經過探索、追尋，方能得到一種出於意外卻甚爲深刻的答案，而這些有所隱蔽、奇特的生命內容，其價值正在於通過自身之特殊存在所發出的邀請訊息，經過鑑賞者之摸索精神才能得以顯現。因此，若說隱蔽的生命內容中有某些崇高之價值存在，那麼，勇於掘發這些隱蔽價值，亦正是人們所具有之深度的另外一種展現。即此，這種發掘之偏尚，即是對於一個未經呈現之

〔註 73〕袁小修，〈回君傳〉，《珂雪齋集》，卷十七，中冊，頁 706、707。

對象的一種難以言喻的欲望，受到欲望之趨使而願意掘發，此種異於他人之決定，已是一種生命經驗之勇於嘗試的肯定。這種對於各種奇異之勇於嘗試的決心本身，較諸激憤、恐懼、矯飾等各種精神活動，其內蘊恐怕將更爲幽微、深邃而渺遠。此乃因爲：如果在勇於嘗試之中含有氣憤，或是害怕等質素，那麼在勇敢之中實則還有其他更重要的特質，特別是一種從自由中產生的決心與對自由之堅持，此即是李卓吾在〈因記往事〉一文中所稱許之「豪傑」與「英雄」（被掘發與勇於掘發者）所具備的特質，而此特質正爲「僞道者」所最欠缺者。李贄云：

> （巨盜林道乾）稱王稱霸，眾願歸之，不肯背離。其才識過人，膽氣壓乎群類，不言可知也。設使以林道乾當郡守二十石之任，則雖海上再出一林道乾，亦決不敢肆。……嗟乎！平居無事，只解打恭作揖，終日匡坐，同於泥塑，以爲雜念不起，便是眞實大聖大賢人矣。其稍學姦詐者，又攙入良知講席，以陰博高官，一旦有警，則面面相覷，絕無人色，甚至互相推委，以爲能明哲。蓋因國家專用此等輩，故臨時無人可用。又棄置此等輩有才有膽有識之者而不錄，又從而彌縫禁錮之，以爲必亂天下，則雖欲不作賊，其勢自不可爾。……〔註74〕

若能掘發此種不爲世所知、不爲時所容，「隱身於陶釣」、或「混跡於屠沽」，卻才識過人、膽氣干雲者，則豪傑、英雄固不必「抱不平之恨」、「懷罔措之戚」；但教英雄豪傑皆爲國家所用，則朝廷亦將不必時懷盜賊四起、損兵費矢之憂，得能專心致力於邊境之亂。因此，設若晚明關注曲異、殘缺之生命型態的審美現象中乃具有兩種面相的深度，那麼生命內容中某些「隱蔽」之價值，將因爲勇於嘗試之掘發精神，重新爲世人所見；而特殊生命經驗的深度則將針對同具類似深度之人開放、展現；依此朝向其所含具之社會功能推衍，審美深度的掘發與勇於嘗試，終必聯結、通向倫理價值之內涵所在，對社會秩序之穩定有所俾益。

然而，「隱蔽」本身並非深度的保證，經由掘發所顯現的意義與未必眞正具有深刻的人性內容，因此，若只是執著於對象的奇異性與困難性本身，則對於深度的內容本身將一無所見。詳言之，深度之所以具有某種奇異性，乃是因爲它只有使我們離開習以爲常之日常生活環境，擺脫表面構成之既定的

〔註74〕李贄，〈因記往事〉，《焚書》，卷四，頁156。

生活習慣與價值觀念，將閱聽者置於一個要求新目光方能得窺新世界的面前才得以展現其深度。然而，一旦當對象本身不再令我們感到驚奇，並能令我們在與其接觸之後，發生價值上之反思、調整；生命並得以因此更為豐富、深刻，獲得異於往昔之諸般變化時，那麼，此對象將喪失其意義上的深度。此際，對象對於閱聽者而言，將不再是值得反覆玩味之對象，其將由觀賞之主體淪為一種生活「背景」而存在，我們對其所展現的內容，將習以為常，並對其所欲表現之生存課題，隨意出之以漫不經心之回答，繼之，開始將其納入我們所習慣的活動範圍內，成為日常生活中日日所見之諸般現象之一，如此一來，此對象之奇異性與其間令人感動之質素將消失殆盡。因為其內在某些重要內容、性質因已遭到歪曲，閱聽者亦將不再對這個作品積極地投入各種感知能力（作出一種關於生命存在之無聲的詢問，並得到答案與一種平靜之感，繼而對生命肅然起敬），因此，其深度亦將同時喪失。此種作品，要不是已使我們感覺麻木，即是僅僅得到一種初見時引發的剎那驚奇，而除了驚奇之外，已無其他深刻意義可談。換言之，驚奇將只成為閱聽者在進行審美體驗之際，第一時間之感知，接下來，則無法深入尋獲關於淨化知覺、把知覺引向必要之無關利害關係等一切與審美經驗相關之感知狀態，若此，則作品將徒然暴露其貧乏、空洞的內在本質。總而言之，勇於追求隱蔽之決心當與深度互為結合，隱蔽本身不能成為審美對象之必要條件而存在。〔註 75〕

據此，我們可以參看程羽文對於癖癡性格人物之一段描述文字。程氏在《清閒供》一書中對於癖癡性格的人物型態，曾作過一番頗為周全而細緻的整理。程氏云：

> 一曰癖：典衣沽酒，破產營書，吟髮生歧，嘔心出血，神仙煙火，不斤斤鶴子梅妻；泉石膏肓，亦頗頗竹君石丈，病可原也。
>
> 二曰狂：道旁荷鍤，市上懸壺，烏帽泥塗，黃金糞壤，筆落而風雨驚，嘯長而天地窄，病可原也。
>
> 三曰嬾：蓬頭對客，跣足為賓，坐四座而無言，睡三竿而未起，行或曳杖，居必閉門，病可原也。
>
> 四曰癡：春去詩惜，秋來賦悲，聞解佩而踟躕，聽墮釵而惝怳，粉殘脂剩，盡招青塚之魂，色豔香嬌，願結藍橋之眷，病可原也。

〔註 75〕相關論述參見米・杜夫海納，《審美經驗現象學》，頁 446～451。

五曰拙：學拙妖嬈，才工軟款，志惟古對，意不俗諧，飢煮字而難糜，田耕硯而無稼，燭身脫腐，醯氣猶酸，病可原也。

六曰傲：高懸孺子半榻，獨臥元龍一樓，鬢雖垂青，眼多泛白，偏持腰骨相抗，不爲面皮作緣，病可原也。〔註 76〕

言「癖」、「狂」、「嬾」、「癡」、「拙」、「傲」皆源自於「病」，因爲「病」，所以一切與世俗生活相關之營生、應對禮儀、應考求仕、情感調節，皆無力爲之，亦無意爲之，復因與世俗生活已然脫節、邈不相侔，所以更言其「病」。此病乃肇因於時代環境、人性價值之虛無而起，非徒爲個人之罪，因而「可原」，也因此皆可不必再持守俗情世間的道德標準評定其是非。然而書名卻又標示爲「清閒供」——供清閒時排遣無聊之用，或提供清靜度歲的各種資具、列記各種注意事項。依此，書前此六種生活態度名之曰「刺約」，即類同於某種「生活公約」，或生活法則。「病」而有諸般嗜癖，嗜癖復成爲「清閒」之「供」的必備條件；面對身體病痛時，則出之以觀想、精神性的醫療手法，諸如「省費醫貧」、「苦心醫賤」、「餐松醫餓」、「裁雲醫冷」、「鳥啼醫夢」……。〔註 77〕此一來，「病痛」之生命重量與實質內容實已消解爲虛，特殊的生命類型與闡釋此一現象者，身分內涵亦頓時有所轉換，乃成爲被觀之物與閒觀之人——閒觀自身之病痛，猶如閒觀他人之病痛，雖言「病痛」，而實清虛閒散。此種「觀看」，已僅僅徒存「觀看」之動作，其內在精神實已傾向於一種無所依倚之存在境況，不僅不復得見對於「眞」、「奇」等生命性情的偏尚與執著，亦已談不上有關人性深度之掘發與闡明隱蔽意義之企圖。據此，此類對於各種病態，記之、書之的絕大用意恐怕乃在以清散之生活態度消解時代環境、生命存在之沉重感與各種價值重量，亦即在拒絕、摒棄任何有關人性深度的探問與追尋，僅欲以漫游於花草自然、書本名物排遣百無聊賴的閒散時光。循此以觀，晚明某些類於「隱於色」之迥異於傳統觀點之論述，其清虛閒散的精神意向，甚爲昭明，其排遣心態下所產生的文字紀錄，但見對於傳統道德觀念的質疑、對清閒之情的稱誦與審美經驗的醉心，其餘，則邈然無所關心。例如衛泳所輯之《悅容編》〈招隱〉條云：

謝安之屐也，嵇康之琴也，陶潛之菊也，皆有托而成其癖者也。古

〔註 76〕程羽文，《清閒供・刺約六》，收入周光培編，《明代筆記小說》（河北：河北教育出版，1995），冊十三，頁 261。

〔註 77〕程羽文，《清閒供・十七醫》，《明代筆記小說》，冊十三，頁 265。

> 未聞以色隱者，然宜隱孰有如色哉？一遇冶容，令人名利心俱淡，視世之奔蝸角蠅頭者，殆胸中無癖，悵悵靡托者也。眞英雄豪傑，能把臂入林，借一個紅粉佳人作知己，將白日消磨，有一種解語的花竹，清宵魂夢，饒幾多枕席上煙霞，須知色有桃源絕勝，尋眞絕慾，以視買山而隱者何如？曰隱曰借，正所謂有托而逃，寄情適興，豈至沉溺如世之癡漢，顚倒枕席，牽纏油粉者耶？如此則不爲桃源而爲柳巷矣，不曰買山而隱，卻要買山而埋矣。

〈達觀〉條又云：

> 誠意如好好色，好色不誠，是爲自欺者開一便門矣。且好色何傷乎？堯舜之子，未有妹喜妲己，其失天下也，先於桀紂。吳亡越亦亡，夫差卻便宜一個西子。文園令家徒四壁，琴挑卓女而才名不滅；郭汾陽窮奢極欲，姬妾滿前，而朝廷倚重，安問好色哉？若謂色能傷身者尤不然，彭籛未聞鰥居，而鶴齡不老，殤子何嘗有室，而短折莫延。世之妖者、病者、戰者、焚溺者，札厲者相牽而死，豈盡色故哉？人只爲虛怯死生，所以禍福得喪，種種惑亂，毋怪乎名節道義之當前，知而不爲，爲而不力也。倘思修短有數，趨避空勞，勘破關頭，古今同盡，緣色以爲好，可以保身，可以樂天，可以忘憂，可以盡年。〔註 78〕

這般暢言「隱於色」若有托意，則「色」之於人，將一如「謝安之屐」、「嵇康之琴」、「陶潛之菊」，並非官能層面愉悅、刺激快感之追逐，而已提昇至精神層面上的反思與追尋，屬於性靈層面之寄托。以此作爲論述基礎，自易視傳統道德觀念之將女色追求與歷史興亡、功業成敗、死亡壽夭的命題作一因果式的交綰論述，乃屬一種無稽之談，並繼之確認這種「色隱」之美感追求，足可標舉爲一種安頓身心的生活方式。此一論述，無疑地呈示出：論者認爲當前客觀存在的世界，乃爲一完全爲傳統道德論述所籠罩、馴化了的客觀實在，在這種道德化了的社會與生存狀態中，人們對於「女色」的感性追求與審美反思，已被幽閉、禁錮了許久，因此，審美與感性的解放，正是此番暢言「色隱」之要義所在。

然而，此種審美反思，乃源自於一種對當前客觀世界之避逃心理，並無法獨立於道德論說的思考框架之外，完全擺脫道德論述的思惟模式，因此，

〔註 78〕俱見衛泳，《悅容編》，《叢書集成續編》（台北：新文豐），二一一冊，頁 599。

方有「寄情適興」之說，亦要援引「誠意」的道德表述方式以爲支持，並藉此區隔「色隱」與「顚倒枕席」兩種追逐女色活動的意義差異。但即使如此，我們依然難以忽視審美經驗在此論述中所扮演之角色，及其具涵之社會功能。若說，有類於「色隱」之論述，在晚明時期已出現一種傳播現象，形成一種文學趣味，產生一種「不斷複製」之文學語言現象，〔註 79〕進而促成一種群體觀念或是社會行爲的深刻變化，逐漸形成、固著成爲文人群體間的某種同一性觀念，那麼，此中最爲重要的中介力量，乃是審美經驗所具有之溝通不同個體、獲致各種情感認同的社會功能的出現。因此，我們可以在此一論述中，得見論者對於「色隱」之描述，諸如「借一個紅粉佳人作知己，將白日消磨」、「解語的花竹」、「清宵魂夢，饒幾多枕席上煙霞」、「色有桃源絕勝」，無一不是審美經驗的描摹。通過審美想像、審美經驗的中介功能，「色隱」之美好生活情狀，容易成爲人們想像中的一種美好生活型態，可供人們自一切社會責任擔負之中解脫出來，擺脫各種道德認同，取代日常生活中其他諸如仕宦、經濟、倫理等各種活動與現實經驗，成爲一種足資稱述的生活方式與生活態度。即此審美經驗所提供的歡愉想像，致令「色隱」之快感成爲一種美好的存在情境，而現實經驗中，緣於「物質對象」必然具涵之時空限制、衰毀銷亡現象所引生之精神上「從屬」、「匱乏」與「痛苦」的危機，往往消失在審美視域之外，因此，所謂「保身」、「樂天」、「忘憂」、「盡年」

〔註 79〕晚明論「隱於色」、寫「美人」之文字甚多，例如袁宏道，〈李子髯〉：「人情必有所寄，然後能樂。故有以弈爲寄，有以色爲寄，有以技爲寄，有以文爲寄。古之達人，高人一層，只在他情有所寄，不肯浮泛虛度光景。」（錢伯城箋校，《袁宏道集箋校》，卷五，上冊，頁 241）；黎遂球，《花底拾遺》：「宇宙之間，凡物皆有韻，況閨房之秀乎？雖然，韻固難也，飲韻自難。張京兆之飲，飲於眉者也；楊毫暉之飲，飲于聲者也；虬髯客之飲，飲于髮者也；張君瑞之飲，飲於琴者也；留仙台之飲，飲于裙者也；司馬長卿之飲，飲于詩文臉際者也。飲如數子，始爲知趣、爲當行家矣。傍肉爲歡，憨憨無味，此俗觀也。」（黎遂球，《花底拾遺》，「憮飲韻」條，《筆記小說大觀》【台北：新興書局，1973】五編，頁 2633。）徐震則有《美人譜》一書，說明著錄旨趣在於：「余夙負情癡，頗酣紅夢。雖淒涼羅袂，緣慳賈午之香，而品列金釵，花吐文通之穎，用搜絕世名姝，撰爲柔鄉韻譜，使世之風流韻士，慕豔才人，得以按跡生歡，探奇銷恨，又何必羨襄王之巫雨，想阮肇之仙蹤也哉！」（徐震，《美人譜》，《筆記小說大觀》，五編，頁 3083）；另外，張潮有《補花底拾遺》、〈十眉謠小引〉；徐士俊有《十眉謠・附十髻謠》；伍端龍則有《胭脂紀事》；鄒樞有《十美詞紀》……就著錄繁盛、書名內容多有襲衍的情況，可見趣味傳播、語言複製之現象。

的美好生活情態，乃是審美快感所引生的想像與結論，就現實境況而言，是否必能達至，實是大有疑問的。然而此一疑問，論者僅以「勘破生死關頭」的達觀之論稍作提帶，未嘗深入其間探詢有關於「實踐如何得以成爲可能」、「如何確保審美經驗之恆常性」等各種命題，由此可見實踐上之諸般疑問顯然並非論者眞正關心之所在。

就「色隱」之物質條件觀之，由於引生官能愉悅的「色」，依然還是「寄」、「隱」之情興發的起點與不可或缺的必要條件，「寄」、「隱」之用意，乃在藉「物」以避世，藉繾綣女色作爲「消磨白日」之用——「物」恆常是精神依托的憑藉，據此，「色隱」雖看似爲一性靈層面之追求，然而亦難以完全排除追求快感刺激之官能享樂屬性。此外，由於「審美依賴於想像」，因此，一切審美經驗皆具有「二重性」：人們的審美經驗中，將難以阻止一切行爲可能發生進步（正面肯定、接受）或倒退（負面否定、排斥）的現象，〔註 80〕因此，「色隱」之審美想像既緣於避逃道德世界之心理動機而有，審美經驗有賴想像以茲完成，則此一審美經驗，亦將隨時可能中斷，或爲其他現實經驗所干擾，而產生諸如厭倦、厭惡、或者漠然無感的態度，「桃源」之境亦有可能即刻翻轉、沉淪爲「柳巷」之境。然而，即是在此一現實經驗乃被完全摒除在審美視域之外的言談論述中，我們遂得以窺見審美經驗爲晚明文人所帶來之嶄新地認知事理、發現事理，以別於傳統論述之認知功能（儘管此種論述往往未能完全脫離傳統道德之思惟模式），並照見審美經驗對於亟於擺脫道德論述的他們，一種強大的召喚力量。

基於「尋眞絕欲」之論述，有其理論上難以迴避之矛盾處——所謂的「尋眞絕欲」已兼蘊才性美感與德性價值之追求而言，因此，「尋眞」之任情求美與「絕欲」之克制求善，若不能在核心價值上解決可能相互衝突、混淆糾葛的理論缺陷，而終於淪爲一種追求生存刺激之曲折化、轉繞化的表現方式，則此種言說既難眞正掌握美感層境之深刻意義，亦難是德性生命層境的提昇，徒然呈示爲一種「享樂主義」的人生態度；而此番論述，亦容易凸出其遊戲性之言語造作成分，難有眞實內容可論。即此，消極之「寄隱」，往往非

〔註 80〕耀斯在論及「反諷式的情感認同」時，曾以諷刺式認同模式爲例，說明審美經驗「進步」與「倒退」的兩重性質：「即便是諷刺式認同模式的否定作用也有可能無法實現自己的目的，並造成審美態度的缺陷，產生諸如焦慮、厭倦、厭惡或者漠然置之的態度。這便證實了一切審美經驗都具有的二重性的特點，因爲審美是依賴於想像的」。《審美經驗現象學》，頁 241。

但不是基於厭世，亦非一種超然出世之態度，而是在審美經驗的描摹與說明中，成爲一種新的理想生活藍圖，容易淪爲一種人們藉由遠離塵世、逃避俗眾，更爲積極地獵取各式各樣之快感與歡樂的生活方式，若及於此，其中所呈露之情意狀態，將是一種異常強烈之對於人生的執迷與耽戀。

總觀晚明對於「曲異」、「醜怪」、「顛狂」之人物類型的偏向，其由倫理價值向審美態度轉換時，乃凸出了審美快感的兩種特殊性質：其一是審美經驗中不可或缺的審美距離；其二，則是此種距離所提供之兩個生命主體間的相互交流關係。詳言之，此類狂癖之人皆乃緣於生命精力之強度而要求有所宣發，卻又困頓於時代頹局，遂發爲狂異之舉，此皆生命不得不然之發展變化。就袁宏道與晚明文人所提出之審美判準而言，顛狂扭曲的生命型態，之所以得見一種人物才情之美——即袁宏道所云之「皆以癖而寄其磊塊雋逸之氣者也」（《瓶史》），並有助於人們藉此得窺生命自由之機，乃是得力於一種「通過對他人的享受來享受自我」的審美快感。耀斯在解釋「審美快感」時指出：

> 審美快感是「通過對他人的享受來享受自我」。因爲在審美認同的懸而未決狀態中造成快感的既不僅僅是情感的沉溺，也不是對這種情感的超然的反思，而只能是這樣的往復運動：不斷地使自我從虛構的經驗中解脫出來，用另一個人的命運來檢驗自身。〔註81〕

循此以論，袁宏道等人所標舉之「情欲眞實」的核心判準，乃是援取了一種審美態度，並在書寫他人之生命歷程、爲他人立傳時，將自己與書中人物區分開來、維持一種審美距離，即在此區分與觀看之中，通過他人的生命歷程來體會「我」之存在的各種可能性。易言之，即是通過審美距離與審美經驗的中介功能，袁宏道方能將司馬相如、東方朔、阮籍、張幼予等各種違反禮教之事例、各種不同生命氣質、「德性價值」（不論是儒或道所云之「德性」）高下有別之生命主體相互聯繫。此審美態度的援用，不僅泯除了天才與庸才之等第畫分，亦同時泯除了門第階級觀念下所產生之人格價值上貴賤雅俗的不平等，而視各種德性價值之深淺同異爲一，皆具深度之美。其次，就生命主體之間的情感交流而言，一如前文所述，設若審美對象的深度乃緣於任何特殊的生命類型本身，即是一個可能別具特殊內涵、價值意義，值得人們細心關注、仔細描摹的生命主體，那麼此類生命之具有價值，乃在其自身所表

〔註81〕耀斯著，顧建光等譯，《審美經驗與文學解釋學》（上海：上海譯文出版社，1997），頁243。

現出來的特殊律則、個殊美感，而非肇因於是否合乎任何外鑠之道德、審美判準。此外，審美對象深刻的生命意義是否得能呈現、重新爲世人所關注、理解，將決定於審美對象與描摹者、閱聽者（即接受者）之間的情感互動模式：審美對象的深度意義顯現在生命主體與讀者交互相感的過程之中，藉由交感思考的不斷運作，閱聽者在感受審美對象之際，思想、感知俱將逐步達到豐富、敏銳以及自由之境。換言之，即是由於這種審美經驗，閱聽者方能深入理解傳記人物的生存境遇，通過各種或震驚、或欣喜的情感經驗，而使心靈、思考擺脫傳統價值之束縛，在沒有任何道德訓示之壓力，或者想像受到規範的情況下，自由地思考、自主地作出判斷，終而達至一種關於生命意義之深刻理解。據此，生命之外觀容止是「美」、是「醜」，本身並不具備什麼深刻的價值與意義，審美經驗的深度，應求諸於生命主體間交互相感之過程，而非審美對象外觀形貌美醜之自身。

據此，設若刻意地「以醜爲美」，以「外觀」本身之殘缺、曲異等等「異容醜態」，以爲一種美的象徵，成爲人們標榜模倣、樂衷好尚的典範，並逐步形成一種社會共識，那麼，隨著風氣的漫衍，「曲異」、「隱蔽」本身將被賦予一種功利性的社會價值——「曲異」將進入俗情世間，與富貴、聲名等標示社會地位的表徵同列，「特殊的美感姿態」將成爲「道德論說」之外，另種謀求富貴之資具，或者標示自我身分、價值的另類時尚，一至於此，「隱蔽」與「深度」將判然二分、再無聯繫，審美經驗本身所具涵的深刻意義亦將因此再度喪失。袁小修即曾以爲此等矯作顛癖癡狂以爲美尚之人，因已失去生命眞實的存在感受，其情狀足令人「可嘔」。他在〈書遊山豪爽語〉一文中云：

> 游山次，有友人云：「先上山時，予向草中熟眠一覺，甚快。」予曰：「公欲以一覺點綴山景耳，非眞睡也。予親見公目未合耳。」其人大笑。予曰：「凡古來醉後弄風作顚者，固有至性，其中亦有以爲豪爽而欲作如是態者。」若阮籍之醉，王無功之飲，天性也。米元章之顚，有欲避之而不能者。故世傳米老辨顚帖，而世乃以其顚爲美，欲效之，過矣！雲林之癖潔，正爲癖潔所苦，彼亦不樂有之，今以癖潔爲美而效之，可嘔也。昔有一友人，以豪爽自喜，同入西山。時初春，乃裸體跣足，入玉泉山裂帛湖中，人皆詫異之。彼亦沾沾自喜。過數載，予私問之曰：「卿往年跣足入裂帛湖，可稱豪爽。」其人欣然。予再問之曰：「北方初春，冰雪稜稜，入時得無小苦耶？

幸無欺我。」其人曰：「甚苦，至今冷氣入骨，得一腳痛病，尚未痊也。當時自爲豪爽爲之，不知其害若此。」然則世上豪爽事，其不爲裂帛湖中濯足者寡矣！〔註82〕

以假眠點綴山景，只爲博得他人稱許；以癖潔爲美，倣而效之；春寒時分，裸體跣足入裂帛湖中……，此等故作豪爽舉止之人，其特異之舉，已非肇因於傳統價值渙散、政經局勢混亂所產生之困頓無措的眞實處境而有，而是試圖通過各種人爲手段（包含意識型態之轉換），塑造某種可以同時刺激官能、精神，或使之興奮的環境氣氛，並藉此獲取社會聲名。因失去了生命眞實痛切的重量，其歌誦殘缺、醜怪的生命，遂徒見追求刺激之另外一種極端表現。換言之，對於晚明人而言，追求人欲的尋常的刺激既已無法滿足他們，則因此開始謳歌形軀上之醜怪、殘缺與行爲上之曲異、狂癖。此間，固有不爲謳歌而謳歌，乃爲重申各種存在經驗之價值、重審形軀毀全、情性偏正之美學意義者，但一旦出現刻意地以醜病爲美、執偏爲全等激烈的求取姿態，則此等藉由各種非正常人格、非正常生活以遂行其自由意志者，其目的已不再是任何有關審美深度的追求與掘發，而是希望汲取每個瞬間所能汲取之一切，以免錯過體驗各種人生經驗、追求世人目光匯集之各種機會，若及於此，則又已是亢激心理之一種外顯、異化的表現。

第三節　倫理主體對於「快感」的感知與質疑

晚明文人面對逸出道德倫常規範之外的偏激行爲、狂異人格，容或多有出自審美眼光、審美角度予以同情地理解、眷顧賞愛者，但是晚明人追求追求官能刺激，甚而入於狂病的社會現象，亦引發了倫理主體之不安與質疑。此不安與質疑除表現在哲學思考、史論筆記等論述活動中，亦展現在藝文活動的領域、範疇之中。此番極爲嚴格的道德批判，尤集中表現在當朝文人對於《金瓶梅》一書之改寫創作與批評活動上。因此，在結束本章節的論述之前，我們將再次提出「倫理主體對於『快感』的感知與質疑」作爲「審美現實」的參照系統，審視當許多狂異行爲、追逐刺激的活動成爲審美主體的感知對象時，倫理主體又在什麼層面上，經由何種感知、照察與思考，將關於「官能享樂」——尤其是「性快感」此一活動，逐步建構成爲道德關注的特

〔註82〕袁小修，〈書遊山豪爽語〉，《珂雪齋集》，卷二十一，中冊，頁903、904。

殊領域。此外，我們亦將試圖指述：當倫理主體面對《金瓶梅》一書中的「性快感」活動時，乃呈示了不同於審美主體之認知型態。

明中葉以後，眾多艷情作品的問世，是否直接滋長、激刺了人們性欲望的萌發，並鼓舞人們毫無保留地盡情宣發一切官能欲望？而《金瓶梅》這一部世情小說，對於男女之欲的沉湎、留戀（尤其指「性活動」而言）是否作了過度地渲染與描繪？還是只是平實地反映了晚明商人階層的生活型態？李澤厚在《華夏美學》一書中指出：

> 明中葉以來社會風尚發生了變異，原因何在，尚待研究，大概與當時商業空前繁盛、城市消費發達有關。當時性愛小說十分流行，傳統禮俗開始崩壞。從《三言》、《二拍》即可看出，儘管開頭結尾要講幾句教訓的話，但其主體卻不再是「載道」、「言志」或「緣情」，其標準也不再是「中庸」、「從和」、「樂以節樂」，相反，很大一部分是爲了滿足或挑逗人們的情欲，其中主要又是性愛的自然情欲。從《金瓶梅》到《肉蒲團》，比之西方的性愛描寫，有過之，似無不及；春宮畫也公開爲文人們製作和販賣。它直接刺激人們的官能，挑逗人們的肉欲，開始成爲對傳統禮教的眞正挑戰。〔註83〕

李澤厚此段文字已然指明：明中葉以後，經濟市場支持著豔情小說的大量出刊，大量的豔情小說反之亦熾烈地刺激了人們自然情欲的萌發，而文學作品毫無避忌的書寫方式與販售交易的經濟活動，在在公開地挑戰了傳統禮教重視群性、不強調個體感性存在、要求自然情欲有所節制的內容與規約。然而，除了傳統儒家所強調的群性道德之外，這種情欲書寫，是否尚蘊涵了其他類型的道德倫理內涵？換言之，固然晚明許多豔情作品與世情小說，乃是市場經濟之下的產物，缺少嚴肅的創作意旨，然而，如果換個角度加以檢視，卻

〔註83〕李澤厚，《華夏美學》（台北：三民，1996），頁204。康正果亦曾指出晚明商業化趨勢對於情色小説流行，所產生的推波助瀾之功。文云：「晚明色情文化的氾濫與江南出版業的高度發展的確有很大的關係。很多學者往往喜歡把淫書的盛行歸罪於當時社會的全面腐敗，有人甚至認爲那是朝野間普遍熱中房中術的結果。他們顯然過分誇大了現實生活中的淫風與色情出版物大行其道的因果聯繫，因爲現在的事實已經日益證明，促使色情文化傳播的眞正動力實際上來自出版業牟利的動機。這就是説，晚明士大夫的末世頹風和江南城鎮的桃色環境固然滋生了對色情文化的需要，但是，眞正刺激和助長這種需要，並使之轉化爲消費享受的力量則來自江滿書畫出版業的商業化趨勢。」康正果，《重審風月鑑——性與中國古典文學》（台北：麥田，1996），頁258。

或許可以在某些作品之中，尋求這個時代另外一種特殊的道德呈現方式。我們可以試問：爲什麼縱欲的行爲及其活動和快感成了一種道德關注的對象？爲什麼這種倫理關注至少在某些時候、在某些社會裏或在某些集團中，看上去比大家對個人的或群體的生活中其他的本質領域（例如飲食行爲或者敦親睦鄰等美德）的道德關注更爲重要？圍繞著肉體的生命、倫常制度與權力關係，在晚明時期是否形成了一個三合一的主題？

證諸晚明各類筆記資料與地方縣志，我們可以得知：晚明文學作品中大量出現的情欲內容、性愛題材，並非端賴文學作品以純粹虛擬的方式憑空杜撰出一種新的情欲觀點，藉以形塑一種新興的流行文化，而是尋得一種相應的書寫形式，在某一程度上，集中地反映了某些社會現象。換言之，諸如《金瓶梅》、《三言》、《二拍》等世情小說，在掌握活躍於各個階層的性經驗與性活動的同時，亦反映出：他們並未低估這樣的社會現象與人性事實，通過文學藝術的表現方式，與其說他們爲了商業利益，不斷地刻意渲染並大肆傳播人類存在之普遍經驗與存在事實，不如說他們試圖藉由主題化的書寫，揭露人性原始欲望的各種表現面向，以傳達某些價值觀念。在這一類的世情小說中，將情欲經驗置入日常生活的軌序之中予以呈現，正說明了在晚明文人的思考中，「縱欲」現象正是與其他一些社會現象——諸如交易、買賣、友朋、士商等社會結構、倫常關係，交綰聯結、共同展現的。

著墨於「性經驗」此一種現實生活中的具體活動，已說明本文中所謂的「性經驗」或「性活動」這樣的觀念，並非一種寬泛的語意概念，僅單純地指述人類的某一種活動，而是它可能涉及了特定類型的「現實」與「存有」；並且在晚明人的道德領域與知識領域中，不論是本質性的思考，或是一般性的感知狀態，較諸其他歷史階段的反思，皆有所差異，並對人們的生活起著完全不同的作用。即此，我們想在此快速地審視晚明人關心「性快感」的幾個主要面向，以及他們探詢「官能享樂」（「快感享樂」）的一般道德形式。我們將提拈出幾種論點各不相同的文本，針對各個論點所關懷的面向，闡述晚明人如何將「官能享樂」此一活動，逐步建構成爲道德關注的特殊領域或特殊範疇。

以「萬曆詞話本」《金瓶梅》作爲底本進行改寫之「崇禎本」《金瓶梅》，既不收〈欣欣子序文〉，復將第一回「景陽崗武松打虎」改爲「西門慶熱結十兄弟」，刻意仔細摹畫「潘金蓮嫌夫賣風月」之情節；將詞話本中之〈四季詞〉、

〈四貪詞〉、「引子」俱皆刪除；又在五十三回中加重潘金蓮與陳敬濟行淫；應伯爵爲李三、黃四借銀；將李瓶兒胃虛血少之病改寫爲下淋不止之病等現象觀之，可以得見「崇禎本」之改寫者以「財色」論作爲引子，不斷地加重「懲戒說」，較諸「萬曆詞話本」乃更顯強烈的道德意識。〔註 84〕因此，本文所論之倫理主體對「性快感」的質疑，以明代文人環繞《金瓶梅》一書而起之倫理思考、評述文字，以及《新刻繡像拼評金瓶梅》一書之內容作爲討論範圍。

《金瓶梅》一書中對於男女歡愛過程的大膽描繪，以及身毀人亡的結局安置，無疑地呈示了本書作者對於「快感」的享用與追求，終將由放任無節之至樂，逐步朝向生死衰殘之境況收束的價值認知與判斷，並通過百回卷帙的長篇巨幅，作了一番至樂朝向至哀之不容逆回的極至書寫。即是緣於書中對於人物追逐各種官能與「性快感」之活動毫無避忌的細節刻畫，以及書中隨處可見時涉私褻乃至不堪入目之景狀，因此，一般論者對於此書遂易作出「猥瑣淫媟，無關名理」，或是「譏於誨淫」之價值論斷。例如沈德符友人馬仲良，勸沈德符將書付梓印行，以茲療飢，沈德符以「一刻則家傳戶到，壞人心術，他日閻羅究詰始禍，何辭置對」爲由，拒絕刊刻此書，馬仲良遂將此書置於篋中封存。〔註 85〕謝肇淛在〈金瓶梅跋〉一文中批評此類「誨淫」的道德判斷乃是「褒儒俗士」之見，並重申《金瓶梅》一書價值之所在：

> 其中朝野之政務，官私之晉接，閨闥之媟語，市里之猥談，與夫勢交利合之態，心輸背笑之局，桑中濮上之期，尊罍枕席之語，駔會之機械意智，粉黛之自媚爭妍，狎客之從諛逢迎，奴佁之稽唇淬語，窮極境象，駴意快心。……其不及《水滸傳》者，以其猥瑣淫媟，無關名理。而或以爲過之者，彼猶機軸相放，而此之面目各別，聚有自來，散有自去，讀者意想不到，唯恐意盡。此豈可與褒儒俗士見哉。……有嗤余誨淫者，余不敢知。然溱洧之音，聖人不刪，則亦中郎帳中必不可無之物也。仿此者有《玉嬌麗》，然而乖彝敗度，君子無取焉。〔註 86〕

〔註 84〕《金瓶梅》「萬曆詞話本」與「崇禎本」之殊異及後者所凸顯之強烈的道德意識，參見王汝梅，〈新刻繡像批評金瓶梅〉，齊煙、王汝梅校點，《新刻繡像批評金瓶梅會校本》（台北：曉園，1990），卷首，頁 8～12。

〔註 85〕參見沈德符，《萬曆野獲編》，卷二十五，〈詞曲〉、「金瓶梅」條，中冊，頁 652。

〔註 86〕明刊謝肇淛，《小草齋文集》，卷二十四；又見黃霖編，《金瓶梅資料彙編》（北謝肇淛以爲：書中涉及之內容，除了遭致「猥瑣淫媟」批判的兒女情態外，尚且包羅了官場民間，政務賄賂交接之情狀；街里市坊中，小人物們的利益糾葛、瑣屑猥談……，舉凡圍繞著官民、父子、友朋、夫妻、主僕而開展的家庭、社會倫理生活，莫不隨處可見人們勢交利合，爲求生存的近身肉搏，以及耍弄伎倆，盡展小智小慧的人性幽闇處。因此，對於謝肇淛而言，性快感的現實經驗，在《金瓶梅》中乃是被置入一個複雜的倫常網絡之中予以呈現，此自有其深刻的倫理內容可資深究，而非一如《玉嬌麗》等類豔情小說，但述男女性事，難見其他深刻內容之作品可以比擬。謝肇淛的觀點，無疑地反映出部分晚明文人對於文學作品中，赤裸裸地鋪敘「官能享樂」與「性活動」之各種瑣細、私穢之狀，並不以爲其必然有損綱常名教處，而是試圖提出更爲廣闊的批評視野看待此一新興於當代的書寫風潮與文化現象。此番論點，已凸顯出晚明人對於「性活動」之現實經驗的反思已有別於傳統思考處。〔註 87〕

更爲寬泛地來看，捨卻這些肯定《金瓶梅》一類情色作品之價值者不論，即觀晚明蜂起不歇的情色創作風潮，或是爲數眾多的反面譏評之論——無論通過創作，或是正反面的論述，俱皆昭明晚明人已經開始迫切地關注著人性活動的這個面向，意即：在追逐商業利益，或是生活刺激的世俗潮流外，部分晚明人已經開始嚴肅地看待此一課題，試圖經由不再避忌的描繪、觀看、批判與探究，理解官能享樂與性行爲活動中最爲細微、深刻的本質內涵，進一步提出欲望的流湎、泛濫對於倫理生活的衝擊力量與破壞層面——即對於人們生活所可能肇致的一切嚴重後果。換言之，我們對於晚明情色文學的蔓延現象，固然可以視之爲晚明社會縱欲無節、風氣隳壞的一個重要觀察指標，然而，從另外一個角度來看，許多重要的、具有爭議性的代表著作，或許也正反映出晚明人較諸以往，乃更爲專注地留意到了官能享樂或性經驗問題的各種正反面特徵，進而通過文學表現此一種少有現實利益之害、在某種程度上乃具備一種「純眞」性質的藝術表現方式，揭示人類各種官能享樂與性行

京：中華書局，2004），卷一，頁 4。

〔註 87〕李澤厚論及傳統文學對於性愛的思考、創作，指出：「在中國的禮樂傳統和儒家教義的支配下，從『關關雎鳩』表『后妃之德』和『美人香草』以喻君臣，到閨怨、悼亡以表人倫夫妻，大都籠罩在『厚人倫、美教化』的社會要求下，並無自身的價值；不但絕少婚前愛戀，多是婚後相思；而且除了上層皇室（如所謂宮體詩）和下層民間的情歌、山歌具有某種變態發洩的意義外，性愛自身並未取得自己在文藝——審美中的獨立地位，特別是沒有取得與個體感性存在相深刻聯繫的獨立地位。」參見氏著，《華夏美學》，頁 204。

爲活動中，往往幾經僞飾、不易控制、難以嚴格劃定行爲界限的欲望表現方式，以及其間深層、隱秘且不可忽視的破壞性力量。

性行爲的破壞性力量，來自各種欲望的勾挑，以及隨之而來難以歇止之各種欲求的追逐與實踐行爲。欲望的勾挑，既是手段也是目的——通過各種官能知覺的活動與行爲表現，《金瓶梅》中的人物似乎無時無刻不在追求、進行著各種快感享樂的縱欲活動。例如《金瓶梅》第二十八回描寫陳敬濟觀看潘金蓮梳妝，藉由描摹人物動作、環境佈置，通過形象視覺，同時牽引、刺激了陳敬濟與觀讀者之情欲：

> 這小夥兒打步撩衣上的樓來。只見婦人在樓上，前面開了兩扇窗兒，掛著湘簾，那里臨鏡梳粧。這陳敬濟走到傍邊一箇小杌兒坐下，看見婦人黑油般頭髮，手挽著梳，還拖著地兒，紅絲繩兒扎著一窩絲，纘上戴著銀絲髮髻，還墊出一絲香雲，髮髻內安著許多玫瑰花瓣兒，露著四鬢，打扮的就是活觀音。須臾，婦人梳了頭，掇過粧臺去，向面盆內洗了手，穿上衣裳，喚春梅拿茶來與姐夫吃。

這是一種由注視所引發的情欲流動，待金蓮梳粧完畢，陳敬濟遂與金蓮就著金蓮日前掉落的一隻鞋，勾挑爭執，意欲求歡。不惟陳敬濟情欲難遏，極盡撩撥挑逗之能事，「崇禎本評點」評論此處，亦不掩飾自身情欲的流蕩，指出：「寫得花光鬢影，蕩人心魄。眉眼俱有勾挑意，妙甚」、「勾挑軟昵處，在西門慶之上」（二十八回眉批）。顯然地，不論是《金瓶梅》作者，或是「崇禎本評點」者，對於陳敬濟與潘金蓮二人之間的欲望、話語、形象美感、熱情與笑聲，早已不認爲其中帶有純眞的情愫；尤有甚者，就《金瓶梅》作者而言，「視覺上的感知」更已屬於官能放縱的快感形式之一，成爲人們容易墮入的欲望陷阱。因此，不論就創作者或評論者而言，《金瓶梅》中的「注視」與眼睛，已不再意指通向靈魂的窗口，與《詩經》「有美一人，清揚婉兮」（《詩經・鄭風・野有蔓草》）或是《楚辭》「滿堂兮美人，忽獨與余兮目成」（《楚辭・九歌・少司命》）之「注視」乃與心靈、精神息息相關的書寫傳統迥然有別，而是視之爲肉體欲望流湎、性行爲放縱的開端。〔註 88〕

〔註 88〕例如西門慶觀看潘金蓮睡在一張新買的床上：「兩邊格扇都是螺鈿攢造花草翎毛，掛著紫紗帳幔，錦帶銀鉤。婦人赤露玉體，止著紅綃抹胸兒，蓋著紅紗衾，枕著鴛鴦而，在涼席之上，睡思正濃」（二十九回），隨著視覺引生的欲望，二人遂有蘭湯雲雨之歡；再如西門慶初見王六兒，看她粧色油樣，但見「淹淹潤潤，不搽脂粉，自然體態妖嬈；嬝嬝娉娉，懶染鉛華，生定精神秀除了「視覺」被視之爲引發無所節制之官能享樂的開端，《金瓶梅》中舉凡話語的引誘；嘴巴、舌頭與喉嚨的接觸（爲了飲食的快感）；肢體、膚觸等身體各種部位的接觸（爲了性快感），各種官能知覺的作用乃在於盡情發揮快感享樂之功能，並以此建立一種虛張性的生活品味、展現權力宰制的社會地位。我們不妨試觀《金瓶梅》第十回，作者描寫西門慶率領眾妻妾在後花園芙蓉亭宴飲的盛況。宴飲之前，西門慶先吩咐家人收拾打掃乾淨，接著「鋪設圍屏，掛起錦障，安排酒席齊整，叫了一起樂人，吹彈歌舞」。透過物質的豐盛鋪排與器皿之奢華講究，一場因突發興致而擺下的臨時性家庭宴飲，亦要能多方滿足各種官能之享樂，方才稱得上是當官人家的排場與品味：

> 香焚寶鼎，花插金瓶。器列象州之古玩，簾開合浦之明珠。水晶盤內，高堆火棗交梨；碧玉盃中，滿泛瓊漿玉液。烹龍肝，炮鳳腑，果然下箸了萬錢；黑熊掌，紫駝蹄，酒後獻來香滿座。碾破鳳團，白玉甌中分白浪；斟來瓊液，紫金壺內噴清香。畢竟壓賽孟嘗君，只此敢欺石崇富。

嗅覺、視覺、觸覺、味覺，再加上樂人歌樂彈奏之聽覺享樂，一場宴飲的歡快之情，若說是來自於四方搜求山珍海味以饜足口腹之欲，或是藉著家人聚會以盡人情之歡，不如說西門慶乃在藉著不惜揮金如土，提昇各種官能享樂的品級以符應自身之社會位階，據此區隔出與武松等一干流犯有別之身分階級，以獲取精神上的優越性滿足，並誇耀一種社會地位。〔註 89〕西門慶之官銜由賄賂得來，原爲商人階層，捐官之後，儼然成爲縉紳者流，品味也儘要倣效士紳階層。就官能享樂而言，書中人物在形軀享樂的過程中，快感的獲得，常常不僅止於局部感官的肆意宣洩，更來自於視覺、聽覺等各種官能的交互運作，作者即在細細刻畫書中人們無節制地受到各種欲望的趨使，不停

麗。兩彎眉畫遠山，一對眼如秋水。檀口輕開，勾引得蜂狂蝶亂；纖腰拘束，暗帶著月意風情。若非偷期崔氏女，定然聞瑟卓文君。西門慶見了，心搖目蕩，不能定止」（三十七回），「崇禎本評點」亦云：「看得有次第，自是好色中明眼人」（三十七回眉批），西門慶此一見之後，便百般著意勾挑王六兒。

〔註 89〕之所以有此次宴飲活動，不起因於任何風俗慶典、婚喪嫁娶，而是肇因於西門慶得知武松發配孟州，起程上路後，他心中斗大的石頭落地，情緒大好，因此興起了飲酒作樂的念頭。看似純然只爲心情佳暢而飲酒作樂，實則飲食之間的鋪張，在在都在藉由物質之奢華，標示與武松等人不同的社會位階，藉以粉飾人情道義心虛、破漏處，並輾轉取得一種心理上的自我饜足與優越感。

地迷戀於財富、權勢與女色的書寫中傳遞了一種對於各種官能快感享樂的質疑。因此，我們若反向詢問：《金瓶梅》中哪一類人物才屬於「不縱欲者」？端謹有禮的吳月娘以及飽受屈侮的武大郎、武松兄弟？可以發現書中隸屬道德節制者寥寥可數。因此，對於笑笑生而言，不惟身體直接接觸之「身極世間之鮮」的性快感，毫無疑問地隸屬於快感放縱的範圍，其中諸如「目極世間之色」的視覺、「耳極世間之聲」的聽覺，或是「口極世界之譚」的味覺……，這些官能知覺之作用，無非皆在輔助人們獲取形形色色的官能快感。荀子所云「心居中虛，以治五官」（《荀子・天論》）之作爲「天君」的「心」，對於《金瓶梅》中的主角而言，倣如淪爲輔助各種官能流湎作惡的思維器官，不再具有超越耳目口鼻各種官能活動，並含有主宰、轉化之能力，各種官能只要稍加刺激、引誘，皆將引發欲望上之自我放縱與追逐，鮮有例外者。

《金瓶梅》中之性活動與各種官能享樂的活動描寫文字，佔據了全書甚多篇幅，從視覺、嗅覺、味覺，以至觸覺，皆昭然可見各種官能快感以及性經驗快感之既有變化卻又不斷重複的各種行爲類型。〔註 90〕這種細緻的描摹、分類與人物行爲的重複書寫，顯然不是一種「美其懿行」的著述態度，而透露出一種深沉之道德上的懷疑與不安。因此，晚明的文學與藝術，對於各種官能活動鉅細靡遺、幾乎毫無保留的描述，屬於一種對於官能活動之感性解放的創造性活動，提供人們情感自由之想像、淨化功能，還是可能完全相反：愈是著意細密，愈凸出道德上的質疑與不安？在《金瓶梅》中，顯然地，由作者角度觀之（從讀者之接受角度觀之，則極可能成爲前者，如袁宏道所云之「雲霞滿紙」），〔註 91〕我們見到的心理反應，趨近於後者，而非前者。據此，《金瓶梅》作者之身影，與其說是晚明感性解放的先趨者，不如說

〔註 90〕胡衍南在《飲食情色金瓶梅》一書中指出：「至於糕餅食品，在《金瓶梅》樣式很多，一般來說有時也作主食，不過以早餐居多。此外，除了偶爾會以菜餚形式出現，例如『黃韭乳餅』、『炎春不老蒸乳餅』，其他時候大半都是作爲甜食或茶食，而且是《金瓶梅》各類女子鍾情的食品」、「《金瓶梅》飲食場景雖多，不過細節描寫多是家宴、小筵，反倒官筵多用『烹龍庖鳳』、『瓊漿玉液』一類套語，要不就匆匆數語帶過」，除了飲饌享樂的描述外，飲食與性快感互動模式、性快感之類型，書中亦有明晰之分類與介紹。引語參見氏著，《飲食情色金瓶梅》（台北：里仁，2004），頁 23、24。

〔註 91〕袁宏道於〈董思白〉一文中說：「《金瓶梅》從何得來？伏枕略觀，雲霞滿紙，勝於枚生〈七發〉多矣。」袁小修〈遊居杮錄〉文中亦曾指出：「瑣碎中有無限煙波，亦非慧人不能。」

是晚明道德焦慮的文人表徵，以一種良心導師的身分化身為文學藝術者，意圖揭示各種官能享樂活動背後的深層本質、持續思索一種恰當的道德規範形式，並在描述與構作文學鉅著的過程中，調節「欲望萌發的初始」、「體驗到的快感」和「適當結局」之間的相互作用。〔註 92〕

即是在閱讀接受的過程中感受到了作者的道德質疑與不安，亦由此體悟人們在諸般官能的享樂活動中，可能潛藏的倫理危機，欣欣子遂於〈金瓶梅詞話序〉中指出此書道德價值之所在：

> 其中語句新奇，膾炙人口，無非明人倫，戒淫奔，分淑慝，化善惡，知盛衰消長之機，取報應輪迴之事，如在目前，始終如脈絡貫通，如萬系迎風而不亂也，使觀者庶幾可以一哂而忘憂也。……此一傳者，雖市井之常談，閨房之碎語，使三尺童子聞之，如飫天漿而拔鯨牙，洞洞然易曉。雖不比古之集理趣，文墨綽有可觀。其他關繫世道風化，懲戒善惡，滌慮洗心，無不小補。譬如房中之事，人皆好之，人皆惡之。人非堯舜聖賢，鮮不為所耽。富貴善良，是以搖動人心，蕩其素志。觀其高堂大廈、雲窗霧閣，何深沉也。金屏繡褥，何美麗也。鬢雲斜軃，香酥滿胸，何嬋娟也；雄鳳雌凰迭舞，何殷勤也；錦衣玉食，何侈費也；佳人才子，嘲風詠月，何綢繆也；雞舌含香，唾圓流玉，何溢度也；一雙玉腕綰復綰，兩只金蓮顛倒顛，何猛浪也。既其樂矣，然樂極必悲生。如離別之機將興，憔悴之容必見者，所不能免也。折梅逢驛使，尺素寄魚書，所不能無也。患難迫切之中，顛沛流離之頃，所不能脫也。陷命於刀劍，所不能逃也。陽有王法，幽有鬼神，所不能逭也。至於淫人妻子，妻子淫人，禍因惡積，福緣善慶，種種皆不出循環之機，故天有春夏秋冬，人有悲歡離合，莫怪其然也。合天時者，遠則子孫悠久，近則安享終身；逆天時者，身名罹喪，禍不旋踵。人之處世，雖不出乎世運

〔註 92〕樂蘅軍則自書中人物「詼諧」的語言特色指出《金瓶梅》所具涵的嚴肅道德觀念，文云：「大概應伯爵的「詼諧」，都不過是如此一種趨奉式的自嘲，或者像對麗春院李桂姐的欺侮戲弄。這等等「遊戲筆墨」，作者表面寫來熱鬧，而意旨卻顯然在刻罵世情。原來金瓶梅已經從水滸對人生只作喜劇嘲弄裏走出來，冷冷然的做著諷刺文章了。其中原故，就在後者比前者多負著一層自覺性的道德批判。」氏著，〈從水滸潘金蓮故事到金瓶梅的風格變易〉，收入《古典小說散論》（台北：純文學，1984），頁 110。

代謝，然不經凶禍，不蒙恥辱者，亦幸矣。〔註93〕

欣欣子認爲「明人倫，戒淫奔，分淑慝，化善惡」的道德訴求才是作者「寄意於時俗」的創作動機，至於「語句新奇，膾炙人口」、「使三尺童子聞之，如飫天漿而拔鯨牙，洞洞然易曉」、「文墨綽有可觀」的審美經驗，則發揮了讀者接受此番道德論訴之絕佳中介功能。此外，就「人非堯舜聖賢，鮮不爲所耽」文句以下，多方論述「富貴高堂」、「金屏鬢雲」、「錦衣玉食」、「佳人玉腕」等各種富貴生活、官能享樂的文字以觀，欣欣子並未全然否定官能享樂之行爲活動本身，而是認爲快感享樂的危險性乃在於「極」而非「樂」，繼之提出所謂「合天時」之說。換言之，欣欣子認爲如何避免享樂「至極」，如何在快感追求活動中察明「天時」之理，禍福循環之機，將可幫助人們避免凶禍顛沛之人生悲境的到臨。此番論述，顯然地並未要求人們和自己的各種官能欲望作長期、無歇止的鬥爭，以阻止其在不知不覺間潛入靈魂之中，腐蝕人們的「心官」，並進一步嚴格地要求人們消除欲望的一切蛛絲馬跡，而僅是認爲：人們若能深知「樂極生悲」之理，適度地採取一種預防措施並加以調節，即可免除欲望享樂爲人們所帶來之關於倫理生活、身家性命或瓦散、或毀敗等諸般危難。

欣欣子在接受的過程中，對於欲望之思考、探詢，並非仔細地研究欲望深層的內在本質、其間蘊含之隱秘而強大的破壞性力量、道德所應賦予之具體的規範形式，而僅是在「量」、「程度」與行爲之「因果關係」間往復思考，認爲欲望追逐之活動，如果在程度與量上超過了「天時自然」所能賦予的強度，即是過度之淫，一旦過度，則「禍因惡積」，淫而至極，一至「身名罹喪，禍不旋踵」，即是身家性命的消解，亦即是非道德的。換言之，對於欣欣子而言，各種官能欲望，包括性行爲在內，首先之所以成爲道德反思的對象的，並非官能享樂與性行爲本身（即官能享樂與性行爲各種不同形式之追逐），也不是欲望的來源（自然或非自然），甚至也不是快感對象（從可能產生快感的不同對象或實踐方式來衡量），而是「欲望」、「行爲」、「對象」，三者以循環的方式，不斷交鎖連結之一種無止盡的宣洩過程：各種欲望及性欲導致各種快感的追逐，無節制的性行爲搜尋各種不同的欲望對象，程度不一的快感又引發了更多的官能與性欲欲求；若與時命結合以觀，則道德倫常之敗亂與身家性命的銷亡，將成爲人間最爲險絕的凶禍恥辱。即此，欣欣子於文中遂以

〔註93〕參見黃霖編，《金瓶資料彙編》，頁1、2。

數種譬喻與情境描摹說明此間的循環交鎖之理：「離別之機將興，憔悴之容必見」（事物萌發之初始必有徵兆）、「折梅逢驛使，尺素寄魚書，所不能無也」（行爲活動的發生）、「患難迫切之中，顚沛流離之頃，所不能脫也」（行爲活動將受限於時命機遇）、「陷命於刀劍，所不能逃也」（行爲與時命交互作用後的結果）、「陽有王法，幽有鬼神，所不能逭也」（世俗法律與宗教觀念對於行爲的報應懲處）。此種倫理思考若要指明其「本體論」之所在，那麼此番論述，並非純然爲了維繫傳統倫理綱常所提出的倫理思考，也不是一種有關匱乏與欲望的本體論，也意不在制定一種官能追逐與性活動之行爲規範、或是一種重申人之本性善惡的本體論述，而是一種將官能追逐（性行爲）、各種快感（性快感）、官能欲望（性欲望）與「天時因果」聯繫起來之「循環消長，合逆天時」的本體論。正是這種循環無節，乃至不合天時之過度的人爲造作活動，構成了欣欣子在閱讀接受時，所提出之有關官能追逐活動之倫理經驗的基本認知。

除了官能活動之量與程度上的質疑之外，晚明人對於官能享樂的質疑，尚表現在男女性別的權力結構上，此於情欲快感之追求活動中尤顯明晰。例如《金瓶梅》八十五回，寫春梅和潘金蓮情欲困頓，見階下兩只犬兒交戀在一處，說道：「畜生尚有如此之樂，何況人而反不如此乎？」〔註94〕而湯顯祖《牡丹亭》中的杜麗娘，在閱讀《毛詩》之後，不由得興生一番喟嘆：「關了的雎鳩，尚然有洲渚之興，可以人而不如鳥乎！」（第九齣，〈肅苑〉）前者呈現出市井人物的粗俗話語風格；後者則藉著閱讀文化經典，發出閨秀之嘆，二者身分背景、話語風格雖然迥異，然而卻共同流露出對於情欲的渴求與對社會結構限制之認知：當春梅、金蓮與杜麗娘三人產生了「追求情欲活動」之渴求時，卻受限於「女性角色」或「階級屬性」，難以遂行意志、行爲上的

〔註94〕笑笑生屢番描摹金蓮陷入性苦悶時的情緒狀態。例如小說第十二回，西門慶流連煙花妓院，「丟得家中這些婦人都閑靜了」，笑笑生摹寫金蓮之情態：「青春未及三十，慾火難禁一丈高。每日打扮的粉粧玉琢，皓齒朱唇，無日不在大門首倚門而望，只等到黃昏。到晚來歸入房中，粲枕孤幃，鳳臺無伴，睡不著，走來花園中，款步花苔。看見那月洋水底，便疑西門慶情性難拏；偶遇著玳瑁貓兒交歡，越引逗的他芳心迷亂。」再如八十三回，丫嬛洩漏了金蓮與陳敬濟歡事，金蓮與陳敬濟一個多月不曾相會，寂寞難耐，精神身體逐漸消瘦倦怠：「金蓮每日難挨，怎禁繡幃孤冷，畫閣淒涼，未免害些木邊之目，田下之心。脂粉懶勻，茶飯頓減，帶圍寬褪，懨懨瘦損，每日只是思睡，扶頭不起。」

情欲自主，因此對於不受倫常規範，不受時地、主被動之限制，而能自主、自由地追求自然情欲的禽鳥動物，遂興生了許多欣羨之情。因此，杜麗娘遊園之際所發出「沒亂裏春情難遣，驀地裏懷人幽怨。則爲俺生小嬋娟！揀名門一例、一例裏神仙眷。甚良緣，把青春拋得遠！俺的睡情誰見？」（第十齣〈驚夢〉）〔註95〕之慨嘆與《金瓶梅》三十八回中，潘金蓮雪夜等候不到西門慶，彈唱琵琶、小曲，自哀自憐的情欲苦悶之態，固然有著「情」與「欲」間，或分或合、或專一或雜多的差異性存在，但卻共同透露出身爲女性，在社會倫常觀念、權力結構的宰制下，被劃歸於情欲行爲之「被動地位」，難以主動追求、滿足自我情欲的社會宰制力量。

所謂的「被動地位」，將在有關「肉體經驗」的理論闡述中，得以清晰地具示其內涵意義。法國思想家米歇爾・福柯在《性經驗史》一書中指出：

> 既然「肉體」的經驗被認爲是男人與女人共有的一種經驗（即使它在女人中的表現方式與在男人中並不一樣），既然「性經驗」是以男性性經驗與女性性經驗之間的巨大差異爲標誌的，那麼「性活動」就被認爲是一種包括兩個各有自身角色與作用的活動者——一個是施動者，另一個是受動者——的活動。〔註96〕

據此，我們可以得見：《金瓶梅》中所反映出的倫理，無疑地，是爲了男人而制定的倫理，屬於男人的道德，在男人與女人之間劃出了一條分界限——一種「主動的行爲者」與「被動的行爲者」〔註97〕之間的一條分界線：一邊是性活動的主體，另一邊是性活動的對象，屬於性活動中的配角，這一快感的對象，包括了女子、奴婢與男童。因此，對於具有社會地位的男性而言，過度的放縱與淪爲被動的角色（或反被「被動角色」所支配），將是性活動中最值得擔憂的兩個問題，也是不道德的兩重主要形式。性活動即在「不合天時」、「極而敗身」與「主被動」的擔憂之中，成爲道德區判與評價的對象。

詳言之，在《金瓶梅》此一經由人爲構設的「封閉性」小說世界中，我們尤能得見性活動之主動意義、權力系統以西門慶之「男性」角色作爲核心，朝向四方延展的性活動網絡。在這一網絡中，女子但僅只能間接地引誘、曲

〔註95〕湯顯祖著，徐朔方、楊笑梅校注，《牡丹亭》（台北：里仁，1986），頁39、44。

〔註96〕〔法〕米歇爾・福柯著，佘碧平譯，《性經驗史》（上海：人民出版社，2004），頁157。

〔註97〕此爲福柯之用語，參見《性經驗史》，頁157。

折地宣洩，往往處於行爲的「被動角色」：受限於男性主動「插入」的作用、「歡愉地」接受各種施加於女性身上的淫虐方式、依男性要求而發出快感話語，終而結束在男性「一瀉如注」的射精行爲上。〔註 98〕因此，儘管潘金蓮看似屢番勾挑琴童、陳敬濟，較諸其他女子更爲自由、抑且自主地追求性快感，然而，勾挑僕隸琴童的下場，即是西門慶怒打琴童三十大棍，致令琴童「皮開肉綻，鮮血順腿淋漓」，而後被驅逐出西門家（十二回）；金蓮與陳敬濟私情，被月娘識破（主母之角色與威權，乃男性權力之賦予與替代），陳敬濟與金蓮雙雙被打發、趕離家門（八十六回）。《金瓶梅》中諸如春梅、金蓮等女性的性苦悶，絕大部分原因來自於倫理結構下，性關係權力的不平等。透過西門慶對於性對象、財富、權勢與社會地位，積極佔有、旁通窮搜的行爲活動，以及各種佔有物間如何交換、買賣、連結的交織敘寫，我們看到了晚明人在性快感的實踐中，明確地區分了兩種角色與兩個級別，呈現出兩種地位價值的差異：男性主體的價值與女性對象的價值並不等同，社會地位較高的男性玆爲主動者，具有主動者之價值；女性作爲被動要素，僅具有被動者之價值，而金蓮與春梅二人欲望難息的偷情經驗，則可視爲對於這種不平衡權力結構的嘗試性突破。結合《牡丹亭》中的杜麗娘（儘管她僅能於夢境與鬼域中宣發情欲）與《三言》、《二拍》中許多主動追求情欲之女性角色，諸如〈鬧樊樓多情周勝仙〉中的周勝仙（《醒世恒言》卷十四）、〈宿香亭張浩遇鶯鶯〉中的李鶯鶯（《警世通言》卷二十九）、〈聞人生野戰翠浮庵，靜觀尼晝錦黃沙弄〉中的小尼姑靜觀（《初刻拍案驚奇》卷三十四）等女性比並以觀，〔註 99〕可以得見這些女性不斷追求情欲滿足，甚而婚姻自主的舉動，較諸男子，乃更爲主動而堅決。此番現象反映出晚明人對於性活動的主、被動角色，動輒與男、女性別互有關聯的社會權力結構，有了更多的自覺與關注。

〔註 98〕康正果於《重審風月鑑——性與中國古典文學》一書中指出：「與施虐的行動相比，從被凌辱者口中發出的此類話語似乎更能滿足西門慶的佔有欲，因此，他常在交歡中不斷要求對方發出從屬他的誓言，彷彿只有從各種感覺渠道確認了他對一個女人的徹底佔有，他才能意識到自己的存在」、「（《金瓶梅》中）另一個引人注目的程式是，絕大多數性描寫都以所謂『一瀉如注』的射精作爲終結，它正好與房中書的告誡形成了強烈的對比。」頁 270、271。

〔註 99〕關於《三言二拍》中的女性角色與行爲類型，可參見黃瑞珍，〈從《三言》中的女性看馮夢龍的女性觀〉，收入張宏生編，《明清文學與性別研究》（江蘇：古籍出版社，2002），頁 210～223；曹亦冰，〈從「二拍」的女性形象看明代後期女性文化的演變〉，收入《明清文學與性別研究》，頁 224～248。

基於這種自覺與關注，凌濛初在《二刻拍案驚奇》中屢次指出：以男性爲主，女性爲次、爲末的不平等社會權力結構中，男女欲望施受不均才是倫常秩序失去平衡的眞正原因。文云：

> 天下事有好些不平的所在！假如男人死了，女人再嫁，便道是失了節，玷了名，污了身子，是個行不得的事，萬口訾議。及至男人家喪了妻子，卻又憑他續弦再娶，置妾買婢，做出若干的勾當，把死的丟在腦後不提起了，並沒有人道他薄幸負心，做一場說話。就是生前房室之中，女人少有外情，便是老大的醜事，人世羞言；及至男人家撇了妻子，貪淫好色，宿娼養妓，無所不爲，總有議論不是的，不爲十分大害。所以女子愈加可憐，男人愈加放肆，這些也是伏不得女娘們心裏的所在。
>
> 且說世間富貴人家，沒一個不廣蓄姬妾。自道是左擁燕姬，右擁趙女，嬌艷盈前，歌舞成隊，乃人生得意之事。豈知男女大欲，彼此一般，一人精力要周旋幾個女子，便已不得相當。況富貴之人，必是中年上下，娶的姬妾，必是花枝也似一般的後生，枕席之事，三分四路，怎能夠滿得他們的意，盡得他們的興？所以滿閨中不是怨氣，便是醜聲。總有家法極嚴的，鐵壁銅墻，提鈴喝號，防得一個水洩不通，也只禁得他們的身，禁不得他們的心。〔註 100〕

不論是女子再嫁、或有外情，得到的社會評價完全不同於有著相同行爲之男子，風俗習慣、社會價値，共同成爲兩性權力關係失去平衡的重要因素。因此，在此不平等的社會結構中，女子的生存處境是「可憐」的，男子卻是「愈加放肆」的。又男子三妻四妾、恣意宿娼嫖妓已成社會積習，亦往往不受律法制度之規範，就自然之「男女大欲」而言，一夫多妻，必然造成男女欲望的失衡，一旦女子欲求不滿，家庭倫理關係遂易滋生許多衝突——或怨氣四起，或醜聲外揚，倫理家法在一連串的外情、怨氣衝擊下，終將岌岌可危。對於凌濛初而言，家庭倫理結構的渙散與失序，根本原因在於男女性別權力的不平等，此尤集中表現在性快感的追求與實踐上。

相異於凌濛初對於男女性別權力不平等之社會現象所提出的反思與質

〔註 100〕分見凌濛初撰、王古魯注釋，《二刻拍案驚奇》（上海：上海古籍，1986），卷十一，〈滿少卿饑附飽颺，焦文姬生仇死報〉，上冊，頁 225；卷三十四，〈任君用恣樂深閨，楊太尉戲宮館客〉，下冊，頁 640。

疑，笑笑生在《金瓶梅》回首即以詩、文揭示：在性活動的領域中，男女關係乃是一種角鬥的本質。此論述隱然透露出笑笑生對於傳統男女權力結構可能改變、倒置的潛在性焦慮，文云：

> 二八佳人體似酥，腰間仗劍斬愚夫；雖然不見人頭落，暗裡教君骨髓枯。
>
> 即如那妖姬艷女，獻媚工妍，看得破的，卻如交鋒陣上將軍叱吒獻威風；朱唇皓齒，掩袖回眸，懂得來時，閻羅殿前鬼判夜叉增惡態。……枕上綢繆，被中恩愛，是五殿下油鍋中生活。……隨著你舉鼎盪舟的神力，到頭來少不得骨軟筋麻。……（第一回）

在「二八佳人體似酥」的美好表相下，女子眞正的面目往往是斬殺愚昧男子的猙獰夜叉，因此「妖姬艷女」、「朱唇皓齒」的美麗形象，與「掩袖回眸」的獻媚姿態，都是暗地裏令男子骨枯喪命的把戲伎倆，男子應將此男女大欲流湎橫生的世間視之爲人生的另一個戰場，理應有驍勇威風之表現，而非「骨軟筋麻」，終受閻羅審判、擲入油鍋的厲鬼。在此番竭力醜化女子形象的論述中，已見笑笑生不再認爲兩性間，男子支配與女子被支配的關係是持久穩定、令人安心的，女性在性活動的領域中，早已擺脫傳統女性形象，不再是可以絕對操縱之既清純、又可愛的馴良好女。因此，在第四回中，笑笑生即以兩首詠物詩將男女性器官比喻爲兩軍交鋒時用以廝殺的兵器：

> 一物從來六寸長，有時柔軟有時剛。軟如醉漢東西倒，硬似風僧上下狂。出牝入陰爲本事，腰州臍下作家鄉。天生二子隨身便，曾與佳人鬥幾場。
>
> 溫緊香乾口賽蓮，能柔能軟最堪憐。喜時吐如開顏笑，困便隨身貼股眠。內襠縣裡爲家業，薄草涯邊是故園。若遇風流輕俊子，等閑戰鬥不開言。（四回）

藉由粗俗之譬喻、描繪，男女角鬥的性活動本質不言可喻。對於男性器官，作者顯然意在強調其剛猛猖狂、征服攻佔的特性；對於女性器官，雖有陰柔喜困、妍媚多姿之描繪，然而，句末所出現之「等閑戰鬥不開言」的形容，柔媚形象即刻翻轉，呈露女子絲毫不遜於男子之擅於攻防的陽剛特質。康正果詮解此回西門慶與潘金蓮交歡的場景以及這兩首詩時，指出：

> 他（笑笑生）顯然有意採用民間「葷謎」的形式製造色情的噱頭，但由於過分地誇張，男女的性器官竟被塑造成獨立於人物軀體的「活

物」，以致使這個物升格為人物體驗和證實自我的基礎。〔註 101〕由男女性器官已然具有「活物」之特徵，正足以得見性活動中一種隱秘、特殊，深具誘惑力與威脅性的力量，被作者集中於性器官中加以體現、放大。即是因為性快感帶來的欲望衝動，導致人們在滿足各種需要之外，甚至在身體恢復之後還要繼續尋找快感與刺激，因此，導致放縱與過度的，是性欲望中一股「放肆」的潛力；導致反叛與暴亂的，亦是性欲中此番「淤積深藏」的破壞性力量。據此，或許我們可以進一步指出，《金瓶梅》所呈示的「肉體」經驗，其典型特徵之一即是：要求主體仔細關注（或者經常懷疑）並即時認識到性欲望中某種陰暗的、靈活的、與可怕力量的各種徵兆，因為這種力量將幻化成各種不同的面貌，潛伏在日常生活的起居坐臥之中、盤旋於公私領域之間、展現於各種倫常關係上，〔註 102〕所以理解它並描述它，就顯得異常必要。這種「懷疑」是一種「道德經驗」，而非「快感經驗」的一部分。因此，《金瓶梅》在赤裸裸的性活動書寫中，若說其中蘊藏著各種有關節制之教訓與勸誡的道德意味，那麼，我們可以得見，笑笑生似乎無時無刻都在建議人們要當心各種女性之聲音、形象、肢體動作，甚至相關之物品與氣味，它們皆有可能是性欲引誘的偽裝形式，存在著各種能夠讓人萎靡不振、侵蝕人們靈魂的各種因素，進而引發男性對於欲求的無盡追逐、終至難以自拔、命喪黃泉。即是因為性快感的自然衝動，以及各種官能欲望的交相誘惑、各色淫器與春藥的助長，讓性活動逾越了大自然規定的各種界限，導致人們易將各式各樣的享樂活動、官能欲望之追逐與自我滿足，視之為於日常生活中應該優先實踐的首要活動，賦予它們凌駕於靈魂、精神之上的絕對價值。如此一來，性活動的實踐與追求，將在不經意間顛覆社會中既定的等級制度、顛倒原來安全無虞的男女性別權力關係。質言之，笑笑生所擔憂之性活動中，四處潛伏的一股幽微力量，正關乎一種由男／女轉向女／男之權力、宰制關係的性別倒轉焦慮，而笑笑生著眼於三位女子因性經驗之「放縱」形象與「終遭惡果」之下場為小說命名，乃凸出了笑笑生對於男女權力結構與性快感之

〔註 101〕康正果，《重審風月鑑——性與中國古典文學》，頁 262。

〔註 102〕康正果曾經指出《金瓶梅》中的性活動，異常活絡且絲毫不加節制地出現在日常生活各種場域之中的情況:「性行為成了一種隨時隨地都在發生的日常活動，它伴隨著酒後的興奮，午睡醒來的困懶，園中澆完花木之後的無聊，處理公務家事和應酬賓客中的片刻空閒……它成了西門慶最重要的，甚至唯一的享樂方式。」《重審風月鑑——性與中國古典文學》，頁 266。

間有著微妙連結（男性極易在此領域中失勢）關係的焦慮。

此外，除了對於男女性別權力結構的倒置懷有一種焦慮感受外，循著「極而敗身」的思考，晚明人更進而將性快感的享用與罪惡、死亡作了一番緊密的連結。東吳弄珠客在〈金瓶梅序〉中指出：「金蓮以奸死，瓶兒以孽死，春梅以淫死，較諸婦更爲慘耳」，無異地說明了性活動與罪惡的親緣關係、以及它在生與死之間所引生的作用、佔有之地位。這是一種對於無法抑制之性欲力量和追求性快感的恐懼。東吳弄珠客指明自己的閱讀經驗乃是「讀之汗下」，認爲《金瓶梅》備敘了人物縱欲之後的沉淪與毀滅——無節制地追逐性快感、濫用性權力的人一定會導致機體的逐步衰竭、個體的死亡、家庭倫理的瓦解，甚至是人性價值的毀敗與家族親種的凋零，因此認爲《金瓶梅》一書「蓋爲世戒非爲世勸也」。職以此故，在東客弄珠客的接受過程中，其與文本間往復來回之交流與淨化，即呈現在東吳弄珠客因此心生了一股一旦忘情縱欲，終將引生罪惡、死亡登門造臨的恐懼之感，視《金瓶梅》此「穢書」，乃以通俗文學的表現形式，集中凸出了一種將性快感歸入死亡和罪惡領域的嚴肅道德觀念，並繼之揭提作者之所以取用潘金蓮、李瓶兒、龐春梅三人姓名爲小說命名的倫理關懷——「獨以潘金蓮、李瓶兒、春梅命名者，亦楚《檮杌》之意也」。即是基於此番道德思考，並以之作爲價值判準，東吳弄珠客將讀者區分爲「菩薩」、「君子」、「小人」、「禽獸」四種不同的閱讀等級，〔註 103〕他所肯定的讀者與詮釋活動，只涵及「生憐憫心」之「菩薩」與「生畏懼心」之「君子」兩種類型，對於「生歡喜心」之「小人」與「生效法心」之「禽獸」二類讀者，則是充滿了許多道德貶抑的意味。亦緣於此，其對於高度讚賞《金瓶梅》一書的袁宏道，方要以「自寄其牢騷耳，非有取於《金瓶梅》也」之別有寄託的理由替袁宏道開脫，試圖將其與「導淫宣欲」、「小人」以及「禽獸」等卑瑣一類的讀者區分開來。質言之，東吳弄珠客的「讀者區分」並非一視同仁地尊重各種詮釋角度與詮釋活動，在區分讀者類型之際，同時反映了一種嚴格的道德價值判斷。

總言以論，西門慶與眾多女子的性活動，無疑地呈示了人們在性活動上的各種可能形式與變種，因此笑笑生對於男男女女的性器官及其「功能」皆

〔註 103〕東吳弄珠客〈金瓶梅序〉：「余嘗曰：讀《金瓶梅》而生憐憫心者，菩薩也；生畏懼心者，君子也；生歡喜心者，小人也；生效法心者，乃禽獸耳。」參見黃霖編，《金瓶梅資料彙編》，頁 2、3。

有詳細的描繪，並不打算在這一方面嚴格地保持沉默。換言之，作者極爲關切此一活動及及各種表現形態。對於作者而言，西門慶所追求的對象類型、喜愛的性行爲的方式、性行爲「節制」或「放縱」的程度，對於「性快感」的沉迷，都超乎了一般道德倫常所能接受的範圍。因此，不論就小說文本所提示之意涵，或就欣欣子的閱讀理解而言，二人皆認爲性活動是由一種把各種性行爲、相關的快感和它們所引發的欲望聯繫起來的一連串運動來界定的。快感對象所產生的吸引力、針對此一快感而有的欲望力量，與「性活動」一起形成了一個牢固的統一體，而因爲「量」與「程度」上的過分強大，造成了統一體的解體，此即形成了快感倫理與性觀念的基本要素之一。這一解體，連帶地關涉到性活動與男女性別權力之間的關係，以及與罪惡、死亡的連結關係，因此，性快感之實踐活動本身，以及對於社會結構之影響，俱皆引發了倫理主體關於生存，以及權力上的雙重焦慮。質言之，《金瓶梅》作者，以及以道德作爲核心價値的評論者，在理論上，即已否定了將快感享樂作爲性行爲之目的並予以追求之活動，而是不斷地讓人們在《金瓶梅》中窺見人性墮落的原始起點、脈絡痕跡，以及人們賴以生存、不容動搖的社會結構。

我們以「倫理主體對於『快感』的感知與質疑」作爲「審美現實」的參照系統時，可以得知《金瓶梅》作者在現實的倫常世界中，乃強烈感受到了性快感與權力結構、死亡之間的因果關係，因此，其關乎性活動所之道德思考，企圖以角色人物縱欲毀身的死亡結果進行之「道德訓戒」（或道德控制），乃著眼於現實生活中倫常關係之維繫；然而，對於人類生而即有的自然大欲，笑笑生則藉由書寫活動，在書寫過程中，不斷地通過對於情欲的審美想像、審美描摹，一次次地達致官能快感之獲得、宣發與情感淨化的效能。換言之，笑笑生乃在書寫活動中以審美想像完成了自我情欲的發抒與淨化，而道德論述下的死亡陰影，則是「道德現實」對於「審美現實」之滲透與試圖掌控。因此，書中的審美想像，成功地爲笑笑生自身提供了一場場虛擬性的官能享樂活動，抑且提供了閱讀者相同之審美效能，此即「崇禎本評點」者在閱讀接受過程中，不斷地得以自文本中取得諸如「寫得花光丏影，蕩人心魄。眉眼俱有勾挑意，妙甚」（二十八回眉批）之審美經驗的「文本召喚」；而自「萬曆詞話本」中即已顯現，一至「崇禎本」乃更趨昭朗之以「道德現實」作爲全書敘事架構與寓旨，則提供了當朝文人諸如欣欣子、東吳弄珠客，甚至後來的張竹坡、文龍等倫理主體有關於道德經驗的「文本召喚」。

第五章　入於生活，又自生活逸出——晚明審美意識的構成、審美距離與「冷熱世情」

明中葉之後，由於各類手工業蓬勃發展，各項工藝產品日趨精良，工藝技術愈益高超，以金錢為尚的消費風氣、雅俗相雜的文藝思潮，逐漸主宰了技術／經濟結構，並蔓延至農、工、商各個階層，雅尚文藝、收藏品玩等文化活動，不再隸屬文人階層所特有。〔註 1〕晚明文人一方面參與了這種技術／經濟結構的形成，一方面卻又在文化領域抵制某種薄鄙、庸俗與大眾化的品味。此意即：晚明文人，一方面極為重視人性自然之欲望、各色「薄技小器」之智慧，以及各種生活細節瑣物，但另一方面卻又抵制文藝內容的庸俗淺薄，並抗拒情欲的盲目與衝動，緣於此，「性靈」文學主張的提出，既為追求人性之解放，亦成為一種維護個我文化品味的宣揚、辯護方式。

此外，對於「生活」、「道德」、「世情」等各種「客體」，如果採取有距離的「遙觀」態度，情感將呈現「冷凝」之狀態，一旦「入世戀生」，情感則易顯溫熱摯切，晚明社會之「日常」、「道德」與「審美」各種「現實」之間，皆可見「冷熱」兩種態度的取用與表現，其特徵亦甚為顯著。人們既在三重「現實」之間流轉，各種現實之間「冷熱」情感的交織變化，將使晚明社會呈顯為一價值紛錯之大千世界，此繽紛熱鬧的世間風情、人性價值之取捨變化，終將共同投映在文學藝術創作，以及文學批評等文化活動之中。

〔註 1〕參見夏咸淳，《情與理的碰撞——明代士人心史》（保定：河北大學，2001），頁 269。

由於李贄一生經歷與思想特徵可以被視之爲晚明社會渴望掙脫束縛的一個具象縮影，其倫理思想與審美意識，亦屢有交疊牽連之處，我們試圖藉由分析李贄思想中的審美意識作爲論述起點，逐一開展晚明審美意識與日常生活，以及道德思考之間，或相應而生、或交融互涉、或者衝突糾葛等諸般美學課題。由於晚明小品與《金瓶梅》「崇禎本」評點，前者標舉「性靈」作爲創作的理論基礎，後者對於《金瓶梅》中「性經驗」、「性快感」的赤裸描繪充滿了審美讚賞之情，在晚明審美語境中乃具有指標性之典型意義，一靈一欲，二者分屬於晚明審美光譜的兩個極端，以之相互對顯、總攝以論，方能較爲清晰地闡述晚明審美意識之大致風貌。因此，這一章節的討論起於李贄之審美意識，爾後，逐漸轉向晚明小品，以及《金瓶梅》「崇禎本」評點之探討，這兩種材料中所含蘊的審美意蘊，茲爲本章論述主要範疇與重點所在。

第一節　晚明審美意識的構成

就哲學思考而言，誠如我們在第三章中所闡明的：李贄爲破除僞道學者之道德論說與實際言行有所悖離、虛僞矯飾之風漫衍士林的現象，乃承王艮「聖人之道，無異於百姓日用」之說，進一步闡發道德觀念與日常生活世界的聯結關係。他認爲「穿衣吃飯，即是人倫物理；除卻穿衣吃飯，無倫物矣」，倫常之理既如實存在於日常生活之起居坐臥、飲食穿衣之中，則應就此中尋求道德消息、參悟究竟之理，除此而外，再無其他便捷之徑可以依循。因此，日常生活不僅是百姓日日面對的生存場域，亦是聖人修行悟道的實存之境，日常生活的世界茲爲一切眞理追尋的基礎與起點。他說：

> 世間種種皆衣與飯類耳，故舉衣與飯而世間種種自然在其中，非衣飯之外更有所謂種種絕與百姓不相同者也。學者只宜於倫物上識眞空，不當於倫物上辨倫物。故曰：「明於庶物，察於人倫。」於倫物上加明察，則可以達本而識眞源；否則只在倫物上計較忖度，終無自得之日矣。支離、易簡之辨，正在於此。明察得眞空，則爲由仁義行；不明察，則爲行仁義，入於支離而不自覺矣。（《焚書・答鄧石陽》，卷一）〔註2〕

〔註2〕爲免去重複注釋之冗贅，下引李贄《焚書》之文，僅於文後標示篇目、卷數，不再另行加註。

道德論說若與日常生活失去了聯繫，僅僅在抽象的概念系統與語言形式的層次上交互作用，那麼，人們對於世界與眞理之認識，將流於支離蕪雜之弊，難以掌握事物的究竟義理與完整形貌。既以日常生活的各種現象作爲認識、悟道的起點，那麼「善於觀察」各種日常瑣細之物、各種人情事理，即成爲追求至道之一種重要、且需培養之能力。李贄於〈答鄧明府〉一文中，揭示了「好察邇言」的重要性：

好察邇言，原是要緊之事，亦原是最難之事。何者？能好察則得本心，然非實得本心者決不能好察。(《焚書》，卷一)

李贄在《明燈道古錄》一書中將「邇言」釋爲「近言也」，〔註3〕所謂「近言」即是日用倫常之理、聖民同一之欲望，舉凡百姓之巷談野語、芻蕘狂夫之議論，乃至於各種人情之好貨、好色、一切治生產業等種種欲望、瑣雜細碎之事都是「邇言」(《焚書・答鄧明府》，卷一)。其之所以不厭其煩，屢於各種書信往來、讀書問答的文章中反覆申明人們應該「好察邇言」，其通貫各說的基本立意可歸結爲一：通過此一最爲貼近人們生活與存在之認知方式，切實地體證「良知本心」的內容意蘊，杜絕做作假欺之道德論說，以立學問品性之誠。「好察」與「證得」之間，初始呈顯爲一單向進程之工夫／理境意義，於既得本心之後，則綰合爲交互循環、彼此輔成之關係——即工夫即理境，此自屬哲學範疇中的命題與思考。將哲學命題移向藝術創作領域，則李贄此番對於日常生活世界的肯定與「好察邇言」之觀察事象的方法，將自然導引出一種以日常生活細節與人性情感欲望爲主要表現內容之藝術創作原則。

基於此番理解，我們便不難說明李贄「童心」說立論基礎之所在，以及其間由哲學思考朝向藝術領域層層轉進的理論軌跡。李贄既云「民之所好，民之所惡，皆曉然洞徹，是民之中，所謂善也。夫善言即在乎邇言之中」、〔註4〕「無一邇言而非眞聖人之言，則天下無一人而不是眞聖人之人明矣」(《焚書・答鄧明府》，卷一)，「邇言」包含「善言」在內，也即是「眞言」，則李贄所揭示的「邇言」一詞，乃爲一含有善惡、眞假之辨的道德命題。而一至於界定「童心」即是「眞心」，爲「絕假純眞，最初一念之本心」，並進而論述「天下之至文」，皆出於「童心」之未泯，若使「童心」不爲道理聞見等外力影響而有所障蔽，則不論一般言語、政事作爲、文辭表現，皆能「內含以

〔註3〕《明燈道古錄》，卷下，第一章，《李贄文集》，第七卷，頁369。
〔註4〕同註3。

彰美，篤實生輝光」（《焚書・童心說》，卷三）。言及於此，與「聞見道理之言」藩然有別的「童心自出之言」自然即是李贄在其他文章中反覆闡明的「邇言」，而「邇言」之中除了既有之「善」與「眞」兩種質性之外，復包含了「美」之內蘊，依此，遂見李贄在〈童心說〉一文中已將「邇言」的道德蘊義轉換爲藝術創造表現上的審美判斷。此外，〈童心說〉一文中所提出之「古之聖人，曷嘗不讀書哉！然縱不讀書，童心固自在也，縱多讀書，亦以護此童心而使之勿失焉耳，非若學者反以多讀書識理而反障之也」一段說明，則是指明了「童心」此一審美知覺既不屬於任何一種知識系統，卻又連結著每一種知識形式，其與各種知識系統間的關係，或者兼蘊不失，或者容易受到知識系統之干擾而有所障蔽。在李贄看來，審美知覺因屬於人們之天賦本能，因此具有一種普遍性意義，然而此種先天稟受之「童心」既然有所障失，遂「以從外入者聞見道理爲之心」。據此，可知李贄在申述「童心」之特質、內蘊的思考過程中，已然具涵情感先驗之觀念，並逐步將審美判斷推進到了知識和眞理的核心地帶；而但將「好察邇言」之觀察事象的方式移用於審美活動之中，則日常生活中各種瑣細活動、日常用品與人性中各種原始自然之情感欲望的「邇言」，將成爲審美知覺運作下主要的審美對象；「好察」之方式，則提示、培育了人們審美感知的敏銳性與細緻性。

依此，我們可以回頭重新檢視一則我們在第四章第一節中已經解析過的文本。袁小修在〈李溫陵傳〉中，認爲李贄之爲人，「眞有不可知者」，其中所謂之：

> 本屏絕聲色，視情慾如糞土人也，而愛憐光景，於花月兒女之情狀亦極其賞玩，若借以文其寂寞。本多怪少可，與物不和人也，而於士之有一長一能者，傾注愛慕，自以爲不如。本息機忘世，槁木死灰人也，而於古之忠臣義士、俠兒劍客，存亡雅誼，生死交情，讀其遺事，爲之咋指斫案，投袂而起，泣淚橫流，痛哭滂沱而不自禁。〔註5〕

小修以「才太高、氣太豪，不能埋照溷俗」解釋李贄行爲上超越性的高潔表現與世情欲望之間的種種矛盾之處；我們則是即此矛盾處，說明了李贄人格意志強力擴張的一種激切表現，以及此中所映投之追求刺激的精神本質。除此兩種解釋之外，如果我們順著前文的論述脈絡，重新審視這段文本，那麼，

〔註5〕袁中道，〈李溫陵傳〉，《焚書》，卷首，頁6。

我們可以在上述兩種詮釋之外，提出第三種詮釋角度：袁小修所揭櫫之李贄言行的諸般矛盾處，即正是審美經驗、審美世界與日常生活世界，或道德倫常世界的差異、區隔之處。

法國美學家米·杜夫海納在分析審美經驗的殊性時，指出：

> 審美經驗恰恰有助於保持感覺的這些功能的純潔性，因為藝術世界是我們毋須全部嚴肅對待的、一個不觸犯人的世界，對於這個世界的參與絕達不到激起情感的地步。在魯奧畫的《吊死者》面前，我感覺到世界的苦難，卻感覺不到那種在現實世界裏可能使我採取行動逃離或克服苦難的焦急或恐懼。〔註6〕

在審美對象面前，欣賞者因無立即行動的迫切性與立時引發之焦慮、恐懼等種種情意感受，因此，藝術世界恆不迫使人們直接面對現實世界的苦難與價值兩難的生命選擇課題，不論是愉快、喜悅，或是憤怒、悲傷、憐憫……，各種情感知覺的專一性與純潔性，皆將在審美世界中被完整的保存。審美經驗彷彿揭示了一個有異於現實世界之完滿世界的存在，此一完滿世界中的種種情感狀態與現實世界中的情意表現，看似是「不對稱」的，但即是由於此一看似「不對稱」的現象，側面烘托了審美世界的完滿性與自足性。因此，小修所謂李贄「屏絕聲色，視情慾如糞土」、「多怪少可，與物不和」、「息機忘世，槁木死灰人」等種種與俗情世間之人有所扞格的奇言怪行，是李贄深惡「假道學者」之道德觀念與激狂奮亢之人格特質具現於日常起居、人際往來等社會生活的行為表現。面對虛偽矯情的現實世界，既難以徹底離群索居，遺世而獨立，卻又早已失去對於傳統道德的虔誠信仰與積極改革的熱情，因此，李贄之言行遂率常出現屏絕、蔑視與離棄之姿態，再無意盤旋於各種應對酬作等社交活動中。而在「花月兒女之情狀」、「有一長一能之士」，以及歷史典籍所提供之「忠臣義士、俠兒劍客之存亡雅誼」的審美世界中，因為遠離了永無休止之充滿眞假是非之辨的道德世界，遂得以盡情宣發對於各種可喜、可憐事物的悲愉感受，因此，我們看見了李贄或表現為「愛憐光景」、「傾注愛慕」；或表現為「咋指斫案」、「泣淚橫流」、「痛哭滂沱」等諸般熱切情感的完整呈現。

即緣於此，我們遂能進一步指出：若李贄生命的多變性、豐富性與各種正反矛盾思想的匯集，茲為晚明社會現象、人性情感之各種極端表現的縮影，

〔註6〕米·杜夫海納，《審美經驗現象學》，下冊，頁417、418。

那麼晚明文人對於生命的熱愛與關注並未隨著對於道德世界、仕宦環境的失望，或者全然地投身於商業活動繁興所帶來的官能刺激之中，藉由過度的逸樂宣洩之、消耗之；或是全盤遁入宗教世界中，以各種宗教義理予以轉化消解。晚明文人對於生命的熱愛與戀慕，其中一大部分，乃傾注投入了審美世界之中，而一旦投身審美世界，往往可見其情感上的熱切，更遠甚於一般俗情世間之人。此間，若說以李贄爲表徵之晚明文人在現實世界中發現了人的有限性並深刻感受了困頓枯竭的存在處境，那麼脫逸於審美世界中，正能塡補現實世界的意義空白處。而藉由袁小修此一番對於李贄衝突矛盾言行的揭示與描述，我們遂能區隔出連小修自身也難以釐清之晚明人重要的兩重生存場域——道德倫常之世界與審美經驗的世界。

在審美世界中，熱烈情感的耽溺與執著，將呈示、並凸出「癖」、「癡」、「嗜」等各種審美知覺與審美個性。我們試觀袁宏道於《瓶史・好事篇》中論及「有癖」之人「死生以之」的全心投入，並引愛花成癖以爲例證的一段說明：

> 嵇康之鍛也，武子之馬也，陸羽之茶也，米顚之石也，倪雲林之潔也，皆以僻而寄其磊傀雋逸之氣者也。余觀世上語言無味面目可憎之人，皆無癖之人耳。若眞有所癖，將沈湎酣溺，性命死生以之，何暇及錢奴宦賈之事？古之負花癖者，聞人譚一異花，雖深谷峻嶺，不憚蹶躄而從之。至於濃寒盛暑，皮膚皴鱗，汗垢如泥，皆所不知。一花將萼，則移枕攜襆，睡臥其下，以觀花之由微至盛至落至於萎地而後去。或千株萬本以窮其變，或單枝數房以極其趣，或臭葉而知花之大小，或見根而辨色之紅白，是之謂眞愛花，是之謂眞好事也。〔註 7〕

「錢奴宦賈之事」是日常生活世界中經濟往來、仕途利祿等社會行爲，與「沈湎酣溺」的審美世界標界甚明；而將「磊傀雋逸之氣」移寄於所耽僻的事物之中，則說明了生命熱情之在日常生活世界或倫常道德世界裏無所依托，遂向「成僻爲癡」之審美世界轉換的心理過程。此中，愛花成癖者，其行爲呈現出一種罔顧性命之虞、膚體之苦，乃如夸夫追日般，或是追逐異花之所在，或是竭盡所能地參與花開花落之一切生命消息。就袁宏道而言，「沉湎酣溺」、

〔註 7〕袁宏道著、錢伯城箋校，《袁宏道集箋校》，卷二十四，《瓶史》，〈十・好事〉，中冊，頁 826。

「死生以之」，是「眞有所癖」之人理應如此之情感行爲狀態，亦即是審美經驗之殊性所在，他在〈遊蘇門山百泉記〉一文中，重申了「溺」之蘊義與各種特殊的行爲表現：

> 舉世皆以爲無益，而吾惑之，至捐性命以殉，是之謂溺。……溺於酒者，至于荷鍤；溺於書者，至于伐塚；溺于禪者，至于斷臂。溺山水者亦然。……嗜酒者不可與見桑落也，嗜色者不可與見嬙、施也，嗜山水者不可與見神區奧宅也。宋之康節，蓋異世而同感者，雖風規稍異，其于棄人間事，以山水爲殉，一也。〔註8〕

袁宏道認爲對於事物的好尚程度，若非至於身心性命的全番投入，不足以謂之「溺」。溺於一事一物之人，但教觸及一切相關事物，則狂熱投入，一切日常性事務、社交生活與身體殘病與否，皆將置之度外。此外，袁氏在〈題陳山人山水卷〉一文中，則提出了一種新的感知山水、嗜癖山水之方式，認爲「眞嗜」山水者，不必「巖棲谷飲」、「煙嵐與居」，只要胸中精神有足以與山水突兀浩然之氣相爲契入、匹敵者，不論是否親身涉處於山水之中，皆是「眞嗜山水」之人，其餘，則皆不得謂之「眞嗜山水」者。〔註9〕袁宏道此一番對於審美對象之新的感知方式的揭提，以及對於有若罹患疾病，乃至「捐性命以殉」之審美經驗殊性的揭示，屢爲晚明人所強調。例如田汝成將黃省曾耽癖山水的行爲，區分爲「山輿」、「山足」、「山腹」、「山舌」、「山僕」等幾個面向：

> 子誠山人也，癖耽山水，不顧功名，可謂山輿；瘦骨輕軀，乘危涉險，不煩笻策，上下如飛，可謂山足；目擊清輝，便覺醉飽，飯纔一溢，飲可曠日，可謂山腹；談說形勝，窮狀奧妙，含腴咀雋，歌詠隨之，若易牙調味，口欲流涎，可謂山舌；解意蒼頭，追隨不倦，

〔註8〕袁宏道著、錢伯城箋校，《袁宏道集箋校》，卷五十一，《華嵩遊草之二——遊記、序跋》，下冊，頁1484。

〔註9〕袁宏道〈題陳山人山水卷〉一文云：「古之嗜山水者，煙嵐與居，鹿豕與遊，衣女蘿而啖芝朮。今山人之跡，什九市廛，其於名勝，寓目而已，非眞能嗜者也。余曰：不然，善琴者不弦，善飲者不醉，善知山水者不巖棲而谷飲。孔子曰：「知者樂水。」必溪澗而後知，是魚鱉皆哲士也。又曰：「仁者樂山。」必巒壑而後仁，是猿猱皆至德也。唯於胸中之浩浩，與其至氣之突兀，足與山水敵，故相遇則深相得，縱終身不遇，而精神未嘗不往來也，是之謂眞嗜也，若山人是已。」袁宏道著、錢伯城箋校，《袁宏道集箋校》，卷五十四，《未編稿之二——雜著》，下冊，頁1581、1582。

搜奇剔隱，以報主人，可謂山僕；備此五者，而謂之山人，不亦宜乎？〔註10〕

其中「山興」、「山僕」、「山舌」之行爲表現自然是摒絕日常事務之干擾，以窮搜山水勝景取代其他諸如「競逐功名」、「流涎美食」等活動的積極追求，而「瘦骨輕軀、乘危涉險」、「飯纔一溢、飲可曠日」之「山足」與「山腹」則是獻身山水，「性命以殉」之極端表現了。又如袁小修在〈王伯子岳遊序〉一文中，敘述自身對於山水之嗜癖，已然是迫於疾病所驅，不得不然之追求：

天下之質有而趣靈者莫過於山水，予少時知好之，然分于雜嗜，未篤也。四十之後，始好之成癖，人有詑予爲好奇者。昔吾村有老人焉，一日不醉，則目眩手戰，皇皇若疾。夫此老人者，豈誠慕荷鍤漉葛之美而效之哉？疾病所驅，勢不容已。予之于山林也，亦若是而已矣。自中郎去後，雖有游興，幾同流波之曲。〔註11〕

小修舉村中老人耽嗜於酒，以至於不飲則生理「目眩手戰」，彷彿有疾的現象說明自身對於山水的嗜癖、興趣已不是一般對於美好事物的精神性戀慕，以及文化品味上的摹倣，而已是一種生理性的基本生存需求。此中或如龔鵬程先生所言，小修的山水追求，乃因罹患血疾、有死生性命之虞，遂不得不投向山水以之避逃女色的現實肇因，〔註12〕但不論此由情欲之嗜溺轉而投身山水之態度，或爲積極、或屬消極，寄情山水的審美經驗，卻似乎有效地遏抑了小修對於色欲的追逐與耽溺。而李漁則進而指出凡有癖嗜之人，其「癖之所在，性命與通，劇病得此，皆稱良藥」——癖之所在，非僅作爲一種精神上的慰藉，而實含物理性功效，可以治療重症，且往往是治病之獨一無二的良方。〔註13〕

〔註10〕朱國禎著、繆宏點校，《涌幢小品》（北京：文化藝術，1998），卷十七「山游」條。

〔註11〕袁中道，《珂雪齋集》，卷十，上冊，頁460。

〔註12〕龔鵬程，〈超凡入聖：袁小修的山水遊記〉，《晚明思潮》，頁227～233。

〔註13〕李漁《閒情偶寄》〈頤養部．療病第六〉「本性酷好之藥」條云：「本性酷好之物，可以當藥，凡人一生，必有偏嗜偏好之一物，如文王之嗜菖蒲菹，曾晳之嗜羊棗，劉伶之嗜酒，盧仝之嗜茶，權長孺之嗜爪，皆癖嗜也。癖之所在，性命與通，劇病得此，皆稱良藥。……予嘗以身試之，庚午之歲，疫癘盛行，一門之內，無不呻吟，而惟予獨甚。時當夏五，應荐楊梅，而予之嗜此，較前人之癖菖蒲、羊棗諸物，殆有甚焉，每食必過一斗。……及其既得，才一沁齒而滿胸之郁結俱開。咽入腹中，則五臟皆和，四體盡適，不知前病爲何物矣。」李漁著，江巨榮、盧壽榮校注，《閒情偶寄》（上海：上海古籍出版，

總觀晚明此類寄情於各種花石器物、或是追逐山水勝景以至於成癖爲癡者，其情感之熱切程度，由對於事物之玩好賞愛、「性命與通」，乃至於「死生以之」、「有大溺者必有大忍」、「逆情反性，有甚于笑者也」，〔註14〕則晚明文人對於耽癖事物所投入的情感，已非僅僅呈現出德國「接受美學」學派耀斯（Hans Robert Jauss）所揭示之「審美興趣」的內蘊——一種即刻得到滿足的快感、是一種類似發現新大陸式的新的觀察方式、具有一種難以駕馭的性質，〔註15〕而已遠遠逾越一般道德倫常之規範，凌駕於其他價値觀念之上，成爲可以終身持守、奉獻之信仰。質言之，晚明人此番對於審美經驗的闡釋與情感投入，乃已入於一種宗教情懷。如果依耀斯所言：

> 審美經驗的這種難以駕馭的性質具有一種奇特的兩重性：它有逾越規範的作用，但反過來，通過使社會狀況理想化又起著使其改觀的作用。〔註16〕

那麼晚明人對於事物的熱愛癡戀以至成癖，並藉由大量的文字闡釋審美經驗、描繪審美對象，除了令審美對象之外觀臻於完滿美善之境，以便於人們通過文字想像即能產生一種立時滿足的快感，並獲取一些超乎官能知覺之上的某種意義外，這種審美興趣是否尚且蘊涵一種超越「小我之審美興趣」以外的「大我」、「群眾」熱情？在晚明文人對於事物之癖癡行爲，已然表現出一種有類於宗教情懷的現象中，我們除了看到審美經驗裏所特有的一種熱情之外，亦能具體得見此「難以駕馭的情感性質」，如何逐漸凝聚、固著，成爲一種生命信念，而此生命信念又如何經由意志力的強力驅使與貫徹，呈示出一種狂熱癥狀。這種狂熱情感固然逾越了傳統道德之規範，但李贄、袁宏道等晚明文人，是否即意在藉由審美經驗的揭示，向許多受到傳統道德觀念束縛局限，或顛躓於仕宦道途，乃至於筋疲力竭的無數文人，提供道德信仰、

2000），頁381、382。

〔註14〕後二言爲袁宏道語，語見〈遊蘇門山百泉記〉一文，《袁宏道集箋校》，卷五十一，《華嵩遊草之二——遊記、序跋》，下冊，頁1484。

〔註15〕耀斯（Hans Robert Jauss）解釋「審美興趣」時，指出：「審美興趣不同於一般的好奇心，不只是對新鮮事物的一種驚詫，它是一種類似發現新大陸式的新的觀察方式。從宗教權威的觀點看，審美經驗總是而且必定被懷疑有一種難以駕馭的性質：只要要它被用來使人們憶起超感覺的意義，它同時也使引發美感的外觀臻於完善，並產生一種即刻得到滿足的快感。」耀斯著，顧建光等譯，《審美經驗與文學解釋學》（上海：上海譯文，1997），頁2。

〔註16〕同上註，頁2。

仕宦之途所無法充分給予之滿足？並指引流連於社群邊緣之文人，通過「癖」、「癡」、「嗜」等審美個性的展現，以及向審美世界全番地位移與投入，人們將擺脫舊的生存模式、價值思考，重新尋得一種新的生命存在價值？而這種種提倡「審美經驗」之爲一種至高至上之人性價值的思維模式與言說活動，乃是對於社會生活、人性情感朝向理想之生存狀況發展的一種深沉企望，此企望之源泉，依然是一種對於人性、社會仍然懷抱著希望的生命熱情。

晚明哲學內涵之轉變與審美意識之發展，雖乃因應商業活動之活絡蓬勃，飲食服飾、居屋裝飾、旅遊風氣之逐漸普及與通俗文學讀者群日益擴大等社會現象而萌興，但經文人理論上的提倡以及大量的創作實踐，反之，亦影響了社會各個階層，審美意識逐漸普及，審美經驗與日常生活中的許多活動，區界日益模糊。例如袁宏道除了指出人們若能於日常生活中，竭盡所能地掘發眼、耳、口、身等各種官能活動之特殊經驗，並獲致審美滿足，茲爲人間一大快事外；與官能之樂相當者，尚有社交生活之樂、閱讀著述之樂、旅遊之樂與貧困之樂。袁宏道云：

> 目極世間之色，耳極世間之聲，身極世間之鮮，口極世間之譚，一快活也。堂前列鼎，堂後度曲，賓客滿席，男女交舄，燭氣薰天，珠翠委地，金錢不足，繼以田土，二快活也。篋中藏萬卷書，書皆珍異。宅畔置一館，館中約眞正同心友十餘人，人中立一識見極高，如司馬遷、羅貫中、關漢卿者爲主，分曹部署，各成一書，遠文唐、宋酸儒之陋，近完一代未竟之篇，三快活也。千金買一舟，舟中置鼓吹一部，妓妾數人，遊閑數人，泛家浮宅，不知老之將至，四快活也。然人生受用至此，不及十年，家資田地蕩盡矣。然後一身狼狽，朝不謀夕，托缽歌妓之院，分餐孤老之盤，往來鄉親，恬不知恥，五快活也。士有此一者，生可無愧，死可不朽矣。〔註 17〕

文學創作與知識的追求只是日常活動的諸多現象之一，並不具有高於其他一切日常活動之價值，因此，可以與官能享樂、社交生活，甚或人生窮愁潦倒之境遇等同並觀，而無高下、優劣之別。據此，則日常生活中的各種活動，無一不是審美經驗，無一不可轉換爲審美經驗，而當所有事物皆以具涵審美品質之面貌呈現時，日常生活中各種活動之價值才得以被凸顯、值得歌詠頌

〔註 17〕袁宏道，〈龔惟長先生〉，《袁宏道集箋校》，卷五，《錦帆集之三——尺牘》，上冊，頁 205、206。

嘆，並因此具備完滿和諧之意義。其中，第五種人間快活事，則凸出了一種游戲的審美態度，此中乃揭示了一種審美距離。「家資田地蕩盡」、「一身狼狽，朝不謀夕」、「托缽歌妓之院，分餐孤老之盤」茲爲一種繁華過盡的凋零處境，乃爲可能發生之眞實生活情境。在時間上，爲未來假想之境，而在審美經驗的反思層次上，袁宏道則自覺地採取了旁觀者之角色，從一種審美的角度欣賞之，並懷著喜悅的心情審視未來生活所可能發生的困頓境況。此一困頓境況，在藉由文字加以描繪之後，身、心可能疲病交纏的難堪情狀與現實生活的嚴肅性即刻轉化爲一種游戲態度，因此，困境便喪失了足以爲「困」的各種現實要件，而成爲一種可供品賞、饒富趣味的喜樂之境。耀斯（Hans Robert Jauss）在分析「審美距離」時指出：

> 這是在知識社會學中被稱爲「角色距離」的那種日常行爲的審美變體。對處於任何社會的人來說，他之所以有可能與自己的行爲拉開距離是基於這樣的事實，即，即使在樸實的日常生活中，人也能選擇多種不同的行爲方式；他的各種角色各自都把對方看作相對的；通過隔斷日常生活與其他有意義的活動領域（譬如夢幻、宗教、科學等）之間的聯系，他就可以作爲一個獨立於角色之外的自我來體驗自身。除了這些可能性之外，審美態度還可以讓人面對自己的角色，使他從通常所扮演的角色的束縛和成規中解脱出來。這種內心的距離起源於游戲的審美態度，這是一種以個人自由意志來處理原來必須一本正經地辦理的事情的能力。……當角色距離的審美經驗被運用於一種眞實的生活情境，道德習俗或鑒賞力要求完全認眞的投入時，這種經驗就可能非常突出而變成唯美主義。〔註18〕

即此，袁宏道將審美距離運用在眞實的生活情境之中，緣於一種審美觀照，乃能自平日所扮演之「奔走塵土，無復生人半刻之樂」（〈龔惟長先生〉）之飽受束縛的官職生活和士大夫必需恪遵之道德成規中脫逸而出，以一個獨立於社會角色之外的自我，重新體驗可能沉淪的自身。因隔斷了道德倫常之世界，因此，其「一身狼狽」、「托缽分餐」之際，面對「往來鄉親」方能「恬不知恥」，即此官職束縛與道德規範之雙重解脫，以言「窮愁潦倒」而能「快活」之義。此番眞實生活與道德生活，無一非審美經驗之運用與投入，一如耀斯所言，已是徹底的唯美主義者，此唯美主義的癥狀，非僅僅屬於袁宏道個人

〔註18〕耀斯著，顧建光等譯，《審美經驗與文學解釋學》，頁4、5。

之特殊行爲，乃爲晚明社會常見的存在情境。

由李贄乃至於袁宏道等晚明文人之論述觀之，將道德命題中「好察邇言」以見至道所在的修悟方式，移轉於審美範疇中，或拓展審美對象之範域，或提倡一種新的審美感知方式，此論點之提出與移用，已見日常生活之諸多現象中乃存在著審美品質此一議題，已被充分凸顯出來。由道德哲學的論述，轉向審美經驗的闡釋，當日常生活與其他有意義的活動領域，諸如知識追求、社交活動、旅行遊憩等各種經驗，皆可掘發其間蘊涵之審美品質時，審美經驗介入了以日常生活爲基礎之各種意義領域之中，並通貫了日常生活中各種類型之活動。因此，日常生活間的諸般事物、現象，對於許多文人而言，無非皆是審美經驗的呈示，文人的創作活動，即在通過文字，揭示生活中許多日常事物潛在的審美力量。因此，晚明文人喜以小品文類書寫日常生活器物之美，成爲頗具時代特色之文學類型。描摹日常生活中的瑣細事物、人性情感與語言現象，除了爲明代小品文增色不少外，以之更新傳統文類之表現題材與寫作手法，亦使傳統文類有了異於前代之鮮明特色。例如袁宏道在〈雪濤閣序〉中認爲「詩窮新極變，物無遁情」，以「一二語近平近俚近俳」入詩，正能有助於「爲詩所困」之文人，「脫其粘而釋其縛」，〔註 19〕其〈徽謠戲柬陳正甫〉、〈竹枝詞〉、〈小婦別〉等作，皆帶有濃厚的民歌情味；〔註 20〕江盈科（1553～1605）則認爲「夫詩，則寧質，寧樸，寧摭景目前，暢協眾耳眾目」，〔註 21〕因此其〈雪中望廬山懷古〉、〈洞庭阻風憶家君〉，不論是樂府歌行體，或律詩，俱平易明白，與口語無異；張岱對於「方言巷詠、嘻笑瑣屑」之事，甚爲關切且津津樂道，自言其《石匱》一書，但將「方言瑣屑」事物，「略經點染便成至文」，乃爲個人得意之作。〔註 22〕即此重視生活瑣屑之事物、人性中各種正、負面向之情感欲望，出之以日常生活之語言，正足以盡去詩文模擬剽竊之弊。所謂「口舌代心者也，文章又代口舌者也」、「今人所詫謂奇字奧句，安知非古之街談巷語耶」、「故大喜者必絕倒，大哀者必號痛，

〔註 19〕 袁宏道，〈雪濤閣序〉，《袁宏道集箋校》，卷十八，「瓶花齋集之六——敘」，中冊，頁 710、711。

〔註 20〕 袁宏道詩歌藝術，並參馬美信，《晚明文學新探》（台北：聖環，1994），頁 164～166；鍾林斌，《公安派研究》（瀋陽：遼寧大學，2001），頁 195～206。

〔註 21〕 江盈科，《雪濤詩評・詩文才別二則》，收入《江盈科集》（長沙：岳麓書社，1997），頁 805。

〔註 22〕 張岱，〈陶庵夢憶序〉，《陶庵夢憶／西湖夢尋》，卷首，頁 1。

大怒者必叫吼動地，髮上指冠。惟戲場中人，心中本無可喜事，而欲強笑；亦無可哀事，而欲強哭；其勢不得不假借模擬耳」〔註23〕——街談巷語、人情喜怒間皆有「識」、「理」可明，此「識理」即爲文學創作之源泉，這是袁宗道廣爲人知的文論意旨。

詩文如此，通俗的小說文類，更深深浸染於此時代語境之中。短篇小說中固然易見對於家常日用、人情物理之描寫，長篇小說亦環繞著世情物用、生活細碎，舒捲爲百回巨幅。例如馮夢龍〈蔣興哥重會珍珠衫〉中的薛婆，意欲攛弄陳商和三巧兒發生穿窬之情，作者花了將近三分之一的篇幅描繪三巧兒日常家居瑣事，薛婆即在此日常家事的介入中逐步取得三巧兒的信任，步步埋伏、伺機引誘，終令陳商成功地登堂入室。陳美林、皋于厚在《新譯明傳奇小說選・導讀》中指出：

> （明代中後期傳奇小說）像〈遼陽海神傳〉、〈珠衫〉一類的反映商人及其他平民的生活和精神風貌的作品取代了瞿佑〈修文舍人傳〉之類表現文人命運和心態的作品。詭異譎怪的描寫被大量地從傳奇小說中剝離了出來，傳奇小說的審美焦點日益向日常生活逼近，注重對「人情物理」、「下層平民家常日用的描寫，逼眞地呈現世俗生活的場景，表現市井民眾的情愫意緒和價值取向。〔註24〕

而《金瓶梅》則取《水滸傳》中西門慶和潘金蓮一段故事情節，以日常生活瑣細、男女恣情縱欲爲主要內容，擴增爲一百回長篇小說，旨在書寫「耳目起居」內的種種生活情事，描摹各色人情物理，並佐以滑稽突梯、詼諧笑謔等方言雜語，凸出普通市井人物追求財貨勢利、飲食情欲的複雜心理與性格特徵。樂蘅軍先生在比較《水滸傳》與《金瓶梅》結構形態之歧異時指出：「金瓶梅根本不關心什麼情節高潮，它只讓人物一切遭際行事都納諸日常生活步調中，循序演出」。〔註25〕將書中人物「納諸日常生活步調中」，則人們一切悲憫、自私、憤怒、妒嫉等正、負面情感，各種日常性或文化性活動，皆爲藝術表現之內容。尤有甚者，人們有類於動物性之飲食便溺，或據以衍化之以口承溺、含精等私

〔註23〕袁宗道，〈論文〉上、下，《白蘇齋類集》（台北：偉文，1976），卷二十，「雜說類」，下冊，頁619、620、623、624。

〔註24〕陳美林、皋于厚注譯，《新譯明傳奇小說選》（台北：三民，2004），卷首，頁18。

〔註25〕樂蘅軍，〈從水滸潘金蓮到金瓶梅的風格變易〉，《古典小說散論》（台北：純文學，1984），頁105。

褻動作，亦將納入故事情節之中，成爲表現題材。例如：《金瓶梅》第五十四回，描寫韓金釧兒在薔薇花架底下小解，應伯爵尋見，便順手折取一枝花枝，戲弄韓金釧兒私處，韓金釧兒「吃了一驚，尿也不曾溺完就立起身來，連褲腰都濕了」；又如七十二回，西門慶與潘金蓮雲雨後，潘金蓮意猶未足，西門慶欲下床小解，潘金蓮便央求西門慶溺在她口中，免得下了床，凍了身體，於是西門慶便「眞個溺在婦人口內」；再如七十五回，西門慶要如意兒倣潘金蓮替他嚥溺，如意兒爲討西門慶歡心，也替他把溺嚥了，「當下兩個婍妮溫存，萬千囉皂」，「崇禎本」評點語帶諷刺指出：「合著寵利，丈夫吮癰舐痔者多矣，況婦人女子乎！大庭廣眾之中寡廉鮮恥者多矣，況閨榻房幃乎？莫訝，莫笑」（七十回眉批）——毋論公眾場合，或是私密空間，「寡廉鮮恥」原可能出現各種極端表現，此只爲「閨榻房幃」中一種邀寵方式，恆爲百般世態之一，讀者毋需過度驚詫。魯迅在《中國小說史略》一書中論及明代人情小說，曾經指出：「當神魔小說盛行時，記人事者亦突起，取其材猶宋市人小說之『銀字兒』，大率爲離合悲歡及發跡變態之事，間雜因果報應，而不甚言靈怪，又緣描摹世態，見其炎涼，故或亦謂之『世情書』也。諸『世情書』中，《金瓶梅》最有名」。〔註 26〕換言之，若非通過這些或醜穢、或突梯、或卑瑣之人物情態，原不足以全盤照見世態幽微黯冷之處，亦無以徹見人情炎涼處，因此其對於日用事理之描摹形容，不論是「條暢」、「曲折」、「刻露盡相」，或是「幽伏含譏」，皆在使世情之變幻「隨在顯見」。〔註 27〕

第二節　清賞小品、山水小品與諧謔小品中的審美經驗與審美距離

以日常生活世界中的各種現象爲作爲表現內容之創作議題，於焉堂皇開啓，由此，我們遂能窺見日常生活中各種日用事物、正反面之人性情感都進了藝術文學創作領域：一點人事，一則笑談，一段是非，一山、一水、一風

〔註 26〕魯迅，《中國小說史略》，收入《國民叢書》（台北：上海書店，），第二編，六一卷，頁 221。

〔註 27〕魯迅於文後復指出：「作者之於世情，蓋誠極洞達，凡所形容，或條暢，或曲折，或刻露而盡相，或幽伏而含譏，或一時並寫兩面，使之相形，變幻之情，隨在顯見，同時說部，無以上之。」魯迅，《中國小說史略》，《國民叢書》，頁 222。

月，小自醬醋橘蟹之細物，大至死生性命、世情滄桑，無非皆是人情事理，無一不可視之爲審美對象。然而，日常生活中的各種事物與現象，是否具備一種審美品質，至關要緊之處並不在於事物所蘊涵之審美潛能、審美品質究係爲何，而在於鑑賞者是否採取一種審美態度審視之、詮解之。〔註 28〕詳言之，晚明文人雖然試圖通過文字強化審美對象之品質，藉由揭櫫審美對象之秩序、形式、和諧狀態等各種質性，將審美對象予以理想化，但審美態度的取用，更爲審美品質是否凸出的決定性要素。例如文震亨《長物志》一書，對於生活中之花木、水石、書畫等各種居家裝飾有許多講究，我們自其介紹香料與茶茗使用方式之一段總攝性說明，可以具體而微地探知文震亨如何藉由此書昭示：物與人與環境三者之間，可以構設出一種秩序，並令其呈現一種舒潤、和諧狀態，此秩序性中所呈露的文人個性、情調之美，即是一種充滿個性化的審美品味：

> 香、茗之用，其利最溥：物外高隱，坐語道德，可以清心悅神；初陽薄暝，興味蕭騷，可以暢懷舒嘯；晴窗榻帖，揮麈閑吟，篝燈夜讀，可以遠辟睡魔；青衣紅袖，密語談私，可以助情熱意；坐雨閉窗，飯餘散步，可以遣寂除煩；醉筵醒客，夜語蓬窗，長嘯空樓，冰弦戛指，可以佐飲解渴。品之最優者，以沉香岕茶爲首，第焚煮有法，必貞夫韻士，乃能究其心耳。〔註 29〕

香、茗等物，其之能「遠辟睡魔」、「佐飲解渴」，是一種實際的物理性效能；「清心悅神」、「暢懷舒嘯」、「助情熱意」、「解寂除煩」則是香茗之物所能提供的審美快感了。此種快感在「初陽薄暝」、「晴窗坐雨」中或改變人「興味蕭騷」之情緒、或者助長密語私談之情意，這一重視香、茗之物理屬性與審美屬性的生活過程，乃是在物品、人與環境的相互作用中，不斷取得諧調的過程，在這一種有序、諧調的生活過程中，既昭示了個人化的審美品味，復區隔出「貞夫韻士」與「俗趣者」之別。人、物、境之間所展現的整體秩序，

〔註 28〕耀斯指出：「像我周圍一切現實一樣，自然本身並不美，只是通過觀察者沉思的目光，它才變得美。」強調必需將日常生活中的現象和客體的審美性質回溯到觀察者的態度上去，才能清楚區分生活實踐中的其他功能與審美經驗的概念，亦即清楚區分實際經驗與審美經驗。耀斯著，顧建光等譯，《審美經驗與文學解釋學》，頁 171。

〔註 29〕文震亨編，《長物志》，卷十二，王雲五主編，《叢書集成初編》（上海：上海商務，1937），頁 81。

以及一種和諧狀態，是一個將日用事物審美化了的客體世界的象徵，而若非「貞韻」之人的審美投入，亦不能凸出此種象徵。文震亨之友沈春澤爲此書作序時亦指出：

> 室廬有制，貴其爽而倩，古而潔也。花木水石禽魚有經，貴其秀而遠，宜而趣也。書畫有目，貴其奇而逸，雋而永也。几榻有度，器具有式，位置有定，貴其精而便，簡而裁，巧而自然也。〔註30〕

沈氏於序文中揭示：將日常居家生活中之各種物事視之爲審美對象，而呈現爲一審美客體世界，乃含有「制」、「經」、「目」、「度」、「式」、「定」之各種秩序上的要求。然而在尋求秩序之外，更爲重要者乃是「爽倩古潔」、「秀遠宜趣」、「奇逸雋永」等情趣韻味之呈示。情趣韻味之有無，是爲各種居屋裝飾首出之義，強調秩序整飭與否，則已落於第二義中。而居屋裝飾、日用器物之所以能展現客體世界的經緯秩序之美，得見居處之人個性、情調之美，正由於生命主體「挹古今清華美妙之氣於耳目之前，供我呼吸；羅天地瑣雜碎細之物於几席之上，聽我指揮」（〈長物志序〉）之審美態度的投入與運作。

此審美態度之重要，屢爲書寫品物之美的晚明文人所強調。例如袁宏道《瓶史》，包含了十二則小品，從瓶花的花目、品第的選擇，到養花的器具、擇水、沐浴，再到賞花的粗稱、瓶俗、花祟、使令、好事、清賞、監戒進行分析。在「瓶花之宜」一則中，指出：堂中花瓶、書齋花瓶，隨著空間效能、用途與氛圍之不同，瓶之大小、樣態、產出年代、製作材質；花之形貌、曲直、瘦繁、疏密、麗雜方式；插花之法——瓶與花之高低比例、花枝覆瓶之面積、斜正鋪撒之方，多所講究；至於瓶花之諸般戒禁則有：

> 忌香煙燈煤熏觸，忌貓鼠傷殘，忌油手拈弄。忌藏密室，夜則須移露天；忌用瓶水貯瓶，味鹹花多不茂，用河水或天落水佳。忌以插花之水入口，凡插花之水有毒，惟梅花、秋海棠二種尤甚。〔註31〕

由「瓶花之宜」中可以得見「好事者」對於花、瓶與空間居室之間，秩序安置、美感品味的要求與講究，而許多避忌的揭提，則是自花之物性入手，既爲維護花葉的新鮮持久，亦在提醒「好事者」如何避開花葉毒性，莫讓愛花之雅事成爲傷身憾事。這自然還是一種物、人、境三者之間秩序性的尋求以

〔註30〕沈春澤，〈長物志序〉，《長物志》，王雲五主編，《叢書集成初編》，卷末，頁1。

〔註31〕袁宏道，《瓶史》，卷上，「瓶花之忌」條，《袁宏道集箋校》，附錄一，《輯佚》，下冊，頁1646、1647。

及和諧狀態之維繫。然而，是否眞需要客觀物象本身即深具外在形式、表相上的美感，以及主事者知識上之博通精審，方能得享審美經驗之快意？袁宏道以主客問答之方式指明：

> 客曰：「汝論僻矣，人無古瓶，必如所論，則花不可插耶？」不然。余所論者，收藏鑒家，積集既廣，須用合宜，使器得雅稱云耳。若以無所有者，則手執一枝，或採滿把，即插之水缽壁縫，謂非愛花人與？何論瓶之美惡，又何分於堂室二用乎哉？吾懼客嘲，具此以解。〔註32〕

「收藏鑒家」與「無所有者」各有其愛花之法，瓶花好尚作爲一種審美經驗，關鍵處不在於瓶之美惡與堂室功用異同之忖度，亦即並非客觀物象之各種外緣條件的追逐與尋求，二者之所以同屬「愛花人」，正緣於一種內在性之審美態度的取用與投入。再如屠隆（1542～1605）《考槃餘事》中，對於琴、香、印章、瓶花、盆玩等事物，皆樂於品玩，且有細緻之研究；寫盆景之小品，則對於樹、石之選材，位置之安插，疏密、濃淡的配合，以及審美聯想，皆作了仔細的描繪。在《書畫箋》「賞鑑好事」一則中，指出：

> 書畫有賞鑒好事二家，其說舊矣。若求其人，則自人主侯王將相及方外衲子，固宜有之。張彥遠云：有收藏而不能鑒識，能鑒識而不善閱翫，能閱翫而不能裝褫，能裝褫而無詮次，皆病也。〔註33〕

「鑒識」依賴書畫知識之積累，「收藏」爲事物好尚的生活實踐，而「裝褫能有詮次」則是書畫裝裱技能的具備，這種種書畫好尚之行爲動力的來源，則是「閱翫」之審美態度的投入。換言之，由於一種審美要求，方能驅遣、聯結各種知識與經驗，繼之創造出各種審美價值，書畫中所具涵之審美品質遂能有所呈現。因此，屠隆引唐人張彥遠之言，將審美態度與鑒賞知識、裝裱技藝、與收藏之行爲實踐，總綰爲一：眞好事者方能在日月積累中逐步具備賞鑒之能力，眞有賞鑒之能者非好事者莫爲——此乃揭提：「好事者」的審美態度，決定了賞鑑能力之具備與否，無「好事者」即無「鑑賞家」，據此，即可推翻「賞鑒好事二家」之舊說，繼之指明諸如嚴世藩（嚴嵩之子）等富貴

〔註32〕袁宏道，《瓶史》，卷上，「瓶花之宜」條，《袁宏道集箋校》，附錄一，《輯佚》，下冊，頁1646。

〔註33〕屠隆，《考槃餘事》，卷二，《畫箋》，「賞鑑好事」條。收入《考槃餘事其他三種》，王雲五主編，《叢書集成初編》（上海：上海商務，1937），頁31。

貪婪之徒強搜書畫古物，乃屬一種低俗趣味。此一種審美態度之投入，表現在漁事上，遂能超乎漁獲多寡的淺表趣味，獲得漁釣之眞趣。屠隆云：

> 所謂一鉤掣動滄浪月，釣出千秋萬古心，是樂志也。意不在魚，或於紅蓼灘頭，或在青林古岸，或值西風撲面，或教飛雪打頭，於是被羽簑，頂羽笠，執竿煙水，儼在米芾寒江獨釣圖中。〔註 34〕

漁事之樂、懷古之樂、山水之樂與書畫之樂，在審美意識的驅動下，歷史、書畫之虛景與眼前山水之實景——時間上今昔之別與空間上虛實、大小不一的時空區界皆一併冥然淡除、消融無痕，但憑審美感知之投入與意識聯想，即能任意在各種虛實交錯的時空場景中穿梭往返，因此得言「所謂一鉤掣動滄浪月，釣出千秋萬古心，是樂志也」，由於審美經驗與日常世界、或者其他現實經驗之交流互通，遂消除了虛構和現實之間的兩極對立。

由屠隆之論，可以得見生活實踐中的審美功能，已能任意組織現實經驗與其他意義領域之間的各種興趣、知識與技能，並以此區判雅、俗之別。據此旁通推衍，可以凸出自我個性之審美態度是否具存、能否具備特殊的審美判斷能力，尤爲晚明文人面對山水自然景物時，山水精神是否全出之關鍵。例如袁宏道之山水遊記，屢屢區隔深諳眞趣之「山僧遊客」與一般俗眾遊觀山水之差異，認爲前者乃是眞能探知山水美感價值何在者，後者只是一般庸俗湊趣之人，難以深刻感知山水工妙極媚之處，所以亦難眞正賦予山水自然之各色審美品質。〔註 35〕袁宏道在記摹西湖勝景之文中指出：

> 西湖最盛，爲春爲月。一日之盛，爲朝煙，爲夕嵐。今歲春雪甚盛，梅花爲寒所勒，與杏桃相次開發，尤爲奇觀。石簣數爲余言，傅金吾園中梅，張功甫家故物也，急往觀之。余時爲桃花所戀，竟不忍去。湖上由斷橋至蘇堤一帶，綠煙紅霧，彌漫二十餘里。歌吹爲風，

〔註 34〕屠隆，《考槃餘事》，卷四，《遊具箋》，「漁竿」條。收入《考槃餘事其他三種》，王雲五主編，《叢書集成初編》，頁 87。

〔註 35〕此意屢爲晚明文人所強調，例如陳仁錫：「古今遊三山者，咸便帆過舫，惟稍載筆延討，輒以傲人，是以皮相山靈，貽辱非淺，愚謂遊三山，必未遊。」（陳仁錫，〈紀遊〉，收入衛泳編，《晚明百家小品・冰雪攜》，上海：中央書店，下冊，頁 92）；再如文震孟之「山水之神情，恆與幽人畸士相親暱」（〈洞庭游記序〉，收入鄭元勳輯，《媚幽閣文娛》，明崇禎刻本，北京大學圖書館中國科學院圖書館藏，頁 72 下），山水自然此客體，唯有在審美態度下，方能成爲一種審美客體，而此審美態度又唯有「幽人畸士」方眞能有所掌握，因此文人們所強調的雅趣，皆取決於一種審美上的態度，而非審美對象本身。

粉汗爲雨，羅紈之盛，多於堤畔之草，豔冶極矣。然杭人遊湖，止午未申三時，其實湖光染翠之工，山嵐設色之妙，皆在朝日始出，夕舂未下，始極其濃媚。月景尤不可言，花態柳情，山容水意，別是一種趣味。此樂留與山僧遊客受用，安可爲俗士道哉！〔註36〕

袁宏道此則小品，區隔出兩種不同的現實經驗，或不同結構之意識世界。一般「俗士」所能掌握的西湖勝景，爲「午未申」三個時段中，「斷橋至蘇堤一帶」的「綠煙紅霧」，並與周遭遊人駢肩雜遝，共同呈現爲一簇擁覽觀之大眾化的審美趣味。但對於能識眞味的「山僧遊客」而言，「西湖」之春月、朝煙、夕嵐，在「午未申」三段時辰之外的變化——朝日夕舂之際的湖光山嵐、月輝下婆娑掩映的花柳姿情，才是西湖山水絕勝之處，一般俗眾難以得窺。而「山僧遊客」之所以能夠掌握山水絕勝之景，乃緣於一種不同於俗眾之景觀上淡妍佳惡的審美判斷與時間上的審美自主，即是此種審美上的自主性與區隔性，不僅令袁宏道產生了一種帶有隔絕感受之審美快感，對於「山僧」以及以袁宏道爲表徵之「遊客」而言，已自形成一種特殊的現實經驗——即一種可以充分自我滿足之「審美世界」的視域。就審美對象而言，「俗士」所面對之自然山水與「山僧遊客」所面對之自然山水，實則同爲「西湖」此一審美客體，但能辨識眞味之「山僧遊客」所建立起的審美經驗，並非眞正易換了此一審美客體之所有構成內容，而僅僅是自由地、自主性地掌握了時間差異中的山水變化而造成了審美意義之變化。這是一種空間、時間及生命主體間相互交感、互爲誘發的深度經驗，袁氏即是憑藉這特殊之審美經驗與審美意義的深度變化來構成自身與「俗士」有別的審美世界。因此，如何在山水遊觀的經驗中凸出此種具涵深度的、與一般俗眾有所區隔的審美經驗，成爲晚明文人山水覽觀活動中積極追尋之目標。因此，我們可以在袁宏道另一則小品〈雨後遊六橋記〉所載錄之種種看似狂怪不羈的行爲表現中，得見一種審美客體、空間、時間與生命主體間交互力動之審美經驗的典型模式。文云：

寒食後雨，予曰此雨爲西湖洗紅，當急與桃花作別，勿滯也。午霽，偕諸友至第三橋，落花積地寸餘，遊人少，翻以爲快。忽騎者白紈而過，光晃衣，鮮麗倍常，諸友白其內者皆去其表。少倦，臥地上飲，以面受花，多者浮，少者歌，以爲樂。偶艇子出花間，呼之，

〔註36〕袁宏道，〈西湖二〉，《袁宏道集箋校》，卷十，《解脫集之三——遊記、雜著》，上冊，頁423、424。

乃寺僧載茶來者。各啜一杯，蕩舟浩歌而返。〔註37〕

「與桃花作別」是一種愛花成癖之審美熱情的展現，因受此審美熱情之驅遣，方能擇選一般常人意解之外之「雨後午霽」、「落花積地」之賞花時景，亦緣於此，袁氏諸人也才能得享「遊人少」之快意。此外，為延續偶然間驚見之「白紈」與「桃紅」間「鮮麗倍常」的顏色配置美感，遂爽然作出去衣臥地、以面受花、飲酒放歌之不合一般倫常規範之活動，此種種特殊行為在與寺僧品茗後，「蕩舟浩歌而返」下收束作結。各種審美要素在時間序列的漸次推移中，交連互動地共同完成了一次特殊的審美經驗——生命主體之審美熱情的投入、時空場景選判上之審美自主、特殊的行為參與方式⋯⋯，諸般因素交索互綰、相互力動下，遂完成了審美客體與審美主體間，一次特殊的對應關係與審美感悟。審美品味的個性化、自道德倫常之束縛規範中脫逸而出，皆能令袁宏道及其友人得享一番自由暢快之感，此間愛嗔貪癡的執迷與了悟，自然是要僧人方能味識，因此，出於花間之艇，擺渡者非士非農非商，而僅能是僧，非出世之僧不能辯證地完成此番審美經驗之殊性與人間妍麗風景由始至終、自有至無之審美歷程，並且完善地收束其眞趣。因此，寺僧之艇出自花間，充滿了象徵意味——塵網與自由、空靈與妍麗、入世與出世之間，皆昭顯一對應、辯證之關係。

據此，我們在王思任〈小洋〉一文中，可以窺見生命主體與審美對象互為對應、彼此誘發之際，一種將日常生活經驗移轉於審美世界，並聯結各種創作技巧形塑而成之別具新意的山水書寫方式。文中所謂「由惡谿登括蒼，舟行一尺水，皆汗也」、「天為山欺，水求石放，至小洋而眼門一闢」、「始知顏色不在人間」數語，自然喻示了王思任與諸友人由俗情世間向審美世界投入的心理因素。而諸人行經甌江下游，於舟中所見之不可名狀，卻又試圖摹繪之山光雲霞景色，分別為：落日「含半規，如胭脂初從火出」、山色「俱似鸚綠鴉背青」、雲天「猩紅雲五千尺，開一大洞，逗出縹天」、水色「如繡鋪赤瑪瑙」；而日色變得幽暗之後，又有「岸沙則蘆花月影」、「山俱老瓜皮色」、雲霞如「碎剪鵝毛」、「俱金黃錦荔」或如「晶透葡萄紫」、夜嵐「如魚肚白，穿入出鑪銀紅中」，⋯⋯「蓋是際天地山川，雲霞日采」，皆成了一個「大染局」。這種種山光雲影形狀色澤的變化，令觀者莫不心生「不觀天地之富，豈

〔註37〕袁宏道，〈雨後遊六橋記〉，《袁宏道集箋校》，卷十，《解脫集之三——遊記、雜著》，上冊，頁426。

知人間之貧哉」之慨嘆。〔註 38〕我們不難藉由王思任之山水作品再一次驗證：以自然山水寄興遣懷，並試圖掘發各色山水審美品質，正足以釋放晚明人飽受世網禁錮、汗流溢背之人世歷程的艱辛、束縛之感；而「鸚綠」、「鴉背青」、「猩紅」、「老瓜皮色」、「碎剪鵝毛」、「魚肚白」等皆是日常生活經驗中的瑣碎細物與樣態，但藉由審美態度之投入，遂能動地組織了各種經驗與感知能力，將日常生活經驗、興趣、文藝認知（例如顏色之配置、各種譬喻手法的運用，或是將山水構圖、設色方式移用於文字書寫中）等各種功能連結爲一有機之整體，於是，自然山水之或爲豐饒富麗，或是沖淡靈秀等各種審美品質，在審美感知的驅遣下，通過文字書寫，得以展現爲各具風貌之藝術作品。

此外，「殘陽接月，晚霞四起，朱光下射，水地霞天」，〔註 39〕這是不涉及人身危害的山水美景，不需要覽觀者武裝自我意志即能掌握山水自然之各種變化以及諸般形象美感，因此審美主體可以從容閒雅地漫觀遊賞，亦可以興奮欲絕、狂呼不已地激情以對。然而，面對有性命之虞的山水奇景，仍出之以雅興不減之遊觀態度，則若非對惡劣天候中之自我安危保持著一種審美距離，並投以游戲之審美態度，將難以悠遊地將自然災象轉換爲可觀、可翫之奇景。譚元春〈再遊烏龍潭記〉描寫風雨雷電交織紛陳的駭人景象：

> 坐未定，雨飛自林端，盤旋不去，聲落水上，不盡入潭，而如與潭擊。雷忽震，姬人皆掩耳欲匿至深處。電與雷相後先。電尤奇幻，光煜煜入水中，深入丈尺，而吸其波光以上於雨，作金銀珠貝影，良久乃已。潭龍窟宅之內，危疑未釋。是時風物倏忽，耳不及於談笑，視不及於陰森，咫尺相亂，而客之有致者，反以爲極暢。乃張燈行酒，稍敵風雨雷電之氣。〔註 40〕

譚元春及友人乘興偕妓出遊，適遇狂風大雨，眾妓女惶恐驚嚇，急奔上岸，譚元春與友人則保持著悠閒旁觀的態度，細觀雷雨變化之狀，即此審美態度之取用，則雷雨交加之險境，皆成爲趣味橫生、可供賞翫的奇景，因此對於同遊之人「反以爲極暢，乃張燈行酒，稍敵風雨雷電之氣」的舉措，譚元春

〔註 38〕王思任著、李鳴選注，《王季重小品》（北京：文化藝術出版社，1996），頁 54、55。

〔註 39〕譚元春，〈三遊烏龍潭記〉，收入譚元春著、陳杏珍標校，《譚元春集》（上海：上海古籍，1998），卷二十，頁 559。

〔註 40〕譚元春，〈再遊烏龍潭記〉，收入譚元春著、陳杏珍標校，《譚元春集》，卷二十，頁 558。

即稱賞其爲「有致者」。較諸「姬惶恐求上，羅襪無所惜」的一般現實經驗，乃對照出譚元春等人此番審美經驗之殊性所在——對於眼前自然災象，擇取一種審美距離以及一種游戲的審美態度，正是俗情世間與審美世界別異之起點，人們對於世界的感知狀態以此作爲分水嶺，各自開展不同的人生視域。即此游戲之審美態度、審美距離之採用，以及各種感知能力朝向審美功能匯聚的集中表現，晚明山水小品遂呈現出一種「鳳凰不與凡鳥共巢，麒麟不共凡馬同櫪，大丈夫當獨往獨來，自舒其逸耳」〔註 41〕之充滿個性化（或標舉「性靈」以爲詮說）的藝術審美品味，此亦即是唐顯悅於〈文娛序〉中盛讚小品文類具涵「幅短神遙」、「墨希旨永」而「野鶴孤唳，群雞禁聲，寒瓊獨藝，眾卉避色」〔註 42〕之特殊藝術風格的美學成因。

晚明人此種「但觀山水，乃知人間之貧」的山水經驗，不斷區隔出日常生活經驗與審美世界之差異，並時而呈現一種帶有遙觀姿態的審美距離。因此，晚明文人雖然開展了以日常生活物項、各種人情欲望作爲文學表現之議題，許多遊記看似富含熱烈的生活情趣、流露濃郁的市井風情，然而日常生活、市井情味亦往往作爲人世諸般風景之一端而存在，多數晚明文人喜於遙觀卻少有涉入；或有涉入，亦將藉由書寫創作、描繪刻畫，將日常生活經驗逐次導引、轉換爲一種審美經驗。例如前述袁宏道〈西湖二〉一文中所云之「湖上由斷橋至蘇堤一帶，綠煙紅霧，彌漫二十餘里。歌吹爲風，粉汗爲雨，羅紈之盛，多於堤畔之草，豔冶極矣」，此固然是世俗風情之摹畫，亦作爲妝點西湖山水圖景之用，當市井風情具備了一種妝點功能，則已不復爲一種日常生活之現實經驗與自然態度。袁宏道其他記遊之文，諸如〈光福〉文中所述：

> 山前長堤一帶，幾與湖埒，堤上桃柳相間，每三月時，紅綠燦爛，如萬丈錦。落花染成湖水作臙脂浪，畫船簫鼓，往來湖上。堤中妖童麗人，歌板相屬，不減虎林、西湖。〔註 43〕

〈荷花蕩〉文中所云：

> 荷花蕩在葑門外，每年六月二廿四日，遊人最盛。畫舫雲集，漁刀

〔註 41〕袁小修〈吏部驗封司郎中中郎先生行狀〉論袁宏道語，《珂雪齋集》，卷十八，中冊，頁 756。

〔註 42〕唐顯悅，〈文娛序〉，鄭元勳輯，《媚幽閣文娛》，頁 6 下。

〔註 43〕袁宏道，〈光福〉，《袁宏道集箋校》，卷四，《錦帆集之二——遊記、雜著》，上冊，頁 170。

> 小艇，僱覓一空。遠方遊客，至有持數萬錢，無所得舟，螘旋岸上者。舟中麗人，皆時粧淡服，摩肩簇舃，汗透重紗如雨。其男女之雜，燦爛之景，不可名狀。大約露幃則千花競笑，舉袂則亂雲出峽，揮扇則星流月映，聞歌則雷輥濤趨。蘇人遊冶之盛，至是日極矣。〔註44〕

俗情世間之美，美在遠觀而為「宛然圖畫」之際，「山間蒼松萬餘，樓閣臺榭」、「碧欄紅亭，與白波翠巘相映發」〔註45〕等山水自然、人文建築固然皆「宛然圖畫」，而「男女之雜，燦爛之景」，也都可以譬擬為自然物象而呈現為「大約露幃則千花競笑，舉袂則亂雲出峽，揮扇則星流月映，聞歌則雷輥濤趨」之景——人如山水自然，人間風景亦可以譬想為山水圖景。即此，則市井的美感風姿實不下於真正之山水景物，因此，男女相雜的「燦爛之景」非唯「宛然圖畫」，亦且是「畫中有畫」了。此皆「遠而望之」而得以形成之視景，通過遠觀（後來的追記、描摹亦為一種「遠觀」方式），將衣冠仕女之風俗圖景與山水自然之景交融疊現、互為烘托——以市井風情點綴、陪襯清幽山水，或將市井風情轉換為山水圖式，不論採取何種表現方式，一番熱鬧妍麗之山水世情圖景，〔註46〕皆能栩栩然如在目前。因對市井風情採取了一種遙觀的審美距離，是以既無損於「我」之「但觀世情」，又能清逸無塵地契接山水精神，這依然還是一種文人尋求「清勝」之脫俗雅趣的表現方式。然而，諸如「落花染成湖水作臙脂浪，畫船簫鼓，往來湖上」，或者「山巒為晴雪所洗，娟然如拭，鮮妍明媚，如倩女之靧面，而髻鬟之始掠也」，〔註47〕但將「落花湖水」、「山巒新拭」等山水姿態轉換為「倩女」之「臙脂」、「靧面」、「掠鬟」之想，視覺、膚體之官能欲望，藉由聯想譬擬，我們遂於此「山水清勝」的

〔註44〕袁宏道，〈荷花蕩〉，《袁宏道集箋校》，卷四，《錦帆集之二——遊記、雜著》，上冊，頁170。

〔註45〕袁宏道，〈光福〉，《袁宏道集箋校》，卷四，《錦帆集之二——遊記、雜著》，上冊，頁171。

〔註46〕張京元〈斷橋〉亦云：「西湖之勝在近，湖之易窮亦在近，朝車暮舫，徒行緩步，人人可遊，時時可遊。而酒多於水，肉高於山，春時肩摩趾錯，男女雜沓，以挨簇為樂；無論意不在山水，即桃容柳眼，自與東風相倚，遊者何曾一著眸子也。」（收入朱劍心選注，《晚明小品選注》【台北：台灣商務，1987】，卷五，頁130）此似市井之樂，亦是以市井點綴山容，烘襯山水之用，人但遙觀，而不在畫內。

〔註47〕袁宏道，〈滿井遊記〉，《袁宏道集箋校》，卷十七，《瓶花齋集之五——記》，中冊，頁681。

小品文字中窺見一種隱隱流蕩的世情欲望。

依此，我們遂能進一步說明：日常生活經驗、世俗情味在經由審美態度之投入、轉換後，對於晚明文人而言，皆可呈示爲一種審美經驗、審美感悟，但此一現象並非即是意味著日常生活與現實經驗已然消失在審美經驗，或審美世界之外，反之，日常生活經驗依然存在於晚明審美經驗的視域之內，作爲體驗審美世界之基礎與起點。例如譚元春〈再遊烏龍潭記〉一文中之「風雨一時至，潭不能主，姬惶恐求上，羅襪無所惜」，諸妓的行爲即是日常生活經驗的立時反映，譚元春等人一旦擇取審美態度面對惡劣天候，遂得以「暢樂」、「觀翫」之感知取代「惶恐」意緒。在此日常經驗與審美經驗的對照中，譚元春間接否定了日常現實經驗中「惶恐求上、羅襪無惜」此合乎一般常理、常情之反應，因此，威脅人身安全的風雨雷電，在經由對比後所凸出之審美經驗的情境中，遂構成一段體驗大自然強大力量之美好歷程。因此，審美經驗的開展，往往建構在生活的現實經驗之上，生活中的現實經驗，在晚明人的山水審美經驗中，通常以一個「小世界」之存在樣態，對顯並烘托著審美經驗的特殊性質。〔註 48〕例如張岱〈湖心亭小記〉一文，呈顯一清冷幽寂的山水之境：

> 崇禎五年十二月，余住西湖。大雪三日，湖中人鳥聲俱絕。是日更定矣，余拏一小舟，擁毳衣爐火，獨往湖心亭看雪。霧淞沆碭，天與雲、與山、與水，上下一白，湖上影子，惟長堤一痕、湖心亭一點，與余舟一芥，舟中人兩三粒而已。到亭上，有兩人鋪氈對坐，一童子燒酒罏正沸。見余大驚喜曰：「湖中焉得更有此人！」拉與同飲。余強飲三大白而別。問其姓氏，是金陵人，客此。及下船，舟

〔註 48〕「小世界」的概念爲知識社會學所提出。耀斯對於此一理論，有簡明扼要之概括：「按照這一理論，人們能夠在現實的各個層次上把握日常生活中共有的主體間性的世界。一切社會裏的主體經驗都反映在這些不同的層次上。因此，這些小世界——宗教的、科學的、想像的、夢幻的『世界』——並不是以具有不同的實際內容的領域來構建自身，而是憑藉意義的變化來構成自身的。當某種雷同的現實通過宗教的、理論的、審美的或者其他的態度而爲人們所經驗時，這個現實便能造成意義的變化。小世界具有封閉的、內部不同層次的意義領域的結構。這首先就是說：『所有屬於封閉的意義領域的經驗都明顯地帶有一種經驗和認知的特殊類型。從這一點上看，所有的經驗都是和諧一致的。』」耀斯並指出：「（審美經驗）特殊的能力就是能夠在虛構的視域中把生活的現實經驗作爲『小世界』來加以突出表現。」耀斯（Hans Robert Jauss）著，顧建光等譯，《審美經驗與文學解釋學》，頁 182、183。

子喃喃曰：「莫說相公癡，更有癡似相公者。」〔註49〕

曹淑娟先生曾經指出「湖上影子唯一痕、一點、一芥、兩三粒的描述，極似一幅靜態的水墨畫」，〔註50〕這是將當日的遊觀經驗，依水墨構圖之方，鋪展爲線性的文字序列。此文字化了的山水圖景，不論是當下拔身高逸，以全知視角俯瞰綜覽的懸想性意識活動，或是事後追記摹寫、形諸文字，俱呈示了一種遙觀今昔之自我經驗的審美距離。因此，當「霧淞沆碭，天與雲、與山、與水，上下一白」的景象出現於眼前，並爲張岱醉心流連時，對於寒冷、大雪、「擁毳衣爐火」等日常世界所持有之或爲退避、或設法取暖等自然態度便消隱於文字之外。然而，雖然區隔出了日常經驗，並採取有別於日常經驗之「獨往湖心亭看雪」的審美活動，但被區隔（或否定）的日常現實經驗此一視域依然存在，以此視域作爲認知之起點，方能開展並揭示「獨往觀雪」此審美活動的特殊內容與特殊意義。此外，在「人鳥聲俱絕」此一日常經驗的視域中，固然凸出了「獨往觀雪」之審美快感與審美活動之意義，然而獨自前往賞雪的孤絕之感又自形成另一種視域，在此一視域中，待見得湖心亭上有二遊人「燒酒鑪正沸」，孤絕之感於焉消散，而遂有「大驚喜」之情意表現；因喜獲類同者，所以復又得享一番互爲寒喧、「強飲三大白而別」的暢快之感。即是以日常現實經驗作爲審美經驗的起點，通過視域的不斷轉換，「審美經驗」的殊性、可貴與「癡癖」之意義方能逐步地清晰顯豁。由於創作者在意識中依然保存了日常生活的現實經驗，藉由區隔，即形成一可供參照之意義領域，以此作爲審美活動開展之背景，張岱此則小品既展現了一種審美熱情，又呈示了一種超逸清冷之情調。

我們再試觀袁宏道〈孤山〉一文：

> 孤山處士，妻梅子鶴，是世間第一種便宜人。我輩只爲有了妻子，便惹許多閒事，撇之不得，傍之可厭，如衣敗絮行荊棘中，步步牽掛。近日雷峰下，有虞僧孺，亦無妻室，殆是孤山後身。所著溪上落花詩，雖不知於和靖如何，然一夜得百五十首，可謂迅捷之極。至於食淡參禪，則又加孤山一等矣，何代無奇人哉！〔註51〕

〔註49〕張岱，〈湖心亭小記〉，《西湖夢尋》，卷三，頁54。
〔註50〕曹淑娟，《晚明性靈小品研究》，頁224。
〔註51〕袁宏道，〈孤山〉，《袁宏道集箋校》，卷十，《解脫集之三——遊記、雜著》，上冊，頁427。

當袁宏道爲「孤山處士，妻梅子鶴」、「迅捷著詩，食淡參禪」之清適生活心生許多欣羨、嚮往之情時，對於慣常之妻、子環侍的居家生活，遂展現爲「惹許多閒事，撇之不得，傍之可厭，如衣敗絮行荊棘中，步步牽掛」的負面感知。此一日常經驗，對於袁宏道而言，已非一種可以安然處之之自然態度，而是包含了許多無可奈何的厭棄心緒。在此令人生厭的日常經驗之前，對「無有妻室、隱居孤山」之欣羨情感和無所牽絆之閒適生活的想像交織爲一，遂令袁宏道對幽居生活產生了一種審美快感。在此審美經驗的鮮明對照下，即是「通過否定」，令人生厭的日常居家生活，不僅凸出了現實經驗之一種情況——日常倫理生活充滿了許多平庸、瑣碎之意義，以此日常生活經驗作爲一種視域，孤寂清幽的山居生活圖象，提供了一種對於自由的渴望以及生命存在之他種可能與意義，即使是「孤山後身」的淒涼死亡經驗，也成了一種賞心樂事，別有一番快意存焉。因此，以日常生活經驗作爲參照的基礎，審美世界的意義不僅得以清晰明朗，在對照中，亦側面呈示了部分晚明人日常生活、倫理生活的面向與概況。通過不斷地相互對照、以文字紀錄出遊感思等各種重新詮釋之活動，晚明文人遂能由日常生活世界或道德倫常世界朝向審美世界漸次轉進並自我完成——在倫常世界中難以完成之自我價値之體認。

即是由於審美態度的積極取用與投入，我們遂得以在晚明山水小品中窺見當朝文人通過各種不同的行爲選擇方式，在某種程度上既與日常生活之間有所聯繫，亦能有所區隔，並尋找到一個獨立於任何角色之外的自我來體驗自身，終自日常生活中所習於扮演的角色規範、種種束縛中掙脫出來。因此，大自然對於他們而言，並非僅僅只是一種具有物質屬性之無生命的客體，或是一個聊供抒懷的游觀對象，而是一種蘊涵無限可能之審美對象——可以經由人們的抽象思考、心靈投入，形成一種新的物我聯結關係，藉以重新尋求自身、闡釋自身。換言之，大自然之於文人，並非一種矛盾、對立的審美客體，而是一個可以深度誘發自我生命經驗的審美對象，在此對象之前，人們將得以有限之自身，掘發世界各種無限可能之意義，並通過書寫活動，將此「無限可能」視之爲一次次的「一次性完成」來加以體驗。但是，在諧謔小品中，審美對象，自始即可能是一個個充滿價値對立、怪誕而矛盾的人物或事件——一種與自身存在之意義、價値取向完全悖反之形象與客體。在審美距離的觀照下，人們的審美動機（或目的）並不在於藉著性質類同，可以相互鳴應的審美客體掘發自我心靈之深度，而是在一連串可笑的現象上，通過文學表現之對比、反襯等各色寫作技巧的運用，凸出審美客體之形象外觀、語言意義、觀念價值上的種種反差，形成逗趣之現象，並以此逗趣、發笑的情意表現爲日常生活中的平庸無聊增添些許趣味，或者藉以宣發對於人世事象所懷抱之憤恨心緒。晚明諧謔小品中，除了單純解悶之笑話外，更具特色者乃爲許多專爲抒發「憤情」的諧謔作品，此種現象除了側面襯寫晚明文人與當前世界的衝突較諸其他歷史階段，更形劇烈之外，亦正面凸出了「諧謔文字」之情感淨化功能：大量的笑話創作與編纂，〔註 52〕文人們創作之目的無非在試圖藉由「謔笑」的情感表現方式與另類書寫形態，緩和自身與外在世界之衝突、對立，繼之以「淡觀世情」的應世態度，消解存在上的內外緣焦慮，終而得以回歸日常生活之軌道。因此，諧謔小品中的審美功能正在於通過宣洩、軟性的抗議，以取得情感上之滌除、淨化效能。〔註 53〕

王思任（1575～1646）在〈東坡養生集序〉中指出東坡的諧謔滑稽，正有益於養生：

> 坡老出世，靈奪無前之窮，眼空不壞之輪，散爲百東坡，作儒，作仙，作佛，作名臣，作遷客，作游俠，作騷人畫師，作文章風流諧謔滑稽之韻士；聚爲一東坡，則刻刻作生計耳，無論其參悟濟度，

〔註 52〕龔鵬程先生曾經指出：「明中葉以後文壇的諧謔風氣極盛。《太平清話》卷下說『唐伯虎有《風流遁》數千言，皆青樓中遊戲語也』，實開風氣之先。其後則有李卓吾《山中一夕話》、《開卷一笑》、屠田叔《艾子外語》、《憨子雜俎》、陸灼《艾子後語》、江盈科《雪濤小說》、章晦叔《憨話》、劉元卿《應諧錄》、徐渭《諧史》、鍾惺《諧叢》……等。對晚明小品文及世情小說之興趣，影響很大。」參見氏著，〈笑林的廣記〉，收入《笑林廣記》（台北：金楓出版社，1897），導讀部分。曹淑娟先生亦云：「晚明文人頗好諧謔，……晚明的笑話寓言集頗多，重要者如：徐渭《諧史》、陸灼《艾子後語》、李贄《山中一夕話》………等」，參見《晚明性靈小品研究》，頁 246。

〔註 53〕吳承學曾爲諧謔小品並不具備「積極的社會意義」等負面批判作過一番辯解。其辯護之理由基於：單純取樂的文學效果，亦是一種文學功能，這種現象反映了一種有別於傳統文學要求的「世俗趣味」，因此，具現了一種晚明特有之世俗化、市民化的審美風尚（吳承學，《晚明小品研究》【江蘇：江蘇古籍，1999】，頁 345）。諧謔小品的美學意義，除了體現了晚明人一種「世俗趣味」之外，尚有各種特殊的審美內涵可論。僅以「世俗趣味」作爲「審美風尚」之一端，並作爲晚明諧謔小品之特殊性質，我們以爲這不僅不足以完善地解釋諧謔小品中的美學內蘊，亦將審美意義局限在世俗、高雅等各種藝術風格的分類概念中。

功貫三才，解脱明通，道包萬有，即最纖之事，飲有飲法，食有食法，睡有睡法，行游消遣有行游消遣之法。土宜調適，不燥不濡，火候守中，亦文亦武，尊其生而養之者，老髯亦無所不用其極矣。是故有嬉笑而無怒罵，有感慨而無哀傷，有疏曠而無逼窄，有把柄而無震蕩，有順受而無逆施。燒豬熟爛，剔齒亦佳，柱杖隨投，曳腳俱妙。所謂無入而不自得也，此之謂能養生。〔註 54〕

王思任盛讚蘇東坡不論轉換何種身分，靈光閃動下的抽象思考如何通透明朗、兼蘊萬物，但在面對日常生活時，因爲強調「尊生」此一生命存在課題，因此，無論形軀，或是精神，皆有其獨到的調養之方。在形軀養護上，飲食起居各有其法；於精神調養上，則旨在避免諸如怒罵、哀傷、逼窄、震蕩、逆施等過度激烈情感的發生與耽溺。〔註 55〕過激之情感表現，部分緣於先天性情之稟賦，部分則肇因於外界與我牴牾之人事現象，然而既難以改易人情世理，便只能返求諸已，其具體方式則是以嬉笑、感慨、疏曠等較爲緩和的情感表現取代之、消解之，此一來，即能切合養生之旨。因此，「嬉笑」之行爲，之所以具有發抒、調節身心情緒之功能，乃緣於其中包含著一種愉悅歡樂之快感。此快感之獲得不來自於審美對象之外觀形象或者內在義蘊之美，而取決於自身應對事物之態度，其所得享者，茲爲一種情感上由憤怒哀傷轉爲調笑諧謔的昇華與淨化。職以此故，不論客觀事物的外貌形相是美是醜，一旦投以游戲心態，皆可得娛樂歡笑之意。王思任云：

詩以窮工，書因愁著，定論乎？曰：非也！文章有歡喜一途，惟快士能取之，宋玉、蒙莊、司馬子長、陶元亮、子美、子瞻、吾家實甫，皆快士也。其所落筆，山水騰花，煙霞劃笑，即甚涕苦、憤嘆

〔註54〕王思任著，蔣金德點校，《文飯小品》（湖南：岳麓書社，1989），頁 428、429。

〔註55〕「戒嗔怒」，固爲精神上的調養之方，但亦有形軀上的養護道理可說。例如何良俊在《四友齋叢說》（北京：中華書局，1997），卷三十二，〈養生篇〉中云：「太乙眞人曰：一者少言語養内氣，……五者莫嗔怒養肝氣，六者美飲食養胃氣，七者少思慮養心氣」。此類養護之理乃在「宇宙氣化論」之哲學思維下，結合道教養生之旨演繹而來。何良俊此文將身與心併合同一而言，較王思任之說更爲仔細而複雜，但何良俊以爲尊身之旨，莫不在「得安樂之道」，此與王思任所云「無入而不自得」的養生意旨大抵相當。這自然可以得見晚明人以「尊生養護」爲尚的生命課題。相關論述可以參見毛文芳，《晚明閒賞美學研究》（臺師大國文所博士論文，1997），第肆篇，第一章。而以「嬉笑」作爲養生之法，則同時兼蘊了審美功能與倫理意涵。

之中，必有調諧偨舞之意。(〈夏叔夏先生文集序〉)

「山水煙霞」之美景足令人們流連再三、歡喜讚嘆，「涕苦憤嘆」則是人世現象所引發的悲傷情緒，不論何者，皆有「調諧偨舞」之意深蘊其中。但要掘發其中的「調諧偨舞」之意，唯有「快士」方能爲之，此即指明「快士」乃具備了一種轉換情境之能力。而欲令山水之景饒富變化與趣味、令悲憤情感轉爲歡喜調諧，若非出之以游之、玩之之具游戲性質的審美態度，將難以同時在山水麗景與充滿悲苦情調的審美對象中，獲取一種充滿歡樂愉悅之快意。因此，其在著名的〈屠田叔笑詞序〉一文中，清楚地描述了藉由笑，遂得以將悲憤之情轉爲喜樂之感的情感淨化過程：

> 古之笑出於一，後之笑出於二，二生三，三生四，自此以後，齒不勝冷也。王子曰：笑亦多術矣，然眞於孩，樂於壯，而苦於老。海上憨先生者老矣，歷盡寒暑，勘破玄黃，舉人間世一切蝦蟆傀儡、馬牛魑魅搶攘忙迫之態，用醉眼一縫，盡行囊括，日居月諸，堆堆積積，不覺胸中五岳墳起，欲嘆則氣短，欲罵則惡聲有限，欲哭則爲其近於婦人，於是破涕爲笑。極笑之變，各賦一詞，而以之囊天下之苦事，上窮碧落，下索黃泉，旁通八極，出佛聖至優施，從唇吻至腸胃，三雅四俗，兩眞一假，回回演戲，緶龍打狗，張公吃酒，夾糟帶清。頓令蝦蟆肚癟，傀儡線斷，馬牛筋解，魑魅影逃。而憨老胸次，亦復雲去天空，但有歡喜種子，不知更有苦矣。此之謂可以怨，可以群，此之謂眞詩。〔註56〕

所謂「舉人間世一切蝦蟆傀儡、馬牛魑魅搶攘忙迫之態，用醉眼一縫，盡行囊括」乃是將人間一切不合情理的現象比擬爲禽蟲走獸、魑魅魍魎遍佈的異想世界。以文字鞭撻這些荒誕奇詭的現象，猶如戲臺上各種丑角之演出，在嬉笑怒罵中，終能令使牛鬼蛇神原形畢現、亂走奔逃，再也難以逞兇，觀賞者遂亦得以藉著嬉笑調弄盡數消解「五岳墳起」的憤恨之情，而得愉悅歡喜之感。此昇華淨化之後的情感狀態，則一如「雲去天空」,「但有歡喜，不知更有苦矣」。淨化之快感，一方面固然緣於「蝦蟆肚癟，傀儡線斷，馬牛筋解，魑魅影逃」之鬼怪世界的瓦解與失敗，但較此更優先形成之快感，乃是視人間諸般怪象爲禽蟲鬼怪之一種將嘲弄對象降格、醜化的譬擬。在人們降格、醜化對象的同時，即已取得一種難以在現實世界獲致成功之精神式的勝

〔註56〕王思任，《王季重雜著・雜序》(台北：偉文圖書，1977)，上冊，頁283～285。

利，此精神勝利，乃反映了一種以快感原則爲要務之應世態度。換言之，這是一種通過將對象降格後所引生的快感，將現實世界中不合情理的人物、事象，視之爲較爲低等、或有殘缺的蟲獸鬼怪，其形軀樣態、行爲表現之所以令人發笑、令人深感愉快，乃是建立在這可笑的對象皆能凸出我們在面對對象時那種存在上的優越感與完善感。在這種情況下，情感的淨化力量乃來自於一種想像力——一種需要審美距離方能將人物外觀、行爲舉止轉換爲走獸世界之想像力。即是由於對審美對象採取了一種超然遠觀之態度，方能令人們將憤恨對象予醜化、滑稽化，並在醜化的同時，對其諸般怪行以及兇殘力量最終難逃瓦解之下場產生笑意與快意，而在笑中充分體驗肉體與精神的雙重解放，繼之消解與客體世界之間的對立、衝突。因此，「諧謔」的意義，對於晚明文人而言，在某種程度上或許昭示了：自身所維護的價值與信仰，儘管難以在現實生活中取得實質性的勝利，但由於不願在蹇滯的現實環境中靦顏苟活、異化自身，因此以諧謔文字抒憤，除了重申、確認自身存在價值外，事實上，也說明了對於現實世界所給予的創傷，只要適度轉換，富有創造性，亦可能是文人們獲致審美快意的一次絕佳機會。〔註57〕而王思任於文末所謂「可以怨、可以群」則是指述了情感淨化之審美經驗與倫理世界的聯結關係。

在沈承（1587～1625）的諧謔小品中，我們可以得見他如何藉著醜化、嘲弄人們視之爲神聖的事物，宣洩科場失意的憤恨之情。例如〈魁星贊〉一文：

> 吾欣爾名，而爾類乎山精；吾怪爾形，而爾主乎文明。豈從來詞采之風流，非爾之所脫化；抑當今科第之面孔，實爾之所釀成。噫！又有疑焉！右手操筆，而何以左手持金？得毋讀書，非此不行？然則吾之赤貧，將必不得徼爾之靈乎？曰賴有管城。〔註58〕

〔註57〕耀斯自審美經驗之角度論述「可笑性和喜劇性的界定」時，曾經指出：「喜劇的釋放力量確實只能來自不同的生存準則或者不同層次的矛盾狀態。這些準則或層次不屬於同一等級，它們處於嚴重的衝突之中」，而「審美態度一旦發現了喜劇衝突的對立狀態，它便獲得了保持一定距離的自由，從而使我們借此對付（至少在審美意義上）帶有惡兆的情景」；此外，審美態度可以同時從兩個方向跨越「可笑性」與「喜劇性」的界限：「一個方向是使可笑性得以昇華，使它在藝術世界裏和舞臺上產生喜劇性；另一個方向則把現實世界中的笑及其笑的對象加以審美化」。《審美經驗與文學解釋學》，頁200。

〔註58〕沈承撰，毛孺初輯評，《即山集》（明天啓六年刻本，北京大學圖書館藏），四

此文之諧謔性一方面根源於沈承將歷來正統詩文中，所力求避免之各種過激、有失敦厚的情意成分（諸如激憤、鄙棄、謗訕）帶進作品之中；一方面則源於對「魁星」造象——一手操筆、一手持金的嘲諷。「魁星」爲「奎星」之俗稱，人們以「奎」爲文章之府，掌文運之神，所以立廟崇祀此神；學校中建有魁星樓，其上祀奉魁星，則南宋已有。〔註59〕依此，「魁星」的神聖性與歷代文人對其無不頂禮膜拜的崇敬之情，自是不言可喻。但沈承此文，一方面既認可「從來詞采之風流，爾所脫化」之「魁星」乃掌理人們文章能力、科考命運的神聖傳說，卻一方面欲藉「魁星」所賦予之「風流詞采」，聲討此誤人不淺的「妖精」。此一正一反的文脈語意，頓時瓦解了「魁星」的神聖形象，並造成了一種諧謔效果。而「魁星」這一神聖的神祇，竟然也不住地思慮著俗情世間富貴名利之事，是以「一手持筆」外，尚要「一手持金」，因此這愛財的神祇，自然難逃無有財富，只有「管城」之赤貧書生的撻伐。在嘲諷中，「魁星」的神聖造象成了一種令人啼笑皆非的塑型，因此，其神聖地位在沈承的嘻笑怒罵中被貶低了，也連帶地嘲諷了當朝知識分子徼逐富貴功名，忘卻文章經國大事的鑽營醜態；而其中絲毫不掩激憤之情，恣意訕笑的文字表現，更是對於傳統詩文，雅尚溫柔之創作理念、文章風格的挑戰。將人們尊崇的神祇塑造成一個反面形象加以詆毀，將引生一種嘲弄譏笑、解脫羈牽之快感。其寓意嚴肅，卻又以「諧謔」手法加以飾裝，遂呈現出一種既莊復諧之詞章風格，成爲晚明文人喜歡援以抒情之書寫類型。〔註60〕

循此以論，在諧謔小品中，我們可以得見日常生活經驗、一般倫常規範，已不再以一個「小世界」的樣態烘托著審美經驗的殊性，而是重新被構造、放大成爲一個個充滿了衝突現象的「奇異事端」，以供文人重新檢視日常生

庫禁燬書叢刊，集部四十一，頁616。

〔註59〕顧炎武，《日知錄・考證・魁》：「今人所奉魁星，不知始自何年，以奎爲文章之府，故立廟祀之。乃不能像奎，而改奎爲魁；又不能像魁，而取之字形，爲鬼舉足而起其斗。不知奎爲北方玄武七宿之一，魁爲北斗之第一星，所主不同，而二字之音亦異。」【注】：「錢氏曰：學校祀魁星，雖非古禮，蓋新定，續志學校門，云魁星爲一邑觀，其上以奉魁星，則是南宋時已有之。」

〔註60〕袁宏道在給江盈科的信中，表現了喜以詼諧文字調劑生活的創作態度：「越行諸記，描寫得甚好。謔語居十之七，莊語十之三，然無一字不眞。把似如今作假事假文章人看，當極其嗔怪，若兄定絕倒也。……前見湯海若作二虞〈溪上落花詩〉引子，妙甚，脫盡今日文人蹊徑。長孺爲弟敘，亦極其詼諧，皆至文也，第不可與俗士觀耳。」袁宏道，〈江進之〉，《袁宏道集箋校》，上冊，頁511。

活、傳統倫常觀念中的制約性與荒謬性。因此，角色負面性格的凸出、行爲的可笑、事件首尾完整的結構安排，在在皆是一個「封閉社會」或「封閉世界」的存在樣態。在這「奇異世界」裏，創作編寫者同時也是觀賞者之一，演出者則爲現實世界中具有衝突性與可笑性的的各色人物，創作者與觀賞者即在一種審美距離的觀照下，變成游走塵世的觀察者。

例如趙南星（1550～1627）即擅於譏刺儒釋道誤用知識的荒謬性、嬉罵讀書人夤緣攀附的醜態。我們試觀趙氏《笑贊》中，一則關於知識分子與官僚脫離了民間日用生活的小品文字：

> 一秀才買柴曰：「荷薪者過來。」賣柴者因「過來」二字明白，擔到面前。問曰：「其價幾何？」因「價」字明白，說了價錢。秀才曰：「外實而內虛，煙多而焰少，請損之。」賣柴者不知說甚，荷的去了。
>
> 贊曰：「秀才們咬文嚼字，幹的甚事，讀書人誤人如此。有一官府下鄉，問父老曰：「近年黎庶何如？」父老曰：「今年梨樹好，只是蟲吃了些。」就是這買柴的秀才。〔註61〕

秀才、官僚與民間百姓在溝通上的分歧，來自於知識分子死啃書籍，僅會咬文嚼字所產生之與現實世界、民間日用的脫離。「咬文嚼字」是一種依據經典學習而得的語言使用方式，將依據經典法則習得的語文知識，全番套用於日常生活之中，作爲四海皆準之溝通工具，必然容易忽視歷史與當今、書面語與口語、士庶階級之間，所存在之語用情境與語彙使用習慣上的差異。忽視差異而生搬硬套，則經典法則所提供之語文知識，自易造成日常生活中的溝通障礙，若此，則更遑論一切高深之義理知識在眞實生活中的具體實踐。在嬉笑嘲諷中，自然寓含了身爲東林黨重要代表人物的趙南星，對於當朝知識分子或專談道理、或汲汲於科考，卻無意於世用而與政經社會、民生日用已然脫節的憂心。「秀才」、「官府」等知識分子本是肩負社群利害得失、文化歷史傳承等重責的社會菁英，除了「咬文嚼字」外，尚有許多深沉的道德內容、生命面向可談。但知識分子的角色在這一則簡短的諧謔文字中，只留下了不知活用知識、迂腐不通，乃至於與百姓溝通不良的文人形象。因難以符合經濟天下、官民同苦的社會期望，因此自與一般人們對於「士」的角色期待南

〔註61〕趙南星，《笑贊》，收入楊家駱主編，《中國笑話書》（台北：世界書局，1961），頁217。

轅北轍。〔註 62〕通過秀才與買柴者言行應對的分層敘述，知識分子與百姓日用生活脫節、難以溝通的現象逐漸明晰，而笑話的「擊點」（punch line）正在於「賣柴者不知說甚，荷的去了」的交易失敗與「黎庶」／「梨樹」的語言認知差異、答非所問中。知識分子的迂腐，乃是以兩個日常生活經驗的事端予以凸出，並以一個首尾完整的事件呈現於讀者眼前；而藉著觀看知識分子「咬文嚼字」的可笑性，以及對「讀書人誤人如此」的否定，人們遂能自知識分子所扮演之社會角色的嚴肅性中暫時脫身出來，以嬉笑嘲弄取代正面而嚴厲的道德批判。

此外，「贊」的評論形式與笑話文本之間，乃形成了一種對話性。趙南星往往在「贊文」中以一、二語揭示笑話意旨之所在，復增添一、二笑話作爲映襯、補充，以完善嘲諷之旨。〔註 63〕在這種補足性的對話中，歷史人物／眼前世界、百姓／官府、瞽者／明眼人、眞者／假者，文字的相互解釋既揭露了角色的特殊性格，亦擴及了個體角色所反映之歷時與共時之人性弱點與社會普遍現象。此已不僅僅止於宣洩性的譏嘲笑罵，而是在書寫紀錄的過程中傳遞了一種對於人生、世情的洞察能力。

除了知識分子「咬文嚼字」的可笑性外，玩弄語言，以狡辯自圓其說，藉以自尷尬的情境中脫身，此類但存虛言而無實情的現象，亦爲晚明社會所常見。晚明笑話書中常見對於這類人物之嘲諷，例如：

> 有自負棋名者，與人角，連負三局。他日，人問之曰：「前與某人較棋幾局？」曰：「三局。」又問：「勝負如何？」曰：「第一局我不曾贏，第二局他不曾輸，第三局我要和，他不肯，罷了。」

〔註 62〕晚明這種譏笑腐儒的文字甚夥，龔鵬程先生曾以清朝的《笑林廣記》作爲觀察對象，分析知識分子或迂腐、或窮酸、或荒謬之社會形象與生存處境，並自「儒學本質的失落」、「社會生的失落」、「權力的失落」詮解儒士文人落入荒謬處境之原因；周志文先生則以爲明代笑話書中的士子，有「無學識」、「貧窮而貪婪」、「迂腐又鑽刁」等特色。分見龔氏，〈腐儒、白丁、酸秀才——晚明笑談裡的讀書人〉，《晚明思潮．附錄》，頁 435～454；周氏，〈明代笑話書中的士子〉，《晚明學術與知識分子論叢》，頁 199～220。

〔註 63〕又如其記載王安石之謬云：「王安石專講字學，嘗曰：『波乃是水之皮。』蘇東坡曰：『滑乃是水之骨耶？』贊曰：「安石之謬如此，其爲相安得不亂天下。近日張新建乃從字學悟仙道，密傳姜仲文曰：『婦女唾津名爲華池神水，宜常常吮而吞之，可以長生。』以活字乃千口水也。仲文仁者之壽，無所用此；新建未老而逝，想其吞神水少也，惜哉！」趙南星，《笑贊》，楊家駱主編，《中國笑話書》，頁 221。

> 一人對客誇富曰：「我家可無所不有，」因屈兩指曰：「所少者，只天上日、月耳。」語未絕，家童出白：「廚下無柴。」其人復屈一指曰：「少日、月、柴。」爝火少時息，日月更少不得。〔註64〕

這兩個人物，之所以顯得滑稽可笑，是因為他們在一個已然失敗或一旦被揭去偽裝的窘困處境中，只能依靠「狡辯」的言辭對抗可能招致訕笑之結果，並依然想保持一種總有道理可以分說之語言上的主導地位。這兩位碰到窘境的人物用來辯解的文字言語，儘管空洞可笑，但除了可笑之外，並非毫無其他蘊義可談。若說，尚未遇到窘境之前，是人物存在上的「原初情境」，而「窘境」作為第二情境，那麼聯繫著這兩個情境的橋樑，正是這些辯解性的言辭。通過語言構作法則所形成之自我認知、經驗，正可以溝通兩種情境，使之依然成為連續發生的眞實處境，而不必直接面對行為上之失敗與情境之斷裂。因為得以避開赤裸面對自身缺陋所在之難堪，因此人們遂時常將詭辯行為帶入日常生活經驗之中，成為欠缺行動力時一種有力的憑藉與辯護方式。但與書中人物保持著距離的任何旁觀角色，因遠離情境，遂能清楚區隔語言法則所建立起來的經驗與眞實生活經驗之間的斷裂與矛盾，並辨認兩種情境之間的差異，進而洞晰言語文字之虛構與空洞處。這兩則笑話，通過人物反面形象的揭示，作為一種笑談的材料而被人們所接受，其最終將成為對於語言——一種可能被人們「萬能化」卻飽含制約性質的言說工具——之一種具有積極意義的解脫。

在晚明諧謔小品中，我們除了可以看見文人對於知識分子、僧道、富貴者無情的嘲弄外，亦可以窺見庶民百姓或癡、或愚、或魯鈍之各種性情與行為表現。我們試讀《精選雅笑》中的三則笑話：

> 兄弟兩童盛飯，問父：「何物過飯？」父曰：「掛在灶上熏的腌魚，看一看，吃一口就是。」忽小者嚷云：「哥哥多看了一看！」父曰：「鹹殺他罷！」望梅堪止渴，望腌魚亦可以吃飯乎？
>
> 有中鄰於銅鐵匠者，日聞鍛擊，不堪忍聞浼人求其遷去，二匠從之。其人喜甚，設酒餚奉餞。餞畢，試問何往，匠同聲對曰：「左邊遷在右邊，右邊的遷在左邊。」左之右之，無不宜之，適得中立而不倚。
>
> 夫田中歸，妻問鋤放何處，夫大聲曰：「田裏。」妻曰：「輕說些，

〔註64〕分見馮夢龍，《笑府》下卷，「雜語」條，楊家駱主編，《中國笑話書》，頁238；醉月子，《精選雅笑》，「誇富」條，楊家駱主編，《中國笑話書》，頁321。

莫被人聽見，卻不取去。」因促之，往看，無矣，忙歸附妻耳云：「不見了。」〔註65〕

第一則笑話中的父親，其行爲反應，既非流露出一種處於貧困中的哀傷，亦非以一個深具威嚴之父親形象仲裁兄弟間無理卻天眞的爭執，而是表現出一種與孩子同一調性的天眞。這種天眞的回答卻因此解除一種可能引發焦躁、氣憤、窘迫的生存境況——即是以「天眞」抵禦了現實的侵擾，並因此引發人們一種會心之微笑而非譏諷性的嘲笑。這是一種對於現實苦難世界的旁觀態度，笑話中的父親、編寫者與讀者皆是事件的旁觀者，唯有事件中單食米飯而無佐物的兩兄弟才是現實世界的參與者。這種笑話既不是一種建設性的批判，也不是一種破壞性的嘲諷，亦不見道德價值上的高低判準，只是在笑的情感發抒外，復引生了一種對於貧困人物的悲憫情懷，這種於閱讀之後不斷增長的悲憫之情將在編寫者和讀者之間達成一種相互理解。後兩則笑話，其逗人發笑處，並不是來自於觀念不同者對於彼此行爲的抗議與否定，而是來自於他們對於現實世界的不同理解及反應。「遷居」中的銅鐵匠與「亡鋤」中的丈夫似乎皆看不見現實利害之一面，只是一貫地以一種天眞幽默的態度面對日常生活，而鄰人與妻，則是世故、沈著地面對相同的現實生活。這兩類人物，既形成一種對比，亦作了意義上的相互補充，「通曉世情」與「不通事務」兩種不同的處世態度，形成了一種詼諧的對照。

由上述說明可知：引發笑的機緣往往是兩個世界——即讀者的眞實世界和文字的虛構世界之間的喜劇性衝突，而非來自於該事件或人物本身。詳言之，使人喜樂的信息並非來自笑話本身（以文字表現之虛擬事件），絕大部分乃來自於它所侵擾的，那個仍然不斷運作著的現實世界。由於諧謔文字乃在揭露種種被嚴肅的社會道德規範所壓制、或者忽視的事物，因而諧謔活動中的審美快感即來自於對此飽受壓制、忽視事物之一種諧謔性的觀看與批判。職以此故，笑話中深刻的諧謔意涵，實際上源於富有創造性的評論與矛盾現象之呈現，因而其間所蘊涵的意義往往超越了事件本身，或是事件表象。即是通過笑話的編寫與閱讀，人們在理解許多可笑、荒謬的行爲模式之後，即使在如常進行，不易即刻抽離、時時得以反思的日常生活中，對於自身行爲亦可以作出有別於以往之選擇。而在閱讀過程中所形成之自我與他

〔註65〕分見醉月子，《精選雅笑》「臆魚」條、「遷居」條、「亡鋤」條，楊家駱主編，《中國笑話書》，頁319；316、317；318。

人、日常生活角色與各種社會角色，可以不停地相互置換、彼此對轉，人們即能在日常生活領域和其他現實領域（例如道德修持、仕宦生涯）之間的縫隙處（或是斷裂處）體驗自身——將自身視爲「各種角色」，或是「獨立於任何角色之外的自我」來加以體驗。此意即，通過角色不斷相對化的過程，人們容易在這些可笑的人物行爲中，發現自身亦可能具涵之某些制約性與可笑性，而此中，一種審美經驗將顯現在將愁苦憤懣轉換爲嬉笑嘲諷的情感轉變之中。諧謔之舉雖然率常表現出對於譏嘲對象之價值觀念、行爲模式的疑惑與不認同，但卻是一種可以經由審美而達到的情感昇華途徑。因此，在某種程度上，語言的構作、傳達、人物事件的主題化皆是一種獲取各色不同審美經驗與眞實經驗的媒介，通過描述、閱讀一個虛擬的世界，乃更能照見道德世界與日常生活世界的眞實性及其內在本質。

此外，「笑」的審美快感乃優先於道德價值之判準，以及伴隨著社會責任而心生的憐憫之情。即是審美態度之援取，方能使編寫者、讀者，在書寫、觀察角色衝突時，獲得一種娛悅之感，並釋放過於沈重的道德要求與社會責任。換言之，如何藉由一、二項人物的行爲活動，傳神的表現出人物的可笑特徵，乃需依賴編寫者主觀情感之投入與篩選，以及將角色、事件予以主題化的構作能力。在審美感知下，由人物、主題、語言等等所構成的衝突點，共同形成了一種讓讀者會心一笑的語言環境與情境氛圍。由於採用譏諷嘲笑的表達方式，諧謔小品將社會現象、人性價值的荒謬可笑處，或一針見血、或一覽無遺地加以指摘，試圖通過文字，在精神上宣發一種現實生活中莫可奈何之各種強制性的規約與壓迫，並激起一種宣洩性的快感，促使人們發出笑聲，以笑來消解、包容對於人間的不滿與愁苦——儘管是充滿了滄桑的苦笑（即王思任所云「苦於老」之笑）。因此，以遊嬉的態度面對人世困境，與世界保持距離，乃是在積極入世與淡息世念兩種極端應世方式外，另一種安頓身心的生存之道——以笑遊刃於塵世之中，方能全身保眞，以盡天年。因此，笑既是快樂的表現，同時也是對於傳統價值觀念之一種具有挑釁意味的發洩，此中已有一種快感與憤恨的連結。這是當人們面對一個窮於應付之時局亂象、生存窘境時，通過諧謔譏笑之行爲活動，讓自身恢復、擁有一種「距離上之自由」的努力——一種對於道德規範、政經亂象、現實世界保持距離，以重獲意志自由之努力。

第三節　由「冷熱世情」論《金瓶梅》「崇禎本」評點的審美實踐

即緣於審美態度之投入、各種審美功能之匯聚與運用，日常生活與藝文中的各種審美價值已廣爲晚明文人所確立，並逐漸凝聚成爲一種足以與道德觀念分庭抗禮之價值系統。以此作爲認知背景，我們遂能清楚明白處於時代語境之中的《金瓶梅》「崇禎本評點」何以得能成爲「以審美眼光審視《金瓶梅》的第一人」；〔註 66〕而其以審美爲尙之評點風格，遂與後來《金瓶梅》「竹坡本評點」的「道理之論」、「文龍評點」之「道德批判」有著絕大的價值差異。〔註 67〕

基於審美態度乃具有一種帶著游戲賞玩、並不直接引發人們存在上之迫切性與焦慮感受的特殊性質，因此，只要投以審美態度，通過審美距離之觀照，無論是日常生活中的細瑣事物，或是外觀形象或美或醜之各色人物、諸般現象，皆有審美內涵可論。據此，我們得以理解，當作品中出現了人物飲食便溺、以口承溺等種種私褻、不堪入目的行爲表現時，何以《金瓶梅》「崇禎本評點」仍能出之以審美態度予以鑑賞、評騭。例如第五十四回，描寫韓金釧兒在薔薇花架底下小解，應伯爵前往戲弄的醜態，「崇禎本」即評曰：「戲謔事，俱千古韻事」（五十四回眉批）；又如七十二回，對於潘金蓮雲雨後嚥溺一事，《金瓶梅》作者於文後議論：

> 看官聽說：大抵妾婦之道，鼓惑其夫，無所不至，雖屈身忍辱，殆不爲恥。若夫正室之妻，光明正大，豈肯爲也！是夜，西門慶與婦人盤桓無度。〔註 68〕

由緊接在情節之後的這段議論，可以清楚得知《金瓶梅》之作者乃自道德倫常角度，視金蓮嚥溺之舉茲爲一種忍辱爭寵、遂行己欲的人情醜態。其之所以仔細描繪潘金蓮「無所不至」的「鼓惑」之方，旨在申明：一旦人倫失序，爲人妾婢者，爲爭得名份地位、權勢富貴，舉凡最爲私密的閨闈之私、細碎

〔註 66〕語見齊魯青，〈明代《金瓶梅》批評論〉，（《內蒙古大學學報》，1994 年，一期），頁 97。

〔註 67〕三家評點異同，可參見陳翠英，〈今昔相映：《金瓶梅》評點的情色關懷〉，《情欲明清——遂欲篇》（台北：麥田，2004），頁 67～103。

〔註 68〕《新刻繡像批評金瓶梅》（台北：曉園，1990），下冊，頁 998。以下關於《金瓶梅》之情節與「崇禎本評點」文字，多從此書引出，爲避免煩複，僅於文後標明回數，不再加註注明出處。

枝節之閒談起坐、人物往來等各種日常生活瑣細，無處不可得見情欲之醜、倫常之失。這是藉人物情節以為倫常殷鑑的創作動機，而非審美感知下的情欲摹寫。但「崇禎本評點」對於這段作者視之為醜的情節，則在眉批中指出：「糞且有嘗之者，況溺乎！吾以此為金蓮解嘲可乎？」以「嘗糞」為潘金蓮解嘲，並讚許潘金蓮回答西門慶之詢問，說「（溺）略有些鹹味兒」茲為一種「妙答」（夾批），則是審美態度下的批評取向了。以機智言辭為潘金蓮解嘲，正可以得見審美經驗下的詮釋角度適足以在某種程度上有效地釋放道德倫常之規約與束縛。

再如五十四回，陳敬濟與潘金蓮本欲趁機偷歡，因見小玉欲進房來而作罷，作者明白指出：「這也是金蓮造化，不該出醜」；一樁因僥倖而得以免去的醜事、陳敬濟「一溜煙出去了」的狼狽情狀，看在「崇禎本評點」者的眼裏，卻是「驚散得悠然有致」（眉批）。又如第三十九回，玉皇廟送禮祝賀金蓮生日，孟玉樓端詳道士所送針線細緻的小履鞋後，質疑道士「敢有老婆」；金蓮繼之附和，猜想王師父和大師父「莫不是也有漢子？」……，潘金蓮與孟玉樓興致高昂地反覆推測道士、尼姑必有姦情，雖屬閒談，但已然關乎他人倫常品德之議論且時涉淫穢。潘、孟二人身為受禮之主人，在送禮的僧尼面前議論及此，自然有失身分儀節，因此老實守禮的月娘，忍不住責備金蓮「好恁囉說白道」、「不知禮」，然而「崇禎本評點」卻稱讚金蓮與玉樓二人的聯想力是「一層深一層，二美人何等穎悟」（眉批）。十三回，寫西門慶、李瓶兒偷情，丫嬛迎春趕狗關門、叫貓遞話，西門慶踏凳爬牆，評點者云：「趕狗叫貓，俗事一經點染，覺竹聲花影，無此韻致」（十三回眉批）。又如五十七回，月娘勸西門慶貪財好色的事少做幾樁，可以積些陰德，對家人小孩俱有助益，西門慶則以「天地尚有陰陽，男女自然配合」、「今生偷情的、苟合的，都是前生分定，姻緣簿上註名，今生了還」、「就使強姦了姮娥、織女，也不減我潑天富貴」等歪理應答。此自關涉倫常道德之觀念與命題，評點者僅以「是以聖人惡佞舌」一語輕巧帶過，更加著意者乃是西門慶此番分辯「自信處，卻說得道理分明」、「西門慶口角逼真市井，妙」（五十七回眉批）等關乎人物情態、言語表現之審美內蘊。

各色人情醜態尚且能以審美態度鑑賞之、品玩之，遑論人物形象之美、官能享樂之狀，以及諸般憤恨哀喜之情的淋漓潑灑。例如其看金蓮拈著一枝桃花兒的姿態是「意致便別。韻甚，媚甚」（四十八回眉批）、金蓮睡到晌午，又懶待梳頭乃「一種風流困倦情態，寫得㦃㦃在目」（五十一回眉批）、金蓮的撒嬌弄痴「事事俱堪入畫。每閱一過，輒令人銷魂半晌」（十一回眉批）、李瓶兒一開口，「不使人愛，便使人憐」（四十一回眉批）、丫嬛小玉的頑皮則是「騷丫頭一種不能自持情態宛然」（二十四回眉批）、西門慶涎臉賣笑，討好月娘，月娘一笑即是「弄一笑作收頭，何等風韻」（二十一回眉批）。陳翠英先生在〈金昔相映：《金瓶梅》評點的情色關懷〉一文中指出：「評者高度表現對女性人物以及情色書寫的興趣，反映了晚明情欲漫流的時代氛圍。我們看到他處處不吝對女性發出由衷的讚美，或是欣賞女性的意態情致」。〔註69〕縱情聲色、不避淫穢的情欲漫流固爲晚明時代氛圍，然而審美態度的積極投入，亦是晚明普遍之社會語境，即是緣於一種審美態度的取用，無論文本中的人物形象或美或醜、事件或爲鉅細、語言或爲莊諧，皆時能擺脫道德倫理之命意，以審美感知重新詮釋文本，賦予新意。

由「崇禎本評點」與「文本」之間時見價値差異之書寫傾向，乃可明白：「崇禎本評點」者之所以採取一種審美角度詮釋文本，正說明其並無意全盤接受並延續作者在創作過程中對於許多情節所採取之道德取向的描繪、判準與感知經驗。作爲一個「觀看者」，面對審美對象，在創作者所形構出來的客觀美醜外，評點者乃可創造屬於他自身之審美感知經驗、重新建立新的審美判斷，此一創造性活動遂產生了可與原始作品所傳遞之感知經驗、價値系統相互比較，進行對話且互爲闡釋之關係。這種現象再次呼應了耀斯所提出之有關於審美經驗的洞見：審美知覺並非一種單純的認知活動，只能被動地接受著藝術成品已然成形之各種美醜品貌，而可以是文本的積極參與者，充滿了各種詮釋之可能且極富創造性。其中創作者與觀看者間不同的理解、詮釋方式，即是一種「審美經驗的創作功能和接受功能之間必然會出現的那種不對稱性」。〔註70〕

審美態度的取用，固令「崇禎本評點」創造了異於其他評點本之鮮明風格，然而在審美經驗之外，「崇禎本評點」依然有著承續文本價値取向之一面，

〔註69〕陳氏此文比較《金瓶梅》「崇禎本評點」、「竹坡本評點」、「文龍評點」對於情色書寫之不同價値取向，綜觀三家評比，尤能見「崇禎本評點」之審美詮釋角度獨樹一格處。文中對於「崇禎本評點」品評人物意態情致美感之例證，多有臚列及說明，可以參見。本文引語見氏著，〈今昔相映：《金瓶梅》評點的情色關懷〉，《情欲明清——遂欲篇》，頁73。

〔註70〕相關論述參見耀斯，《審美經驗與文學解釋學》，頁173～175；語見頁174。

楊玉成與陳翠英先生即分別指出：《金瓶梅》書寫世情，而「整部崇禎本評點可說是環繞著世情小說而展開」、「就『戒淫』意旨、幻化歸結等方向而言，三家（評點）並無太大差別」。〔註 71〕因此，「崇禎本評點」對於生活現實中人性利害趨避之一面，並非只是一味地投以審美眼光，而完全隱略道德判斷。例如五十五回西門慶拜訪蔡京，見識到蔡京居家之富、堂皇之美，「崇禎本」評點云：「西門慶家居亦可謂富貴矣，今以此相形，便覺純是市井暴發戶景象。富貴寧有極耶？隱隱寫出」（眉批）；五十六回寫常峙節積欠房租，委請應伯爵向西門慶借貸，西門慶先是推說不在家，二人不得已，一早上門等候，西門慶卻與眾妻妾在花園中問柳玩耍，任常、應二人在廳堂中空候，「崇禎本」評曰：「貧賤與富貴交，往往有虛名而無實惠。數語掃盡」、「窮鬼已自可憐，而復寫一段富貴飽暖受用與之相形，惡甚！」（眉批）。而對於《金瓶梅》中所展現之生活現實裏的人情世故、衰敗凋零，「崇禎本評點」常用「炎涼」、「冷熱」、「淒清」、「冷落」等批評述語加以評騭，據此可知，日常生活與倫常道德的視域並未消失在「崇禎本評點」之外，亦非一如「山水小品」般，以一個「小世界」的樣態，烘托著審美經驗的殊性；也不是刻意被放大成爲一個奇異世界，在滌除、昇華中取得情感淨化之效能，而是在審美經驗、道德價値與現實利害之間，來回擺盪，幾重視域交錯並陳，隨著小說敘述的「多音性」，而出現評點上之「多音」現象。〔註 72〕

楊玉成先生在〈閱讀世情：崇禎本《金瓶梅》評點〉一文中，對於「崇禎本評點」中「冷熱」一詞所包含之多方意義，曾有一番說明，文云：

> 性格特質（冷人、熱人）、情緒態度（熱情、冷淡）、小說場景（熱鬧、冷清）、情慾（渴望、冷漠）、野心（熱衷、冷淡）、權勢（顯赫、衰敗）等等，是一個含意寬泛而頗具潛力的觀念。冷熱從此成爲情緒話語的樞紐，「熱」意味熱情、渴望、情慾；「冷」意味冷淡、低溫、理智，這個觀念同時建構一種沈默的、隱私的話語世界，誘惑

〔註 71〕二語分見楊玉成，〈閱讀世情：崇禎本《金瓶梅》評點〉，彰化師範大學《國文學誌》第五期（2001 年 12 月），頁 143；陳翠英，〈今昔相映：《金瓶梅》評點的情色關懷〉，《情欲明清——遂欲篇》，頁 88。

〔註 72〕楊玉成援用巴赫金之多音性觀念，論述《金瓶梅》具有多語體、雜語類、多聲部的特徵時指出：「世情小說另一項意義是彰顯了小說的『多音性』，小說的一言一行、每一場景都具有複雜多重的含意。不僅世態炎涼，評點者在許多地方都有類似見解。」氏著，〈閱讀世情：崇禎本《金瓶梅》評點〉，《國文學誌》第五期，頁 151。

讀者加以窺視解讀。〔註 73〕

楊氏此一章節意旨，側重在「對白」、「場景」、「人物」、「冷筆」、「寓意」五個面向的「冷熱」概念分析，因此此段文字對於「冷熱」一詞之意義說明，屬於概略性陳述，並未嚴守「窮盡」與「相互排斥」之分類原則——諸如「情緒態度」與「情欲」、「野心」與「權勢」即有意義重疊之虞。此尚屬枝節之論，我們想要進一步解決的問題是，除了這種概略性的說明區分，以及分以「對白」、「場景」等五個面向解讀「崇禎本評點」中「冷熱」一詞之蘊義外，透過另外一種詮解方式之嘗試，是否得能更為統貫且根源性地掌握此一批評述語之各種深、淺層蘊義及其成因。

「冷熱」一詞本指物理、環境的冷熱現象與生命膚體之知覺感受，後引申為人類性情、態度與存在情境上或是戰慄、寂寞、藐視、清甚、閑散、衰歇，或是溫暖、焦灼、懇摯、忙錄、熱鬧之形容語，〔註 74〕之後轉用於文學批評，於晚明小說評點中尤為流行。〔註 75〕

就士人之存在情境而言，「冷」是一種對於「宦情」、「生趣」、「功名富貴」、「是非得失」之熱烈情感的消融與化除。試觀幾則晚明文人對於世事採取退離、冷觀態度之語例：

> 宦情太濃，歸時過不得，生趣太濃，死時過不得，甚矣，有味於淡也。（陳繼儒，《安得長者言》）
>
> 三九大老，紫綬貂冠，得意哉，黃梁公案；二八佳人，翠眉蟬鬢，銷魂也，白骨生涯。（屠龍，《娑羅館清言》）
>
> 權貴龍驤，英雄虎戰，以冷眼視之，如蟻聚羶，如蠅競血，是非蜂起，得失蝟興，以冷情當之，如冶化金，如湯消雪。（洪自誠，《菜根譚》後集 73 則）
>
> 點破無稽不根之論，只須冷語半言；看透陰陽顛倒之行，惟此冷眼一隻。（《醉古堂劍掃》，卷八）

〔註 73〕楊玉成，〈閱讀世情：崇禎本《金瓶梅》評點〉，《國文學誌》第五期，頁 144。

〔註 74〕分見林尹、高明主編《中文大辭典》（台北：中國文化大學，1990），一冊，頁 1586，「冷」字條；第五冊，頁 1854，「熱」字條。

〔註 75〕楊玉成指出：「『冷熱』觀念在晚明逐漸流行，袁無涯刊本《水滸傳》評點已經出現，眉批說：『閑冷處偏弄得火熱。』（九回）「又說起看燈，仍舊是偷看；極熱鬧時說得極淒涼，使人可憐。」（一一〇回），〈閱讀世情：崇禎本《金瓶梅》評點〉，頁 143，註 52。

負心滿天地，辜他一片熱腸；變態自古今，懸此兩隻冷眼。(《醉古堂劍掃》，卷十)

從冷視熱，然後知熱處之奔馳無益；從冗入閒，然後覺閒中之滋味最長。(《醉古堂劍掃》，卷一)

吾於士寧有所不見，見者寧有所不言，甘爲冷，爲不可近，而不悔者也。(鍾惺，〈潘無隱集序〉，《隱秀軒文炅集》)

所謂「黃粱公案」、「白骨生涯」以及「是非得失」俱能「如冶化金、如湯消雪」，乃是兼從釋家化解色空有無之執迷，以及道家打破是非得失對待的觀點詮解人世現象。即因世人爭相追逐現實利益，無意於道德義利之辨，〔註 76〕一熱一冷之間，遂與士人之價值追求、冷熱對待有所悖離與牴觸，而以「冷情」、「冷眼」淡觀炎涼世事，方能得「用心若鏡」、「應而不藏、勝物不傷」之保眞全身要旨。這是就俗情世間與道德世界的不同價值取向，以見晚明人情感態度迥然有別之「冷熱」表現。

此外，就審美經驗而言，亦有冷熱迭現的現象可論。對於審美世界積極投入，乃至於「成癡爲癖」者，自然可以得見一種異於常人之審美熱情，然而，基於審美經驗的特殊性質——對於審美對象所依據之眞實世界，並無轉化、改革的強制性與迫切感，因此，亦無現實存在處境中所可能有具有之伴隨著占有欲望而產生的毀滅性力量，因爲審美距離的維繫，人們對於審美對象所依據的現實世界，亦容易出現一種含有冷凝特質之情感表現。〔註 77〕再者，就晚明文化現象而言，基於文人本身所具涵之文化修養，以及個體意識

〔註 76〕如周順昌在〈第後東德升諸兄第〉中批判：「最恨者，方今仕途如市，入仕者如往市中貿易：計美計惡，計大計小，計貧計富，計遲計速」(衛泳，《冰雪攜》下冊)；袁宏道〈與沈博士〉云：「錢穀多如牛毛，人情茫如風影，過客積如蚊蟲，官長尊如閻老」(《袁中郎全集》，卷二十)。相關論述參見曹淑娟，《晚明性靈小品研究》，頁 208～212。

〔註 77〕米·杜夫海納曾類比愛情經驗與審美經驗之不同，以說明審美經驗之特殊性質，他指出：「審美對象的情況則迥然不同，因爲它不要求結合，審美欣賞所滿足的呈現並不喚起一種隨後就該加以壓制的占有欲望。審美感覺沒有刺激愛的緊張關係和不可靠性。因此說，審美經驗既甚於愛的經驗，又不如愛的經驗。說不如是因爲它沒有欲望和結合的兩種又痛苦又快樂的經驗，因爲它不教人們運用自己具有的那種貢獻自己、超越自身的能力。說甚于愛的經驗是因爲它的要求不高，易於滿足，因而本性趨向平衡；同時也因爲對象與主體之間保持的距離是熱情的純潔的一種保證。」，見氏著，《審美經驗現象學》，頁 474。

之強調、覺醒，乃出現了有別於俗情世間之審美趣味，其對「俗趣」，往往採取一種冷眼旁觀、有意區隔之態度。換言之，由於敏銳之感知能力，晚明文人意識到了生活細節與生命過程中，審美經驗普遍而潛在的力量與特質，通過文字表現，晚明文人樂於捕捉並擅長將種種審美特質予以特殊化、典型化，因此，晚明人個體意識的覺醒與自我生命經驗的凸出與強調，在雅俗交流的文藝思潮中，依然隱然可辨雅與俗之間的界限。其與俗情世間的界限往往在於：是否具有精微、獨到的審美知覺，欠缺精微、個性化，難以彰明超逸絕俗的審美品味者，即爲淺薄庸陋者。因此，袁宏道諸人雖倡言俗語、俗情之美，但自我意識與性格特徵，卻又令其時時與俗情世間有所乖違。因此，晚明審美經驗中之「入於生活」的特徵，乃在於視日常生活中之各色人情慾望、日用物品，無一不可作爲審美對象，並據以建構了一個環繞名物、世情而開展之審美世界；「自生活逸出」，則意謂晚明文人仍不斷地區隔出審美世界與日常生活世界之差異，二者之間遂呈顯爲一層次甚明之意義有別的存在領域。審美世界與日常生活之間的區界，一方面緣於審美經驗之特殊性質而有，一方面則來自於生命主體與俗情世間之自覺性、自發性的區隔。這兩種原因，共同型塑了晚明審美世界既「擁抱世情」又「遙觀世情」之冷熱交織的現象。

由於「冷熱」是一種相對性的情感態度，由熱以見冷、由冷而覺熱、冷與熱亦可同時並存，因此，不論是表現在對於個別事物之偏尚，或是在各種不同的存在情境中作出不同的行爲選擇，以不同的情感態度回應人事變化，終將令整體社會呈顯爲一冷熱交織、價值紛錯之大千世界。如果我們參照舒茲（A. Schutz）對「生活世界」的結構分析，人類乃是在「宗教的」、「科學的」、「想像的」、「夢幻的」各種意義層次上把握日常生活中共有之互爲主體性的世界，而一切社會中的主體經驗將反映在這些不同的意義層次上。〔註 78〕據此，則人類的「冷熱」情感，亦將在不同的層次（或「小世界」）之中各有偏側依倚、喜好樂尚，最終，將共同迴向、投射在日常生活的起居坐臥之間，爲小說創作者所把握，並通過文字表現呈現爲一藝術作品。因此，「冷熱」情感乃是在日常生活世界、道德倫常世界與審美世界之間，游離變換，或表現爲對於富貴權勢的執著追逐／索然無欲；或對道德倫常之篤切維繫／消極冷漠；或對於審美對象狂熱癡迷／靜觀獨照。

〔註 78〕並參舒茲《舒茲論文集》，第一冊（台北：桂冠，2002），第九章，「多重現實」；耀斯，《審美經驗與文學解釋學》，頁 183。

將人類存在上的「冷熱」情感，移用於文學批評中，我們遂能區隔出不同層次的「冷熱」蘊義。「炎涼」、「冷熱」與「世情」一詞相互結合，所謂的「炎涼世態」、「炎涼景況」「冷熱世情」，乃指作品中所呈現之一種具有普遍性意涵的人情冷暖境況，或是整體情境上蕭疏殘敗之景。例如：

> 詩曰：豪華去後行人絕，簫箏不響歌喉咽，雄劍無威光彩沈，寶琴零落金星滅。玉階寂寞墜秋露，月照當時歌舞處。當時歌舞人不回，化爲今日西陵灰。（眉批：一部炎涼景況，盡數此語中。）（第一回）

> 又坐了一回，西門慶見他不去，只得喚琴童兒廂房內放棹兒，拏了四碟小菜，牽葷連素，一碟煎麵觔、一碟燒肉。西門慶陪他吃了飯。（眉批：只吃物數即寫出炎涼世態，使人欲涕欲哭。）（第三十五回）

> 說便如此說，這「財色」二字，從來只沒有看得破的。若有那看得破的，便見得堆金積玉，是棺材內帶不去的瓦礫泥沙；貫朽粟紅，是皮囊內裝不盡的臭污糞土。高堂廣廈，玉宇瓊樓，是墳山上起不的享堂；錦衣繡襖，狐服貂裘，是骷髏上裹不了的敗絮。（眉批：說世情冰冷，須從蒲團面壁十年才辦。）（第一回）

於此，「炎涼」一詞，爲一偏義複詞，捨「炎」而取「涼」之意。所謂「炎涼世態」、「炎涼景況」、「世情冰冷」，專指作品之中表現了一種人情淡薄、重利輕義之普遍人性，以及整體存在情境由繁華轉趨衰敗的淒涼景況。魯迅於《中國小說史略》一書中以爲《金瓶梅》「描摹世態，見其炎涼」，亦是就作品中所呈現之普遍人性、整體境況而言。有時，「炎涼」又或與「淡薄」聯合成詞，例如「此等議論，揆情度勢，可謂十得其九，然俱屬暗中揣摹，毫不著，只此可銷人炎涼淡薄之念」（二十九回眉批）。由於作品中的人物，其性情舉止率常表現爲對於現實利益之熱衷追逐，以及倫常道德觀念的鮮寡淡薄，因此，「炎涼」、「冰冷」等詞，除了針對作品中逐利爲尚、道義爲末之人性表現與衰颯景況而發，並時與「人情眞假」之觀念相互聯結，例如「此書妙在處處破敗，寫出世情之假」（二十回眉批）、「前眞哭，此則假哭矣。世情之假往往從眞來，故難測識」（八十九回眉批）。

「冷」一詞的語義範圍，亦會由普遍性的境況描述，逐步限縮指涉範圍，對於個別人物當下、短暫性的存在情境——或屬熱鬧、或是蕭疏冷落之況——作一說明。例如：

> 出得大街市上，但見香塵不斷，遊人如蟻，花炮轟雷，燈光雜彩，

> 簫鼓聲喧，十分熱鬧。遊人見一隊紗燈引道，一簇男過來，皆披紅垂綠，以爲出于公侯之家，莫敢仰視，都躲路而行。那宋蕙蓮一回叫：「姑夫，你放個桶子花我瞧。」一回又道：「姑夫，你放個元宵炮我聽。」一回又落了花翠，拾花翠；一回又吊了鞋，扶著人且兜鞋；左來右去，只和敬濟嘲戲。（眉批：偏蕙蓮映出元宵景致，絕不冷落。）（二十四回）

> 張四見說不動婦人，到吃他搶白了幾句，好無顏色，吃了兩盞清茶，起身去了。（眉批：一「清」傳冷落之神，令人絕倒。）（七回）

> 李瓶兒見不放他去，見棺材起身，送出到大門首，赶著棺材大放聲，一口一聲只叫：「不來家虧心的兒哩！」叫的連聲氣破了。不防一頭撞在門底下，把粉額磕傷，金釵墜地，慌的吳銀兒與孫雪娥向前攙扶起來，勸歸後邊去了。（眉批：李瓶兒初進門時何等冷落，尚歡喜忍耐。今雖子死，實無減于舊，遂凄涼痛苦如此，何人心之不能平耶！）（五十九回）

> 玉樓把銀子遞與長老，使小沙彌領到後邊白楊樹下金蓮墳上。見三尺墳堆，一堆黃土，數柳青蒿。上了根香，把紙錢點著，拜了一拜，說道：「六姐，不知你埋在這裏，今日孟三姐吳到寺中，與你燒陌錢紙。你好處生天，苦處用錢。」一面放聲大哭。（眉批：到此方偶，景閒冷之極。）（八十九回）

這種「冷清」的人物存在處境，有時或以「慘淡」一詞形容，例如：

> （武松）去時三四月天氣，回來卻淡暑新秋，路上雨水連綿，遲了日限。前後往回也有三箇月光景。在路上行走坐臥，只覺神思不安，身心恍惚，不免先差了一箇士兵，預報與知縣相公。又私自寄一封家書與他哥哥武大，說他只在八月內準還。（眉批：寫相關處慘淡，使人心惻。）（八回）

除「冷清」、「慘淡」外，評點者亦常以「冷局」稱之。例如「熱人一處冷局，便亂矣」（十九回眉批），這是將人物的「冷熱」性格與存在情境之「冷熱」境況併合以言。再如：「月娘與西門慶相好時，何等賢惠，今稍冷落，便有許多牢騷不平之言。可見處敗局、冷局之難」（二十回眉批）。稱爲「局」，固指人物身處之環境局勢，然而亦隱然蘊含一種視人生爲一棋局之喻意。此種用語，不僅呈示了評點者一種遙觀世情之審美距離，並視情節、場景、人物角色之安排，無一不是創作者筆下的構作原素，可相互搭配、變化，用以凸出寓旨之文學創作概念。緣於此，我們遂可得見評點者時時讚許《金瓶梅》作者在描摹人物或冷落、或淒清之處境時，乃有「傳神」之妙！

此外，「冷熱」一詞，亦借以觀察人物角色的性格特徵、對於事物的欲求態度，或者在語言使用方式以及行爲表現上的各種變化。此意即：「崇禎本」評點者，以「冷熱」觀念品鑑人物時，旨在揭示角色人物外在行爲表現與內在心理欲求，或劃一、或悖反、或是假情作態、或者另有所圖的各種人性面貌、性格特徵，意欲藉由人物內外冷熱情感之變化，掌握市井人物求財爭寵之各般圖謀手段與幽微的心理狀態，摹繪出千變萬化、姿情各具的浮世人物圖像。例如：

> 說了半日話，纔拿茶來陪著吃了。西門慶便問：「怎的不見桂姐？」虔婆道：「姐夫還不知哩，小孩兒家，不知怎的，那日著了惱，來家就不好起來，睡倒了。房門兒也不出，直到如今。姐夫好狠心，也不來看看姐兒。」西門慶道：「眞個？我通不知。」（十二回眉批：先冷冷落落，推他開口，方婉婉說入，的是虔婆技倆。）

> 到次日，西門慶起身，婦人打發他吃了飯，出門騎馬，逕到院裏。桂姐便問：「你剪的他頭髮在那裏？」西門慶道：「有，在此。」便向茄袋內取出，遞與桂姐。打開看，果然黑油也一般好頭髮，就收在袖中。西門慶道：「你看了還與我。他昨日爲剪這頭髮，好不煩難，吃我變了臉惱了，他才容我剪下這一柳子來。我哄他，只說要做網巾頂線兒，逕拏進來與你瞧。可見我不失信。」桂姐道：「甚麼稀罕貨，慌的恁個腔兒！等你家去，我還與你。比是你恁怕他，就不消剪他的來了。」（十二回眉批：拿來火熱，卻又傖（搶）白得冰冷，桂姐利嘴可畏。）

> 金蓮已帶半酣，拉著李瓶兒道：「二娘，我今日有酒了，你好歹送我到房裏。」李瓶兒道：「姐姐，你不醉。」須臾，送到金蓮房內。打發小玉回後邊，留李瓶兒坐，吃茶。金蓮又道：「你說你那咱不得來，虧了誰？誰想今日咱姊妹在一個跳板兒上走，不知替你頂了多少瞎缸，教人背地好不說我！奴只行好心，自有天知道罷了。」（二十一回眉批：倚酒三分，冷一句熱一句，又譏諷又要強，又討好，金蓮

心口了然。）

那常二只是不開口，任老婆罵的完了，輕輕把袖裡銀子摸將出來，放在桌兒上，打開瞧著道：「孔方兄、孔方兄，我瞧你光閃閃、響噹噹無價之寶，滿身通麻了，恨沒口水嚥你下去。你早些來時，不受這淫婦幾場氣了。」那婦人明明看見包裹十二三兩銀子一堆，喜的搶近前來，就想要在老公手裏奪去。常二道：「你生世要罵漢子，見了銀子，就來親近哩。我明日把銀子買些衣服穿，自去別處過活，再不和你鬼混了。」（眉批：只此一物，其未得也，婦人怨之、罵之，而啞口不能對；其既得也，則冷譏熱訕，使之陪哭、陪笑不已，使之下淚。）（五十六回）

不論是金蓮，或是妓院中的桂姐、虔婆，或者常遭老婆咒罵的常二，當生存處境不利於己、屈居弱勢，或出現即將遭遇失勢、失寵之心理危機，甚或別有所圖時，「冷熱」的言辭表現與行爲態度，除了助其宣洩情緒外，更重要的功能乃在於：此番表現往往是他們意圖翻轉弱勢地位、確保利己之生存處境、遂行各種情欲目的的手段與伎倆。通過仔細觀察人物行爲態度與言辭的「冷熱」變化，「崇禎本」評點者，異常世故地指導著讀者如何辨認俗情世間，人物爲求生存所衍生出來之面貌迭變而又複雜細緻的求取方式，人物如何運用各色「小智」、「小慧」搬演各種「曲意假態」的戲碼。而一旦將人物行爲表現與場景狀況作一結合，則容易出現「冷幫熱襯」一詞，例如：

西門慶道：「桂姐，你休惱。這帖子不是別人的，乃是我第五個小妾寄來，請我到家有些事兒計較，再無別故」祝實念在旁戲道：「桂姐，你休聽他哄你哩！這個潘六兒乃是那邊院裡新敘的一個表子，生的一表人物。你休放他去。」西門慶笑著趕打，說……（十二回眉批：佯嗔故惱，冷幫熱襯，哄然一堂之上，彷彿如睹。）

「冷」是人物行爲表現方式，「熱」則是「冷行爲」所產生的場景效果。「冷熱」的交織變化，說明了西門慶周遭酒肉朋友「幫襯」的角色功能，並側面烘托出此等市井之徒與西門慶「熱結」爲友之「同嫖同飲」的共生關係，以及「依附攀緣」的利益本質。至於「深情人必冷，瓶兒太濃太熱，豈深於情者哉！」（十六回眉批）、「春梅熱鬧，迎春冷韻，自此雙鬟可稱不俗」（七十五回眉批）則意在以情感態度的「冷熱」表現，爲人物整體性格特徵定調。

「崇禎本」評點除了以「冷熱」一詞，對書中人物存在境況作一概括性之掌握，乃至剖析角色人物的性格特徵、行爲表現、對於事物之欲求態度外，尙好以此概念品鑑藝術作品有關情節、筆法等形式結構上的構作法則。

將「冷熱」一詞用於探究文學作品之情節構作手法，則意在指述《金瓶梅》作者往往能將日常活動中，一切細密的人情事理、意念情緒，巧妙地移用於小說人物塑造與情節的鋪排、推衍上，讀者若稍加留意，不難窺見一種構思縝密、時常出人意表，卻活潑新穎的藝術構作手法。例如：

> 玳安道：「俺爹再沒續上姊妹，只是這幾日家中事忙，不得脫身來看六姨。」婦人道：「就是家中有事，那裡丟我恁個半月，音信不送一個兒！只是不放在心兒上。」因問玳安：「有甚麼事？你對我說。」那小廝嘻嘻只是笑，不肯說。婦人見玳安笑得有因，愈丁緊問道：「端的有甚事？」玳安笑道：「只說有樁事兒罷了，六姨只顧吹毛求疵問怎的？」婦人道：「好小油嘴兒，你不對我說，我就惱你一生。」（八回眉批：問答語默惱笑，字字俱從人情微細幽冷處逗出，故活潑如生）

> （算命師）賊瞎道：「好教娘子得知：用紗蒙眼，使夫主見你一似西施嬌豔；用艾塞心，使他心愛到你；用針釘手，隨你怎的不是，使他再不敢動手打你；用膠粘足者，使他再不往那裏胡行。」婦人聽言，滿心歡喜。當下備了香燭紙馬，替婦人燒了紙。到次日，使劉婆送了符水鎮物與婦人，如法安頓停當，將符燒灰，頓下好茶，待的西門慶家來，婦人叫春梅遞茶與他吃。（眉批：西門慶愛春梅，往往在冷處摹寫）（十二回）

> 應伯爵道：「你拿耳朵來，我對你說：大官人新近請了花二歌表子——後巷的吳銀兒了，不要你家桂姐哩！」虔婆笑道：「我不信，俺桂姐今日不是強口，比吳銀兒還比得過。我家與姐夫是快刀兒割不斷的親戚。姐夫是何等人兒？他眼裏見得多，著緊處，金子也估出個成色來！」說畢，入去收拾酒菜去了。（十五回眉批：又映李嬌兒，文情森冷之至）

「細微幽冷」的人情，是日常生活中極爲瑣碎，卻無時無刻不在發生之愛憎、擔憂、猜測、妒嫉等甚爲細微的思維流動與情緒狀態，故言其細、其微、其幽；因甚爲瑣細，少爲一般人留意，亦非歷來文學作品慣常刻畫之主題，故云「冷」。作者將此「細微幽冷」的人情事理，若忘非忘地夾藏在主要情節之中，曲折、隱微地予以帶提、點染；或藏身於人物對話的隻言片語之間，藉由人物口白不經意出之，凡此將諸般細瑣、看來似乎不甚重要的人際關係、日常活動，以「幽微」方式予以表現的手法，茲爲「冷筆」。然而，即是此瑣細情事或著意、或隱微，卻層次分明的描寫手法，致令書中人物形象俱皆鮮活生動、姿情別具，故云「活潑如生」。據此，「崇禎本」評點者對於作者此類以隱微方式表現細微、瑣碎人情的構作手法，率常以「冷」字加以品評。除了上文引述之例證外，又如：「『問得急了』四字，自家寫出自家好問，妙甚，冷甚」（十六回眉批）；「金蓮俏心微意，只到時轉從西門慶口中表出，又深又冷，純是史遷妙筆」（二十一回眉批）、「沒一些要緊，說來卻是婦人極要緊心事。專從冷處摹情，使人不測」（二十三回眉批）。「沒一些要緊」之「冷處」即是一般人、一般讀者不易揣度的「婦人心眼」、容易忽略的生活、情感細節，作者將此易於爲人忽略的日常生活細節，曲隱地表現在藝術作品的創作活動中，每令讀者出於意料之外，屢生驚奇之感，即是一種「細冷」之「文心」（如二十二回眉批：「偏在絕沒要緊弄巧，一味文心細冷」），因此，所謂的「文情森冷」，便是在情節構作的藝術性運用中，以「幽微」的手法表現出這種獨特之對於生活、人情世理精微細緻的感知能力。

此「幽微」的表現手法與小說批評中常見之「脈絡線索」的概念相互結合，則出現「冷脈」一詞，意指小說情節前後呼應、綿密細膩的構作手法，旨在藉此指導讀者細心觀察作者在字裏行間所隱藏的線索。例如：

> 西門慶道：「別的倒也罷了，他只是有些小膽兒。家裡三四個丫鬟連養娘輪流看視，只是害怕。貓狗都不敢到他根前。」（三十九回夾批：冷脈。）

> （西門慶與潘金蓮交歡）不想傍邊蹲著一箇白獅子貓兒，看見動旦，不知當做甚物件兒，撲向前，用爪兒來撾。這西門慶在上，又將手中拏的洒金老鴉扇兒，只顧引鬥他耍子。被婦人奪過扇子來，把貓儘力打了一扇靶子，打出帳子外去了。（五十一回眉批：此處，人只知其善生情設色，作一回戲笑，不知已冷冷伏雪獅子之脈矣。非細心人不許讀此。）

> 可霎作怪，不想婦人摸他（陳敬濟）袖子裡，吊下一根金頭蓮瓣簪兒來，上面鈒著兩溜字兒：「金勒馬嘶芳草地，玉樓人醉杏花天。」迎亮一看，認得是孟玉樓簪子：「怎生落在他袖中？想必他也和玉樓

有些首尾。不然，他的簪子如何他袖著？怪道這短命幾次在我面上無情無緒。（八十二回眉批：八回中便有此簪，只以爲點綴之妙，孰知其伏冷脈至此，始悟高文絕無穿鑿之跡。）

言作者構作手法有「冷冷伏脈」之佳妙，正是意指一物一事，首次出現於小說中時，通常僅是淡然地作爲襯托、點綴當前情事、場景之用，及至後文，重複出現的事物卻往往成爲情節發展的重要關鍵物。例如金蓮豢養的大貓「雪獅子」在五十一回西門慶與潘金蓮交歡的情色場面中，作爲二人取興、鬥耍的旁襯物，用以豐富、變化書中隨處得見的閨閫之歡、情色敘寫；然而，及至「雪獅子」抓傷官哥兒一節，讀者遂能猛然憬悟此前各種關於「雪獅子」的描寫，實已暗暗爲往後官哥兒的死亡訊息埋下伏筆。再如孟玉樓的簪子，在八回中，作爲潘金蓮久候西門慶不至，復又重修舊好，發嗔拿喬、發洩情緒的物品，金蓮的情欲表現，才是此節重點，故「崇禎本」評點指出此回之簪茲有「點綴之妙」；及至八十二回，此簪成爲潘金蓮與陳敬濟情事糾葛的關鍵事物，此簪牽引前事而又生今事，其功能遂不再作爲點綴之用，而爲金蓮疑心陳敬濟與孟玉樓懷有私情的重要物品，作者遂就此物仔細舖陳潘金蓮、陳敬濟二人「歡會多矣，又疑惱酸醋一番」之「變幻炫人」（八十二回眉批）的男女情事。即此，作者在前文所埋下的線索，於後文情節接續上，往往自然無痕，各般事物於前後情節中，各有輕重不一之或爲妝點、或扮演關鍵角色的媒介功能，作者寫來亦濃淡有別、詳略有次，故「崇禎本」評點遂云「始悟高文絕無穿鑿之跡」。不論是隱微曲藏的表現手法，或是佈置線索的巧妙構思，皆有賴於創作者理性、冷靜的書寫態度，因此評點者遂總評曰：「似說破，又似不說破，此書妙處只是一冷」（八十四回眉批）。〔註 79〕

「冷熱」作爲一種批評術語，批評者乃在藉此揭示文學作品中所呈現的複雜人性、各般世情風貌，以及藝術構作手法的特殊之處。在晚明著意於日常生活諸般瑣細的文學風氣中，當朝文人顯然已視「冷熱」爲一重要的文學表現課題，甚或視之爲一種創作理論，而發明其間的「冷熱」蘊義，以「冷熱」觀念評騭文學作品，無疑地乃是詮釋當朝文學現象、切合當朝文學語境

〔註 79〕楊玉成指出：「在評點者的觀點中這是《金瓶梅》最大的特徵，他說：『似說破，又似不說破，此書妙處只是一冷。』（八十四回眉批）彷彿這是一部『冷眼看繁華人生』的書，字裏行間，一景一物，一字一句，都暗示冷眼旁觀的態度。布置線索也冷靜處理，稱作『冷脈』。」〈閱讀世情：崇禎本《金瓶梅》評點〉，頁 149。

的最佳批評概念與批評用語。換言之，站在文學批評的立場，「崇禎本」評點者之所以特重「冷熱」一詞，乃因此種人性情感的溫冷變化，在當代社會尤其特殊明顯，唯有理解此一現象，並以符合當代風氣之語彙作爲批評用語、批評觀念，方能準確地掌握當朝文學作品中特殊的文學語境與藝術風格。而其以「冷熱」評鑒文學作品，最終目的乃在審美性地觀察創作者的藝術構作手法，只要在藝術構作中，能生動活潑、具體深刻地展露人物性格、人性情感，以及形式結構上環節相扣、細膩完善者，皆有可觀之處，並足以成爲文學藝術表現的美學典式。因此，以「冷熱」一詞作爲批評術語，多在審美意涵上觀看小說中所展現的各般世情、人性面向，而非以此作爲一種道德標竿，對角色人物、情節結構進行高低良善、雅俗庸淺之價值判準。

然而小說中所呈露之各般世情冷暖，一旦成爲審美對象，不論是「文情文趣悠然不盡」（六十八回），或是「楚人心鼻」（六十八回眉批）、「讀之一回心酸，一回心癢」（七十五回眉批），皆已是一種帶有游戲性質的審美閱讀態度，屬於「審美接受層面」之審美活動。即此，若說人們的冷熱情感乃遊移在「日常生活世界」、「道德倫常世界」與「審美世界」三個意義領域之中，亦將同時出現在審美經驗的生產、接受與交流三個面向中。

詳言之，「冷熱」一詞作爲晚明時期一種普遍性的社會語境，此人類情感上或冰冷、或熱烈的感受變化，逐步成爲藝術表現之主題、轉換爲特定的表現手法，再繼之成爲一種抽象的文學概念，而後移用於文學批評之中，我們固然得窺一種人性情感狀態如何經由表現課題衍變爲抽象藝術概念的過程，亦同時可以得見審美經驗之製作生產、感受與淨化三個面向，在創作與批評雙向活動中往復交替進行的現象。德國「接受美學」學派之耀斯（Hans Robert Jauss）在分析「審美經驗」的理論意涵時，認爲審美經驗此一概念應包括「創作」、「感受」、「淨化」三個獨立而又交互運作的基本範疇，蔡英俊先生對耀斯此三個範疇的理論意涵，有一番扼要之概括：

> （1）、「創作」是屬於審美經驗的製作生產面向，因此，就製作生產的意識而言，審美經驗是表現在把「模塑」或「再現」現實世界看成是自己的工作；（2）、「感受」是屬於審美經驗的接受面向，因此，就接受意識而言，審美經驗是顯現在獲取一切可能更新人們對於外在現實或內在世界的知覺感受；（3）、「淨化」是屬於審美經驗的交流面向，因此，就淨化的層面而言，主體經驗是指向通往互爲主體

> 的門徑，而審美經驗就表現在對於作品中某種判斷的贊同以及某種行爲典式的認同上。……透過這種經驗的結構模式的操作，我們不難看出耀斯有意要打破既定的二分法，亦即把製作生產的活動歸屬作家，而把感受和淨化的活動看成是文本對於讀者或觀眾的作用或效果。〔註 80〕

以此作爲理解基礎，《金瓶梅》百回中，「西門慶熱結十弟兄，武二郎冷遇親哥嫂」（一回回目）、「陳敬濟弄一得雙，潘金蓮熱心冷面」（八十二回回目），經由作者於回目中作出的「冷熱」提示，正展現了利欲場中之「熱」、道德場中之「冷」，以及情欲場（審美場域）中既「熱」又「冷」之三重意義世界中冷熱交織的變幻現象；而就「審美經驗的製作生產面向」而言，此一創作活動的審美經驗即表現在作者將「再現」現實世界中各個意義領域的冷熱現象，視之爲創作書寫的重要課題之一，小說的表現重點之一，即是將人們在日常生活世界、道德倫常世界、以及審美世界中，各色熱烈追逐，或是冷淡漠然之態度，重新生產製造，形塑爲一冷熱交織、風格鮮明的藝術作品。

至於崇禎本評點之「欲涕欲哭」、「讀之一回心酸，一回心癢」，〔註 81〕以及以「冷熱」發明《金瓶梅》作者關於人類存在處境、人物角色構作、形式結構特色等意旨時，在接受意識上，批評者通過品鑑、批評之活動，既在揭提、引導讀者理解小說的深層意義，亦同時不斷更新著自身對於外在現實或內在世界的知覺感受，此即顯現了一種「接受面向」的審美經驗。而一旦及於「讀此可作有家冰鑑」（六十八回眉批）、「熱鬧時忽下莊語，如火炕中一盆冰雪水」（七十八回眉批），即是接受、認同了作者關於道德倫常之思考，經由道德觀念與利欲追求間所產生的矛盾現象，出現了一種對於人們追逐利益、熱鬧喧嘩場景之「情感冷卻」效果，繼之提出「世情即是道理」（七十一回眉批）之理解、乃至「試看全傳收此一段中，清清皎皎，如琉璃光明，映徹萬象。所謂芥子納須彌，亦作如是觀」（一百回眉批）的超脫救贖之感，已能得見一種閱讀者之主體經驗與作者價值判斷間相互認同、互爲主體的情感淨化過程與情感淨化之快感。而這種審美認同，正是「在獲得審美自由的觀

〔註 80〕蔡英俊，《中國古典詩論中「語言」與「意義」的論題：「意在言外」的用言方式與「含蓄」的美典》（台北：學生書局，2001），頁 296、297。

〔註 81〕崇禎本《金瓶梅》評點七十五回眉批：「口說不爭，卻語冷情淒，猶深于爭。讀之一回心酸，一回心癢。」

察者和他的非現實的客體之間的來回運動中發生的」。〔註82〕

《金瓶梅》中舉凡各種三姑六婆的對話，瑣碎事物的描繪，日常閒談之描述，評點者之批語，往往流露出審美視域的流動，例如「東扯西拽，逼眞情事，莫作閒話看過」（二回眉批），所謂的「莫作閒話看過」，並非意指一種深蘊的言外之意，或提示一種情節發展上的關鍵性敘述，而僅僅欲在指出「逼眞情事」之一種屬於日常生活之美，要讀者仔細品味人物在日常生活中的心理活動與情感狀態。至如：

> 話說西門慶與潘金蓮兩個洗畢澡，就睡在房中。春梅坐在穿廊下一張涼椅上納鞋，只見琴童兒在角門首探頭舒腦的觀看。（眉批：極沒要緊，偏有情景）春梅問道：「你有什麼話說？」那琴童見秋菊頂著石頭跪在院內，只顧用手往來指。（第三十回）

在嚴厲地教訓了丫嬛後，丫嬛頂著石頭跪於院中，由午至晚，西門慶諸人則氣定神閒地進行日午活動，此中固有殘酷、冷漠的人性表現，但卻又是世俗生活中常見的人情樣態，批語「極沒要緊，偏有情景」八字，則正是由無關利害之審美角度，欣賞這午後閒涼、舒緩的人物風情，略去前後處罰丫嬛的情節，則是一種片斷式的擷取——在片斷中見形象美感，而在大敘述中，接受並認同了作者闡釋懲戒、回歸倫常的道德價值判準，並獲得情感昇華、淨化的審美快感。

循此以論，以《金瓶梅》爲表徵之晚明世情小說中所出現的寫實性特徵，反應了世俗化的社會和讀者需求，而寫實勢必伴隨著人物生活細節的刻畫，讀者遂由其間得窺日常生活中一切林林總總的器物擺設與人性情感之表現。即因此番詳實細密之人物情感與生活細節之刻劃，審美特徵即能與日常生活有所交涉。此外，因爲援取了一種審美態度，得以遠離現實世界一切利害危難，讀者與小說世界之生死愛憎，有著既定的觀賞距離，此一審美距離的產生，遂令生產製造、接受、淨化三個面向的審美經驗有了諸般實踐之可能。

〔註82〕此爲耀斯之語。耀斯指出審美「淨化」的意涵乃是：「對一個文學上的楷模作出審美反應的更大動力來自於更爲複雜的淨化的快感。這並不意味著審美認同和消極地接受某種理想化的行爲方式是一回事。審美認同是在獲得審美自由的觀察者和他的非現實的客體之間的來回運動中發生的：在這一運動中，處於審美享受中的主體可以採取各式各樣的態度，例如驚訝、羨慕、震撼、憐恤、同情、同感的笑意或眼淚、疏離與反省。他可以把某個典範楔入他個人的世界，或者只是爲好奇心所誘惑，或者開始作不由自主的模仿。」見耀斯著、顧建光等譯，《審美經驗與文學解釋學》，頁141。

第四節　晚明審美概念的流動性與多義性

當傳統道德規範已難以限制文化發展方向、規範審美感知狀態時，即意謂著審美意識將得以自由地進出日常生活各種細碎的活動與各種存在經驗之中，與道德倫理觀念分庭抗禮，自主抑且自足。審美意識一旦進入生活各個細節之中，成為一種生活方式，並且涵蓋了士大夫、市井各個社會階層時，我們可以進一步追問的是：「審美」是否還具有一種恆定的標準屬性？如果這種恆定的標準屬性依然可以被檃括並加以說明，那麼，是否尚有其他的視域在晚明這個階段中已慢慢地被凸顯出來？例如想像、虛構的成分愈來愈明顯，以及諸如文化、歷史成為美的裝飾物，觀賞上的障隔成為一種審美堅持等等。這些不斷變化的審美樣態，即是審美的「狀態屬性」。〔註 83〕這些狀態屬性的提出，標幟著個人生命存在之獨特類型與特色所在，審美不再是聯結形而上思考與終極關懷之一條嚴肅的思考途徑，在晚明，「以資生產、販售、享樂」的原則，成為審美生活另一種新的指南。奉行此種原則而衍生的審美活動，其性質，不僅皆為審美之狀態屬性，其所具含之流動性、普遍性的特徵，亦成為晚明審美現象的重要特色。

職以此故，晚明的「審美」概念，已難以有固定而總是相同的意義，有時，它意味美的東西；有時，意味一種「趣味」與時尚，有時又涵有許多虛構之概念，或者意味著道德之美、個性之美、形象之美等等；此外，它的「所指」也是變動不定的，有時涉及客體之特徵，有時涉及一些相關的性質，有時則是一種現實經驗，或生命存在的方式。換言之，由於日常生活世界、道德倫常世界與審美世界等諸多意義領域的轉換與游移，構成了晚明人存在的整體感知狀態。因此，晚明的「審美」概念，充滿了流動性與多義性的特徵。

〔註 83〕「審美的狀態屬性」一詞為德國哲學家沃爾夫岡・韋爾施（Wolfgang Welsch）所提出。他界定此術語之內蘊：「審美在向作為一種類型的轉化中，審美的語義色體系列同時也在改造自身。感覺、藝術、美和崇高等等，即審美的標準屬性，都還依然可以被說明，但是其他視界現在走到了前面，像形構、想像、虛構，以及諸如外觀、流動性和懸擱的設計等等。下面我將稱這些為審美的『狀態屬性』。它們使審美具有作為一種存在模式的特徵。如今它們之所以登上前台，是因為我們不再能求諸某種預先給定的現實，來理解自主化的審美，而必須完全依據它自身的條件來把握它。審美既已自主，那麼它就不再是模仿現實或達到理想的什麼東西。因而『現實生產』的原則成為審美新指南。審美的狀態屬性，指的恰恰就是這一點。它們表達了審美現實的特殊之處。」見氏著，陸揚、張岩冰譯，《重構美學》（上海：上海世紀，2002），頁 51。

在晚明文人使用「審美」或「美」這個概念時，我們難以找到一種指涉單一實體、單一意義的概念，它允許重組各種不同的和看來彼此遠離的現象，不僅包括行爲，還有感覺、印象、欲望、本能和激情。此外，晚明文人除了使用了一些異於傳統之詞彙來指示各種審美的具體實踐，他們亦使用一些概念模糊之語彙，一般性地指稱我們如今所謂的「美」、「美感」或「審美」。包含所有這些概念、活動、感知和實踐，其整體範疇並不易於把握，因此，我們或許可以參考德國學者沃爾夫岡·韋爾施（Wolfgong,W.）於《重構美學》（Undoing Aestherics）一書中處理仍在不斷變化，概念似乎一直含混不清的「審美」一詞的方式——即通過「語義群」、「語義因素」分析的方式，借以詮明晚明文人對於「審美」概念的理解與運用。

1. 沃爾夫岡·韋爾施之「審美」概念、「語義因素」與「語義群」

沃爾夫岡·韋爾施認爲一個具有多義性，且意義內容尚且持續不斷地增加中的語彙，並非即是不可使用的語彙。他借用了維特根斯坦（Wittgenstein）在《哲學研究》一書中提出的觀念：「具有多種用法的語詞，其使用的連貫性固然不可或缺，但是這一連貫性不必歸結到一個統一的意義上去，相反可以通過一種用法和另一種用法的語義重疊，而見于不同的方式」。立基於此，韋爾施將維特根斯坦闡述此一觀念之一段原文中原爲「語言」之詞彙，直接更易爲「審美」一詞：

> 並非產生某種共通於一切我們稱之爲審美的東西，我是在說，這些現象無一處相通可使我們使用同一語詞來指全體，相反它們以許多不同的方式聯繫在一起。正因爲這一關係，或者說因爲這些關係，我們將它們悉盡稱作「審美」。

一個概念複雜的語詞，往往會因爲不同用法之間的相互轉換、連結而同時具有諸多不同之意義，難以以一個統一的意義指述之，因此，包羅萬象的「審美」一詞性質亦類此，韋爾施據此進一步論斷：

> 沒有一種要素足以使人宣稱審美是什麼東西，相反，它們的關係純粹是來源於這些重疊本身。維特根斯坦稱這類結構爲「家族相似」。在我看來，「審美」一詞正是以此種方式建構而成。家族相似決定了它的語法。

韋爾施在此前提下，繼而將「審美」一詞所涉及、包含之各種語義因素，區分爲「指涉知覺的」以及「指涉感覺的」二大語義群，接著逐一說明二大語義群中各種語義因素的內涵、各語義因素間的相關性，試圖建立一個屬於「審美」一詞之眾多語義因素的連結網絡，用以充分說明「不論是單純的東西還是單純的審美表現，都不是決定因素，相反舉足輕重的是它們的連接、它們的關係、它們在整體內部的集合」，並使觀察者更能從整體上把握、理解「審美」一詞的豐富意涵。〔註 84〕

韋爾施此一觀念與操作方式，帶給我們的啓發是：在方法上，我們是否可以改變傳統之提挈一個、或數個諸如「清」、「幽」、「趣」等意涵模稜之詞彙，以之統攝整個時代美學現象的闡述方式，試圖將視域轉向關注審美概念之各種語義因素間不同用法、語義重疊，以及轉換、聯結的方式？在檢別晚明審美語義因素，以及觀察語義因素的聯結方式之前，先容許我們對於「語義因素」與「語義群」兩個概念稍作說明。

「語義因素」簡稱爲「義素」，又稱爲「語義成分」、「語義特徵」，爲現代語言學中語義的基本單位，是從詞項或義項中分析出來的最小語義元素。例如，「父親」包括【＋人】、【＋男性】、【＋直系親屬】、【＋長輩】四個義素；與此對照，「母親」包括了【＋人】、【＋女性】、【＋直系親屬】、【＋長輩】四個義素，二者之間有一項義素不同。〔註 85〕相關的語義因素匯集成爲一個範域，形成「語義群」，「語義群」與語言學中「語義場」的概念相類似，亦即維特根斯坦以及德國學者沃爾夫岡·韋爾施所提出的「家族相似」一詞。語言學中所定義的「語義場」意指按照語義聯繫、組成的大小不等的詞項集合體，在一個「語義場」內所有的詞具有一定的共同語義特徵。例如「父親」、「母親」、「祖父」、「祖母」、「兒子」、「女兒」、「孫子」、「孫女」、「叔叔」、「阿姨」等詞項構成一個親屬語義場，這些詞項可以相互聯繫乃因這些詞都具有「親屬」這一個語義特徵。〔註 86〕由於「語義場」一詞，爲語言學中專門用語，尚與「義素分析」、對語詞之同義、反義、多義、歧義等語義關係作形式化的描寫、研究等課題互有關涉，這些連帶的相關課題業已超出本文之討論範圍，因此，爲求清晰明確起見，本文採用一般性用法之「語義群」一詞予以闡釋晚明「審美」語彙之意義與概念。

〔註 84〕引文及觀念參見【德】沃爾夫岡·韋爾施著，陸陽、張岩冰譯：《重構美學》（上海：譯文出版社，2002），頁 16～31。

〔註 85〕相關釋義及例證，參見戚雨村等著，《語言學百科辭典》（上海：上海辭書出版社，1994），頁 21。

〔註 86〕參見《語言學百科辭典》，頁 447。

依照沃爾夫岡．韋爾施的解析，審美具有「感覺」與「知覺」雙重性質，我們一般習於使用的「感知」一詞，予以拆解，即分別意指「感覺」與「知覺」。在「感覺」方面，「感性」的屬性與「快樂」的感受相聯繫，屬於情感性質，主觀的體受與估量構成「感覺」的焦點；在「知覺」方面，「知性」的屬性與「對象客體」相聯繫，屬於認知性質，客觀的思考與確證構成「知覺」的範圍。由於這雙重性質，「審美」具備了兩個面向的意義：其一是「審美」擁有一種「享樂主義」的意義，表達感覺的快感積累；其二屬於「理論方面」的意義，表達知覺的觀察態度。根據這兩重意義，韋爾施區分出「指涉感覺」與「指涉知覺」二大語義群。在「指涉感覺」一類的語義群中，依照「情感語義因素」的存具與轉移而將「倫理美學」歸置其中。〔註 87〕這兩大類屬，固然可以彼此區隔、相互排斥，亦足以涵蓋當代「審美」一詞的語義內涵，然而，對於中國古典傳統而言，不論是肇興於《禮記》之「樂從和」，或是始自《尚書》的「詩言志」，「倫理美學」在中國文化中，有其綿延久遠之發展脈絡，茲爲一重要之審美範疇，其中包含了許多相互聯類的語義因素，足以自成一個語義群相，是以我們無法完全依據韋爾施之分類，簡易地以「情感語義因素」的重疊、聯繫與轉移，將之置入「指涉感覺」的語義群中即可收束。依此，本文將晚明「審美」語彙的內涵區分爲「感性愉悅」、「認知思辨」、「倫理指向」三類語義群，每個語義群由彼此間相互類似之諸多語義因素匯集而成，在不同的用法之中，某些語義因素的內蘊，是互爲重疊的，在重疊之中相互聯繫或產生轉化的現象。

2.「感性愉悅」語義群

關於「感性愉悅」這一個面向的審美感受，我們可以再進一步將其區分爲「感官愉悅」與「昇華反思」兩個層面。

沃爾夫岡．韋爾施認爲：「感知」一詞，作用於「感覺」意義時，指的是人類的情感狀態，以「愉快」和「不愉快」作爲評價尺度，其始源於、也服從於生存的興趣，最初有賴於感官直接接觸、聯繫外物，因此，其感覺模式是直接的，屬於「近程感覺」。相對地，若「感覺」的發生，不依賴於與事物之間的直接接觸，而是將其放在遠處、有距離地進行觀察，那麼，所形成的感覺型態爲「遠程感覺」。「遠程感覺」的產生雖然是審美之「知覺」意義與

〔註 87〕參見沃爾夫岡．韋爾施著，陸揚、張岩冰譯，《重構美學》，頁 18、25。

「感覺」意義分離的起點，其細緻而深入地發展，即步入「認識」的階段。但由於「遠程感覺」中一種「客觀傾向」的純粹感知型態一經確立後，連帶地反身影響了「感覺」意義的原貌，因此，審美中的「感覺」意義除了直接、近程的生存愉悅感受之外，尚產生了一種在意向上有距離的，可以反思快感與不快的愉悅屬性，滋生了反思之趣味，職是之故，「感性愉悅」的內容便進而可以區分出兩個層面：一是「感官趣味」的層面，一是「反思趣味」的層面，前者類近因本能而來的「本能的快感」，後者類近高度提煉後，精神化的（也是嚴格意義的）「審美快感」。〔註 88〕

（1）「感知的」與「昇華的」語義因素

從較爲寬泛的意義來說，晚明文人對於「美」的掌握，多數時候，指的是一種「感性」之美——「美」多多少少意指「感性的」感知屬性。例如張岱談「乳酪」的焙製之法：

> 乳酪自駔儈爲之，氣味已失。再無佳理。余自豢一牛，夜取乳置盆盎，比曉，乳花簇起尺許，用銅鐺煮之，瀹蘭雪汁，乳斤和汁四甌，百沸之，玉液珠膠，雪腴霜膩，吹氣勝蘭，沁入肺腑，自是天供。或用鶴觴花露入甑蒸之，以熱妙；或用豆粉攙和漉之成腐，以冷妙。或煎酥，或作皮，或縛餅，或酒凝，或鹽醃，或醋捉，無不佳妙。而蘇州過小拙和以蔗漿霜，熬之、濾之、鑽之、掇之、印之爲帶骨鮑螺，天下稱至味。其製法秘甚，鎖密房，以紙封固，雖父子不輕傳之。〔註 89〕

食物之美，美在「至味」的獲得，此中有「製法」之飲食知識的積累與匯集，知性的知識運用建立在感性的美味享用動機上。因此，飲食的感性之美，乃

〔註 88〕韋爾施指出：「純粹的感知」類型，「感覺」亦受影響，而不再是直接的官能感受，「感覺」此際產生了一種更高級、更純粹的行爲建構。它依然與愉快相一致，但這種愉悅已不再是初級的生存愉悅。而是一種反思快感或反思不快的愉悅。此處，正是特殊的審美感受——「趣味」的誕生地。因此，它的衡量標準已不再是生理標準，而是帶著反思色彩的標準，例如說：優美、喜人、幽默或是令人厭惡、醜陋、煩人等標準。至此，感覺與愉悅的內容，包括了兩個層面：處於底層的是感官趣味層，處於上層的是反思趣味層。此外，關於「近程感覺」、「遠程感覺」的形成原因、差異之處，以及「感性愉悅」不同層面之衡量標準，韋爾施在《重構美學》（同註 9）一書中，有更爲仔細、充分之說明。參見頁 80～83。

〔註 89〕張岱，〈乳酪〉，《陶庵夢憶》，收入《陶庵夢憶／西湖夢尋》，頁 34、35。

是一種經過培育的感性，而非一種饕餮之徒，徒逞口腹之欲的粗俗快感。張岱等晚明文人對於飲食的感性追求，是一種有類於美食品賞家的快感追求，食物要講究製法，飲茶要講究器皿、製法、用水、節候，方是「精賞鑑者」。〔註 90〕因此，對於絕大部分講求器物、飲食之美的文人而言，對於事物的知性獲得與感性情感經過提煉、昇華，並使之高尚化、精緻化才是美。此種對於美的定義與要求，可以一直延伸到指涉諸如高雅、清幽、閒適，甚而空靈縹渺之極爲講究，卻又一派閒散之器物鑑賞活動與生活情境的構設。我們試觀晚明清賞小品中的文字表述：

> 香令人幽、酒令人遠、石令人雋、琴令人寂、茶令人爽、竹令人冷、月令人孤、棋令人閒、杖令人輕、水令人空、雪令人曠、劒令人悲、蒲團令人枯、美人令人憐、僧令人淡、花令人韻、金石彝鼎令人古。（陳繼儒，《巖棲幽事》）

> 箕踞于斑竹林中，徙倚于青石几上，所有道笈梵書，或校讐四五字，或參諷一兩章；茶不甚精，壺亦不燥，香不甚良，灰亦不死；短琴無曲而有弦，長謳無腔而有音，激氣發於林樾，好風送之水涯，若非羲皇以上，定亦嵇阮兄弟之間。（陳繼儒，《巖棲幽事》）〔註 91〕

> 玉蘭木筆，當是代長，而素姿清絕，故以玉蘭爲勝。甲秀園石山中一本，方春盛開，千花成塔，眞玉樹也。可與少室瓊花作配。中和節後，凌晨攜酒侍家太僕邀客賓，玩賞文酒，令折百朵，分給諸歌者擊鼓爲節。鼓盡處則飲酒，侵夜初月，鮮芳映發，愈增清妙，宴罷以贈諸歌者。翼日盡傳鼂采散花之會。（費元祿，《鼂采館清課》）

> 館中蓄二鶴，燈時輒取宿牕下，謂之侍讀。竹間山鳥，每更盡輒喧起，謂之司漏。楓間靈鵲，每昧爽輒噪繞，謂之司晨，湖山幽寂，故自有勝場。（費元祿，《鼂采館清課》）

> 山居雖遠兼味，而頗饒清給。吾於蓮屬取其房之實、藕之甘；菱屬取其歡之溫、藻之秀；木屬取其笋之韻、菰之妍；菜取其蓴之香、葵之恬、芋之滑。又桂可膏、菊可苗、梅可醬，佐以鱠鯉烹脯，談

〔註 90〕參見張岱，〈閔老子茶〉，《陶庵夢憶》，收入《陶庵夢憶／西湖夢尋》，頁 24。
〔註 91〕明．陳繼儒，《巖棲幽事》（上海：商務印書館，1936 年，叢書集成初編影印寶顏堂祕笈本），頁 1、7、8。

農圃而話琴書，偃褰日夕以樂盛世，即大官之奉何以踰此。（費元祿，《鼂采館清課》）〔註 92〕

琴、棋、書畫與金石彝鼎等文化陶養，需長時間的培育方有所成，在文化培育的過程中，美的感性陶養亦隨之漸趨細緻，進而能依據自我的性情特徵、情趣好尚，安頓自身與自然環境、人文節氣的關係，構設和諧有序的生活律節，展現或顯妍喧、或見清寂、或尚玄遠等各般特殊的審美取向。此種個我、人文歷史與自然環境諧和融洽的感性之美，乃緣於人們的心靈、精神經過長期的文化薰陶後乃有所提升、轉化，遂能表現出超脫於世俗品味之外的審美立場，因此，此種美感乃屬於一種昇華之後，更高形式的感性之美。「感知」的語義因素與「昇華」的語義因素，共同構成了晚明「感性審美」的語義要素。

然而這種感性的培育，亦要符合自然的個體情性，自由地發抒，不受文化桎梏拘限，方稱得上是「性靈」之美，此即袁宏道所云之「（小修）詩文亦因之以日進，大都獨抒性靈，不拘格套，非從自己胸臆流出，不肯下筆」。〔註 93〕然而此感性之美，既要符合個體情性的感性抒發，同時又要經過一種昇華、轉化，此即顯現出感性審美的特殊張力：晚明人所追求的感性審美的目標，乃是一種源自於天生自然的才情性靈、植基於日常生活各種瑣細活動與事物，但卻又要求與各種直接的感性——本能的快感——保有某種特定的距離，並在此中提煉出一種更高的、經過分辨的、特殊培育過的感性態度。此種培育，則有賴於文化的陶冶，並據此區分出「粗俗之感性」與「經過陶養之感性」兩種感性態度。在此意義上，這種「感性審美」雖然流露著濃厚的文人氣息，但既以「粉飾蹈襲爲恨」（袁宏道，〈敘小修詩〉），則又要求一種新穎的創新之美與個性之美，以擺脫長期文化熏陶所衍生之僵化、制式的思維模式。

（2）「感覺的」、「享樂主義的」語義因素

如前所述，顯然許多晚明文人並不視一切感性的東西——受到生命利益所驅動的本能快感，以及一切感覺——皆具有「美」的質性，眞正的美指的是一種經過昇華、轉化之後，某種「高層次」的快感。飲食、器物，從生命本能的實用性角度而言，乍然一觀，通常難以指述其間快感所在，例如前述

〔註 92〕明．費元祿，《鼂采館清課》（上海：商務印書館，1936 年，叢書集成初編影印寶顏堂祕笈本），頁 14、32。

〔註 93〕袁宏道，〈敘小修詩〉，《袁宏道集箋校》，卷四，上冊，頁 187。

費元祿所云之蓮、藕、菱、藻、筍、菰等諸般食物，當其作爲裏腹之物而言，難言其美或不美。然而，透過費元祿的文字記述，我們可以明白得知：各種食材所提供的愉悦屬性與審美快感，並非來自於食物的實質內容，而是來自於一種諸如「甘」、「溫」、「秀」、「韻」、「妍」等物性的辨認，以及這些形形色色食物特性的取用、安排，繼之將其納入「農圃桑麻」、「琴書論談」之文化活動與歷史聯想中，所共同形成的一種快感。質言之，經過轉化與昇華的審美快感，指的是食材的認知能力、帶有濃厚文化色彩的「雅化」安排，而非食材本身。因此，晚明人將日常生活物事視之爲一種審美客體，審美快感的判斷，並非出自於實際性的需要和用途，而是緣於審美客體乃能凸出一種知性之美、感性之美，以及有助於人們藉此營造諸如和諧、清幽、雅緻等各種藝術化的情境氛圍。這種高於本能之上的審美快感，是一種相對於「俗」之「雅趣」，即緣於此，「有趣味」亦成爲晚明人論美、談美的要蘊之一。袁宏道即曾辨析「皮毛之趣」與「神情之趣」的差異所在，其在〈敘陳正甫會心集〉一文中云：

> 世人所難得者唯趣。趣如山上之色，水中之味，花中之光，女中之態，雖善說者不能下一語，唯會心者知之。今之人慕趣之名，求趣之似，於是有辨說書畫，涉獵古董以爲清；寄意玄虛，脫跡塵紛以爲遠；又其下則有如蘇州之燒香煮茶者。此等皆趣之皮毛，何關神情。夫趣得之自然者深，得之學問者淺。當其爲童子也，不知有趣，然無往而非趣也。面無端容，目無定睛，口喃喃而欲語，足跳躍而不定，人生之至樂，眞無踰于此時者。孟子所謂不失赤子，老子所謂能嬰兒，蓋指此也。趣之正等正覺最上乘也。山林之人，無拘無縛，得自在度日，故雖不求趣而趣近之。愚不肖之近趣也，以無品也，品愈卑故所求愈下，或爲酒肉，或爲聲伎，率心而行，無所忌憚，自以爲絕望於世，故舉世非笑之不顧也，此又一趣也。迨夫年漸長，官漸高，品漸大，有身如梏，有心如棘，毛孔骨節俱爲聞見知識所縛，入理愈深，然其去趣愈遠矣。〔註 94〕

依據沃爾夫岡・韋爾施之解析：由於在審美感知的語義因素內部，可以進一步將「感知」區分爲「感覺」與「知覺」，「感覺」乃與快樂相聯繫，屬於情感性質，「主觀的估量構成感覺的焦點」，因此，「審美」乃可擁有一種「享樂

〔註 94〕袁宏道，〈敘陳正甫會心集〉，《袁宏道集箋校》，卷十，上冊，頁 463、464。

主義」的意義；此與帶有「認知性質」、「客觀確證」，擁有「理論方面的」意義之表達「知覺」的觀察態度遂有所區隔與別異。〔註95〕

即是著意於「主觀估量」之「感覺」，就「享樂主義的」意義層面進行思考，袁宏道將需要經過文化培育所得的「辨說書畫」、「涉獵古董」、「脫跡塵紛」、「燒香煮茶」等藝術化的生活情趣，視之爲「皮毛之趣」，認爲眞正的「神情之趣」，乃出自於「自然」，與學問陶養關係不大。此種論斷自然帶有濃厚的「主觀估量」色彩，而最爲純淨、「主觀」，尚未深受文化陶染，形成「互爲主體」之社會角色者，自屬「孩童」無異，因此，袁宏道方云「孩童之趣」乃是「趣之正等正覺最上乘」。袁宏道所云的「自然」一語，其於〈識張幼于箴銘後〉一文中所說的「性之所安，殆不可強。率性而行，是謂眞人」，最能爲此「自然」之義，下一注腳。〔註96〕即緣於「率性」之「自然」，故「無拘無縛」的「山林之人」與「舉世非笑而不顧」的品格卑下之人，較諸年長、官高、品大之人，反而更近於「趣」之眞義。即此，則袁宏道所倡言的「酒肉」、「聲伎」等「率心而行」的趣味，則已然屬於一種「感覺趣味」的快樂，較諸其視之爲「皮毛之趣」等帶有「反思趣味」的快樂，乃更具享樂主義之傾向，其審美需求更接近了官能（或本能）領域。即因主張一種「感覺趣味」，以及其中所具涵之濃厚的「主觀估量」色彩，是以諸如張幼于、徐渭等顚狂醜怪、有特殊嗜癖之人，皆有「神情」之「美趣」可資引談。

由於重視「感覺趣味」之快樂，不論是「崇禎本」評點者對於《金瓶梅》中諸如「描出動人處，令人魂消也」（二回夾批）、「王婆妙舌，應是曼倩一流人」（六回眉批）或是「絕妙春圖」（四回眉批）等關乎女性形貌、情態，以及男女交歡場景的賞玩，對於「美」的掌握，若說是接近了官能享樂的領域，無如說其乃是自官能領域的享樂快感中孕育而出。緣於此種「感覺」與「快樂」的模式是直接的，屬於「近程感覺」，類近因本能而來的「本能快感」，因此，在傳統文人的審美觀念中，多數視此取悅官能的快感，茲爲一種「粗俗」的感性。然而「粗俗的感性」，在「崇禎本」評點者，甚或許多晚明文人

〔註95〕參見沃爾夫岡・韋爾施著，陸揚、張岩冰譯，《重構美學》，頁18。

〔註96〕袁宏道，〈識張幼于箴銘後〉，見《袁宏道集箋校》，卷四，上冊，頁193；袁宏道所云「自然」一詞之內蘊，乃援取錢伯城之見解，參見錢伯城，〈敘陳正甫會心集〉「箋文」，《袁宏道集箋校》，卷十，上冊，頁464。

眼中，只要出於「天性自然」之「眞」，則未必是粗俗的、不美的。

此外，所謂的「感覺趣味」，除了意指個體性的「本能快感」之外，通過傳播流行，以及出版業逐漸商業化的趨勢，此種「感覺味趣」尙且包含了一種通俗化、大眾化、符合時潮品味之質素。此意即：這一「感覺趣味」包含了一種將歷史文物轉換爲商品販售，以茲娛樂、妝點日常生活之用的感性愉悅，這是一種較爲淺表的、大眾化的審美品味所肇致的審美愉悅。〔註 97〕此中的官能性愉悅感受雖然可以追溯到個體對於本能快感之追求，但不論是在長時期的文化積淀裏，詩詞曲文經過商業傳播，已不再是隸屬於少數菁英分子方能賞玩之文化資產；或是經過當代社會風習之浸染、轉化，援詩詞文物以爲妝點，已然風衍成一種普遍性的大眾生活形態，此官能享樂中的某些屬性雖近於「本能快感」，但並非即是「本能快感」。換言之，由於文化商業化之趨勢，此一快感屬性，已有別於原始社會中類近於動物性之「直接發抒」的官能愉悅，而已是一種既訴諸官能，又援取歷史文化以爲妝點，並結合了消費性質的「感覺愉悅」，此即眾多論者習以稱之之「大雅入俗」，或是「世俗化」的審美趣味。〔註 98〕

據此，晚明時期，「感覺趣味」與「反思趣味」此二種不同層次的審美趣

〔註 97〕例如《百詠圖譜》、《筆花樓新聲》、《歷代名公畫譜》、《詩餘畫譜》、《十竹齋書畫譜》、《集雅齋畫譜》等版畫圖譜的流行。李茂增於《宋元明清的版畫藝術》（鄭州：大象出版社，2000）一書中指出：「這些書坊、書商經營版畫，大都出於商業目的，屬文人學士自娛型的很少。這決定了蘇州版畫的主流是服務於民間的小說、傳奇、戲曲插圖」，語見頁 107。鄭文惠先生於〈身體的空間疆界——《唐詩畫譜》中女性意象版圖的展演〉一文中亦指出：「晚明商業書坊編、刻、售合一的出版特色與經營策略，大抵是預設讀者的。尤其版畫『旨在副制生產，便於行度而及眾』，故『畫須大雅又入時眸』，以『動閱者之目』。可見大眾文化的特色，實兼具啓蒙作用與娛樂功能。《唐詩畫譜》作爲大眾文化讀物，其主要讀者群當包括官僚、文人、商賈、姬妾，及擁有一定經濟條件的市井小民。世俗大眾或案頭展玩，或摹臨覽勝，或閑遊助興，透過消費——閱讀的觀賞、娛樂活動，複製、再生產詩／畫轉喻所展演的性別話語與想像場域，則在創作——接受——反應的消費反饋機制中，《唐詩畫譜》實扮演著大雅而入俗的娛樂功能與啓蒙作用。」中央研究院中國文哲研究所「空間與慾望」計劃——「中國文學中的時空書寫」研討會，2002 年，12 月，頁 12。

〔註 98〕馬美信於《晚明文學新探》（台北：聖環圖書，1994）一文中云：「晚明詩文創作在以自然爲美的觀念指導下，追求『俗』、『露』和『世俗之趣』，形成了俚俗化的傾向。晚明詩文俚俗化體現於三個方面：描寫對象的世俗化，審美趣味的市俗化，表現形式的通俗化」，頁 163。

味，其間的距離乃較諸以往任何一個歷史階段更爲接近。例如衛泳所輯之《枕中祕》論「美人」：

> 室外須有曲欄紆徑，名花掩映。如無隙地，盆盎景玩，斷不可少。蓋美人是花眞身，花是美人小影。解語索笑，情致兩饒。不惟供目，兼以助粧。
>
> 女人識字，便有一種儒風。故閱傳奇觀圖畫，是閨中學識。如大士像是女中佛，何姑像是女中仙。木蘭、紅拂是女中俠。以至舉案提甕，截髮丸熊，諸美女遺照，皆女中模範。閨閣宜懸，且使女郎持戒珠，執塵尾，作禮其下，或相與參禪唱偈，說仙談俠。眞可改觀奩意，滌除塵俗。
>
> 美人有態有神有趣有情有心。唇檀烘日，媚體迎風，喜之態。星眼微瞋，柳眉重暈，怒之態。梨花帶雨，蟬露秋枝，泣之態。鬢雲亂灑，胸雪橫舒，睡之態。金針倒拈，繡榻斜倚，懶之態。長顰減翠，瘦臉銷紅，病之態。惜花愛月爲芳情，停蘭踏徑爲閑情。小窗凝坐爲幽情。含嬌細語爲柔情。無明無夜，乍笑乍啼爲痴情。鏡裏容，月下影，隔簾形，空趣也。燈前目，被底足，帳中音，逸趣也。酒微醺，粧半卸，睡初回，別趣也。風流汗，相思淚，雲雨夢，奇趣也。神麗如花艷，神爽如秋月，神清如玉壺水，神困頓如軟玉。神飄蕩輕揚如茶香如煙縷，乍散乍收。數者皆美人眞境。然得神爲上，得趣次之，得態得情又次之，至於得心難言也。姑蘇臺半生貼肉，不及若耶溪頭之一面。紫台宮十年虛度，那堪塞外琵琶之一聲。……而一番怨別，相思千古。或苦戀不得，無心得之，或生前不得，死後得之，故曰九死易，寸心難。〔註 99〕

指出「美人」與「花」之身影相彷，饒有情致，則正是一種訴諸視覺官能（「不惟供目，兼以助粧」）與謀求清適生活情境的享樂快感；而美人「喜」、「怒」、「泣」、「睡」、「懶」、「病」等姿態；「芳」、「閑」之情；「空」、「逸」、「別」、「奇」之趣；「麗」、「爽」、「清」、「困」、「揚」之神……，女子彷彿成爲另類型態的金石名物譜錄，成爲男性觀玩之對象，有各種姿情美感可資品賞。其中女子各般姿態與神情，主要依賴視覺的官能運作，並於其間仔細區辨各色

〔註 99〕衛泳輯，《悅容編》，收入《枕中祕》（北京師範大學圖書館藏明刻本，台灣：莊嚴文化，1995），葉二、四、五、六。

各樣的美感，感性的享樂取向與知性的認知辨明交融結合，文化的陶冶修爲與姿儀形神相輔並取，遂成爲晚明品鑑女子之審美風尚。若較諸尚且「白璧微瑕」（蕭統〈陶淵明集序〉）之〈閒情賦〉，則晚明對佳人的賞愛之情，取悅於感官的享樂需求，更遠遠高於對於女子「佩鳴玉以比潔，齋幽蘭以爭芬。淡柔情於俗內，負雅志於高雲」（陶淵明〈閒情賦〉）之高潔、清雅等性行志節的精神性需要與滿足；然而其認知辨析女子各種情態之美，詳言各種「神麗」、「神爽」、「神清」的氣質之美，以及「得心」之難，則又並非完全捨精神性之需求於不論，較諸六朝宮體詩如「含態眼語懸相解，翠帶羅裙入爲解」（陳後主〈烏棲曲〉）、「妖姬臉似花含露，玉樹流光照後庭」（陳後主〈玉樹後庭花〉）等純然流湎官能快意的艷靡之作，則又多了一番認知與昇華的精神性需求。

將此兩種層面之感性愉悅並舉，其間語義，既分屬兩個層面——有官能之因素，也有昇華的因素——又有相互並舉與對應之處，「感知的」、「昇華的」、「感覺的」與「享樂主義的」語義因素，共同構成了晚明指涉「感性審美」語義群之完整語義要素。

3.「認知思辨」語義群

沃爾夫岡・韋爾施認爲：「審美感知」指涉「知覺」意義時，「感知」指的是：顏色、聲音、味道與氣味等各種官能屬性「認識」與「辨知」的能力。它屬於一種「遠程感覺」，不依賴於與事物直接接觸，而是將審美客體放在遠處，保持一定的距離以進行觀察，此即成爲「知覺」與「感覺」後來分離的起點。韋爾施指出：

> 與感覺相關的生理反應，最終總是直接接觸的結果（即使是老虎，在遠處也不能傷害我們）。因此，原則上，與直接接觸相關的近程感覺，和遠程感覺相比，與感官的聯繫更加密切。遠程知覺的特性使其具有了遠離感覺束縛的機會。

當「知覺」與「感覺」發生分離現象時，由於二者功能上的區別，將使「知覺」與審美客體間存在著一種意向上的距離，「客觀傾向性」將取代「感覺」中的「主觀傾向性」，所著重的將是審美對象的客觀屬性，而「『感知』的這種類似認識的傾向，繼而可以連續傳送給近程感受」。如此一來，此種「感知」（perceiving）類型，所面對的，將是審美對象所顯現的感官屬性，例如顏色、音調、味道、氣味、膚觸等知覺感受，「感知」存在於各種客觀的官能屬性之中，這些屬性的獲得不依賴於與生存息息相關的主觀感覺，而源於「認知」功能。這是一種「純粹的感知」，由於其全然地擺脫了生存的好惡與生存感覺的領域，當它連續傳達給「近程感覺」時，此間的愉悅快感，也將異於接近本能的生存愉悅，而屬於一種「反思快感」或「反思不快的」愉悅，因此，此一快感，已是反思趣味層次之審美感受。〔註100〕

（1）「表現的」、「文類形態與內容意義相聯繫的」語義因素

由於「審美感知」在「知覺」此一面向上，乃屬於反思趣味層次之審美感受，因此，其中自然包含了昇華的語義因素在內。此外，當晚明文人判定某類藝術創作與藝術認知是「美的」、「有趣味的」，此種指述已然是一種特殊的、高層次的知覺類型，意即一種創作與批評活動中高度的自覺與認知，此尤其顯現在評定新興「文類」——小品文與長篇章回小說——表現的適切性上，頗能展現出特定的評定標準與品評內容。例如《金瓶梅》「崇禎本」評點：

方言隱語，含譏帶諷，如枝頭小鳥啾啾，雖不解其奇，嬌婉自可聽也。（三十二回眉批）

用方言處，不減引經。（三十九回眉批）

此改容致敬，稱「吳大人」，與前「如夫人」三字，「兄」字，「令兄」字，冷冷相應，有許多輕重在內，細玩自見。（六十四回眉批）

前說使後生看著，至此照出，作者針密如蝨。（頁807）

語語靈穎，俗筆有一字否？補出時線索生動，的是針工匠斧。（五十八回眉批）

若玳安一口說破，有何趣味！妙在令春鴻隱隱約約畫個影子，似是而實非。涵養文情，眞如生龍活虎。（五十九回眉批）

左顧右盼都有情景。可悟筆墨一種生氣。（六十四回眉批）

字字從深情中流出，卻妙在一字不切。若切便淺。一語同一意，而口角各肖其人。化工之手。（六十五回眉批）

寫怪奴怪態，不獨言語怪，衣裳怪，形貌舉止怪，并聲影、氣味、心思、胎骨之怪，俱爲摹出，眞爐錘造物之手。（九十一回眉批）

〔註100〕參見沃爾夫岡・韋爾施著，陸揚、張岩冰譯，《重構美學》，頁80～83；引語見頁81。

> 引起三段，格法一變，更見靈活。（一回眉批）
>
> 伶伶俐俐，斬斬截截，張勝作事大類武松。試觀張勝前後始終之局，西門氏之豫讓也。（九十九回眉批）

對於書中人物稱謂的留意——諸如「吳大人」、「如夫人」、「兄」與「令兄」等各種稱謂所呈示出的不同意義，以及著重諧音、方言與隱語在細節表現中的美學效果，此皆在探求小說語文修辭上的筆墨意趣；至如「結處獨以此段瀠洄」、「線索生動」、「針工匠斧」，則是發掘小說敘事文理的複雜章法。片斷性地來看，這類章法的探索近似於詩文理論中，對於文章句構之「肌理組織」的闡釋與發微；然而，若將其與人物形塑的優劣評論——「左顧右盼都有情景。可悟筆墨一種生氣」、「口角各肖其人」、「聲影、氣味、心思、胎骨之怪，俱爲摹出，眞爐錘造物之手」，以及對小說敘事大結構之探詢——「引起三段，格法一變」、「前後始終之局」——結合並觀，則自是小說文類之結構論、文理章法論與修辭論的完整闡述，〔註 101〕與傳統的詩文理論的判定標準又自不同。

再以隆慶、萬曆以後新興的小品寫作爲例，陳繼儒在《媚幽閣文娛序》一文中指出：

> 近年緣讀禮之暇，搜討時賢雜作小品題評之，皆芽甲一新，精彩八面，有法外法，味外味，韻外韻，麗典新聲，絡繹奔會，似亦隆萬以來，氣候秀擢之一會也。〔註 102〕

文中所謂「法外法，味外味，韻外韻」，看似借用了唐末司空圖所提出之詩評主張，以「味外之旨」、「韻外之致」的詩歌美學標準來評鑑小品文類。〔註

〔註 101〕林岡於《明清之際小說評點學之研究》（北京：北京大學，1999）一書中曾經指出：明清之際的小說評點家對於「文學的自覺」不是體現在正宗文體方面，而是體現在頗受正統文人歧視的新興文體上。這些評點家一方面闡發小說文體的文本意識，將小說與史傳文體區別開來；另一方面則闡釋小說作爲虛構敘事文的文本特性和小說家的各種敘事技巧。即是「結構論」——追尋虛構敘事文大結構的美學觀念、「文理章法論」——發掘敘事文理的複雜章法、「修辭論」——探求小說的語文修辭的筆墨意趣，三個層次的闡發，構成了評點家關於「文」即小說的文本特性的理論體系。參見是書頁 7、8。

〔註 102〕陳繼儒，〈媚幽閣文娛序〉，鄭元勳編，《媚幽閣文娛》，頁 2 上、下。

〔註 103〕【唐】司空圖在〈與李生論詩書〉一文中云：「古今之喻多矣，而愚以爲辨於味，而後可以言詩也。……近而不浮，遠而不盡，然後可以言韻外之致耳。……蓋絕句之作，本於詣極，此外千變萬狀，不知所以神而自神也，豈容易哉？今足下之詩，時輩固有難色，倘復以全美爲工，即知味外之旨矣。」而〈與

103〕此將詩歌美學標準移用於品鑑類型相異的小品文，難免有評準籠統、含混或者典範誤置之虞。但進一步細索上下文，可知陳繼儒借用「韻外之致」的詩歌美學標準賞鑑小品文類，乃在指出當朝新興之小品文類的佳處，即在於有異於傳統散文之一般性「法」、「味」、「韻」美感之外的「味外之旨」。依李正治先生之詮解，司空圖所指稱之「韻外之致」的第一層「韻」，指的是「詩的一般韻味，亦即『詩的語文表現所呈露的一般之美或表層之美』，如對仗精工、用典切當之類」。〔註104〕而陳繼儒將「法外法，味外外，韻外韻」置入「芽甲一新，精彩八面」與「麗典新聲，絡繹奔會」的語境之中，此一來，則第一層「韻」的意思，便與司空圖之意有所不同，乃是意指傳統散文之美感韻味，而第二層「韻」意之「耐人咀嚼的深層情趣」，則在指述小品文此一文類所具有之特殊的「美感情趣」，相對於傳統散文所呈露的美感特徵而言。

小品文類形態與內容意趣相互結合，所呈現之整體美感意境，唐顯悅在《媚幽閣文娛》一書序文中所言，更見清晰：

> 小品一派，盛於昭代，幅短而神遙，墨希而旨永。野鶴孤唳，群雞禁聲；寒瓊獨朵，眾卉避色。是以一字可師，三語可掾；與於斯文，樂曷其極？〔註105〕

「幅短」、「墨希」的形式特徵，「神遙」、「旨永」所指述之含蘊著深遠無窮、耐人咀嚼的情感意境，而其異於傳統散文之美感處，即在於「野鶴孤唳，群雞禁聲」、「寒瓊獨朵，眾卉避色」之「孤」、「絕」、「野」、「艷」的獨特性。因此，這種認知思辨的審美感知，是一種關乎表現力與文類典式之特殊的、高層次的知覺，有特定的論述內容與論述對象作爲認知目標。此意即：晚明文人對於文學作品之「針工匠斧」、或是「韻外韻」的認知，並非完全蹈襲、沿承傳統，僅寬泛地援取詩文的一般性概念以爲評論作品的共通法則，而是指向表現能力與文類形態、內蘊意義如何交織涵融以形成新的美學典式此一內容；抑或指向它如何在歷時與共時的文化現象中，格外凸出其之所以成爲新興美學典式的特殊內涵。

極浦書〉一文中則有「象外之象，景外之景」之語。二文參見《中國歷代文學論著精選》（台北：華正，1980），上冊，頁490、491、500。

〔註104〕李正治，〈韻外之致〉，《文訊》雙月刊第28期（1987年2月），「文學術語辭典」，頁206。

〔註105〕唐顯悅，〈媚幽閣文娛序〉，鄭元勳編，《媚幽閣文娛》，頁6下。

（2）「形構的」、「技巧的」語義因素——形式和比例相聯繫的

注重表現能力、文類形態與內蘊意義等各種語義因素間交織涵融的關係，所重者，已非單一因素本身，而是因素之間的連結關係，因此審美知覺一般來說較少指涉因素本身，更多時候乃在指涉各項因素之間的關係。我們不妨以園林建築與書畫理論作爲說明之例證。例如計成（1582～？）在《園冶》一書中說：

> 新竹易乎開基，祇可栽楊移竹；舊園妙於翻造，自然古木繁花。如方如圓，似偏似曲；如長彎而環壁，似偏闊以鋪雲；高方欲就亭臺，低凹可開池沼。（《園冶·相地》）

> 故凡造作，必先相地立基，然後定其間進，量其廣狹，隨曲合方，是在主者，能妙於得體合宜，未可拘牽。……園林巧於「因」、「借」，精在「體」、「宜」，愈非匠作可爲，亦非主人所能自主者，須求得人，當要節用。「因」者：隨基勢高下、體形之端正，礙木刪椏，泉流石注，互相借資；宜亭斯亭，宜榭斯榭，不妨偏徑，頓置婉轉，斯謂「精而合宜」者也。「借」者：園雖別內外，得景則無拘遠近，晴巒聳秀，紺宇凌空；極目所至，俗則屏之，嘉則收之，不分町畽，盡爲煙景，斯所謂「巧而得體」者也。（《園冶·興造論》）〔註106〕

「巧於因借」、「精在體宜」，乃在總攝性地說明園林建築與自然環境之間的關係。「因」爲依據、依照之意，意指根據地形、地勢與樹林泉石等自然條件，作爲建園之依據，適合築亭則築亭，宜當構榭則構謝；「借」，則爲憑藉、援借之意，園林建築與園林之外的景觀雖有內外、遠近之別，但不妨相互借用，不論是峰巒遠黛，或是田野古刹，只要景觀佳者、優者，皆可設法收羅於園林的景觀之中。因此，「方圓偏曲」、「長彎環壁」，「偏闊以鋪雲」、「高方／亭臺」、「低凹／池沼」等語詞俱皆指涉了建築要素間經由對比、聯類、映襯等各種不同連結方式的運用，所肇致之園林建築與大自然之間和諧、巧妙、得體的關係。

再如書畫理論：

> 古人寫樹葉苔色，有深墨，濃墨。成分字，个字，一字，品字，厶字，以至攢三，聚五，梧葉，松葉，柏葉，柳葉等，垂頭諸葉，而

〔註106〕計成著，趙農注釋，《園冶圖說》（濟南：山東畫報出版社，2003），分見頁43、33。

> 形容樹木山色，風神態度。吾則不然，點有雨雪風晴，四時得宜。點有反正陰陽襯貼。點有夾水夾墨一氣混雜。點有含苞藻絲，纓絡連牽。點有空空闊，乾燥沒味。點有有墨無墨，飛白如煙。點有焦似漆，邋遢透明。點更有兩點，未肯向學人道破，有沒天沒地，當頭劈面。點有千巖萬壑，明淨無一點。噫，法無定相，氣概成章耳。（釋道濟，《大滌子題畫詩跋》）

> 學書與學畫不同。學書有古帖，易於臨仿即不必宋唐石刻隨世所傳，形模差似。趙集賢云：「昔人得古帖數行，專心學之，遂以名世。或有妙指靈心，不在此論矣。」畫家不然，要須醞釀古法。落筆之傾，各有師承，略涉杜譔，即成下劣。不入具品，況於能妙？……近代沈石田，去勝國百年，名蹟猶富，觀其所作卷軸，一樹一石尺寸前規，吳中自陸叔平後，畫道衰落。亦爲好事家多收贗本，謬種流傳，妄謂自開門户，不知趙文敏所云：「時流易趨，古意難復！」速巧之技，何足盤旋？（董其昌，《題唐宋元寶繪冊》）

> 畫樹之法，須專以轉折爲主，一動筆，便想轉折處，如寫字之於轉筆；用力更不可往而不收。樹有四肢，謂四面皆可作枝著葉也；但畫一尺樹，更不可令有半寸之直，須筆筆轉去。……樹頭要轉，而枝不可繁，枝頭要斂不可放，樹梢要放不可緊。（董其昌，《畫禪室隨筆》）

水墨的濃淡、景物的形狀（「分字」、「个字」、「一字」）、畫法（「反正陰陽襯貼」之「點」），以及空間配置的比例（「沒天沒地，當頭劈面」），各種繪畫要素或混雜、或對比、或是反向的搭配……，最終歸結於「法無定相，氣概成章」之整體作品的協調與完成。此際，審美知覺關注的是：各種繪畫元素如何經由不同的連結方式，傳達藝術作品之「風神態度」。此各種創作元素的連結方式，對於形式、技巧的規範，並非獨創，前人著作已有清晰的呈示，因此董其昌認爲「仿古」、「師承」至關緊要，一切「自開門戶」的「速巧之技」原不足取。由此，各種「轉折收放」的繪畫技巧即是奠基在「師承」與「仿古」的條件上，進行融攝與開展，繼之才能進言「高出歷代處」的創新之法。〔註107〕

〔註107〕董其昌並非一味以「仿古」、「師承」作爲繪畫的最高與最終境界，其畫論中，亦屢屢涉及「絕去蹊徑」、「超越歷代」的思考：「古人論畫有云：『下筆便有

即此，李澤厚在《華夏美學》一書中指出明中葉之後，文藝、哲學表現的其中一個新意與特色即是某些作家、藝術家對於形式與技巧的規範、考察有著異於前代的自覺意識，文中指出：

> 這也是走向近代的一種表現，即對文藝——審美自身規律法則的空前重視和刻意追求。即是說，它意味著「藝」、「文」不只是「載道」而已，它們自身的技巧、規則還有其獨立的意義在。其中，董其昌的「仿古」最具代表性，這種「仿」已不再是「傳移模寫」，而是在追求古代作品中的形式規律，並把它抽離出來，定作模式（pattern），在創作中遵循運用，以駕馭、支配客觀的自然景物。所以它根本不是對自然或古人作品的如實仿制，而是將傳統筆墨抽離出來，予以新的組合。如果說，在繪畫領域，從徐渭到石濤到揚州八怪，是從心靈解放、個性抒發在內容上展示出走向近代的傾向；那麼，從董其昌到四王，則是以筆墨規律的抽離，在形式上展現了同一方向，即他們使筆墨自身從此獲得了完全獨立的價值。〔註108〕

據此，繪畫藝術中的筆墨規律與其他藝術類別中隸屬於「形構的」、「技巧的」——形式與比例相互聯繫的問題，構成了晚明審美知覺的一個重要領域範疇，在晚明審美感知語義群中，此一形式與比例相互關聯的語義因素，更為清晰地、自覺地被體現在各種類型之藝術實踐與藝術理論之中。

（3）「虛擬的」語義因素

當我們將審美活種的闡釋聚焦於文學藝術創作活動上時，不論就生產製造的面向，或接受批評的面向而言，「美」皆含有一種「虛擬」的性質，與現實世界之間，乃明顯地有所區隔，此意指文藝作品乃是對於現實現象、生活世界進行一種特定的審美觀照與審美把握。這種審美的世界觀，是否僅止於試圖理解並描繪各種存在經驗、現象的外觀性與表面特徵，而不再執著世界乃存在著唯一且絕對的終極價值？

我們不妨試觀袁宏道在〈虎丘〉一文中，對於中秋佳節「虎丘」一地游人如織、音樂薈萃的描摹：

凸凹之形』，此最懸解，吾以此稽高出歷代處，雖不能至，庶幾效之，得其百一，便足自老以遊丘壑間矣」；「士人作畫，當以草隸奇字之法為之。樹如屈鐵，山如畫沙，絕去甜俗蹊徑，乃為士氣。不爾，縱儼及格，已落畫師魔界，不復可救藥矣。若能解脫繩束，便是透網鱗也。」參見氏著，《畫眼》。

〔註108〕李澤厚，《華夏美學》（台北：三民，1996），頁215、216。

> ……凡月之夜，花之晨，雪之夕，游人往來，紛錯如織。而中秋爲尤勝。每至是日，傾城闔户，連臂而至，衣冠士女，下迨蔀屋，莫不靚粧麗服，重茵累席，置酒交衢間。……
>
> 布席之初，唱者千百，聲若聚蚊，不可辨識。分曹部署，競以歌喉相鬥，雅俗既陳，妍媸自別。未幾而搖頭頓足者，得數十人而已。已而明月浮空，石光如練，一切瓦釜，寂然停聲，屬而和者，纔三四輩。一簫，一寸管，一人緩板而歌，竹肉相發，清聲亮徹，聽者魂銷。比至夜深，月影橫斜，荇藻凌亂，則簫板亦不復用。一夫登場，四座屏息，音若細髮，響徹雲際，每度一字，幾盡一刻，飛鳥爲之徘徊，壯士聽而下淚。〔註 109〕

對於中秋佳節「虎丘」一地的音樂盛會，袁宏道寫來，深淺有別，藉由強烈的對比、層次分明的點染、烘托，「虎丘」之夜的音樂景況，遂生動鮮活，躍然如畫。「布席之初，唱者千百」、「分曹部署，競以歌喉相鬥」、「未幾而搖頭頓足，得數十人而已」、「一切瓦釜，寂然停聲，屬而和者，纔三四輩」、「比至深夜，月影橫斜，一夫登場，四座屏息」乃是五種不同的音樂表現方式，不同的音樂場景，亦各有「聲若聚蚊，不可辨識」／「雅俗既陳，妍媸自別」／「清聲亮徹，聽者魂銷」等優劣有別的表演效果。隨著月色夜影的升沉變化，愈是夜深時分、表演者愈益稀寡的景況下，演奏者的表演技巧、藝術感染力，愈顯佳妙，終於在「一夫登場，四座屏息」，以及「明月浮空，石光如練」、「月影橫斜，荇藻凌亂」等自然環境氛圍的織染、催化中，音樂的藝術表現乃臻於「飛鳥爲之徘徊，壯士聽而下淚」之化境。袁宏道筆下的「虎丘」，不論是「花之晨，雪之夕，游人往來，紛錯如織」、「衣冠士女，下迨蔀屋」，或是各種音樂場景……，這是現實世界所提供的審美客體，然而，不管是單純的審美客體，或是作者對於單一審美客體的描摹，顯然皆非是決定此篇小品文別具風格的關鍵性因素，眞正決定文章風貌的應是各種審美描摹、審美表現要素的連接方式、相互關係，以及內在性地匯聚成爲一個完整藝術作品的集合過程。依此，所有的現實事物、審美客體、單一的審美表現，都將逐漸陷入一種特定的懸置狀態之中，在未獲得聯結之前，其審美意義、審美效用皆難以充分透顯、淋漓發揮。換言之，當審美思考成爲觀察事物、創作思

〔註 109〕袁宏道，〈虎丘〉，《袁宏道集箋校》，卷四，《錦帆集之二——遊記、雜著》，上冊，頁 157。

惟中的主導模式，其與現實世界最爲明顯的差異，即是凸出了「虛擬」的性質，而此一審美世界，從整體上看，將予人一種輕靈、多變和懸空的印象。

審美世界的「虛擬」特質，須有「現實世界」作爲參照系統，方得以清晰、鮮明。如果「現實世界」的實際、嚴肅總予人灰色、暗沉之感，那麼，審美世界乃是構築在現實世界之上光輝燦爛的七寶樓臺。而即是在對現實生活、道德世界有所厭棄與對立之中，審美視域肯定了虛擬世界的品質，肯定了對於非現實的勾勒、描摹與關注，也肯定了爲消解現實世界一切殘酷的生存法則、或價值桎梏而生發之各種生命活動與各色存在經驗，「審美」，即在此意義上意味著其爲一種有別於「日常生活」與「道德世界」之「存在方式」。

4.「倫理指向」語義群——「情感的」、「因導教化的」、「諧和的」、「節制的」語義因素

當袁宏道在爲一位「不穀食，唯啖蜈蚣蜘蛛癩蝦蟆及一切蟲蟻之類」，將蜈蚣「生置口中，赤爪獰獰，屈伸唇髭間，見者肌栗」的「醉叟」作傳，並指述一種與「醉叟」「踞坐砌間，呼酒痛飲」的審美經驗時，〔註 110〕此種審美感知並非意指一種物我環境融合洽諧之美，亦不在試圖指涉「醉叟」外貌形容之美，或舉止之高雅合宜，而是在醜、異之中感覺到了人物「眞實」不僞的生命情調。此番以特別的觀察方式來感知人物生命之殊性，乃照見袁宏道特別富有「情感」之觀照人世現象的方式——即因富含「情感」，故往往能夠見他人之所不見、感他人之所未感。

此一種富含「情感」的審美知覺，當然可以引導人們「感性」地觀察事物，並覺察到一般眾人所難以覺察之各種具實的，或抽象的細節以及特殊的美感要素，然而，亦即是在此「情感的」意義層面上，審美感知得以輕易地將審美結構、審美內涵轉移到諸如倫理、道德，抑或政治之領域。〔註 111〕李

〔註 110〕袁宏道，〈醉叟傳〉，《袁宏道集箋校》，卷十九，《瓶花齋集之七——傳》，中冊，頁 719。

〔註 111〕沃爾夫岡・韋爾施在《重構美學》一書中指出：「『情感』的意義將這一審美的結構轉移到其他領域，這裏首當其衝的並不是感性，而是倫理、道德抑或政治」（頁 24）；耀斯在《審美經驗與文學解釋學》中，亦曾指出：「對於審美意義的理解是一種自願的活動。藝術不能將其有效性強加於人，其眞理既不可能用教條來駁斥，也不可能用邏輯來『否證』。正是這種境況使藝術的難以駕馭的性質有可能向人們提供解放的機會，並且解釋了爲什麼那些當權者對利用藝術的誘惑力以及美化功能來爲他們的目的服務總是很感興趣。」頁 17。

澤厚在論及中國「禮樂」傳統的美學內蘊時，曾經揭示此義，他指出：

在「樂從和」的美學理論中，有一個非常突出的特徵。這便是通過情感塑造的中介，把藝術（「樂」）與政治直接地密切聯繫起來。「樂」之所以需要，首先是因爲它「可以善民心，其感人深，其移風易俗，故先王著其教焉」。〔註 112〕

當理學家依「性」、「理」之說建構而成的社會道德規範、禮教大防，在晚明時期變得僵斃不通，詐僞虛飾之怪象紛陳迭出，人性價值迷惘惑亂之際，此以「情感」作爲中介，連結藝術與道德倫理、政治教化的古老傳統，復成爲知識分子重新建構新的倫常觀念，試圖轉易社會風氣的重要方式之一。然而，「情感」此一要素，時至晚明，已非藝術與政治教化的中介，「情感」自身（尤其兒女之情）即是文學藝術表現的重點。「情感」本身之「眞」、「美」，因爲不受時空限制，並且得能「之死靡忒」地跨越生死界域，具有永恆、不易之屬性，故已具涵「至道」之內容與特徵。〔註 113〕由於雜劇傳奇等文學藝術形式，可以將「生而可以死，死可以生」之「思歡怒愁」諸般人性情感作一淋漓盡致之表現，觀聽者遂得以在其中產生「或側弁而咍，或闚觀而笑」之一種即刻得到滿足的快感，呈示出審美經驗中一種「瞽者欲玩，聾者欲聽，啞者欲嘆，跛者欲起」〔註 114〕之難以駕馭的情感狀態。即是由於審美經驗乃具有一種強大的鼓舞力量，雖然可能產生逾越規範的危害性，但反之，亦有導引人性情感、端正社會風氣之作用與效能，湯顯祖即是著眼於後者，揭提審

〔註 112〕李澤厚，《華夏美學》，頁 33。

〔註 113〕湯顯祖〈牡丹亭記題詞〉認爲杜麗娘對愛情跨越生死的積極追求和執著，正是「情至」的具體表現，文云：「如麗娘者，乃可謂之有情人耳。情不知所起，一往而深。生而可以死，死可以生。生而不可與死，死而不可復生者，皆非情之至也。」《玉茗堂文之六——題詞》，收入徐朔方箋校，《湯顯祖全集》（北京：北京古籍出版社，1998），冊二，頁 1153。鄭元勳在〈夢花酣題詞〉中以湯顯祖之《牡丹亭》爲例，指明藝術作品中，「情」的重要性，文云：「情不至者，不入於道，道不至者不解於情，當其獨解於情，覺世人貪嗔歡羨俱無意味，惟此耿耿有物，常舒卷於先後天地之間。嗚呼！湯比部之傳牡丹亭，范駕部之傳夢花酣，皆以不合時宜而見情耶？道耶？所謂寓言十九者非耶？」吳人、錢宜〈還魂記或問〉亦云：「若士言情，以爲情見於人倫，倫始於夫婦，麗娘一夢所感，而矢以爲夫，『之死靡忒』，則亦情之正也。」二文分見毛效同編《湯顯祖研究資料彙編》（上海：上海古籍，1986）下冊，頁 861、862；897。

〔註 114〕二則引文爲湯顯祖，〈宜黃縣戲神清源師廟記〉一文之語。參見徐朔方箋校，《湯顯祖全集》，（北京：北京古籍出版社，1998），卷三十四，頁 1188。

美經驗與人倫政教之間的各種聯結關係。湯顯祖指出：

> （雜劇傳奇）無情者可使有情，無聲者可使有聲。寂可使喧，喧可使寂，饑可使飽，醉可使醒，行可以留，臥可以興。鄙者欲豔，頑者欲靈。可以合君臣之節，可以浹父子之恩，可以增長幼之睦，可以動夫婦之歡，可以發賓友之儀，可以釋怨毒之結，可以已愁憒之疾，可以渾庸鄙之好。然則斯道也，教子以事其親，敬長而娛死；仁人以奉其尊，享帝而事鬼；老者以此終，少者以此長。外戶可以不閉，嗜欲可以少營。人有此聲，家有此道，疫癘不作，天下和平。豈非以人情之大竇，爲名教之至樂也哉。〔註115〕

「情感」既已具涵「至道」之屬性，復通過審美經驗中一股興發鼓舞的力量，因此，以藝術文學表現古今人性情感之變化，〔註116〕既能使人們從日常生活的艱辛之中解脫出來，亦足以被高舉爲政教人倫——修身、齊家、治國、平天下——的核心價值。通過日常生活中得以時時親近，並且習以爲常的藝術表演方式，審美快感成爲一種中介物，將擺脫日常生活壓力、諧和人倫關係，以及穩定政教秩序三項情感教育功能，密切地聯繫在一起。

據此，當湯顯祖提出「人情之大竇，爲名教之至樂也哉」，在其審美觀念中，除了包含「情感」昇華的感性愉悅屬性之外，亦指述藝術文化在倫理道德、政教方面發展出來的「至善的」情感特徵。由於審美經驗乃具有一種「因導教化」的社會功能，因此，所謂的「合君臣之節、浹父子之恩、增長幼之睦、動夫婦之歡、發賓友之儀、釋怨毒之結」，即是「因導教化」所產生的具體效能——人倫關係將從矛盾、衝突、分歧轉向包容、和諧與協調。審美快感除了幫助人們有效地安置自身的感性欲求，並達成社會倫理結構的和諧統一，呈示出人倫關係、政教秩序的「諧和」之美外，湯顯祖所欲追求者，除了此一人際關係中上下長幼、尊卑秩序的「諧和」之美外，更涉及了天地神鬼與人間世界的「諧和」之美。

然而，即如前文所述，由於審美經驗乃具有一種難以駕馭的性質，容易產生逾越規範的危險性，因此，馮夢龍雖然認爲人之情感如同草木之芽，是

〔註115〕湯顯祖，〈宜黃縣戲神清源師廟記〉。

〔註116〕此即湯顯祖所云之：「（雜劇傳奇）長者折至半百，短者折才四耳。生天生地生鬼生神，極人物之萬途，攢古今之千變。一勾欄之上，幾色目之中，無不紆徐煥眩，頓挫徘徊。恍如見千秋之人，發夢中之事」，〈宜黃縣戲神清源師廟記〉。

生命生機的發端與源頭，但也體認到情感強大的負面力量茲爲一種「忿生不可閼遏之物」，需要通過人爲的努力加以節制、裁刈，否則，終將「過溢不止，則雖江海之洪，必有溝澮之辱矣」。〔註 117〕緣此，馮夢龍即自反面列舉由於情感泛濫導致之「淫穢」、「仇憾」、「負累」，乃至於癡、顛的種種變貌與醜相，編寫各種「貪色之害」、「可以爲戒」之事例。〔註 118〕馮夢龍此舉，意在指明：

> 夫情之所鍾，性命有時乎可捐，而情之所裁，長物有時乎不可暴。
>
> 彼未參情理之中者，奈之何易言情也。〔註 119〕

馮夢龍強調：但教「情之所鍾」，人們可以義無反顧地捨生而取情，然而亦同時倡言要適度地裁刈、節制情感，方能免去氾濫、醜穢之惡的到臨。因此，爲了「情」之必要而勇於捐棄生命之人（此爲大勇素質之展現），以及爲了「情」能夠理性地作出判斷、有所節抑之人（此爲大智素質之展現），才是眞能徹盡「情」之要旨，深契「情」之大義者。據此，當馮夢龍以負面的情感事例反襯貞愛、豪俠等類情事之美時，此情感之美的構成要素之一，即是美在「規正」、「節制」而不放任流溢。

5. 諸多審美語義因素之間的關係

將晚明審美觀念中各種審美語義因素大致瀏覽一遍，我們會發現晚明人的審美觀念中，並沒有哪一個語義因素可以普遍適用、並且通貫所有的審美材料。由於審美語義因素茲爲審美價值，或審美風格——「眞」、「雅」、「趣」，或「清」、「幽」、「閒」……——之構成要素，當審美語義因素出現不同的組合方式時，將產生不同的審美價值；或者，看似同爲一種審美價值，內涵卻大異其趣。

例如，華叔在〈題閒情小品序〉一文中，認爲「閒情」、「清福」的生活內容，涵蓋了「晨雨推窗，紅雨亂飛，閒花笑也」、「繡佛長齋，禪心釋諦」、

〔註 117〕馮夢龍《情史類略．情芽類總評》云：「草木之生意，動而爲芽；情亦人之生意也，誰能不芽者？」馮夢龍著，《情史類略》（長沙：岳麓書社，1984），卷十五，頁 468；《情史類略．情私類總評》亦云：「情主人曰『人性寂而情萌。情者，怒生不可閼遏之物，如何其可私也！』」，《情史類略》，卷三，頁 108；《情史．情穢類總評》則曰：「情猶水也，愼而防之，過溢不上，則雖江海之洪，必有溝澮之辱矣。情之所悅，惟力是視。」明．詹詹外史評輯、張福高等校點，《情史》（遼寧：春風文藝，1986），卷十七，頁 536。

〔註 118〕馮夢龍，《情史類略．情累類》，卷十七，「李將仕」條，頁 505；卷十七，「赫應祥」條，頁 516。

〔註 119〕馮夢龍，《情史類略．情累類總評》，卷十七，頁 522。

「得古人佳言韻事，復隨意摘錄」等經過培育之「感知的」、「昇華」的精神之美，但也涉及了「平等人間，亦可了卻櫻桃籃內幾番好夢」〔註120〕之「感覺趣味的」、「享樂的」語義因素，因此，華叔所謂的「閒」，其「閒」的詞義內涵（connotation）甚爲寬廣，既指涉了感性語義群中「反思趣味」層面，亦包羅了「感覺趣味」層面的語義要素。再如衛泳所輯之「閒賞」雋語，諸如〈元宵〉:「艷節也。星月交輝，煙花競麗。其尤佳者，珠翠叢中，香肩影動，綺羅隊裏，笑語聲來」，之所以述稱「艷節」，乃是通過視覺、嗅覺、聽覺掌握了美景、佳人、香鬟環繞之「艷冶」的節令氣氛，其間的享樂快感，端賴官能感覺所提供；至於〈夏〉之「須得清泉萬派，茂樹千章，古洞含風，陰崖積雪。空中樓閣，四面青山。鏡里亭臺，兩行畫鷁。湘帘竹簟，藤枕石床。栩栩然蝶歟？周歟？」則虛擬性地構想書畫中之山水景物、人情物狀以之消暑，此中美感乃是一種經過「文化陶養」所能獲取之「反思趣味」層次的美感；至如〈除夕〉:「是節兒童嬉笑，老幼團圞。爆竹在庭，桃符在戶，柏酒在壺。如天親無故，塤篪怡怡，亦人生一樂也」〔註121〕則暢述了人倫團圓、情感洽諧之美。每一則小文，「閒」之內涵，或屬官能感覺之美、或屬知性懸想之美、或爲親倫之樂，不論何者，俱皆指述了人們乃可隨著人文節令、自然氣候之改變更替，興發不同的情緒感懷，體受不同的生活美感。由於編寫者自由地擷取不同審美語義範疇中不同的語義因素，據以構成「閒賞」之內容，因此各則小品間，「閒」之內涵或者重疊、或者相類、或者迥異，然而卻共同藉由一種短小簡潔的書寫形式，寄寓各種片斷性的存在經驗與短暫的時空狀態，體現了一種隨機感悟生活中各種緣喜之美的人生觀。

又如意指「感覺趣味」（著重官能經驗）之「快意美感」與關涉、須經過文化陶養培育的「反思趣味」之「快意美感」，雖分屬不同的語義層次，語義內涵相異，但袁宏道在〈虎丘〉一文中卻將二者予以涵融、交牽引帶。前文中，我們曾以此文爲例，說明「虛擬」語義因素的性質、特色，此處，我們尚可列舉文章首段描寫游人往來，紛錯如織之美一段文字，說明「感覺趣味」，如何在「反思趣味」的引帶下，有了既連結「感覺趣味」，又超越「感覺趣味」層次之「快意」。文云：

〔註120〕華叔，〈題閒情小品序〉，朱劍心選注，《晚明小品選注》，卷二，頁70、71。
〔註121〕衛泳輯，《閑賞》，收入《枕中秘》（北京師範大學圖書館藏明刻本），葉一、二、四。

> 虎丘去城可七八里，其山無高巖邃壑，獨以近城故，簫鼓樓船，無日無之。凡月之夜，花之晨，雪之夕，游人往來，紛錯如織。而中秋爲尤勝。每至是日，傾城闔户，連臂而至，衣冠士女，下迨蔀屋，莫不靚粧麗服，重茵累席，置酒交衢間。從千人石上至山門，櫛比如鱗，檀板丘積，樽罍雲瀉，遠而望之，如雁落平沙，霞鋪江上，雷輥電霍，無得而狀。〔註122〕

「衣冠士女」的「靚粧麗服」，人群薈集乃至「重茵累席，置酒交衢間」，此一游人如織的景象，其所以令人心生快意，乃是訴諸視覺上「靚」與「麗」之色彩，以及「重」與「累」之爲數甚夥的享樂快感，但一旦援用「譬擬」此一文學修辭手法，將人群雜沓的景象轉換爲大自然中鳴禽雲霞、雷電山水之美景——「櫛比如鱗，檀板丘積，樽罍雲瀉，遠而望之，如雁落平沙，霞鋪江上，雷輥電霍，無得而狀」，則又呈示、凸出了一種反思趣味層次的審美快感。即由於「反思趣味」層次之引帶，改變了「感覺趣味」層次的平庸與淺薄，卻又並非純然只由「反思趣味」層次的語義因素全番主導文章內涵與風格，因此，這段記遊文字遂呈現了「雅俗既陳，妍媸自別」的特色與美感。

再如祁彪佳《寓山注》論及「寓山」之美時，從懷念童稚時期與兄長「以斗粟易之。剔石栽松，躬荷畚鍤」的人倫洽諧，而萌生「卜築開園」意興的人倫之美，一至「虛者實之，實者虛之，聚者散之，散者聚之，險者夷之，夷者險之」的形構之美，乃至「四時之景，都堪泛月迎風；三徑之中，自可呼雲醉雪」的感知之美，〔註123〕《寓山注》中所呈示的人文之美，不僅涵蓋了「感知愉悅」、「認知思辨」、「倫理指向」各個語義範疇，亦涵蓋了「眞」、「雅」、「趣」、「清」、「幽」、「閒」等各種審美價值。由於各種語義範疇、審美價值之匯聚，展現出祁彪佳別異於其他園林建構者、書寫者之特殊生命經驗；〔註124〕亦造就了與當代園林書寫文字——諸如計成《園冶》（側重「認

〔註122〕袁宏道，〈虎丘〉，《袁宏道集箋校》，卷四，《錦帆集之二——遊記、雜著》，上冊，頁157。

〔註123〕祁彪佳《寓山注》，收入《祁彪佳集》（北京：中華書局，1960），卷七，頁150、151。

〔註124〕關於祁彪佳《寓山注》中所蘊含的特殊生命經驗——「主體性價值」、「主體性空間意識」，可參見曹淑娟，〈夢覺皆寓——《寓山注》的園林詮釋系統〉，《臺大中文學報》第十五期，2001年12月，頁193～240；〈祁彪佳與寓山——一個主體空間的建構〉，收入李豐楙、劉苑如主編，「空間、地域與文化——中國文化空間的書寫與闡釋」專題，中研院中國文哲研究所，2002年，頁

知思辨」之「形構」屬性）；張岱之〈硃園〉、〈不繫園〉、〈于園〉（側重「感性愉悅」各種語義因素相連之屬性）等園林著作不同的美學風格。〔註125〕

因此，就審美品鑑語彙觀之，晚明人所使用的品鑑語彙雖然時時出現高度的相似性、雷同性，此一現象固然呈示了此一歷史階段特殊的審美偏尚，然而，這些語彙，語義內涵或者相類、或者大異其趣，不易尋得固定的意指及用法。而當我們借用「語義因素」之概念，分析晚明審美品鑑語彙之內涵意義或外延意義時，或許即可較爲具體、清晰地指述諸如「閒」、「趣」等審美概念之各殊內涵以及不同的文學藝術作品，其美學風格差異之所在。

此外，尙可進一步討論的是：就單一語義因素而言，指涉「知覺」語義群與指涉「感覺」語義群中的某些語義因素，例如「形構的」與主觀估量之「感覺的」、「享樂主義的」；指涉「知覺」語義群中的「技巧的」、「表現的」與指涉「倫理」語義群中的「因導教化的」、「節制的」等語義因素，意涵差異甚大，各語義因素亦難以相互替代。但是，各種歧義紛呈的用法之間並非全然毫無關係，而是可以相互轉化、聯結，因此，由某一個語義群，或是某些語義因素所決定的審美價値，所凸出、呈示的並非僅僅止於此特定語義內涵所彰顯的特殊內容，及其主導屬性，尙且包含了語義因素間一系列轉化和聯繫的關係。

我們試觀李贄在〈童心說〉中所論：

> 天下之至文，未有不出於童心焉者也。苟童心常存，則道理不行，聞見不立，無時不文，無人不文，無一樣創制體格文字而非文者。詩何必古選，文何必先秦。（《焚書》，卷三）

李贄所說的「童心」，既是「絕假純眞，最初一念之本心」，與「聞見道理」相對而言，那麼，對於事事物物莫不具有敏銳感受；任何一種創制文字，皆可視爲文章，此自然有賴個體主觀性的感受與估量。因此，「童心」此一人類生來即具有的天賦本能、人性之源，乃包含許多個體性的才情稟賦、主觀的情感性質在內，有了「感性」的屬性，與「快樂」的感受相聯繫；雖則如此，

373～420。

〔註125〕崇禎年間之園林書寫，尚有劉侗、于奕正合著之《帝京景物略》一書，此書以「紀實」爲勝，詳記帝京之山水、園林、剎宇等景物與史事，此亦是「認知」能力之發用；關於《帝京景物略》與張岱諸篇園林文字的書寫特色、風格，可參見毛文芳，《物・性別・觀看——明末清初文化書寫新探》（台北：臺灣學生，2001），頁189～200。

一旦以文字表現各種生命經驗、生命內容，成爲「創制體格」之各種藝術表現，則又有了「知性」的屬性，與「客體對象」相聯繫。由於具涵認知性質，因此，客觀的思考與確證此一「知覺」屬性，與「感性」屬性，共同構成「童心」之意義範圍及底蘊。即此，「童心」一說中所呈現之不論是「主觀的估量」、「快樂的積累」，或是「表現的」、「創構的」等語義因素，一方面既連接「感覺」，一方面又連接「知覺」，二者皆同屬於「感知」因素的分支。而以「童心」爲根源所創構的文辭，既然「內含於章美」、「篤實而生光輝」，則我們可知：不論語義因素類屬於「感覺」語義群，或是「知覺」語義群，兩者之間都潛運著某種「昇華」的質素。即緣於此，儘管「主觀的」、「享樂的」語義因素與「表現的」、「文類型態與內容意義相聯繫」的語義因素，語義內涵看似不同，但二者之間，卻可藉由「感知」此一最大、共同的語義「母體」加以聯繫，亦藉由「昇華」此一質素予以聯繫綰合。

我們如此分析一個概念內在意義結構的結果，便是我們可以較爲清晰地觀察晚明文人的審美概念，如何藉由一個共通的語義因素，由一種意義轉移到另一種意義。此舉並非取消各種語義因素之間的差異，而是幫助我們更進一步理解晚明各種審美概念、說法之間的同異之處。換言之，我們一旦明白「享樂的」語義因素與「表現的」語義因素，在李贄〈童心說〉一文中，皆作爲「昇華」動力之結果，也都源出於「感知」，爲「感知」的不同分支，於是，我們即可理解李贄如何將「一念本心」與「創制」活動連鎖在一起，以凸出其中的「審美」意義。

又如「情感」此一屬性，當李贄在〈雜說〉中指出：

> 且夫世之眞能文者，比其初皆非有意於爲文也。其胸中有如許無狀可怪之事，其喉間有如許欲吐而不敢吐之物，其口頭又時時有許多欲語而莫可所以告語之處，蓄極積久，勢不能遏。(《焚書》，卷三)

「情感」是創作的動力，也是藝術品是否具有強大感染力的重要條件。此段文獻中，「情感」此一屬性，與「文章創制」的語義有所聯結，也同時接合了日常知覺——對眼前世界、各類經驗「蓄極積久」的感受能力。然而，當「情感」此一屬性，被運用在不同的場合、範疇之中，即可能展現全然不同的內容與風貌。例如我們在第一章第二節中論及朱彝尊闡述五賢受杖事件始末時，曾經將五賢之志節與宋代范仲淹等士大夫矯厲風節的自覺精神作一聯繫。不論是朱彝尊自身飽含情感之論述文字，或是對於五賢情志、人格之描摹，其「情感」興發之源、著力之處，乃與政治、道德之命題息息相關，與李贄立論焦點、「情感」投注之方向並不相同。然而，當李贄將「情感」投向審美客體，探討「情感」此一質素在審美客體中佔據之位置、扮演之角色，展現爲一種文學創作、文學批評之活動，批評主體即與審美客體之間產生了特定的審美距離；朱彝尊將之用於闡釋一段過往之政治歷史事件，自難迴避歷史事件本身即已昭示的時間距離。由於二者都具備了時間上、或空間上之「距離」因素，其論述中的「情感」屬性與文字創制皆已或隱或顯地含有「虛擬」之質性，因此，迥然相異之論述遂同時涵有「審美」之意蘊與特徵，茲爲某種審美經驗之闡發；而二人之闡釋文字，其審美意義亦得以藉由「距離」、「虛擬」的語義因素，與「昇華的」、「表現的」、「反思的」，或是「政教的」、「倫理的」等各種語義因素相互聯繫、共同形構以成。

這種滲透到意義的潛在結構中，對晚明審美概念進行分析、闡明之舉，目的在於試圖通過更爲細密、系統性的方法與概念，清晰地指述晚明審美概念內在意蘊的同異之處，繼而嘗試詮明各種不同意蘊的語義因素如何能夠從一種意義過渡到另一種意義，並通過重疊、聯繫、差異以及位移的不同方式，形成不同的文學藝術風貌，共同構成晚明審美現象的複雜樣態。換言之，由於我們檢視了晚明審美概念中，單個用法或語義因素之間的聯繫、轉移現象，因此，我們見到了相同的審美語彙，其內涵意義可能存在著巨大的差異，而看似不同的審美概念，也存在著語義重疊和交互聯繫的關係。由此觀之，晚明的審美現象中並沒有一個單一、唯一的語義因素，或是審美價值，可以使當代研究者以及後來的研究者，僅僅只是使用幾個特定的語彙即能高度地表示或概括晚明美學的一切現象；相反地，我們看到的各種審美概念，及其蘊含的語義因素，乃共同形成了一張錯綜複雜的意義之網，有時相似性極高，重疊繁複；有時則顯現絕大的差異性或是雷同性；有時，則僅僅只是細節上的相似。據此，如果我們意欲掌握晚明複雜卻饒有趣味的美學現象，較爲有效的方式，或許即是透過語義的分析、觀察、運用許多不同的方式，將晚明人對於美的感知、認識到的各種美感屬性相互聯繫起來；亦即由於不同的聯繫所呈示出來之各色審美內蘊、各般風格迥異的藝術風貌，我們才能述稱這一切審美現象爲晚明獨特的美學現象。據此，每一種審美風格的呈現，都是一條條審美語義因素間相互綰結的鉸鍊，而語義群與語義因素之間，並非相互排斥的關係，即使是不同範疇中的語義因素，也可能同時出現在同一篇文章、或者同一位作者的藝術觀念（不論爲其階段性之藝文觀，或通貫一生之藝文觀）之中。

緣於各種審美語義因素可以自由聯結、交相牽引，「感覺內容」、「感性意義」，以及「知覺意義」和「倫理意義」皆可以不斷地被加以擴充、縮小或轉換，因此，藝術成品之內涵、風格，一方面既得與歷來崇尚「雅正」之詩文有所區別，一方面復能有別於世俗之趣味，展現出獨特的「雅尚」特徵。這即是晚明時期特殊的美學情調——既可以是建構的，也可以是破除的，這些語義群、語義因素之間的自由轉換、聯結，共同呈示了晚明特殊的審美風尚。

第六章　餘論——「欲望」之管理控制與「養護生活」的兩重經驗性質

基於晚明倫理思考與審美經驗二者之間，經常有所對立、拉鋸，亦時見主從依屬的交集現象——倫理思考蘊涵著審美性質；審美經驗與倫理世界往往有所聯結，因此，就二者內在理論之發展、變化觀之，晚明文人雖然普遍肯定了人性自然情欲之內容，然而如何會通審美與道德兩個「現實」範疇，則依然處於高度分化、人言言殊的境況之中。就外部政經情勢而言，由於政治結構、律法制度的鬆散漶漫，此中任何一套人性價值和行為準則，皆難以透過不同的規範機制加以推導，有效地成為社會主流價值，普遍地為個人以及群體——例如家庭、宗法制度、教育機構——所共同遵行。因此，不論是理論內部的分歧，或是外在客觀環境的限制，倫理思考或是審美經驗之準則與價值，容或可以被某個文學家、理學家，或者特定的小眾群體，清晰地加以表述，但卻往往難以被轉化成為一種可以有效實踐的教育活動，形成一套理論與實踐得能完善結合，推行於各個社會階層的教育體系，而不再僅僅是以不同的、並且時時分散的方式傳播著、宣揚著。即此內在理論之紛歧與外在客觀環境之限制，植基於日常現實之上的倫理觀念與審美經驗，二重「意義現實」交綰互錯，成為晚明複雜且糾葛之文化、社會現象構成要素之一。其中各個領域之間的相關要素雖然相互補充、相互糾正，但亦在某些方面相互抵消，於是，整體社會價值遂恆依違在倫理、審美與其他「現實」之間，以鐘擺運動的動態形式進行著、變化著。

在第四章第三節中，我們以「倫理主體對於『快感』的感知與質疑」作爲「審美現實」的參照系統時，得知《金瓶梅》作者思索「性活動」此一生存經驗時，乃強烈感受到了性快感與權力結構、死亡罪惡之間的因果關係。因此，其關乎欲望之思考，企圖以角色人物縱欲毀身的死亡結果收束全書之情節安置，乃基於一種「道德思考」，茲爲一種「道德訓戒」，以此對人們現實生活中頻繁無節之性快感追逐、社會倫常關係之維繫、風俗教化之良善進行規範、禁制與勸戒、宣導之活動。然而，對於人類生而即有的自然大欲，作者則藉由書寫活動，在書寫過程中，不斷地通過對於情欲的審美想像、審美描摹，一次次地達致官能快感之獲得、宣發與情感淨化的效能。換言之，《金瓶梅》作者乃在書寫活動中以審美想像完成了自我情欲的發抒與淨化，而道德論述下的死亡陰影，則是「道德現實」對於「審美現實」之滲透與試圖掌控。因此，書中的審美想像，成功地爲作者自身提供了一場場虛擬性的官能享樂活動，抑且提供了閱讀者相同之審美效能；而以「道德現實」作爲全書之寓旨與敘事架構，亦提供了倫理主體藉以進行道德反思之空間與場域。

然而，當袁宏道指明閱讀《金瓶梅》乃有「滿紙煙霞」之感時，已然喻示了：審美主體眼中所見，書中一切有關性活動的描繪，性欲、性行爲與性快感，共同組成了一個封閉性的快感享樂世界，其中各要素不斷地變動著，卻又緊密地聯繫在一起，因此，「煙霞」方能「滿紙」。由於專注地凝視著性快感活動本身，因此，對於審美主體而言，欲望是一種對於各種「令人愉悅事物」之欲望，審美主體可以經由任何足以引生快感之各般事物的樣態、各種意象，以及藉由回憶，將欲望激發出來。一旦如此，此「愉悅地」觀賞與享受，純然只是一種對於「快感」的放心與信心，以及將「好色」轉爲審美感知的樂趣，而非一種關乎權力、死亡的憂心。例如袁宏道在〈靈岩〉一文中說：

> 山上舊有響屧廊，盈谷皆松，而廊下松最盛。每衝飆至，聲若飛濤。余笑謂僧曰：「此美人環珮釵釧聲，若受具戒乎？宜避去。」僧瞪目不知所謂。石上有西施履跡，余命小奚以袖拂之，奚皆徘徊色動。碧繶緗鉤，宛然石髮中，雖復鐵石作肝，能不魂消心死？色之于人甚矣哉！〔註1〕

即是對於「美人環珮釵釧」、「西施履跡」的審美想像，袁宏道以及僕隸乃在此一中獲得了許多愉悅快感，以及一種暫時性的滿足。因此，在袁宏道的審

〔註1〕錢伯城箋校，《袁宏道集箋校》，上冊，頁165。

美論述中，對於「色動」而「魂消心死」的「快感」肯定，旨在恢復人們最爲自然的存在方式，而非將之與罪惡、死亡焦慮聯繫起來。由於袁宏道有關「快感」經驗之論述，乃出自於純然之審美視域，因此對於袁宏道而言，性快感自身即可取得在文學審美經驗中的獨立地位，特別是與個體感性之存在，深切聯繫的獨立地位。這種審美快感無疑地將抵消道德感知的力量。

反之，強大的道德感知亦將消抵審美感知的力量，而審美想像與現實的道德考量之間，一旦出現虛與實的混淆，或者價值模糊的境況時，人們遂容易失去生存意志與行動的力量。因此，在官能欲望的流湎、性靈的美學信仰與倫理道德三者之間，我們固能看見清晰的道德論述、自足的審美闡發，卻也不斷地看到其間的矛盾困惑，以及逐漸衰弱下來的生存意志。樂蘅軍曾經指述《金瓶梅》書中人物意志薄弱的現象：

> 西門慶所代表的現世的勢力，和生存的利害，像大氣層一樣，掩覆了所有的生命。金瓶梅中屈服於現實，乃是人類某種本能的、普遍的、不加選擇的行爲。……在他（西門慶）「吃了虧」的時候，他並沒有憤怒。他不曾公開地表現某種憤怒。……。水滸故事所一意烘托的「憤怒」主題，在金瓶梅中是煙消雲散了。因爲憤怒既需要一些些是非感（甚至主觀的是非），又需要一點點熱烈的情感，但金瓶梅的人物們卻生存在一種低溫下，活像一盆半冷半熱的糊湯。〔註 2〕

《金瓶梅》中人物意志力的薄弱表現，或許即是晚明人普遍熱衷追求財富權勢、人性價值觀念含混、迷惑之社會現象的具體投射。即在俗情世間對於財富權勢等外在事物的熱烈追逐，與思想界內在價值的分歧、抵消——道德力量與審美價值（復緣於佛理之助瀾）的相互抵消下，亦消滅了整體社會共同奮進之力量。於是，不僅是《金瓶梅》書中的市井人物，包括許多知識分子、社會菁英在內，亦往往浮沉於現世黨政、權力，以及欲望相互糾葛的紛亂洪流之中，直至王朝傾覆。

本篇論文以倫理、審美兩條主軸觀察晚明社會現象、士人的人格塑成、文人的審美風尚，以及其間相互交涉之論題。當我們論及晚明文人從肉體生命、倫常制度與權力關係三個面向，對於「性快感」進行道德思考時，尙可進一步關注的現象是：晚明文人除了提出禁絕、勸戒之道德論述外，亦同時

〔註 2〕 樂蘅軍，〈從水滸潘金蓮故事到金瓶梅的風格變易〉，收入《古典小説散論》，頁 115。

進行著如何控制易於泛濫之欲望行爲、對其進行恰當管理之思考；而在以「養護」作爲核心命題予以開展之文化論述中，「養護」的觀念，既包含道德實踐，亦涵有審美意蘊，成爲與本篇論文論述內容既相關又有所別異之另外一項重要論題——「養護觀念」既構築在「日常現實」之上，又兼具了「道德」與「審美」兩重經驗性質。

由《金瓶梅》中武大郎與花子虛無法滿足潘金蓮與李瓶兒性欲望的情節觀之，可以得見在《金瓶梅》作者的眼中，快感的放縱力量根源於人性的「墮落」與「匱乏」，並認爲這種力量本質上就有放縱的潛在性。因此，晚明人面對「性快感」此一活動時，道德意識與道德問題之提出復聚焦於：人們應當知道如何面對這種力量、如何確保對它進行有效且恰當的管理與控制。

從「尊情」、「崇尚自然」的角度觀之，人們乃認爲性經驗與性快感之追求實出於自然天性，是人類的本能需求，自有其正當性與合理性。馮夢龍《情史》中所指出之：「草木之生意，動而爲樂，情亦人之生意，誰能不芽者」，進而認爲飲食男女，乃人之大欲。這是從崇尚自然以及「尊生」的角度，言「深閨韶稚」之所以成爲人們情欲追求、發抒之對象，自有其人性本然上之正當性，無關乎倫常道德與君子操守，而在人類感情中，情感之眞切發抒乃是最至關緊要、深具價值者。以「情」作爲綱領，馮夢龍《情史》中，對於「性快感」之道德反思，乃顯現在其爲性活動劃出了各種禁忌的界限，並爲各種實踐活動分門別類，希望藉此建立一種「官能享樂」的道德範域。而湯顯祖《牡丹亭》中之杜麗娘在夢中及鬼域中，方得以以一種脫逸於倫常規範之外的另類形態宣發情欲、獲取滿足之感。因此，湯、馮二人對於「官能享樂」的看法雖然具有開放性，認爲「性經驗」的享有與抒發，已不再需要過度避忌，然而不論是「欲」在「情」的綱領之下方能享受、發抒；或在夢境與鬼域之中始得以完成，二人對於「性經驗」的反思並非毫無限制，「情」、「夢」與「鬼域」，皆爲「官能享樂」之規範與框限。因此，藉由二人不斷「言情」、「論情」之提醒，我們遂知二人關乎「快感」之實踐與思考，仍與追求、崇尚人類之高貴情感、行爲品質緊密相連。簡言之，湯、馮二人的「尊情」說雖然對於「欲望」之必然引發罪惡、必須禁抑之道德論述有所抗拒、駁斥，重申了「快感實踐」發乎自然，並非可恥、罪惡之行爲，乃是基於滿足情感之需要而生發，然而，卻也同時指明了肉體只有在靈魂的昇華滿足、迫切需要、亦且不會帶來危害的情況下，才能得享其中之快感、愉悅。

「節制」與「恰當」是馮夢龍此類關懷社會大眾，爲規箴農、工、商三個階層之廣大群眾所提出，雖未排除士階層在外，但並不特別針對士人而發。然而，劉蕺山等理學家所提出之較諸「節制」更爲嚴格之「控制」與「禁絕」，則是針對士人社群立論，視之爲士人理當嚴正思考、修持具備的道德品質。設若《金瓶梅》呈示於讀者眼前的，無異是商人階層等難有恆定生存價值觀念的群體，在追逐性快感的活動中，呈露了大量的「欲望、快感與痛苦」，那麼，似乎我們只有在少數道德學家身上，才能得見受到理智與清晰思考導引之簡單、適切的欲望「控制」。言湯顯祖、馮夢龍之情欲觀念爲「節制」、劉蕺山等理學家之情欲觀爲「控制」，「節制」與「控制」之差異乃在於：強調情欲合理之文人，認爲適度「節制」、以「情」作爲綱領收攝的欲望，既令人們得享快感，又得以不破壞倫常規範，它是一般人皆不難達成的情欲管理境況，因此可以確保人們的行爲既合乎自然之賦予，亦不具有瓦解倫常制度之破壞性力量。然而，理學家所強調之「絕對道德」下的「欲望」控制，是一種自我主宰、自我掌控的主動形式，在自我要求的同時，使得自我關係中兩股力量——欲望和道德——之間的抵制和鬥爭的情況得以可能、且時時發生，道德力量往往確保了它在欲望和快感中的支配地位。因此，當劉蕺山提出：

> 乾坤合德而無爲，故曰「一陰一陽之謂道」，非迭運之謂也。至化育之功，實始乎繼體之長子，而長女配之，成乎少男，而少女配之。故曰：「繼之者善也，成之者性也。」〔註3〕

其賦予性活動的意義不在於快感愉悅之獲得，而在於：基於生育、繁衍種族之目的，復爲了宗法制度之維繫與完善，如此，人們即可在性活動中延續宗族家國之生命。即此，道學家們對於性行爲及其時機與意圖，提出了宗法社會的和道德修養之目的，將其納入政治體制與婚姻體制的雙重秩序之中，使得這一可能與罪惡聯繫、含有負面價值的性活動具備了正當性與合理性。此意即，只有在爲維持穩定的政治秩序與合法生育的目的、動機之下，所進行的性活動才能免於道德上的責難。因此，所謂「嗜欲正到沸騰時，便廓然能消化得。此非天下大勇不能」、「若明鏡當空，不能眩我以妍媸」，或者：

> 凡爲人心之所有，總是天理流行，如此則一病除，百病除。除卻貪財心，便除卻好色心，除卻貪財好色心，便除卻賊人害物心，除其

〔註3〕黃宗羲，《明儒學案·蕺山語錄》，下冊，頁1521。

心而事自隨之，即是不頓除，已有日消日減之勢。〔註4〕

這是出於倫理、政治宗法的考量，繼之對性活動的意義進行界定與控制，此中特別強調了修持與訓練，這一訓練的目的在於：既要在貧困出現時能夠毫無痛苦地面對它們，也要不斷地把快感降低爲只是對於各種生存需要的基本滿足。如果切實地訓練、修持，那麼對於欲望的控制本身，即將令我們得享許多愉悅與滿足之感。

據此，即如我們在第三章中所闡述，在《人譜》一書中，可以得見劉蕺山對於道德「修持」（「訓練」）之重視，修持內容亦甚爲豐富：他規定了修持的具體步驟、目標和欲望的來源、表現形態；討論各種道德訓練（紀過、訟過、改過）的有效性，即此，各種不同形式的訓練——鍛鍊、沉思、思想考驗、良心審查、節制排場——成爲道德教育的內容和導引靈魂純淨的重要手段之一。「修持」之過程即是一種「禁欲鍛鍊」的過程，因此，在道德學習與人們擁有的德性之間將呈現出一種循環關係：人們藉由消解欲望、迴避快感，成爲有德節制之人，然而，即是在成爲可以自覺地控制欲望之道德主體後，方能更爲迅速、有效地消解欲望、迴避欲望之干擾與侵襲。

劉蕺山此番對於自我欲望之認知與控制，乃是節制、控制等理性行爲的根源性力量，沒有這層認知，即難以達成任何形式的自我節制。這是一種對於自身欲望的本體論認識——爲了實踐德性與控制欲望，必須認識自我。因此，在某種程度上，劉蕺山之道德思考中，呈示了人與欲望、快感的關係乃是一種自我角鬥的關係，抵制、獲勝、可能之失敗都是發生在自身道德與自身欲望之間的過程與事件，個體必須面對的角鬥對象不僅最靠近自身，且即是自身的一部分。此種境況，在自己獨處時時尤能清楚感知，此即劉蕺山特別強調「愼獨」修養功夫之要因。此種「愼獨」之修養功夫，目的在於完全消除或驅除欲望，然而，在大多數情況下，它的目的卻可能在於確證自我對自身牢固而穩定的控制，欲望快感與道德之間的衝突並沒有消失，只是有節制的道德主體對欲望施行了全面的控制。這與馮夢龍與湯顯祖所強調的「節制」不同，劉蕺山的道德論述包含了一種控制與勝利的質素，它假定了欲望的存在，而且此種「愼獨」工夫的價值有一部分來自於它最終控制了衝動的欲望。馮、湯二人對於欲望的態度雖亦呈示爲一種德性狀態，但並不意味著完全壓抑欲望，而是有節度的主宰它們：二人將欲望置於介於放縱（一種人

〔註4〕黃宗羲，《明儒學案・蕺山語錄》，下冊，頁1523、1535、1569。

們任由自己的欲望擺佈的狀態）與無動於衷（一種人不體驗任何快感的極爲罕見的狀態）之間的中間位置上。

在劉蕺山的理學系統中，含帶著「訓練」意涵的「修養」課題，成爲個體將自己塑造爲道德主體之必不可少的實踐訓練，而在《人譜》中，這種「禁欲主義」尤其被理解爲、並被構成爲包含各種特殊實踐的大全，這些特殊實踐以自己的手段、步驟、秘訣構成了一種特殊的靈魂藝術。這些訓練的步驟（考驗、審查、自我控制）旨在構成一種簡易地、只要依循、重複，即可達致之道德修養、道德行爲的特殊方法。於是，自我的藝術就通過構成其背景之「教育」立意，以及作爲目標之道德完成此兩方面顯現出來。

循此以論，如果道德思考乃以人類生存之等級結構的形態出現（士、農工、商各階層），或是以審愼實踐的形態出現，或者是以德性思考對自身存在之理解、認識的形態出現，那麼所謂的「道德節制」必定包含思惟模式與眞理之間的關係此一基本要素。它將強調「有分寸」地享用快感，亦將強調人們應該適度地控制快感與衝動。然而，如果道德思考與眞理之間的關係並不呈顯爲一種自我闡釋之方式，進而開展出一種「欲望解釋學」，而是通過「實踐」予以呈現，那麼它將成爲一種生存美學，即此，我們必須將「性快感」的節制理解爲一種生活方式，職以此故，其間的道德價值既取決於思考與行爲方式是否一致，也取決於快感享用與快感配置之方式、亦顯現在人們所奉行遵守的各種限定與規範之中。此中，各種道德、自由與眞理之思考——智慧、完善的道德主體與各具審美風格的生存眞理，其間各種認知型態、價值取捨、表現方式，都需要我們進一步予以論證與闡發，方能得到全盤性的理解。

此外，晚明時期大量出現的養生書籍中，不論是醫生或是文人，對於性活動之泛濫、及其與健康之間的關係，絕多數抱持著負面的看法。他們對於泛濫無節之性活動對於身心之戕害、肇致之危險，往往不吝筆墨地深入解析、仔細說明。他們對於性行爲的醫療、質疑，與其說是出自於欲消除人們追逐刺激，一至於病態之「教化」意圖，不如說是基於一種盡可能地將之整合到對健康和肉體生命管理之中的生存意志。由於晚明文人屢將「性活動」之節制與與食衣住行之調養並列思考，因此，「性活動」之關注與食衣住行各般生活細節的省思，共同呈示爲完整的養生架構與養生概念。

劉蕺山與東林學者等晚明理學家，對於身體上或物理性的養生實踐並不特別觀注，甚至有輕視之意，認爲人的「生意」不能自「官骸」之中索求。雖然劉蕺山的《人譜》一書，體貌綱要乃據養生譜錄的體例予以撰寫，具有晚明閒賞文獻普遍之共同特徵，〔註5〕但由於其所重者乃在於精神上，道德心性之修持，所關注者茲爲日常生活起居中一切關乎「善」與「惡」的起心、動念，因此縱使涉及養生之說，皆緣於道德修養上的權衡與要求而有，與高濂、李漁等養生之作屬性甚爲不同。

高濂（生卒不詳，萬曆年間在世）在《雅尚齋尊生八牋・清修妙論牋》中說：

> 六慾七情哀樂，銷爍日就，形枯髮槁，疾痛病苦，始索草根樹皮以活睛神命脈，悲哉，愚亦甚矣！保養之道可以長年，載之簡編，歷歷可指。即易有頤掛，書有無逸，黃帝有內經，論語有鄉黨，君子心悟躬行，則養德養生兼得之矣。豈皆外道荒唐說也。余閱典籍，隨筆條記成編，牋曰：清修妙論。〔註6〕

高濂將「養生」的思考與肉體「疾痛病苦」之銷損現象作一連結，此即構成了探詢性快感、健康、生命和死亡相互關係的生存主題。而其著述《遵生八箋》的直接原因，乃是「少嬰羸疾，復苦瞶眼」，有「憂生之嗟」，所以從重視個人肉體健康、年命壽夭的目的出發，他把居家客遊所收集之一切有關於養生之知識，融合自身之想法，分門別類，編成此部包括了八類內容、長達五十萬字之文人「生活全書」。

由於一種構思得當的養生法往往包含一個詳細整全的生活目錄，隨著時間流逝，此種目錄即具有一種幾近宗教規範的價值。從這個角度，我們可以理解養生著作，爲何沿襲的成分甚多，例如《遵生八牋》將元代瞿祐所編之《四時宜忌》的內容納入，對於北宋《洞天清祿集》之體例亦有所承襲；〔註7〕再如徐春甫的《古今醫統大全》幾乎完全襲自李鵬飛的《三元延壽贊書》。我們在《遵生八牋》中可以看見一種幾近「完整」的目錄，它包括了：修鍊、食物、飲食、衣飾、睡眠、性活動等等，不勝枚舉，其間各色生活起居、養護之行爲，都必須是仔細的、分寸需拿捏得宜的。養生思想發展了一系列有

〔註5〕參見毛文芳，《晚明閒賞美學研究》（臺灣師大國研所博士論文，1997），頁231。

〔註6〕高濂，《雅尚齋尊生八牋》（北京：書目文獻），卷一，頁29。

〔註7〕參見毛文芳，《晚明閒賞美學研究》（臺灣師大國研所博士論文，1997），頁122～126。

類於此之關乎日常起居坐臥的生活譜錄。

晚明人之養生書寫通常依照食衣住行之不同，配合四時節令之變化予以分門別類。食物養生法——食材與物性——必須考慮到攝取物的寒熱屬性、質與量、身體之狀況、氣候與所從事的活動。睡眠也有養生法可論，包括：睡眠的時間、選擇的時刻、呼吸之法、床的材質、以及溫冷之狀態。因此，養生法必須考慮到與肉體生活相關的一切要素，諸如食物、衣飾、環境、節候、時辰等等。一旦細究養生法，養生論著即有類於一種時刻表。例如高濂《遵生安樂牋・起居安樂牋》，記載自雞鳴起床開始的一日怡養步驟，並連帶列出了配合平日怡養動用的物具清單。黃東崖《屛居十二課》，則列出二十項功課，其中晨齋、晚酌、獨宿、深居、莊內、頜兒、鳥夢、雞燈、惜福等，提出個人在不同時晨所應從事之活動，及其相應之身心道德修爲。

又如高濂《遵生八牋》中的〈四時調攝牋〉，對於按時的「時」有細節的討論，指導人們如何順著四時的推移遞變而調整養生之法，並包括了蓄養與園藝。該牋之諸項體例如下：一、當季三個月的調攝總論。二、各月月占主病，如正月朔忌北風，主人民多病，忌大霧，主多瘟災，忌雨雹，主多瘡疥之疾，指歲時災變的預防。三、附圖：該月氣數主屬之圖，以及該季腑神（如心，肝，肺，腎）圖。四、當季臟腑旺論（如肝臟春旺論，心臟夏旺論），此下又分，如何修養該臟腑法、相該臟病法、如何治法、如何導引法（類似坐功操）或吐納用嘻法、黃帝所製醫方。五、當季攝生消息論，言此季之氣候特色，與人體臟腑之關係，人應如何飲食？應食何？飲何？何時進補藥等關於此季的養生諸法。六、當季三個月，每月之下，又細分該月食行諸宜諸忌、該月修養法、以及該月陳希夷導引坐功圖。七、當季逸事：如春時逸事有登山眺、花褥草裀；秋時逸事有風起鱖肥、梯雲取月、曬腹中書。八、當季幽賞，舉高濂家鄉武林一帶之觀景景點。而程羽文《清閒供》的養生，依四時、十二月令、十二時辰的時間變化，各有其強調重點，〈月令演〉列出十二月令之節慶清單，〈二六課〉則依十二時辰列出重點作息

因爲養生法要求對身體及其活動保持警惕，因此，從個人方面來看，它需要兩種特殊的關注方式。它要求的是所謂「連續的」關注——一種對連續行爲活動的關注：身體的活動本身無所謂好或壞，它們的價值部分是由先於它們的活動和緊隨它們的活動決定的。此外，養生法的實踐還包含一種對「環境」的警惕，即一種應該對外在環境及其各種要素和感覺保持非常敏銳、以

及非常廣泛的關注：其中包含了氣候，季節、時辰、空氣潮濕與乾燥的程度、炎熱與涼爽的狀態、風雨等各種環境因素。由此可知，對於人之生命生及其每次活動，養生法關心人們肉體形軀之或健康、或羸弱的狀態，並詳細說明每一種相應的生活方式。這些關於生活起居之方式、選擇與相應之理，無不起於對於肉體形軀之關心，但是，「形軀」並非養生家惟一關心之對象。養生內容著意強調個體與外在大自然之融合，提倡人們透過靜坐、冥想、呼息調整與步行等肢體之運動，強健身體、心智，並陶養性靈。而各種養生活動確實對形軀健康有所裨益——除能緩解疼痛、控制疾病、改善睡眠品質、強化免疾功能等優點外，在心靈不斷關注形軀狀態與生活節律的過程中，心靈與身體將逐步達致諧和之境。

此外，對於鬼神世界的一切，養生家們亦提醒人們時時留意，方不至於影響生活。例如高濂《遵生八牋・起居安樂牋》，「三才避忌」條中的「天時諸忌」乃是對天象自然的敬崇與順畏：「勿指天爲證，勿怒視日月星辰，莫裸體以褻三光」；「地道諸忌」則是對地壤山森水泊的敬畏，例如：「勿以刀更怒擲地，入山持明鏡使精魅不近，渡河時書朱禹字佩之」；「人事諸忌」，則爲養生之論，此三者皆意在提點人們應當避開對於生命體、生活起居種種不利之因素。因此，養生法乃是從身體之健康方面，以及安養心神這兩個方面被界定的。此中，因爲人們遵循一種有理、有節之養生方法，其遵循之决心、意念，以及縝密地講究各種物質、環境對於生活之影響、在生活中的應用法則，凡此自我養護之意念與實踐活動，都體現了一種不可或缺的道德堅定性。

換言之，「自我節制」——不論是心靈，或是形軀之節制，皆是一種道德實踐之方式，此意即：形軀養生法的嚴格性和人們遵循它所需要的決心，乃要求一種必不可少之「自我觀照」的道德堅定性，讓人們得以切實地遵行、實踐。而在各種養護生活的實踐活動中，人們亦時能契接傳統道德內容，環境、自然世界之山水花草，皆可提供人們立身處世之思，例如李漁《閒情偶記・種植部・木本序》說：

> 人能慮後計長，事事求爲木本，則見雨露不喜，而睹霜雪不驚，其爲身也，挺然獨立，至於斧斤之來，則天數也，豈靈椿古柏之所能避哉？如其植德不力，而務爲苟延，則是藤本其身，止可因人成事，人立而我立，人仆而我亦仆矣。至於木槿其生，不爲明日計者，彼

且不知根爲何物，遑計入土之淺深，藏荄之厚薄哉？〔註 8〕

這已然在養生之中，融合了宋明理學朱熹一路之「格物致知」觀察事象、認知事理、物理，藉以體道之認知方式。

四時晨昏不斷的變化，人們起居作息、身心狀態亦要隨之轉變，才能達到養生的目的。李漁在《閒情偶記》中指出：

嘗有畫雪景山水，人持破傘，或策蹇驢，獨行古道之中，經過懸崖之下，石作猙獰之狀，人有顛蹶之形者。此等險畫，隆冬之月，正宜懸掛中堂，主人對之，即是禦風障雪之屏，暖胃和衷之藥。〔註 9〕

懸掛顛蹶於雪景山石間的險畫，正在於透過對比心態下的心理感知狀態，調節身體寒暖機能，李漁在此，強調了身體的養護與精神狀態的緊密關係。而審美知覺的實際養護功能，便於此處凸出其具體意義。審美既有助於精神悅樂，又有助於形軀養護，據此，則一切與養護生活相關之事物，無不可出之以審美心態、形構審美外觀；而一切具有美感的事物、可以援用審美眼光加以觀照者，又無一不對形軀養護有所裨益，因此，晚明這類「審美即是養護」的文字甚眾，例如袁小修說：

已步至中郎荷葉山房中，前一曲清泓可愛，松櫟俱茂盛，古槐參天，梅花初吐萼，此地乃伯修少時修業處，二十舉於鄉，抱病復養痾於此，栽花種竹，習養生家，言甚覺閒靜。(〈遊荷葉山居記〉)

予少年心浮志躁，內多煩火，家居目若枳而神若錮，獨看山聽泉，則沈痾頓清，神氣竦健，可以度日，故予非好山水也，醫病也。(〈前泛鳧記〉)

山水美景既有助於醫療疾病，則其他有助於精神悅樂之各種審美方式，莫不具有養生之效能。即此，晚明一些小品文集乃是對於日常生活中關乎審美之清賞、玩味方式、原則、規律的總結集錦。由於這些原則與規律大多來自於日常生活之實踐，再經由文人長期之援借、承襲與補充，經過一次次概括、總結之後，原來一些偶然、個人化的審美趣味與意象即逐漸固定下來，形成一系列的審美意象套語，不停地在晚明社會流播、傳衍。審美、日用與養生至此結合爲一個一體三面的概念，此即是晚明「養生」與「賞鑑」互綰爲一的時代風尚。

〔註 8〕李漁著，江巨榮、盧壽榮校注，《閒情偶寄》(上海：上海古籍，2000)，頁 289。
〔註 9〕李漁，《閒情偶寄．頤養部．行樂篇》，「冬季行樂之法」條，頁 353。

大自然之石、月、花、竹；人文器物（琴、酒、棋、金石彝鼎）與有美感之人物（美人、僧），是與「我」相對之外物，將之引入日常生活之中，則有調節爲幽、遠、雋、寂、爽各種感受內容的作用。養護既旨在養身，又在涵養心神，那麼有規律的調節身體、精神，則一方面既涵有審美內蘊，一方面亦是自我照護之倫理生活，「審美」與「倫理」遂得以同時收攝於日常生活起居之中——在日常生活中產生連結，亦在日常生活中涵融爲一。即此，各種養生方法的提出，其目的除了盡可能地延長生命、提高各種生命機能外，尚要讓生命在它命定的年限中成爲有用和幸福的方法守則，幫助個體生命發揮面對各種不同生存處境之絕佳效能。換言之，從個人方面來看，養生法乃是一種有關自身身體的審慎實踐，身體養生法既必須根據食物、環境、節氣、時機來調整自己，還必須與各種細密的思考和謹愼的執行打交道。即此，養生法乃是一種生存技術，茲爲一種有關「自我身心」之具體而積極的實踐活動。

總言以論，作爲生活藝術的養生法實踐不同於一整套旨在避免病患或治愈疾病的防治措施。這是一整套把自己塑造成一個對自身身體有著恰當的、必要的和充分關心的主體的方式。這種關心滲透在日常生活之中，使得各種重要的或普遍的生存活動同時成了健康和道德的目標。它在身體與周遭各種因素之間界定了一種環境戰略，而其最終旨在賦予個人一種合理的養護行爲。例如謝肇淛的《五雜俎》即是以天地人物事作爲綱領，天部記載了如何觀察自然徵兆以明氣候之要訣，人部記錄有疾病、卜筮、堪輿、禁忌等，物部記載動物、植物、飲饌、文房、器用等。

此外，當高濂在《遵生八牋・延年卻病牋》中論及：

> 慾知戒者，延年之效有十：陰陽好合，接御有度，可以延年。入房有術，對景能忘，可以延年。毋溺少艾，毋困青童，可以延年。妖豔莫貪，市粧莫近，可以延年。惜精如金，惜身如寶，可以延年。勤服藥物，補益下元，可以延年。外色莫貪，自心莫亂，可以延年。勿作妄想，勿敗夢交，可以延年。少不貪歡，老能知戒，可以延年。避色如仇，對慾知禁，可以延年。〔註 10〕

文中表明了性行爲乃是與過度無節之放縱、體力消耗和死亡聯繫在一起的。因此，安排得當的性活動不僅排除了一切危險，而且可以獲得增強生命力和

〔註 10〕高濂，《雅尚齋尊生八牋》，卷十，頁 279。

恢復青春的效果。這是一種既能兼顧快感享樂與免除死亡焦慮的兩全之法。

相較於理學家對於性活動的道德規範，在養護生活的強調中，這些關於「性活動」之擔憂——性行爲的激烈性、體力消耗與死亡，是以一種反思自身形軀是否健康益壽之方式出現的，它的目的不是對性行爲進行倫理訓示與道德規範，各種細節之講究也意不在針對活動本身，建立起各種快感享用之技藝，而是培養一種照護自我形軀生命的技術，從整體日常生活各個面向考慮身體、欲望、環境、對象、藥物與性活動之間的關係，提供一種恰當地支配、限制與安排性活動之行爲守則。在這一技術教導中，重要的是養生家們提供了一套如何使自己成爲支配已身行爲，充分地成爲生命主體之方針，以及審愼地引導自我、恰當地把握分寸和時機之行爲實踐法則，即此，快感的形軀養生法則及其實踐，構成整體自我「養護生活」藝術的一部分。他們對於「性快感」的認知，若說具備了一種道德上的嚴肅性，此道德上的嚴肅性全然不同於理學家之道德論述，因爲他們的質疑並非表現在關注性活動及其各種可能之變化，是否逸出、或是危害了社會倫常制度、違背道德觀念，進行一系列區分、辨明之工作，他們只是單純地將性活動視之爲日常生活行爲之一，不排斥人們對於性快感之追求，但亦同時不斷地提供各種養生法則，以確保證性活動有益於身心健康，不會損耗人們的精神、元氣。即此：過度的性行爲之所以令養生家們擔憂，其根本原因並不在於它屬於惡的一部分，而在於它困擾與威脅到個人健康，以及個人與自身之間的養護關係。此間牽連問題甚廣，不論是材料或是內蘊，皆有待進一步之論述與闡發，方能更爲詳實地釐清各種材料之殊性及其衍生的相關問題。〔註 11〕

除了倫理主體對於「欲望」進行之管理控制的道德思考，以及「養護生活」的兩重經驗性質之外，尙且値得一提的是，本篇論文中，我們亦偶爾述及宗教經驗、佛教義理對於晚明士人思維舉止之影響；對於審美經驗的滲透；佛門中人對於官能世界開始展現出濃厚的興趣等與宗教論題相關之論述，然而一則受限於論文之篇幅，二則晚明人之宗教經驗如何滲透到道德思考與審美經驗之中，對於二重「現實」的意義內容，產生了何種深遠之影響等以宗教義理作爲觀察重點之各項議題，已然超出本文論述範圍，因此，我們遲遲未能進一步深

〔註 11〕此節對於「性經驗」、「性快感」與「養護生活」之討論，許多觀察角度得自 Michel Foucault 關於「快感的運用」、「自身的關懷」論點之啓發。相關論述參見氏著，《性經驗史》（上海：人民出版社，2004），第二、三卷。

論宗教經驗對於晚明人倫理觀念、審美經驗的具體影響、影響方式，以及「宗教經驗」作爲另一重「現實」，與其他二重「現實」之間的交涉關係。

但是，這並非意謂著我們有意忽略風衍於晚明各個階層之間的宗教信仰，對於人們倫理價值、審美意識之構成有著某種程度的根本性影響。晚明絕多數的知識分子皆信奉佛教，尤以禪宗義理影響層面最廣，而禪宗思想與泰州學派之思想、公安三袁的文學觀念皆有密不可分的關係。〔註 12〕晚明三教會通、佛學對於晚明知識界之影響等相關課題，近人論述已多，我們毋需再行贅述。然而，宗教經驗與審美經驗之間的相關課題，我們容或有其他的反思空間，可以進一步提問與思索。

例如，當人們通過宗教體驗尋求覺悟，追求心靈的昇華、提轉，以解決糾葛牽纏的存在課題時，審美經驗在宗教體悟中扮演了何種角色？發揮了何種功能？審美經驗中短暫性的滿足、無關生存利害的快感、難以駕馭的情感性質究竟是經由宗教經驗予以強化了？或是反過來催化了人們的宗教熱情、有助於人們深入地掌握宗教義理，加深人們對於宗教經驗的體悟？而宗教性語詞、主題、形式，在文學中又如何與審美經驗、道德感知相互結合？或者，在結合的過程之中，宗教經驗將消解、融化成爲文學經驗與道德經驗的另外一種表現形態？宗教體驗與覺悟成了一種空言套語，不斷地出現在文學世界與道德世界的語構世界中，而純粹的宗教信仰早已隨著單純、虔誠、熾烈的素樸年代一起遠逝？因此，晚明許多小說與戲曲中不斷出現的帶有宗教意味的情節結構、喻意與象徵，最初或許緣於實際之宗教情感、宗教經驗而有之自然構設，但在反覆沿用之後，宗教情感中虔誠、樸質，甚而迷狂入神的幻想，是否已爲審美經驗所吸收、所消融，眞正的宗教喻意逐漸地淡薄、消蝕，乃至於成爲凸出道德命意，或是合理化欲望追逐的另類修辭手法？當宗教經驗幫助人們從死亡焦慮與死亡恐懼之中解脫出來之際，審美視域是否消失於宗教經驗之外？還是藉由審美經驗的滲透，人們對於死亡，遂得有一番美好的想像「前景」？面對死亡焦慮，審美經驗的淨化效能是否逐漸取代了宗教經驗的慰藉力量？在明人大量的「自爲墓誌銘」，以及其他「生死書寫」中，我們可以進一步考察死亡焦慮與宗教經驗、審美經驗之間的相互關係。這些提問與反思，皆爲本篇論文未能詳細闡明之處，亦是我們將來可以進一步深化與開拓的研究課題。

〔註 12〕詳細論述，參閱周群，《袁宏道評傳》（南京：南京大學，1999），頁 137～142。

參考書目

（1）中文書目先略分「古代文獻」、「近人論著」兩種，再按其他細目歸類。英文書目則以數量少，不另分類。

（2）「近人論著」部分依編、著者姓氏筆劃多寡排列；中文譯著與英文書目則依原著者之字母次序排列。

一、中文古代文獻

（一）經籍、史地、思想類

1. 【明】陳威、顧清纂修，正德《松江府志》，明正德刻本影印，台灣：莊嚴文化，1996 年。
2. 【明】蘇祐、楊循吉纂修，嘉靖《吳邑志》，天一閣藏明代方志選刊續編影印明嘉靖刻本，上海：上海書店，1990 年。
3. 【明】朱彤纂、陳敬法增補，《崇武所城誌》，福建省圖書館藏抄本影印。
4. 【明】張德夫等纂修，《長洲縣志》，《稀見中國地方志彙刊》，北京：中國書店，1992 年。
5. 【清】慶霖等修、戚學標等纂，《太平縣志》，光緒二十二年重刻本影印，台北：成文出版社，1984 年。
6. 【清】靳治荊、吳苑等纂修，《歙縣志》，清康熙年間刊本影印，台北：成文出版社，1985 年。
7. 【清】裘樹榮纂修，萬曆《永安縣志》，清道光十三年重刊本影印，台北：成文出版社，1974 年。
8. 【清】李光祚等纂修，乾隆《長洲縣志》，《中國地方志集成》，上海：江蘇古籍，1991 年。

9. 【清】許治等纂修，乾隆《元和縣志》，《中國地方志集成》，上海：江蘇古籍，1991 年。
10. 【民國】趙模修、王寶仁纂，萬曆《建陽縣志》，民國十八年鉛印本影印，台北：成文出版社，1975 年。
11. 吳相湘主編，《常熟縣志》，《中國史學叢書》，台北：臺灣學生書局，1965 年。
12. 黃汴著，楊正泰校注，《天下水陸路程・天下路程圖引》，太原：山西人民出版社，1992 年。
13. 蘇州歷史博物館,江蘇師範學院歷史系,南京大學明清史研究室合編，《明清蘇州工商業碑刻集》，江蘇：江蘇人民出版社，1981 年。
14. 阮元校刻，《十三經注疏》，台北：藝文印書館，1989 年。
15. 朱熹，《四書章句集註》，台北：鵝湖出版社，1984 年。
16. 袁宏著，周天游校注，《後漢紀》，天津：古籍出版社，1987 年。
17. 脱脱，《宋史》，台北：鼎文書局，1980 年。
18. 黃彰健校勘，《明實錄》，中研院歷史語言研究所民國五十一年刊本，台北：中文出版社。
19. 張廷玉等撰，楊家駱主編，《新校本明史并附編六種》，台北：鼎文書局，1982 年。
20. 錢謙益，《列朝詩集小傳》，台北：世界書局，1985 年。
21. 錢謙益著，錢陸燦編，《列朝詩集小傳》，台灣：明文書局。
22. 潘介祉纂輯，《明詩人小傳稿》，台北：國立中央圖書館，1986 年。
23. 趙翼，《二十二史箚記》，台北：世界書局，2001 年。
24. 郭慶藩編、王孝魚整理，《莊子集釋》，台北：木鐸出版社，1988 年。
25. 王先謙，《荀子集解》，台北：藝文印書館，1988 年。
26. 陳榮捷，《王陽明傳習詳註、集評》，台北：學生書局，1988 年。
27. 陳龍正錄，《陽明先生鄉約法》，《筆記小說大觀》，台北：台北：新興書局，1973 年。
28. 陳龍正錄，《陽明先生保甲法》，《筆記小說大觀》，台北：台北：新興書局，1973 年。
29. 王畿，《龍溪王先生全集》，明萬曆十五年蕭良幹刻本，台灣：莊嚴文化，1997 年。
30. 鄒守益，《東廓鄒先生文集》，台北：台灣商務印書館影四庫全書。
31. 顏鈞著，黃宣民標點整理，《顏均集》，北京：中國社會出版社，1996 年。
32. 何心隱著，容肇祖整理，《何心隱集》，北京：中華書局出版，1981 年。

33. 李贄，《焚書／續焚書》，台北：漢京，1984 年。
34. 李贄，《李贄文集》，北京：社會科學，2000 年。
35. 顧憲成，《經皋藏稿》，四庫全書珍本。
36. 劉蕺山，《人譜類記》，台北：廣文書局，1972。
37. 劉蕺山，《劉氏人譜》，台北：廣文書局，1975 年。
38. 劉蕺山，《人譜》，《筆記小說大觀》，台北：台北：新興書局，1973 年。
39. 馮夢龍著，陳煜奎校，《壽寧待誌》，福建：人民出版社，1983。
40. 顧炎武著，黃汝成集釋，《日知錄集釋》，台北：中華書局，1976 年。
41. 黃宗羲著，沈芝盈點校，《明儒學案》，北京：中華書局，1985 年。
42. 繆天綬選註，《明儒學案》，台北：台灣商務印書館，1986 年。
43. 洪煥椿編，《明清蘇州農村經濟資料》，江蘇：江蘇古籍出版社，1988 年。
44. 陸世儀，《復社紀略》（續修四庫全書），上海：上海古籍出版社 1996 年

（二）詩文、小說叢輯類

1. 鄭元勳編，《媚幽閣文娛》，明崇禎刻本。
2. 衛泳編，《冰雪攜》，上海中央書店。
3. 陳繼儒，《寶顏堂秘笈》，文明書店。
4. 陶宗儀纂，《說郛》，清順治丁亥姚安陶珽編次本（一百二十卷）
5. 朱劍心選注，《晚明小品選注》，台北：臺灣商務，1991 年。
6. 吳宏一主編，邱秀環、陳幸蕙選註，《閒情逸趣——明清小品》，台北：時報文化，1992 年。
7. 張敬校訂，李小萱選註，《山水幽情——小品文選》，台北：時報文化，1992 年。
8. 沈赤之等撰稿，《中國世情小品大系》，武漢：長江出版社，1994 年。
9. 劉大杰選編，《明人小品選》，上海：上海古籍，1995 年。
10. 夏成淳編，《明六十家小品文精品》，上海：社會科學院出版社，1995 年。
11. 施存蟄編，《晚明二十家小品》，台北：新文豐，1977 年。
12. 周作人編，龔鵬程導讀，《明人小品集》，台北：金楓出版社。
13. 胡義成選評，《明小品三百篇》，西安：西北大學，1992 年。
14. 楊家駱主編，《明清人題跋》，台北：世界書局，1988 年。
15. 杜聯喆輯，《明人自傳文鈔》，台北：藝文印書館，1977 年。
16. 郭登峰編，《歷代自敘傳文鈔》，台北：台灣商務，1965 年。
17. 葉慶炳編，《明代文學批評資料彙編》，台北：成文出版社，1979 年。

18. 不著編者，《中國歷代文學論著精選》，台北：華正書局，1980 年。
19. 王進祥編，《中國美學史資料選編》，台北：漢京文化，1983 年。
20. 李贄，《李卓吾先生批評忠義水滸傳》，台北：天一，1985 年。
21. 馬蹄疾編，《水滸資料彙編》，北京：中華書局，2004 年。
22. 黃霖編，《金瓶梅資料彙編》，北京：中華書局，2004 年。
23. 陳美林，皋于厚注譯，《新譯明傳奇小說選》，台北：三民書局，2004 年。
24. 王昶輯，王兆鵬校點，《明詞綜》，瀋陽：遼寧教育出版社，1997 年。
25. 朱彝尊，《明詩綜》，台北：世界書局，1962 年。
26. 朱彝尊著、姚祖恩編、黃宣坦校點，《靜志居詩話》，北京：人民文學出版社，1998 年。
27. 吳納著，于北山校點，《文章辨體序說》，北京：人民文學出版社，1998 年。
28. 徐師曾著，羅根澤校點，《文體明辨序說》，北京：人民文學出版社，1998 年。
29. 張居正，《新刻張太岳詩文集》，台北：台灣商務印書館影四庫全書。
30. 徐學謨，《徐氏海隅集．文集》，明萬曆五年刻四十年除元嘏重修本，台灣：莊嚴文化，1997 年。
31. 汪道昆著，胡益民、余國慶等點校，《太函集》，合肥：黃山書社，2004 年。
32. 康海，《對山集》，四庫全書珍本四集。
33. 徐渭，《徐渭集》，北京：中華書局，1999 年。
34. 耿定向，《耿天臺先生文集》，台北：文海，1970 年。
35. 高濂，《雅尚齋遵生八牋》，萬曆十九年自刻本，北京：書目文獻。
36. 焦竑著，李劍雄點校，《澹園集》，北京：中華書局，1999 年。
37. 陸粲、顧起元撰；譚棣華、陳稼禾點校，《庚巳編／客座贅語》，北京：中華書局，1997 年。
38. 陸楫，《紀錄彙編》，台北：商務印書館，1969 年。
39. 焦竑，《玉堂叢語》，北京：中華書局，1997 年。
40. 余繼登，《典故紀聞》，北京：中華書局，1997 年。
41. 李詡著，魏連科點校，《戒庵老人漫筆》，北京：中華書局，1997 年。
42. 朱長祚著，仇正偉點校，《玉鏡新譚》，北京：中華書局，1997 年。
43. 王士性著，呂景琳點校，《廣志繹》，北京：中華書局，1997 年。
44. 王錡著，張德信點校，《寓圃雜記》，北京：中華書局，1997 年。

45. 于愼行著，呂景琳點校，《穀山筆麈》，北京：中華書局，1997 年。
46. 李清，《三垣筆記》，北京：中華書局，1997 年。
47. 何良俊，《四友齋叢說》，北京：中華書局，1997 年。
48. 沈德符，《萬曆野獲編》，北京：中華書局，2004 年。
49. 葉權著，凌毅點校，《賢博編》，北京：中華書局，1997 年。
50. 王臨亨著，凌毅點校，《粵劍編》，北京：中華書局，1997 年。
51. 李中馥著，凌毅點校，《原李耳載》，北京：中華書局，1997 年。
52. 陳洪謨著，盛冬鈴點校，《治世餘聞》、《繼世紀聞》，北京：中華書局，1997 年。
53. 張瀚著，盛冬鈴點校，《松窗夢語》，北京：中華書局，1997 年。
54. 呂坤著，吳承學等校著，《呻吟語》，上海：上海古籍出版社，2000 年。
55. 洪應明著，吳承學等校著，《菜根談》，上海：上海古籍出版社，2000 年。
56. 朱國禎著，繆宏點校，《涌幢小品》，北京：文化藝術，1998 年。
57. 謝肇淛著，郭熙途校點，《五雜俎》，瀋陽：遼寧教育出版社，2001 年。
58. 陳眉公，《小窗幽記》，台北：頂淵文化，2001 年。
59. 王思任，《王季重雜著》，台北：偉文圖書，1977 年。
60. 屠隆，《由拳集》，台北：偉文圖書，1997 年。
61. 屠隆，《白楡集》，台北：偉文圖書，1997 年。
62. 袁宗道，《白蘇齋類集》，台北：偉文圖書，1976 年。
63. 袁宏道著，錢伯城箋校，《袁宏道集箋校》，上海：上海古籍，1981 年。
64. 袁中道著，錢伯城點校，《珂雪齋集》，上海：上海古籍，1989 年。
65. 江盈科著，黃仁生校注，《雪濤小說・外四種》，上海：上海古籍，2000 年。
66. 湯顯祖著，徐朔方箋校，《湯顯祖全集》，北京：北京古籍，1998 年。
67. 馮夢龍著，魏同賢主編，《馮夢龍全集》，上海：上海古籍，1993 年。
68. 馮夢龍著，王廷紹等編述，《明清時調歌集》，上海：上海古籍出版社，1999 年。
69. 張岱，《陶庵夢憶／西湖夢尋》，台北：漢京，1954 年。
70. 張岱，《瑯嬛文集》，台北：淡江書局，1956 年。
71. 張岱著，云告點校，《琅嬛文集》，長沙，岳麓書社，1985 年。
72. 鍾惺著，李先耕等標校，《隱秀軒集》，上海：上海古籍出版社，1992 年。
73. 葉紹袁編，冀勤輯校，《午夢堂集》，北京：中華書局，1998 年。
74. 李漁，《李漁全集》，浙江：古籍出版社，1991。

75. 李漁著，江巨榮等校注，《閑情偶寄》，上海：上海古籍出版社，2000 年。
76. 李漁著、艾舒仁編次、冉雲飛校點，《李漁隨筆全集》，成都：巴蜀出版社，1997。
77. 余懷著，李金堂校注，《板橋雜記・外一種》，上海：上海古籍出版社，2000 年。
78. 沈周，《石田雜記》，《筆記小說大觀》，台北：新興書局，1973 年。
79. 陸埰，《篔齋雜著》，《筆記小說大觀》本。
80. 陳宏緒，《寒夜錄》，《筆記小說大觀》本。
81. 文林，《瑯琊漫鈔》，《筆記小說大觀》本。
82. 沈德符，《敝帚軒剩語》，《筆記小說大觀》本。
83. 袁宏道，《瓶花齋雜錄》，《筆記小說大觀》本。
84. 宋鳳翔，《秋涇筆乘》，《筆記小說大觀》本。
85. 伍餘福，《苹野纂聞》，《筆記小說大觀》本。
86. 陳恂，《餘菴雜錄》，《筆記小說大觀》本。
87. 鐳績，《霏雪錄》，《筆記小說大觀》本。
88. 梅純一，《損齋備忘錄》，《筆記小說大觀》本。
89. 陳絳，《辨物小志》，《筆記小說大觀》本。
90. 陳繼儒，《群碎錄》，《筆記小說大觀》本。
91. 陳繼儒，《枕譚》，《筆記小說大觀》本。
92. 陶涵中，《男子雙名記》，《筆記小說大觀》本。
93. 李肇亨，《婦女雙名記》，《筆記小說大觀》本。
94. 項元汴，《蕉窗九錄》，《筆記小說大觀》本。
95. 屠隆，《文具雅編》，《筆記小說大觀》本。
96. 李豫亨，《青烏緒言》，《筆記小說大觀》本。
97. 王穉登，《弈史》，《筆記小說大觀》本。
98. 上池雜說，《馮時可》，《筆記小說大觀》本。
99. 沈德符，《飛鳧語略》，《筆記小說大觀》本。
100. 費信，《星槎勝覽》，《筆記小說大觀》本。
101. 魏禧，《日錄裏言》，《筆記小說大觀》本。
102. 程羽文，《鴛鴦牒》，《筆記小說大觀》本。
103. 程羽文，《清閒供》，《筆記小說大觀》本。
104. 黎遂球，《花底拾遺》，《筆記小說大觀》本。
105. 葉小鸞，《艷體連珠》，《筆記小說大觀》本。

106. 衛泳，《悅容編》，《筆記小說大觀》本。
107. 徐震，《美人譜》，《筆記小說大觀》本。
108. 張潮，《補花底拾遺》，《筆記小說大觀》本。
109. 徐士俊，《十眉謠・附十髻謠》，《筆記小說大觀》本。
110. 伍端龍，《胭脂紀事》，《筆記小說大觀》本。
111. 鄒樞，《十美詞紀》，《筆記小說大觀》本。
112. 吳雷發，《香天談藪》，《筆記小說大觀》本。
113. 朱國禎，《湧幢小品》，《筆記小說大觀》本。
114. 王逵，《筆疇》，明萬曆中繡水沈氏尚白齋刻本影印，《寶顏堂祕笈》，台北：藝文印書館，1965年。
115. 陸樹聲，《清暑筆談》，《寶顏堂祕笈》。
116. 陸樹聲，《汲古叢語》，《寶顏堂祕笈》。
117. 屠隆，《娑羅館清言》，《寶顏堂祕笈》。
118. 屠隆，《娑羅館逸稿》，《寶顏堂祕笈》。
119. 屠隆，《續娑羅館清言》，《寶顏堂祕笈》。
120. 屠隆，《冥寥子游》，《寶顏堂祕笈》。
121. 屠隆，《考槃餘事》，《寶顏堂祕笈》。
122. 陸深，《古奇器錄》，《寶顏堂祕笈》。
123. 鄭瑗，《井觀瑣言》，《寶顏堂祕笈》。
124. 陸樹聲，《長水日鈔》，《寶顏堂祕笈》。
125. 黃汝亨，《天目遊記》，《寶顏堂祕笈》。
126. 王思任，《游喚》，《寶顏堂祕笈》。
127. 陳繼儒，《見聞錄》，《寶顏堂祕笈》。
128. 陳繼儒，《珍珠船》，《寶顏堂祕笈》。
129. 陳繼儒，《妮古錄》，《寶顏堂祕笈》。
130. 陳繼儒，《偃曝談餘》，《寶顏堂祕笈》。
131. 陳繼儒，《巖棲幽事》，《寶顏堂祕笈》。
132. 陳繼儒，《太平清話》，《寶顏堂祕笈》。
133. 陳繼儒，《書畫史》，《寶顏堂祕笈》。
134. 陳繼儒，《安得長者言》，《寶顏堂祕笈》。
135. 陳繼儒，《狂夫之言》，《寶顏堂祕笈》。
136. 陳繼儒，《續狂夫之言》，《寶顏堂祕笈》。

137. 陸深，《燕閒錄》，《寶顏堂祕笈》。
138. 張丑，《缾花譜》，《寶顏堂祕笈》。
139. 費元祿，《鼂采館清課》，《寶顏堂祕笈》。
140. 呂祖謙，《臥遊錄》，《寶顏堂祕笈》。
141. 胡侍，《眞珠船》，《寶顏堂祕笈》。
142. 馮時化，《酒史》，《寶顏堂祕笈》。
143. 黃東崖，《屏居十二課》，《硯雲甲乙編》本，王雲五主編《叢書集成初編》，上海：商務印書館，1936年。
144. 笑笑生，《金瓶梅詞話》（明萬曆本），東京：大安株式會社，1963年。
145. 笑笑生著，齊煙、汝梅校點，《新刻繡像金瓶梅》，台北：曉園出版社，1990年。
146. 凌濛初著，秦旭卿標點，《初刻拍案驚奇》，長沙：岳麓書社，1993年。
147. 凌濛初著，章培恒整理，王古魯注釋，《二刻拍案驚奇》，上海：上海古籍，1986年。

（三）目錄、類書及其他

1. 阮元，《四庫未收書目提要》，台北：台灣商務印書館，1978年。
2. 紀昀，《四庫全書總目提要》，上海：商務印書館，1933年。
3. 王重民，《中國善本書提要》，上海：古籍出版社，1986年。
4. 陳夢雷，《古今圖書集成》，台北：鼎文書局，1980年。
5. 譚其驤主編，《中國歷代地圖集》，台北：曉園出版社，1991年。
6. 上海圖書館編，《中國叢書綜錄》，上海：古籍出版社，1993年。
7. 霍松林主編，《中國歷代詩詞曲論專著提要》，北京：師範學院出版，1991年。
8. 高羅佩，《秘戲圖考》，廣東：人民出版社，1992年。
9. 【明】汪氏輯，《詩餘畫譜錄》，上海：古籍出版社，1988年。
10. 余紹宋，《書畫書錄解題》，台北：中華書局，1980年。
11. 俞劍華編撰，《中國畫論類編》，台北：華正書局，1984年。
12. 《畫史叢書》，台北：文史哲出版社，1983年。
13. 《中國美術全集・繪畫編》，台北：錦繡出版社，1989年。
14. 《中國繪畫史圖錄》，上海：上海人民美術出版社，1997年。
15. 周心慧編，《新編中國版畫史圖錄》，北京：學苑出版社，2000年。
16. 傅抱石著，《中國繪畫理論》，台北：里仁書局，2000年。
17. 計成著，趙農注釋，《園冶圖說》，濟南：山東畫報出版社，2003年。

一、中文近人論著

(一)專　書

1. Daniel Bell 著，趙一凡等譯，《資本主義的文化矛盾》，台北：桂冠圖書，1991 年。

2. Charlie Dunbar Broad 著，田永勝譯，《五種倫理學理論》，北京：中國社會科學，2002 年。

3. M. Dufrennne 著，韓樹站譯，《審美經驗現象學》，北京：文化藝術，1996 年。

4. Michel Foucault 著，佘碧平譯，《性經驗史》，上海：人民出版社，2004 年。

5. Hans Robert Jauss 著，顧建光等譯，《審美經驗與文學解釋學》，上海：上海譯文，1997 年。

6. Alfred Schutz 著，霍桂桓等譯，《社會實在問題》，北京：華夏出版社，2001 年。

7. Alfred Schutz 著，盧嵐蘭譯，《舒茲論文集》(第一冊)，台北：桂冠圖書，2002 年。

8. Ludwig Wittgenstein 著，尚志英譯，《哲學研究》，台北：桂冠圖書，1995 年。

9. Wolfgang Welsch 著，陸揚、張岩冰譯，《重構美學》，上海：上海譯文，2002 年。

10. 廚川白村著，陳曉南譯，《西洋近代文藝思潮》，台北：志文出版社，1987 年。

11. 卜正民，《縱樂的困惑：明朝的商業與文化》，台北：聯經出版社，2004 年。

12. 山東大學文史哲研究所主編，《中國歷代著名文學家評傳》(第四卷)，山東：教育出版社，1985 年。

13. 中國金瓶梅學會編，《金瓶梅研究．第一輯》，江蘇：江蘇古籍，1990 年。

14. 中國金瓶梅學會編，《金瓶梅研究．第四輯》，江蘇：江蘇古籍，1993 年。

15. 王定天，《中國小說形式系統》，上海：學林出版社，1988 年。

16. 王其榘，《明代內閣制度史》，北京：中華書局，1989 年。

17. 王岡，《浪漫情感與宗教精神——晚明文學與文學思潮》，香港：天地圖書，1999 年。

18. 王英志，《清代詩論研究》，上海：江蘇古籍出版社 1986 年。

19. 王啓忠，《《金瓶梅》價值論》，上海：上海文藝出版社，1991 年。

20. 王開府，《儒家倫理學析論》，台北：臺灣學生，1986 年。
21. 王凱旋、李洪權編著，《明清生活掠影》，瀋陽：瀋陽出版社，2001 年。
22. 王瓊玲主編，《明清文學與思想中之主體意識與社會・文學篇》，台北：中研院文哲所，2004 年。
23. 毛文芳，《物・性別・觀看》，台北：台灣學生，2001 年。
24. 尹恭弘，《《金瓶梅》與晚明文化》，北京：華文，1997 年。
25. 尹恭弘，《小品高潮與晚明文化：晚明小品七十三家評述》，北京：華文出版社，2001 年。
26. 左東嶺，《李贄與晚明文學思想》，天津：人民出版社，1997 年。
27. 左東嶺，《王學與中晚明士人心態》，北京：人民文學出版社，2004 年。
28. 包振南、寇曉偉編，《《金瓶梅》及其他》，長春：吉林文史出版社，1991 年。
29. 皮朝綱，《禪宗的美學》，高雄：麗文文化，1995 年。
30. 江怡著，《維特根斯坦——一種後哲學的文化》，北京：社會科學，2002 年。
31. 江蘇社會科學院，《江蘇史綱》，上海：江蘇古籍出版社，1993 年。
32. 任冠文，《李贄史學思想研究》，桂林：廣西師範大學，1999 年。
33. 伍謙光，《語義學導論》，長沙：湖南教育出版社，1986 年。
34. 牟宗三，《政道與治道》，台北：臺灣學生書局，1987 年。
35. 牟宗三，《從陸象山到劉蕺山》，台北：臺灣學生書局，1990 年。
36. 「朵雲」編輯部編，《董其昌研究文集》，上海：書畫出版社，1998 年。
37. 吳功正，《中國文學美學》，南京：江蘇教育，2001 年。
38. 吳兆路，《中國性靈文學思想研究》，台北：文津出版社，1985 年。
39. 吳存存，《明清社會性愛風氣》，北京：人民文學，2000 年。
40. 吳志達，《明清文學史：明代卷》，武漢：武漢大學，1991 年。
41. 吳承學，《晚明小品研究》，南京：江蘇古籍出版社，1999 年。
42. 吳澤，《儒教叛徒李卓吾》，出版地不詳：仲信，1949 年。
43. 吳震，《明代知識界講學活動繫年》，上海：學林出版社，2003 年。
44. 李炳海，《道家與道家文學》，台北：麗文文化公司，1984 年。
45. 李建中，《瓶中審醜》，台北：文史哲，1992 年。
46. 呂景琳、郭松義主編，《中國歷代經濟史》，台北：文津出版社，1998 年。
47. 余安邦主編，《情、欲與文化》，台北：中研院民族所，2003 年。
48. 余英時，《史學與傳統》，台北：時報文化，1988 年。

49. 余英時，《中國近世宗教倫理與商人精神》，台北：聯經出版社，1988 年。
50. 余英時，《中國歷史轉型時期的知識分子》，台北：聯經出版社，1992 年。
51. 余英時，《中國知識階層史論》，台北：聯經出版社，2001 年。
52. 余英時，《宋明理學與政治文化》，台北：允晨文化，2004 年。
53. 杜書瀛，《李漁美學思想研究》，北京：中國社會科學出版社，1998 年。
54. 林其賢，《李卓吾事蹟繫年》，台北：文津，1988 年。
55. 林其賢，《李卓吾的佛學與世學》，台北：文津，1992 年。
56. 林海權，《李贄年譜考略》，福建：人民出版社，1992 年。
57. 林崗，《明清之際小說評點學之研究》，北京：北京大學，1999 年。
58. 周志文，《晚明學術與知識分子論叢》，台北：大安出版社，1999 年。
59. 周群，《儒釋道與晚明文學思潮》，上海：上海書店，2000 年。
60. 孟森，《明清史講義》，北京：中華書局，1981 年。
61. 胡衍南，《飲食情色金瓶梅》，台北：里仁，2004 年。
62. 胡曉眞，《才女徹夜未眠：近代中國女性敘事文學的興起》，台北：麥田出版社，2003 年。
63. 范金民、夏維中，《蘇州地區社會經濟史》，南京：南京大學出版社，1993 年。
64. 泉州市社會科學聯合會編，《李贄研究》，北京：光明日報，1989 年。
65. 段德森，《實用古漢語虛詞》，山西：山西教育出版，1992 年。
66. 高宣揚，《傅科的生存美學》，台北：五南圖書，2004 年。
67. 孫之梅，《錢謙益與明末清初文學》，山東：齊魯書社 1996 年。
68. 孫之梅，《中國文學精神．明清卷》，山東：山東教育出版社，2003 年。
69. 夏咸淳，《情與理的碰撞——明代士人心史》，保定：河北大學，2001 年。
70. 容肇祖編，《李卓吾評傳》，台北：台灣商務，1973 年。
71. 容肇祖，《明李卓吾先生贄年譜》，台北：臺灣商務，1982 年。
72. 唐君毅，《中國哲學原論．原教篇》，台北：臺灣學生書局，1984 年。
73. 唐君毅，《中國人文精神之發展》，台北：臺灣學生書局，1988 年。
74. 唐君毅，《人文精神之重建》，台北：臺灣學生書局，1988 年。
75. 徐朔方編，《金瓶梅西方論文集》，上海：上海古籍，1987 年。
76. 徐復觀，《中國思想史論集》，台北：臺灣學生書局，1988 年。
77. 馬美信，《晚明文學新探》，台北：聖環圖書，1994 年。
78. 馬積高，《宋明理學與文學》，湖南：湖南師範大學，1989 年。

79. 袁世碩，《文學史學的明清小說研究》，濟南：齊魯書社，1999 年。
80. 陳東有，《金瓶梅文化研究》，台北：貫雅文化，1992 年。
81. 陳清輝，《李卓吾生平及其思想研究》，台北：文津，1993 年。
82. 陳萬益，《晚明小品與明季文人生活》，台北：大安出版社，1988 年。
83. 陳翠英，《世情小說之價值觀探討》，台北：臺灣大學，1996 年。
84. 陳學文，《明清社會經濟史研究》，台北：稻禾出版社，1991 年。
85. 張君勱，《比較中日陽明學》，台北：臺灣商務印書館，1976 年。
86. 張孝裕，《徐渭研究》，台北：學海出版社，1978 年。
87. 張健，《明清文學批評》，台北：國家出版社，1983 年。
88. 張新建，《徐渭論稿》，北京：文化藝術出版社，1990 年。
89. 許建平，《李卓吾傳》，北京：東方，2004 年。
90. 許建平，《李贄思想演變史》，北京：人民，2005 年。
91. 郭紹虞，《中國文學批評史》，台北：明倫出版社，1971 年。
92. 郭紹虞，《照隅室古典文學論集》，台北：丹青圖書公司，1985 年。
93. 郭諭陵，《舒茲的現象社會學與教育》，台北：桂冠，2004 年。
94. 曹淑娟，《晚明性靈小品研究》，台北：文津，1988 年。
95. 曹煒、寧宗一，《《金瓶梅》的藝術世界》，台北：文史哲，2002 年。
96. 康正果，《重審風月鑑——性與中國古典文學》，台北：麥田，1998 年。
97. 敏澤，《李贄》，上海：上海古籍出版社，1984 年。
98. 黃仁宇，《中國大歷史》，台北：聯經出版社，1993 年。
99. 黃仁宇，《萬曆十五年》，台北：台灣食貨，2004 年。
100. 黃卓越，《佛教與晚明文學思潮》，北京：東方出版社，1997 年。
101. 黃沽，《中國古代審美設計史綱》，四川：人民出版社，1998 年。
102. 黃保眞、成復旺、蔡鍾翔，《中國文學理論史》，台北：洪業文化公司，1994 年。
103. 黃敏浩，《劉宗周及其愼獨哲學》，台北：臺灣學生，2001 年。
104. 黃霖，《金瓶梅考論》，遼寧：人民出版社，1989 年。
105. 黃霖、王國安編譯，《日本研究《金瓶梅》論文集》，1989 年。
106. 傅衣凌，《明清社會經濟史論文集》，北京：人民出版社 1982 年。
107. 傅衣凌，《明代江南市民經濟試探》，台北：谷風出版社，1985 年。
108. 傅衣凌，《明清時代商人及商業資本》，台北：谷風出版社，1986 年。
109. 傅衣凌，《明清社會經濟變遷論》，北京：人民出版社，1989 年。
110. 勞思光，《新編中國哲學史》，台北：三民書局，1988 年。

111. 曾昭旭，《論語義理疏解》，台北：鵝湖出版社，1989年。
112. 曾昭旭，《我的美感體驗——道德美學引論》，台北：台灣商務，2005年。
113. 曾祖蔭，《中國古代美學範疇》，臺北：丹青圖書，1997年。
114. 費振鐘，《墮落時代——明代文人的集體墮落》，台北：立緒出版社，2002年。
115. 辜美高、黃霖主編，《明代小說面面觀：明代小說國際學術研討會論文集》，上海：學林出版社，2002年。
116. 楊正泰，《明代驛站考附錄·士商類要》，上海：上海古籍出版社，1994年。
117. 楊成鑒，《中國詩詞風格研究》，台北，洪葉文化，1995年。
118. 楊國楨、陳支平著，《明史新編》，台北：雲龍出版社，1999年。
119. 葉朗，《中國美學的開展》，台北：金楓出版社，1987年。
120. 葛兆光，《中國宗教與文學論集》，北京：清華大學，1998年。
121. 鄔昆如，《倫理學》，台北：五南圖書，1994年。
122. 鄔國平、王鎮遠，《明代文學批評史》，上海：上海古籍出版社，1995年。
123. 廖可斌，《復古學派與明代文學思潮》，台北：文津出版社，1994年。
124. 熊秉眞、張壽安合編，《情欲明清——達情篇》，台北：麥田出版，2004年。
125. 熊秉眞、張壽安合編，《情欲明清——遂欲篇》，台北：麥田出版，2004年。
126. 寧宗一、羅德榮主編，《《金瓶梅》對小說美學的貢獻》，天津：天津社科院，1992年。
127. 鄢烈山、朱健國，《中國第一思想犯：李贄傳》，北京：中國工人，1993年。
128. 劉述先，《理想與現實的糾結》，台北：臺灣學生，1993年。
129. 劉季倫，《李卓吾》，台北：東大，1999年。
130. 劉若愚著，杜國清譯，《中國詩學》，台北：幼獅文化公司，1981年。
131. 劉若愚，《中國文學理論》，台北：聯經出版公司，1985年。
132. 劉眞，《儒家倫理思想述要》，台北：正中書局，1987年。
133. 劉達臨，《性的歷史》，台北：台灣商務，2001年。
134. 劉輝，《金瓶梅論集》，台北：貫雅文化，1992年。
135. 蔡仁厚，《王陽明哲學》，台北：三民書局，1988年。
136. 蔡英俊主編，《抒情的境界》，台北：聯經，1987年。
137. 蔡英俊，《比興物色與情景交融》，台北，大安，1990。

138. 蔡英俊，《中國古典詩論中語言與意義的論題——「意在言外」的用言方式與「含蓄」的美典》，台北：學生書局，2001。
139. 蔡鎮楚，《中國詩話史》，湖南：湖南文藝出版社，1988 年。
140. 鄭志明，《中國善書與宗教》，台北：臺灣學生，1988 年。
141. 潘知常，《中國美學精神》，江蘇：人民出版社，1993 年。
142. 鄧志峰，《王學與晚明的師道復興運動》，北京：社會科學文獻，2004 年。
143. 蔣孔陽主編，《二十世紀西方美學名著選》，上海：復旦大學，1988 年。
144. 錢茂偉，《明代史學的歷程》，北京：社會科學，2003 年。
145. 錢穆，《國史大綱》，台北：臺灣商務印書館，1990 年。
146. 滕新才，《且寄道心與明月——明代人物風俗考論》，北京：中國社會科學，2003 年。
147. 樊樹志，《晚明史》，上海：上海復旦大學，2003 年。
148. 鍾彩鈞、楊晉龍主編，《明清文學與思想中之主體意識與社會·思想篇》，台北：中研院文哲所，2004 年。
149. 謝正光，《清初詩文與士人交游考》，南京：南京大學，2001 年。
150. 謝國楨，《明清之際黨社運動考》，台北：商務印書館，1978 年。
151. 魏子雲，《金瓶梅編年紀事》，台北：巨流，1981 年。
152. 魏子雲，《金瓶梅原貌探索》，台北：臺灣學生，1985 年。
153. 魏子雲，《金瓶梅的幽隱探照》，台北：臺灣學生，1988 年。
154. 魏子雲，《明代金瓶梅史料詮釋》，台北：貫雅文化，1992 年。
155. 魏子雲，《金瓶梅的作者是誰》，台北：臺灣商務，1998 年。
156. 顏崑陽，《莊子藝術精神析論》，台北：華正書局，1985 年。
157. 簡錦松，《明代文學批評研究》，台北：臺灣學生書局，1989 年。
158. 羅中峰，《中國傳統文人審美生活方式之研究》，台北：洪葉文化，2001 年。
159. 羅筠筠，《靈與趣的意境：晚明小品文美學研究》，北京：社會科學，2001 年。
160. 顧易生、王運熙主編，《中國文學批評史》，台北：五南出版公司，1993 年。
161. 龔鵬程，《晚明思潮》，台北：里仁，1994 年。
162. 龔鵬程，《飲食男女生活美學》，台北：立緒文化，1998 年。

（二）學位論文

1. 王學玲，《明清之際辭賦書寫中的身分認同》，輔仁大學中國文學系博士論文，2002 年。
2. 毛文芳，《董其昌逸品觀念之研究》，淡江大學中文研究所碩士論文，1993 年。
3. 毛文芳，《晚明閒賞美學研究》，臺灣師範大學國文研究所博士論文，1997 年。
4. 林宜蓉，《晚明文藝社會「山人崇拜」之研究》，臺灣師範大學碩士論文，國研所集刊 39 號，1995 年。
5. 林賢得，《明代中葉吳中名士詩歌研究》，臺灣師範大學國文研究所碩士論文，1986 年。
6. 邵曼珣，《明代中期蘇州文人生活研究》，東吳大學中國文學研究所博士論文，2000 年。
7. 范宜如，《明代中期吳中文壇研究——一個地域文學的考察》，臺灣師範大學國文研究所博士論文，2000 年。
8. 袁光儀，《晚明之儒家道德哲學與世俗道德範例研究——劉蕺山《人譜》與《了凡四訓》、《菜根譚》之比較》，臺灣師範大學國文研究所碩士論文，1997 年。
9. 陳昭珍，《明代書坊之研究》，臺灣大學圖書資訊研究所碩士論文，1985 年。
10. 黃明理，《晚明文人型態之研究》，臺灣師範大學國文研究所碩士論文，1989 年。
11. 游適宏，《由拒唐到學唐——元明清賦論趨向之考察》，政治大學中國文學系博士論文，2001 年。
12. 鄭幸雅，《晚明清言研究》，中正大學中國文學系博士論文，2000 年。
13. 蔡麗玲，《從晚明「世說體」著作的流行論張岱的《快園道古》》，清華大學中國文學所碩士論文，1997 年。
14. 蔣靜文，《論張岱小品文學：從生命模塑到形式意義的完成》，中正大學中國文學研究所碩士論文，1997 年。
15. 盧玟楣，《晚明文人自覺意識及其實踐之研究》，淡江大學中文研究所碩士論文，1992 年。

（三）期刊論文、學術會議論文

1. Paolo Santangelo 著、呂健忠譯，〈明清文學中的自然〉，《當代》一○四期，1994 年 12 月。
2. 王廷元，〈論明清時期的徽州牙商〉，《中國社會經濟史研究》，1993 年第二期。
3. 王春瑜，〈明代商業文化初探〉，《中國史研究》，1992 年 4 月。

4. 王路平，〈論貴州陽明心學文化旅游圈的開發建設〉，《貴州社會科學》，1996年第三期。
5. 王國瓔，〈個體意識的自覺——兩漢文學中之個體意識〉，《漢學研究》第二一卷第二期，2003年12月。
6. 尹恭弘，〈養生書中的雋永小品〉，《古典文學知識》，1996年五期。
7. 朱明，〈袁宏道的游記〉，《浙江學刊》，1991年第四期。
8. 成復旺，〈從「無善無惡」到「人必有私」——明代思想史上一段心的解放之路〉，《中國文化》第十期，1994年8月。
9. 吳存存，〈明中晚期社會男風流行狀況敘略〉，《明清史》，2001年第五期。
10. 吳承學，〈遺音與前奏——論晚明小品文的歷史定位〉，《江海學刊》，1995年第三期。
11. 吳承學，〈論晚明清言〉，《文學評論》第四期，1997年。
12. 吳智和，〈明人山水休閒生活〉，《漢學研究》第二十卷第一期，2002年6月。
13. 吳偉逸，〈東林黨爭與晚明清流大夫的歷史命運〉，《安慶師院社會科學學報》第十六卷第四期，1997年11月。
14. 吳毓華，〈情的觀念在晚明的異變〉，《戲劇藝術》第四期，1993年。
15. 李宗桂，〈明清之際的文化批判思潮〉，《內蒙古社會科學・文史哲版》，1992年3月。
16. 余英時，〈士商互動與儒學轉向——明清社會史與思想史之一面向〉，郝延平、魏秀梅主編《近世中國之傳統與蛻變：劉廣京院士七十五歲祝壽論文集》，台北：中央研究院近代史研究所，1998年。
17. 呂妙芬，〈施閏章的家族記憶與自我認同〉，《漢學研究》第二一卷第二期，2003年12月。
18. 林麗月，〈晚明『崇奢』思想隅論〉，《國立臺灣師範大學歷史學報》十九期，1991年6月。
19. 林麗月，〈陸楫崇奢思想再探〉，《新史學》五卷一期，1994年3月。
20. 林麗月，〈《蒹葭堂稿》與陸楫「反禁奢」思想之傳衍〉，《明人文集與明代研究》，台北：中國明代研究學會，2001年。
21. 周學軍，〈明清江南儒學群體的歷史變動〉，《歷史研究》，1993年1月。
22. 邱澎生，〈明代蘇州營利出版事業及其社會效應〉，《九州學刊》五卷二期，1992年10月。
23. 邵曼珣，〈明代中期蘇州文人尚趣之研究〉，《古典文學》第十二集，台北：臺灣學生，1992年。
24. 邵曼珣，〈金聖歎詩歌評點中的美學問題〉，《文學與美學第五集》，台北：

文史哲，1995年。
25. 金丹元，〈論明清時期的藝術審美思維〉，《上海社會科學院學術季刊》，1994年第四期。
26. 金曉民，〈明清小說評點與科舉文化〉，《明清小說研究》六八期，2003年二期。
27. 胡蓮玉，〈世態百相，雜陳畢具——《型世言》與明代社會生活〉，《明清小說研究》七十期，2003年四期。
28. 柯慶明，〈愛情與時代的辯證——《牡丹亭》中的憂患意識〉，「湯顯祖與牡丹亭國際學術研討會」，2004年4月。
29. 侯杰，〈明清時期的商人與儒家思想觀念〉，《明清史》，2001年第三期。
30. 徐朔方，〈再論《金瓶梅》〉，《明清小說研究》六五期，2002年第三期。
31. 夏咸淳，〈晚明文士與市民階層〉，《文學遺產》，1994年二期。
32. 夏咸淳，〈晚明尊情論者的文藝觀〉，《中國古代近代文學研究》第六期，1994年3月。
33. 陳國棟，〈有關陸楫「禁奢辨」之研究所涉及的學理問題——跨學門的意見〉，《新史學》五卷二期，1994年6月。
34. 陳逵，〈明末清初的「嘯花軒現象」〉，《古典文學知識》，1996年第三期。
35. 許宗元，〈徽商與旅游〉，《安徽大學學報．哲學社會科學版》，1997年第三期。
36. 許周鶼，〈論明清吳地儒士的商業意識〉，《蘇州大學學報．哲學社會科學版》，1997年第二期。
37. 許麗芳，〈重組與對話：晚明小品文之自我書寫〉，彰化師範大學《國文學誌》第四期。
38. 張克偉，〈李卓吾眼中的傳統儒學〉，《湖北大學學報．哲學社會科學版》，1996年第四期。
39. 張和平，〈晚明社會的經濟與人文〉，《中國社會經濟史研究》，1993年第一期。
40. 張和平，〈晚明人文思潮的性質及其社會導向〉，《中國社會經濟史研究》，1995年第一期。
41. 張崇旺，〈試論明清商人的經營文化習俗〉，《中國社會經濟史研究》，1993年第三期。
42. 張福貴、劉中樹，〈晚明文學與五四文學的時差與異質〉，《中國社會科學》，1996年第六期。
43. 張璉，〈多元社會中知識份子的經濟自主與社會定位——以明代泰州學者王艮爲例〉，《東華人文學報》第三期，2001年7月。

44. 張璉，〈從流行價值論王艮思想的歷史評價〉，《東華人文學報》第四期，2002 年 7 月。
45. 張璉，〈偕我同志——論晚明知識份子自覺意識中的群己觀〉，《東華人文學報》第五期，2003 年 7 月。
46. 張獻哲，〈明卞文瑜《山水冊》介紹〉，《文物》，1997 年第 9 期。
47. 曹淑娟，〈夢覺皆寓——《寓山注》的園林詮釋系統〉，《臺大中文學報》第十五期，2001 年 12 月。
48. 曹淑娟，〈祁彪佳與寓山——一個主體性空間的建構〉，李豐楙、劉苑如主編，《空間、地域與文化——中國文化空間的書寫與闡釋》，台北：中研院文哲所，2002 年。
49. 曹淑娟，〈流變中的凝視——《越中園亭記》的家鄉書寫〉，《臺大中文學報》第十八期，2003 年 6 月。
50. 郭孟良，〈《金瓶梅》與明代的飲茶風尚〉，《明清小說研究》六四期，2002 年二期。
51. 章國超，〈飲食場面描寫在《金瓶梅》中的作用〉，《明清小說研究》六四期，2002 年二期。
52. 商傳，〈晚明社會轉型的畸形因子〉，《歷史月刊》一○五期，1996 年 10 月。
53. 黃森學，〈論《金瓶梅詞話》女性人稱代詞〉，《明清小說研究》六五期，2002 年三期。
54. 楊玉成，〈士庶、性別、地域：論南北朝的文學閱讀〉，中研院文哲所「空間、地域與文化——中國文學與文化書寫」國際學術研討會，2000 年 11 月。
55. 楊玉成，〈閱讀世情：崇禎本《金瓶梅》評點〉，彰化師範大學《國文學誌》第五期，2001 年 12 月。
56. 楊新，〈明人圖繪的好古之風與古物市場〉，《文物》，1997 年第四期。
57. 葉漢明，〈明代中後期嶺南的地方社會與家族文化〉，《歷史研究》，2000 年 3 月。
58. 趙軼峰，〈山人與晚明社會〉，《明清史》，2001 年第四期。
59. 趙興勤、陳俠，〈《金瓶梅》與《白雪樓二種曲》的創作傾向〉，《明清小說研究》七十期，2003 年四期。
60. 齊魯青，〈明代《金瓶梅》批評論〉，《內蒙古大學學報》（哲學社會科學版），1994 年第一期。
61. 鄭文惠，〈明代詩意圖之詩畫對應形式及其文化內涵〉，《臺北師院學報》第六期，1993 年 6 月。

62. 鄭文惠，〈身體的空間疆界——《唐詩畫譜》中女性意象版圖的展演〉，中研院文哲所「『空間與慾望』計劃——中國文學中的時空書寫」研討會，2002 年 12 月。
63. 鄭利華，〈明代「畸人」與「畸人文學」〉，《中國典籍與文化》，1997 年 1 月。
64. 鄭培凱，〈晚明袁中道的婦女觀〉，《近代中國婦女史研究》第一期，1993 年。
65. 鄭毓瑜，〈流亡的風景——「遊後樂園賦」與朱舜水的遺民書寫〉，《漢學研究》第二十卷第二期，2002 年 12 月。
66. 鄭騫，〈題畫詩與畫題詩〉，《中外文學》八卷六期，1979 年 11 月。
67. 劉人鵬，〈聖學道德論述中的性別問題——以劉宗周《人譜》爲例〉，《明代經學國際研討會論文集》，台北：中研院文哲所，1996 年 6 月。
68. 劉孝嚴，〈社會、家庭和人生的全景觀照——也談《金瓶梅》的思想意義〉，《明清小說研究》六七期，2003 年 1 年。
69. 劉勇強，〈《金瓶梅》本文與接受分析〉，《北京大學學報》(哲學社會科學版)，1996 年第四期。
70. 劉達臨，〈明代的「花榜」、「嫖經」與花柳病診斷〉，《歷史月刊》一○七期，1996 年 12 月。
71. 劉曉東，〈晚明士人生計與士風〉，《明清史》，2001 年第五期。
72. 蔡英俊，〈「擬古」與「用事」：試論六朝文學現象中「經驗」的借代與解釋〉，《第三屆國際漢學會議論文集》，台北：中研院文哲所籌備處，2002 年。
73. 蔡英俊，〈「白璧微瑕，惟在閑情一賦」辨——兼論審美活動與道德實踐的問題〉，《廖蔚卿教授八十壽慶論文集》，台北：里仁書局，2003 年。
74. 蔡英俊，〈「修辭立其誠」：論先秦儒學的語用觀——兼論語言活動與道德實踐的眞僞的問題〉，「東亞文學研究的新視野學術研討會」，2004 年 5 月。
75. 蔣文玲，〈明清士商滲透現象探析〉，《江海學刊》，1975 年一期。
76. 樊美筠，〈明代的審美世俗化運動及其啓示〉，《浙江學刊・雙月刊》第一○九期，1998 年第二期。
77. 謝明陽，〈許學夷《詩源辨體》在晚明的傳播與接受〉，《東華人文學報》第五期，2003 年 7 月。
78. 羅一星，〈明末佛山的社會矛盾與新興士紳集團的全面整頓〉，廣東社會科學，1992 年 5 月。
79. 龔鵬程，〈區域特性與文學傳統〉，《古典文學》第十二集，台北：臺灣學生，1992 年。

二、英文論著

1. Hans Robert Jauss, Aesthetic Experience and Literary Hermeneutics. Translation from the German by Michael Shaw, Introduction by Wlad Godzich. *The University of Minnesota Press, Minneapolis , 1982.*
2. Hans Robert Jauss, Toward an Aesthetic of Reception. Translation from German by Timothy Bahti , Introduction by Paul de Man. *The University of Minnesota Press, Minneapolis, 1982.*